L' IDENTITÉ DE LA FRANCE
フランスのアイデンティティ

第Ⅰ篇　空間と歴史
Livre I : Espace et Histoire

◎Fernand Braudel　フェルナン・ブローデル 著
◎桐村泰次 訳

論創社

わが幼児期を照らしてくれた祖母、エミリー・コルノーに献げる

凡例

一、本書は、"Fernand Braudel "L'IDENTITÉ DE LA FRANCE" Arthaud, 1986, Flammarion, 1990のうちLivre premier; Espace et histoireを邦訳したものである。

一、原著者が序文で示しているように、本書は

第一篇　「空間と歴史」

第二篇　「人間と事物」（拙訳では「人々と物質的条件」）

第三篇　「国家・文化・社会」

第四篇　「外から見たフランス」

の四篇で構成されるはずであったが、著者が存命中に完成したのは、前半の二篇にとどまった。したがって、未完の著作ということになるが、第一篇、第二篇とも、それぞれに、内容的にもきわめて高い完成度をもって仕上げられ、刊行されたものである。

一、とくに、本第一篇は、その名のとおり、フランスの地理のなかに、その歴史がどのように刻みこまれているかを幾つかの事例を挙げて解明されているほか、たくさんの地名が出てくる。本訳書では、それらのおよその位置を知る上での手がかりとしてフランスの旧州名と県名を示した地図を巻頭に掲げた。

一、地名の表記については、フランスの地名は、フランス語式に表記したが、イタリア、スペイン、ベルギー、ドイツ、オランダなどの地名は、基本的にそれぞれの国の発音によって表記した。

一、なお、文中多くの著作から引用されているが、邦訳出版されているものは邦訳の書名を示したが、未邦訳のものについては、引用文の後に原著名を付記するにとどめた。

11 オード（カルカッソンヌ）
12 アヴェーロン（ロデス）
13 ブーシュ＝デュ＝ローヌ（マルセイユ）
14 カルヴァドス（カン）
15 カンタル（オーリヤック）
16 シャラント（アングレーム）
17 シャラント＝マリティム（ラ＝ロシェル）
18 シェル（ブールジュ）
19 コレーズ（テュル）
20 コルス（アジャクシオ）
21 コート＝ドル（ディジョン）
22 コート＝デュ＝ノール（サン＝ブリウー）
23 クルーズ（ゲレ）
24 ドルドーニュ（ペリグー）
25 ドゥー（ブザンソン）
26 ドローム（ヴァランス）
27 ウール（エヴルー）
28 ウール＝エ＝ロワール（シャルトル）
29 フィニステール（カンペル）
30 ガール（ニーム）
31 オート＝ガロンヌ（トゥールーズ）
32 ジェル（オシュ）
33 ジロンド（ボルドー）
34 エロー（モンペリエ）
35 イル＝エ＝ヴィレーヌ（レンヌ）
36 アンドル（シャトールー）
37 アンドル＝エ＝ロワール（トゥール）
38 イゼール（グルノーブル）
39 ジュラ（ロン＝ル＝ソニエ）
40 ランド（モン＝ド＝マルサン）
41 ロワール＝エ＝シェル（ブロワ）
42 ロワール（サン＝テティエンヌ）
43 オート＝ロワール（ル＝ピュイ）
44 ロワール＝アトランティク（ナント）
45 ロワレ（オルレアン）
46 ロート（カオール）
47 ロート＝エ＝ガロンヌ（アジャン）
48 ロゼール（マンド）
49 メーヌ＝エ＝ロワール（アンジェ）
50 マンシュ（サン＝ロ）
51 マルヌ（シャロン＝シュル＝マルヌ）
52 オート＝マルヌ（ショーモン）
53 マイエンヌ（ラヴァル）
54 ムルト＝エ＝モゼル（ナンシー）
55 ムーズ（バル＝ル＝デュク）
56 モルビアン（ヴァンヌ）
57 モゼル（メッス）
58 ニエーヴル（ヌヴェル）
59 ノール（リール）
60 オワーズ（ボーヴェ）
61 オルヌ（アランソン）
62 パ＝ド＝カレ（アラス）
63 ピュイ＝ド＝ドーム（クレルモン＝フェラン）
64 バス＝ピレネ（ポー）
65 オート＝ピレネ（タルブ）
66 ピレネー＝オリアンタール（ペルピニャン）
67 バ＝ラン（ストラスブール）
68 オ＝ラン（コルマール）
69 ローヌ（リヨン）
70 オート＝ソーヌ（ヴズール）
71 ソーヌ＝エ＝ロワール（マーコン）
72 サルト（ル＝マン）
73 サヴォワ（シャンベリ）
74 オート＝サヴォワ（アヌシ）
75 パリ
76 セーヌ＝マリティム（ルーアン）
77 セーヌ＝エ＝マルヌ（ムラン）
78 イヴリヌ（ヴェルサイユ）
79 ドゥー＝セーヴル（ニオール）
80 ソンム（アミアン）
81 タルン（アルビ）
82 タルン＝エ＝ガロンヌ（モントーバン）
83 ヴァル（トラギニャン）
84 ヴォークリューズ（アヴィニョン）
85 ヴァンデ（ラ＝ロッシュ＝シュル＝ヨン）
86 ヴィエンヌ（ポワティエ）
87 オート＝ヴィエンヌ（リモージュ）
88 ヴォージュ（エピナル）
89 ヨンヌ（オセール）
90 ベルフォール（ベルフォール）
91 エソンヌ（エヴリ）
92 オー＝ド＝セーヌ（ナンテール）
93 セーヌ＝サン＝ドニ（ボビニ）
94 ヴァル＝ド＝マルヌ（クレテイユ）
95 ヴァル＝ドワーズ（ポントワーズ）

県名・旧州名対照図

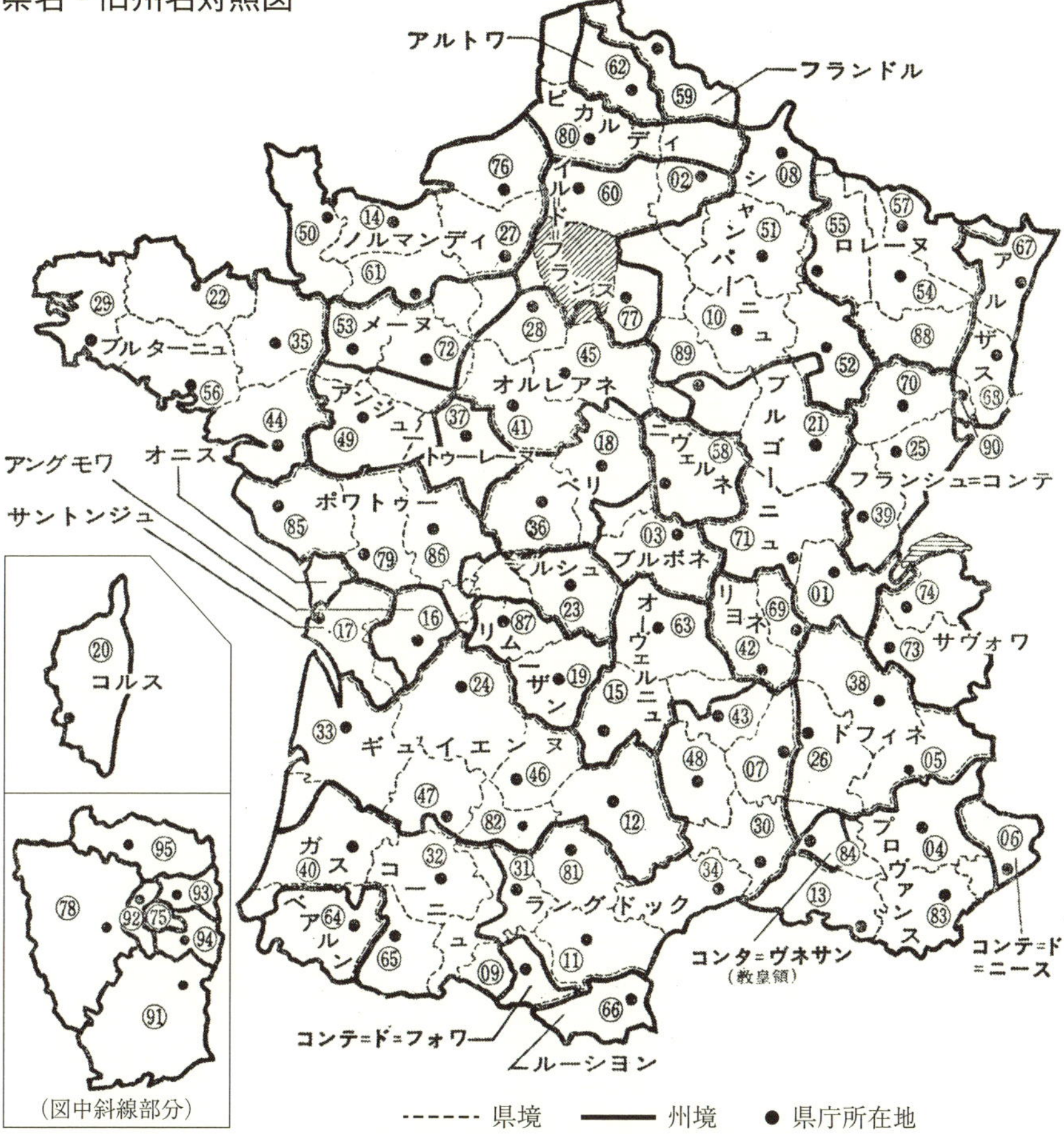

図中、番号は県名（1968年現在での行政区画）を示し、カナ書きは州名を示す。

出典：福井憲彦編『フランス史』（世界各国史2、山川出版社）より転載

県名（県庁所在地）

01 アン（ブルグ）
02 エーヌ（ラン）
03 アリエ（ムーラン）
04 バス＝ザルプ（ディーニュ）
05 オート＝ザルプ（ガップ）
06 アルプ＝マリティム（ニース）
07 アルデーシュ（プリヴァ）
08 アルデンヌ（メジエール）
09 アリエージュ（フォワ）
10 オーブ（トロワ）

目次

はじめに

本書は、第一篇「空間と歴史」、第二篇「人間と事物」（拙訳では「人々と物質的条件」）合わせて原書で千ページを超える大著であるが、とくに第二篇で、フランスの歴史については、「先史時代から西暦一〇〇〇年まで」と「十世紀から今日まで」という、普通では考えられないような大きな括りで記述されていることに、おそらく読者は驚かれるであろう。そこでは、通常の「フランス史」なら必ず語っているメロヴィング、カロリングからカペー、ヴァロワ、ブルボンと続いた王朝の変遷、フランス革命からナポレオン帝政、王政復古と共和制の交代劇については、テーマを立てて述べることは全くされていない。著者ブローデルが明らかにしようとしているのは、フランスという集合体を形成してきた人種や民族の違いを超えた何億の人々についてであり、その生存を支えた産業・経済の変遷と進展についてである。

もう一点、訳者としてお断りしておきたいのが、「フランスのアイデンティティ」という題名についてである。「アイデンティティ」（フランス語で「イダンティテ identité」）は、近年になって目にする機会が増えたが、外国語辞書では「自己同一性」などといった訳語が付けられているだけで私たちが滅多に目にしない難解な言葉である。当初、私としては、分かりやすくするためにタイトルを「フランスとはどういう国か」にしようと考えたが、ブローデル自身、序文のなかで、このタイトルに関して「たしかに大袈裟な言葉かもしれないが、まさに中心的問題がこれなのである」と強調していることから、やはり「アイデンティティ」をそのまま使う以外にないと思い直した。新明解国語辞典にも「自分という存在の独自性についての自覚」と説明されているし、リトレのフランス語辞典にも「conscience qu'une personne a d'elle-même」と同じ意味の解説が付けられているように、「フランスのアイデンティティ」とは「フランス自身が自覚しているフランスの独自性」ということになる。この「フランスのアイデンティティ」というタイトルが本書第一篇第一章の「フランスは多様性を自認するQue la France se nomme diversité」と連動しているのである。

訳者

序文

歴史は意図せずして自ずから成る
――J・P・サルトル

今度こそ私はいうが、私はジュール・ミシュレと同様の気むずかしく複雑な情熱をもってフランスを愛している。ということは、その長所も短所もひっくるめて、好きなところと容易には受け入れがたいところを区別しないで愛しているということである。しかし、この情念は本書の文面にはほとんど出てこないだろう。そうしたものは、私としては注意深く切り離していくつもりであるが、なおかつ、監視の眼をすりぬけて、私を驚かせるかもしれない。そのときは、自分の偶発的な弱みを途中で指摘するであろう。なぜなら、私の願いは、シャルル・ペギーが「フランスを別のところから見るように眺めよ」と言ったとおり、フランスについて、外国やその国民のことのように語ることだからである。しかも、歴史家の仕事は、ますます無味乾燥であること、感情を取り除くよう私たちに求めている。そうでなければ、歴史はほかの人間諸科学に接近しすぎて、それらと同じようにきわめて不完全な学問になりかねないからである。

歴史家は、できるだけ超然たる観察者として、一種の個人的沈黙を自らに課さなければならない。そのような努力は、『地中海』や『資本主義』など、以前の著述においては容易であった。そこでは、私はフランスを遠くから、ときには非常に離れたところから、ほかの国々と共通する一つの国として観察した。それからかなり遅れて、今ようやく自分に近しい世界に辿り着いたのであるが、一面では私は、そこに明らかに一つの喜びを感じている。というのは、実際のところ、歴史家が難なく近づけるのは自分の国の歴史に限られ、そこでなら、その紆余曲折も、本来の長所や弱点も、ほとんど直観的に理解しているからである。このような利点は、どれほどの碩学であっても、他人のところにいるときは、けっして手にできないもので、だからこそ、私は、真っ先に白パンを食べることはしないで、自分の晩年のために残しておいたのであった。

自分の情念を排除するとは、自分のありよう、社会的立場、これまでの経験、怒りや情熱の爆発、個人的特性、生活の広がりや現代が挿入した様々なものを取り払うことである。イッポリト・テーヌはその『現代フランスの起源 Les Origines de la France contemporaine』において、昆虫の羽化を観察するように現代フランスの成熟を見ることに成功したと考えたが、実際には成功していない。アレクシス・ド・トクヴィルはその名著『アンシャン・レジームとフランス革命 L'Ancien Régime et la Révolution française』でそれを成し遂げたとしているが、私ならもっと巧くやりとげられると自負したくなるほどに、きわめておおまかである。

しかしながら、コロゼが『フランス史の宝 Thrésor des histoires de France』というタイトルながら、出来映えには不満足なまま一五八三年に亡くなったあと、一六一五年以後、そこに際限なく補足されていったことは、はたして道理にかなっていただろうか？　すでに十五世紀末、ロベール・ガガンは、様々なフランス史の書を集成した著作に『フランスの年代記と歴史の鏡の海 Mer des croniques et miroir historyal de France』という題をつけていたが、歴史書はその後もますます増え、こんにちでは、「mer」（海）より「océan」（大洋）と呼ぶべきところであろう。私たちは、良質な、それも、ときにはきわめて質のよいフランスの歴史書をもっている。とくにミシュレのそれ（一八三三―一八六九年）は比類がない。ラヴィスのそれ（一九〇三―一九一一年）は今日も再版されており、欠かせないものをもっている。ロベール・フィリップのそれ（一九七〇—一九七三年）は、すばらしい知識の宝庫であり、短い素描であるが、私の見るところ偉大な価値をもっている。

ジャック・マドールの『フランス史Histoire de France』（三巻　一九四三、一九四五、一九六六年）も、その均整ぶりによって私の心を魅惑するし、そのほかにも、リュシアン・ロミエ、ニコラエ・ヨルガ〔訳注・ルーマニアの歴史学者〕、エルンスト・クゥルティウス〔訳注・ドイツの文明批評家〕、ウジェーヌ・カヴェニャックのエッセーがある。

またジュリアン・バンダの『フランス人の国民形成意識Esquisse d'une histoire des Français dans leur volonté de former une nation』（1932）、リュシアン・フェーヴルの失われた書『名誉と祖国Honneur et patrie』がある。後者は一九四六—七年のコレージュ・ド・フランスでの講義を起こしたもので、さいわいなことに私は一九五六年八月に作成された手稿本を手に入れ、そこに込められたメッセージを知ることができた。我が国の過去についての考えられないほどの知識を付け加えた最近十年間の大量の論文・研究・記事などのことは、ここでは触れない。

私は、自分が読んだ本のなかで、専門知識という次元では議論の余地があるが、長期的展望を開いてくれ、偶発的事件の際限のない連続から解放してくれる何冊かの本にも席を与えた。そして、私たちを既成概念や慣習から脱却させて論争を喚起し、実りある疑問（というのは、それらは私たちの視野を逆転とまではいかないまでも変革し、または陰影をつけてくれるから）へ誘ってくれるような、ある意味で常識外れのパンフレットや書物も幾つか受け入れた。

しかし、先に提起した疑問を繰り返すと、この際限のない参考書リストにさらにタイトルを付け加えるべきだろうか？　実際問題、私の信ずるところでは、そうした試みは、約三十年前にリュシアン・フェーヴルを『フランス史』の企図へ導いた（残念ながら彼には、それに本格的に取り組む時間がなかった）のと同じ理由で私の心を捉えた。
歴史家の仕事は、この半世紀の間に根底から変わったので、過去のもつイメージも、それ自体、何から何まで変化している。しかし、だからこそ、私たちがいま、どこにいるのかを知ろうとすることは価値があるのだ。過去は現在を構成している要素であるから私たちの生活にとって有用な情報であり、フランスの過去を確定することは、私たちフランス人を正しいあり方のなかに位置づけることになる。私の友人のある歴史家が、こう書いて寄越したことがある。

「他の国の歴史が閉じこめた壁murs（むしろ私としては城壁rempartsといいたいくらいです）からわが国の歴史を脱出させることが必要です。」

（クロード＝フレデリック・レヴィの一九八一年九月一四日の手紙）

多くの場合、根本的な問題を提起するこの革命的突破口は、歴史学の防備の薄い部分に対する人間諸科学（地理学・政治経済学・人口学・政治学・人類学・民族学・社会心理学・文化学・社会学など）の闖入がもたらしてくれるもので、これによって、歴史学はさまざまな光の当て方を試み、それに伴って新しい疑問点が出てくる。歴史家たちは必ずしも考慮していないが、これらの光の当て方は、どれ一つとして無視できない。そこに難しさがあり、そのような離れ業は、実際には誰にでもできることではない。ただ、あえていえば、私たちが取り組まなければならないのは、サルトルのいう《歴史的全体》を全体として語ることである。これをピエール・グベールは「全体的歴史こそ唯一、真実の歴史であるl'histoire totale est la seule histoire véritable」といい、ミシュレは「全ては全てと結合し、全ては全てと混じり合っているtout est solidaire de tout, tout est mêlé à tout」と言っている。

しかし、もしフランスの過去が、さまざまな人間諸科学のあらゆる観点から調べられなければならないとすると、歴史家は、自分が知らない道に足を踏み入れなければならないため、問題を見過ごしたり、扱い方を誤って迷ってしまい、専門知識をもっている人を驚かせたり、不快がらせたり、憤慨させたりする危険性がある。私たちにいわせると、フランスの統一性がほんとうの意味で確定するのは、ジャンヌ・ダルクによってでもなければ、完全な意味ではフランス革命によってでもなく、おそらく、その素っ気なさで人を納得させるよりは苛立たさせるかもしれないが、もっとあとの、鉄道網が完全に全土を網羅し、小学校が設置されたことによってである。しかしながら、わが国では十六世紀に《近代 moderne》の理念が現れ、大革命によって《フランス国民》の理念が爆発的に形成された。そして「ナショナリズム nationalisme」という言葉はバルザックのペンのもとに姿を現したが、その当時はまだ実際に動きがあったわけではない。

《国民》は、徐々に形成（あるいは再生）されていくもので、最初からミシュレが詩的に「ひとりの人物」といっているような単一の人格ではない。それは、日ごと、週ごと、年々歳々の編年史の糸によっては充分には捉えられない様々な事実と人々の集まりである。それを《歴史物語 histoire-récit》風に短い時間に区切るのは、ジャック・ブロック＝モランジュのいう「フランス史連続ドラマ」の憎めない欠点である。

私たちは、子供のころ、そうした歴史ドラマをマレ＝イサークの忘れがたい本のなかで教わり、少なからず感銘を受けたものである。しかし、もう子供ではない人は、もっと長い持続性のなかで書かれた別の形の歴史書によって、人々が生きた想像を絶する時間の堆積が合成したもの、何世紀にもわたる驚くべき繰り返しがもたらしたもの、今も生きているが多くの場合は気づかれないでいる厖大な遺産を引き出すことができる。そうした遺産は、精神分析医が意識下にあるものを引き出すように、歴史の深層から抽出されるのである。

アーノルド・トインビーは、これを誇張的に、こう書いている。

「コロンブスとヴァスコ・ダ・ガマ以降の四、五百年は、時間の尺度でいえば一瞬である。」

（『試練に立つ文明 La Civilisation à l'épreuve』）

これが誇張した言い方であることは当然として、この区切り方には不条理に狭い測量器による御都合主義がある。私としては、今日の歴史家たちが年代学的尺度を気前よく拡大し、「人間の生活が始まる以前の、いわば非公式の方面の探求」に夢中になっていることは喜ばしい。この「人間の生活」云々は、マリノフスキーから借用した表現で、これに熱気を付与するのがピエール・ボノーの「起源の重み pesanteur des origines」である。しかし、そこにいたるには、「生きられた時間」を素材として充分に活用できることが必要であり、そのために役立つのが《長い持続 longue durée》である。

私は、先に、テーヌの『現代フランスの起源』とトクヴィルの『アンシャン・レジームとフランス革命』を挙げた。敬服してやまないこれらの著作について敢えていえば、それらがもっている先天的欠陥は、まさしく「フランスは啓蒙主義時代の十八世紀に始まり、フランス革命の暴力的試練から生まれた」としていることにある。この『革命 Révolution』が、つい昨日まで、私たち歴史家の卵たちから、政治参加のイデオロギー的根拠を示したバイブルとみなされていたことは別にしても、である。私は、そのほかのあらゆる信仰や懐古的理想化に反対するのと同じく、このような信仰にはっきりと反対する。しかしまた、その結果としてもたらされる年代的枠組みの狭小化には、それ以上に反対する。アンシャン・レジームだの大革命だのは、ごく最近の、それこそ、手を伸ばせば届く距離にある。問題にされるべきはフランスの過去の全体的厚みである。それは、ローマ人による征服より以前のガリアから始まって現代にまでいたるもので、その意味では、ルイ十六世のときのフランスは、まちがいなくすでに非常に年齢を重ねた老人であった。ついでにいうと、テオドール・ゼルダンの『フランス人の情念の歴史 Histoire des passions françaises』は記念碑的名著であるが、それが一八四八年から始められているのは残念である。私たちフランス人は、そんなに若いだろうか？　私たちは、そして私たちの情念は、生まれてそんなに日が浅いだろうか？　また、ロベール・フォセールは、フランスの過去をアコーデオンを圧縮するようにまとめて「子羊のようにミステリアスなガリアは、私たちとはほとんど関係がない。わがフランスは、そんな遠い歳月の彼方からやってきたのではなく、歴史の経過のなかで生まれたのだ」（"La Société,II. Les Structures économiques"1977）と言っているが、その社会経済学的識見にも敢えて抗議したい。

これでは、まるで、先史時代と歴史時代とは繋がっておらず、歴史は原初の昔にまでは遡らないかのようである。わが国の村落が前三〇〇〇年紀以来、この大地に根づいてきたことも、そこではガリアが、のちにフランスが成育していく空間的広がりを前もって描いていたことも否定されるかのようである。さらにいえば、ライン川を渡河したゲルマン諸部族とは別に、ガリアとその魅力に心を動かさず彼の地に残ったため、時代によって移ろう特徴を帯びないで本来の言葉を保持してきている（その例は、言語的に二分されているベルギーに見られる）人々などいないかのようである。また、過去に遡っての血統学の研究も、私たちの血から蛮族侵入時代の痕跡を明らかにできないかのようであるし、私たちのなかに、遙かな過去の歴史の闇から引き継いだ言葉や信仰が含まれていないかのようである。

まさに本書が、もしできることなら白日のもとに明らかにしようと企図しているのが、表面に出てこないで闇に包まれているものの、断じて死滅することはない、この歴史なのである。

同様に、現在のフランスの空間的広がりである《六角形 hexagone》〔訳注・フランスの国土の形から、よく使われる〕も、それだけが準拠すべき基準ではない。そこには、幾つもの下部単位がある。「地域圏 régions」、「州 provinces」、そして、昔から使われ、いまもある種の自立性をもっている「地方 pays」がある。逆に、フランスより上位には「ヨーロッパ」があり、ヨーロッパの上位には「世界」がある。マルク・ブロックは言う。「フランス史というものはない。あるのはヨーロッパ史である。」（『歴史家の弁明』）

しかし、これには別の言い方もある。「唯一あるのは世界史だ La seule histoire véritable est l'histoire universelle」（Emile Callot "Ambiguïté et antimonies de l'histoire et de sa philosophie" 1962）これには、さらに、こう付け加えることも

できる。「ヨーロッパ史というものはない。あるのは世界史である。」ポール・モランは書いている。「私が考えることのできる《六角形》は、地球儀に描かれたものだけである。」（『ヴェネツィアVenises』1971）

事実、ヨーロッパも世界も、過去においては私たちの《利害関係者》であり、機会があれば私たちを突き飛ばし打ち砕いたであろう。しかし、だからといって、私たちも彼らに対して無罪といえるだろうか？「近代国民にとっての偉大な栄光の一つは、世界史というものを考えたことである」とのエドガー・キネの言葉（ヨハン・フォン・ヘルダーの『人類史の哲学について Idées sur la philosophie de l'histoire de l'humanité』への序文）は、それが書かれた一八二七年から、時間の経過とともに、さまざまな多義性を帯びてきている。しかし、いずれの国民にとっても、ますます義務的で重苦しくなっている世界との対話は、一種の財産接収につながることを覚悟する必要がある。そこにあるのは《混合》であって《融合》ではない。ゼルダンは書いている。

「フランスで起きた最もラディカルな変化は、フランス人たちが自らの運命をコントロールできなくなったことではないだろうか？」

だが、明らかにそうではない。私の企図は、世界およびヨーロッパの運命と混じり合っているフランスの歴史がもつあいまいさのために、最初からかなり狭められた。とはいえ、心配は無用である。というのは、私は、途中で、フランスの歴史に取り組むことは一つの賛嘆すべき探索であり、それ自身の冒険を超えてヨーロッパと世界の歩みを明らかにすることだということに気づいたからである。

したがって、まず、その長い持続性、そして六角形のフランスの形、それからヨーロッパ、そして世界との関わり……これらが本書で取り上げる空間的・時間的尺度とその様相である。これらの尺度は、さまざまな種類の重要な比較と実験的試みを可能にしてくれる。それらは、予め準備された計画に基づいて構成要素を変えることによって好きなように始めることのできる実験である。

こうして過去に遡っていくと、フランスは、空間的にも時間的にも他の国のそれと関わり合っており、比較対照のできる実験室として現れてくる。それによって私たちは、連続性と特定の傾向性をもつ規則性、そしてこの深層の歴史を人間諸科学総体にとって欠かせない空間変異的・時間変異的社会研究たらしめているものを把握することができる。ジャン＝ポール・サルトルは、ためらうことなく、こう言っている。

「弁証法と人間の実践活動が頂点に達するのは、歴史によってである。社会学自体は、歴史的合算の暫定的要因にすぎない。」

（『弁証法的理性批判 Critique de la raison dialectique』）

そして、エミール・デュルケムは、こう予言していたではないか？

「そのうちに、歴史学的精神と社会学的精神とは色合いの違いにすぎなくなる日がくるだろう。」

（『社会学と社会科学 Sociologie et sciences sociales』1909）

私たちは、そこまでは至っていない。しかし、そのような邂逅を現実化するための唯一の方法が比較史である。これは、歴史のなかにさまざまな相似点を探求するやり方であるが、じつは、これこそ、あらゆる社会科学の条件なのである。

したがって私は、章ごとに、地理学・人類学・人口学・政治経済学・政治学（あるいは政治科学）・文化と精神に関する学問（文化学culturologieといってよいだろうか？）・社会学・国際関係学などさまざまな人間科学の観点から、フランスの歴史全体を見直すよう努めるだろう。

たしかに、それらは必然的に出てくる話題ではなく、一種の冒険的試みである。それぞれの人間科学は、その独自の領域と説明法をもっている。しかし、それぞれが、社会的現実（いうなれば、あらゆる人間科学の素材の全体）を内包している。それぞれが、自身によって規定されているとともに、外側からも「多元的に決定surdéterminer」されている。

自分が照らしている領域は、ほかの諸科学の領域と接しているのである。モンパルナス・タワーの上から見た場合とノートル・ダムの頂から見渡した場合とでは、見えている地平線は同じではないが、パリの町は、その都度、その全体像を見せてくれるように、事実の探究は、その全て、あらゆる瞬間が総括的であり、ロベール・フォセールが言っているように、社会的総体を含んでいる。したがって、総括的ならざるものは、人間科学ではないことになる。

では、その場合、歴史学は、ほかの人間科学との間に、どのような違いを出していけるだろうか？ 社会諸科学が現在について抱く疑問の総体を提示できるように、歴史学は過去に目を向けて、それを提示する唯一の学問である。

こうした無謀な試みは私たちを、危険性と同時に栄光に近づけてくれる。本書でも、フランスの歴史全体が問題になるときには、あらかじめ画定された領域の境界線をはみだしてしまうだろう。そのため、どうしても繰り返しが避けられないのだが、見ている角度が違うから、まったく同じことを繰り返しているわけではない。そこで私が述べたいことは、私にとってどう見えているか、私がどう理解しているかであって、それ以上ではない。また、たとえば地理について語りながら、どうして、経済や社会、政治や人類学について語らないでいられるだろうか？ すべては一つの塊を形成しており、それを観察するには、自分のランプに明かりを灯して、忍耐強く照らさなければならない。したがって私は、私たちが人工的に作り出した科学的カテゴリーに過度に合わせようとするのではなくて、直接的観察と解明に専心することになろう。

もう一つ、おそらく読者にとって難しい問題が出てくる。それは、私の論述においては、たえず遠い昔とさほど遠くない昔、過去と現在とが織り交ぜられていくことである。過去と現在とは、丘陵や山岳、断層、植生によって隔てられているとしても、それらを結び合わせている道があり、相互浸透がある。過去は、認識もされずに私たちのまわりに漂っており、私たちは知らない間に、鳥もちにくっつけられるようにまとわりつかれているのである。ある社会学者は、こう言っている。

「過去は、その潮流を私たちのところにまで届かせている。過去と切り離して考えられるような現象は一つとしてない。」

(Fernand Dumont "Anthropologie" 1981)

まさに、あたかも河川の水が海に注ぎ込むように、フランスの過去の深い潮流が現在のなかに注ぎ込んできている。私が探知し辿ろうとするのは、その有りようである。

ある著作のタイトルが完全に中立的であることはけっしてない。私が本書を『フランスのアイデンティティ L'Identité de la France』としたのは なぜか? この言葉は私を魅惑したが、何年間も思い煩った挙げ句、私は、これまで述べた問題だけでなく、ほかに付け加わる問題のすべてを提示しているのが、まさにこのタイトルだと結論した。

これが曖昧な表現であることは明らかである。それは、つぎつぎと疑問を提起してくる。一つの疑問に答えると、すぐ次の問題が現れるという具合で、際限がない。「フランスのアイデンティティ」というのは、たしかに大袈裟な言葉かもしれないが、まさに、中心的問題がこれなのである。それは、ちょうど海の沈殿物の堆積が長い年月の間に強固な地層を形成するように、測り知れない過去が次々と層状に作り上げたものである。

要するに、それは残滓であり、アマルガムであり、合算であり、混合物であるとともに、自ら永続していくためのプロセスであり、もし、それが途絶えると、すべてが崩壊する自己自身に対する戦いである。一つの国民が存続できるのは、どこまでも自らを探求し、筋の通った進展の方向へ絶えず自己変革するとともに、確固として他者と対峙し、自らが理想とする最良の本質的なものに同化しようとすることによってである。それは、深層の信条からくる絶え間ない自己検証、広大な無意識層の心の働きであり、イデオロギーや神話による自己認識である。そのうえ、あらゆる国民的アイデンティティは、当然、一つの国民的統一性を内包しており、この統一性のいうなれば反映であり転移であり条件である。

こう考えると、あまりにも単純な言葉は疑ってかかるべきだということが分かる。フランスを一つの論述、一つの方程式、一つの公式、一つのイメージ、一つの神話に還元しようとしてもできるものでないことは明白である。

それに関連して想起されるのが、たとえばレイモン・ルドルフの期待はずれの著作（"Le Mythe de la France"1971）である。彼はフランスを悪口するためにペンをとったのだったが、フランスの本当のことは書いていない。実際のところ、フランスが悲劇的運命に遭遇したとき、私たちフランス人のだれが、幾度も、歴史の裂け目ともいうべき破局に直面してきたフランスのことを思わないでいられるだろうか？

それらは、飛行機で大空を旅していて、急に雲の切れ目に出て、はるか下の方に地面が見えたようなものである。深淵のように大きく口を開いた破局の例としては、ごく近いところでも、一八一五年、一八七一年、一九一四年があり、スダンでは一九四〇年にも二度目の弔鐘が鳴り渡った。その敗北の苦悩の行き着いたところがダンケルクの信じがたい無秩序の悲劇であった。これらの傷口も、時の経過とともに癒着して消え、忘れられている。それが、あらゆる集合体の有無を言わせぬ規則である。一つの国民は、個人ではないし一つの《人格》でもないのだ。

私は、これらの瓦解の幾つかに立ち会ってきた。そして、ほかの多くの人々と同じく、運命の皮肉ともいうべきか、太陽が輝き花々が咲き乱れ、生きる喜びに満ちていた一九四〇年の夏、フランスがただの一撃で滅び、私たちが砂の山から一陣の風に吹き飛ばされた塵さながらになったとき、これらの疑問にぶつかったのであった。

――ほんとうのフランス、深層のフランスは私たちの背後にあり、それは生き残ってきたはずだし、事実、生き残っている。そしてそれは今後も、もしも人間たちがその悪魔的な破壊力を行使しなければ、私たちの不安や個々の人生、きらびやかだが消えていってしまう炎のように眼前に踊っている表面的事件に満ちた危うい歴史を超えて生き続けていくだろう、というのが、その答えだった。

すでに遠くなったこの時から、私は「フランス自体」のこと、奥深く埋もれたフランスのことを考え続けた。それは、幾世紀にもわたる歴史に固有の斜面を転がり、どうにかこうにか生き続けていくことを余儀なくされているかのようであった。そこから生まれたのが『フランスのアイデンティティ』という本書の多義性を含んだタイトルである。

この点で一つの例が私の脳裏に浮かんでくる。それは、一八九八年、アメリカ合衆国と戦い、無残に敗北したスペインである。アメリカはスペインに残っていた古臭い帝国主義的誇りを一撃で打ち払い、素裸にしてしまった。この状況のなかから「一八九八年世代」と呼ばれる知識人たちの熱狂的な反動が突如として現れたのだった。ミゲル・デ・ウナムノは、その著『スペインの本質』において、この問題への答えを出した。また、アンゲル・ガニヴェトは『スペイン精神 Idearium español』を著し、さらにくだって、オルテガ・イ・ガセトは『脊髄なきイスパニア』で、無脊椎動物の身体に喩えた厭世的イメージでこれを捉える。

私は、これらの人々と一緒になって反動主義に与する自分を思うと、心中、涙を禁じ得なかった。しかし、私は私だ。彼らの結論とは距離をおくだろう。繰り返すようだが、私は彼らが《本質 essence》といっているものなどは信じない。単純な公理などは信じない。「デカダンス」という言葉やその概念にも価値があるとは思わない。私が自分に課すのは、ただ、あらゆる先入見を排した合理的探求であり、そこから出発して、フランスの長い歴史がどのようにその土台から自己形成し、自らと世界の流れに身を委ねてきたかを理解するため、具体的事実を観察していくことである。

本書『フランスのアイデンティティ』は、大きく四篇に分かれる。

第一篇は「空間と歴史」――地理的・政治経済的観点を中心にして

第二篇は「人間と事物（人々と物質的条件）」――歴史的・人口学的観点を中心にして

第三篇は「国家・文化・社会」――政治学・諸文化研究と社会学的観点を中心にして

第四篇は「外から見たフランス」――国際関係史から。そして本書の総括として

である。

この繋がりには、論理的展開があまりないと思われるかもしれない。しかし、著作というものは、そのタイトルと同様、プランも、完全に中立的ではありえない。いったい、伝統的幾何学の円順列におけるように、その個々の要素をなんの不都合もなく移動させることができるだろうか？

ジョルジュ・ギュルヴィッチは、あらゆる研究は、把握しやすいものから難しいものへ順を追って進めていくことが理解しやすいはずだ、と考えた。つまり、単純なものから複雑なものへ、表面的事象から深層の本質へと進めていくやり方である。私も、この『フランスのアイデンティティ』の研究において、無意識のうちに、この手法を用いたのだろうか？

第一篇の「地理」は、それ自体、一目瞭然で捉えられるので、原理的にはなんら難しいものではない。「人口学」は、まだ発展途上の新しい学問で、近づきがたいものではない。「経済学」は、人間諸科学のなかでも最も科学的な学問で、意欲のある歴史家なら幾らでも利用できる法則を多く包含している。

しかし、第三篇の「国家」となると、具体的事象は複雑化するし、さらに「文明」となると、遍在的浸透と拡

散の問題が出てくるから、もっと難しくなる。「社会」となると、人間科学としての確定も、したがって把握も充分にできていないので、困難は重篤化する。第四篇の「外から見たフランス」は、伝統的な歴史学では、もはや使い古され、今では涸渇してしまったテーマと思われるかもしれない。しかし、昨日と今日とでは、同じ眼で見るわけにはいかない問題であり、私自身の足場はまだ確固たるものになっていない。

少しずつ私の確信になりつつあることだが、世界的規模の力が凝結して私たちを包み込んでいる現代だけでなく、過去においても、フランスの運命は、まず何よりも、世界の運命の一部であった。たとえばフェルディナン・ローが「フランス史上最大の破局 la plus grande catastrophe de notre histoire」と呼んだ、ローマによる征服時代のガリアを想像してみよう。あるいは、十六世紀ごろからヨーロッパの他の人々と一緒に十字軍遠征の道に飛び出していったフランスを想起してみよう。さらに、十六世紀ごろからヨーロッパに定着した資本主義経済によって作り替えられ、劣等的立場に落とされたフランス、また、現代世界の激動のなかで荒波に揉まれているフランスを見てみよう。そうすると、過去と現在とは、切り離せない悪魔的カップルとして現れてくる。

それに、未来も加える必要がある。ジュリアン・グラックが書いているように、「歴史は、その本質として、《未来 Future》によって《今の時代 Contemporain》につきつけられた支払い命令となる」。これは、サルトルが彼らしく、次のように言っていたことの言い換えである。「時間が弁証法的でないならば、つまり、人々が未来にそうあるべきある行動を拒むならば、弁証法は現実の運動として崩壊するだろう。」(『現代 Temps modernes』1957.9)

そこに、歴史学が懐古的安住を捨てて未来展望の不安へ向かうべき理由がある。だが、ジョセフ・チャッピーが言ったように、「表面に現れた歴史的事実から、隠れた歴史的真実へ移ること」こそ、歴史の省察における自然の流れではないだろうか?

私が我が国のアイデンティティを、何よりも過去の厚みを通して観察しようとするのは、明日のフランスを心配し、問い直したいからである。昨日と今日とがぶつかりあい、そこに相矛盾する力が働いているからといって、フランスがそのうえを流れている深層の歴史を生み出すのをやめるわけではない。すべてを成り立たせているそれらの力は、明日も存続していくが、もしかしたら、人々が本当の理由も正確な時も予測できないまま、すべてを崩壊させるかもしれないのだ。

さいわいなことに、このあとの「フランスの誕生」と「フランスの運命」の巻は、前もっての説明と理由付けを必要とはしない。そこでは、さまざまな歴史家たちがこれまでに扱った問題を年代順に取り上げるだろう。もし、私が提示する答えが彼らとは全く異なっていても、それはゲームのルールの問題ではないだろうか？

いずれにせよ、それは、私にとってフランスの歴史に蓄積された《宝trésor》の利用法の一つであるだろう。私にとって、それは借金の返済であり、この著述自体、最後まで一つの賭けである。なぜなら、私が探求しようとする《フランスのアイデンティティ》は、少なくともある程度は、フランスの運命を解き明かすものであるから、もし、それが事実になるなら、賭けは私の勝ちになり、私の努力は正当化されるからである。

レ＝ポンテュー（オート＝サヴォワ）にて　　一九八一年十月二日

第一篇　空間と歴史

この第一篇を構成する三つの章は、実際には詮じつめると一つの同じ議論になるのであるが、その初めにあたって、読者諸氏に、これらを貫いている精神について明らかにしておかなければならない。ここで私が試みるのは、フランスの歴史と、このフランスを包含し支えている国土との多元的で錯綜し把捉しがたい関連を、ある一つの方法で理解しようということである。

地理の取り上げ方には、たくさんのやり方がある。地理学は、それ独自の問題によっても、ほかの人間科学や自然科学との合流によっても、利用することが可能であり、これは、なによりも今、地理学者たちが現実にやっていることである。しかし、私たちにとっては、地理学は、私たち固有の関心の向くなかでフランスの過去を読みなおし、考察しなおし、解釈しなおすための一つの方法である。

こうすることによって、風景や空間は、ただ現在だけの存在ではなく、過去の残骸として現れてくる。地平線は、過去に起きた様々なスペクタクルをもって私たちの前に自らを顕わし、再生してくる。大地は、あたかも私たちの身体の皮膚さながらに、古傷の痕を遺しているものである。

そのうえ、ちょっと注意してみるだけで（もしかすると、幻想かもしれないが）、環境は私たちの眼前で、昔のままの色彩をもって再生する。このようなことは、ヴェズレーとかオータンといった往古の姿を保存している町の中心部に立つとき、あるいは、現代世界によってまだ変形させられていない田園地帯では、まだまだ普通に起きていることである。ほかの地域ではとっくに納屋のなかに仕舞われている過去が今も生き続けている《地方pays》は、フォレだのビゴール、ルエルグ、ガティヌ・ポワトゥヴィヌ、バール＝シュル＝セーヌ（Bar séquanais）など、たくさんある。ライン川やローヌ川は、今日のような和らげられ手なずけられた川ではなく、輸送路として、大胆な川船乗りたちによって辛うじて遡航が行われている荒々しい河であった。そうした現在のことは、しばらくの間、胸から追い出し忘れていただきたい。

とはいえ、このあとのページを支配しているのは、過去への遡航だけでなく、過去と現在との間の往復である。事実、地理を観察する意義は、つぎつぎと積み重ねられてきた現実の豊富さと厚みと持続性を捉え、その堆積層を識別し、比較検討することにある。この現在的であると同時に回顧的な地理研究こそが、昨日と今日との関わりについての明確な知識を提供し、説明してくれるのだ。それがもたらしてくれるものは、《大地 la terre》《環境 milieu》《状況 environnement》《生態系 éco-système》といったさまざまな言葉で表されるが、それらが種々の接近法を教え、最高度に重要な古文書にも劣らない多くの情報を伝えてくれるのだ。

こうした問題への接近法を、第一篇のはじめの三章で取り扱う。

最初に、このフランスが、自立的な《地方 pays》の集まりであり、さまざまな色と形をした化粧板から成るモザイクのような《複数のフランス la France plurielle》であることを明らかにしよう。第一章では、この複数的であることを視覚化しようとして、その題を「フランスは多様性を自認する」とした。

しかしながら、これらの化粧板は、しっかりとしたセメントによって繋ぎ合わされている。《地方 pays》と《地域圏 régions》、《村 villages》や《町 bourgs》や《都市 villes》、そして《州 provinces》と《国家 nation》を縫いつける商取引や道路によって、全体が結合されている。「人々の集合体（村・町・都市）」と題した第二章では、農村や都会の光景を通して、さまざまに異なるつながりをもった集合体の間にある関連性を解明し説明していく。

これが大きな総体になったのが《国家 nation》である。なぜなら、フランスは、このようにして統一的集合体として自らを打ち立て、認めさせ、持続性をもつにいたったからである。その領域と、その領域内の自然は人間の労働によって勝ち取られたものであり、フランスは、ヨーロッパの、世界のなかのある一点に位置している。そこから、第三章は、「フランスは地理学の所産か?」と題した。

このように、空間と人間と歴史を比較検討するのが最初の三章の基本的流れで、これは、私が研究を始めた当初から『教育要綱 pédagogie』として立てていたものである。ただし、読者には、この命題の縦糸どおりには必ずしも忠実に進まないで、回り道を楽しむことも、赦していただかなければならない。熱中するあまり、さまざまな具体例を挙げたり、補足したりして、シンフォニーを奏でているようになるかもしれないが、それも抵抗しがたい誘惑として容赦ねがいたい。

第一章　フランスは多様性を自認する

最初は、もっとも簡単なことから始める。それは、事実を見えるままに、あえていえば一瞥したとおりに表すことである。この最初の観察によってただちに、私たちは、フランスの統一性が消滅することを認めるであろう。《一つのフランス》は、それを把捉しようとするはじめから、私たちの手から逃れ、その代わりに、何百、何千のフランス、昔のフランス、昨日のフランス、今日のフランスが姿を現してくる。この真実、この夥しさを私たちは受け入れよう。その主張は、けっして譲れないほど不愉快なものでもなければ危険なものでもないだろう。

一、はじめに描写ありき

月並みな言い方になるが、フランスは呆れるほど多様な国で、その空間的ひろがりのなかには「世界に類のないほどの多様なものが同居」(ルネ・ミュッセ)している。すべてが驚くほど村落的性格を示し、その多様性は様々な風景のモザイクを思わせる。「風景は、徒歩のハイカーにとってさえ、たえず変化する」(J=R・ピット)。村のそれぞれ、谷のそれぞれが、ましてや《地方pays》のそれぞれが、《ブレ地方pays de Bray》、《コー地方pays de Caux》というように、地域的単位をなしている。「pays」という呼称も、古代ガリアの「パグスpagus」〔訳注・ローマ時代の小集落〕に由来しており、各都市、各地域、各地方が明確な独自性をもっている。

風景が際立たせている特色と、人間が付け加えた痕跡だけでなく、人々の生きた文化、「生き方と死に方、親子・男女・友人・隣人といった基本的な人間関係を決める規範の総体」(H・ル・ブラ、E・トッド)も、それぞれに特色をもっている。これらの相違は、こんにちよりも昔のほうが顕著で、かつては、地方色、お国なまり、民間伝承、伝統的な家々（石造り、溶岩造り、煉瓦造り、粗壁土、木造など）、衣装も、無傷のまま残っていたのではないだろうか？

ラヴォアジエによると、狭いペロンヌ徴税管区のなかだけでも、面積の単位である「アルパンarpens」に、十七種類もの違いがあり、こうした異常なまでの度量衡の多様性は、行政上の大きな悩みの種になっていた。一六八四年、ポワトゥーの地方長官は、ワインの樽の容量を一律化できないかとの問いに、即座に、そんなことは不可能だと答え、ポワトゥーの市で見られるベリー産だのリムーザン産だのボルドー産だのによる差異があるだけでなく、ポワトゥー産のワイン一つとっても、土地によって呼び名も容積も多種多様で、そこに統一性を求めるのは《円積法》の答えを求めるようなものであると言っている。〔訳注・円積法quadratureとは、円と等しい面積の正方形を作ることで、作図不能の問題とされる。〕

そのように同じ町や村で行われている売買でも、小麦やライ麦、燕麦によって枡に相違があり、公正な取引きのためには、《マールmarcの重さ》（貴金属の重量）という共通の価値に置き換える必要があった。しかし、それがいかに複雑なものであったかは想像に難くない。古文書館には、そうした市場での取引のために月二回定められた穀物価格の換算表の幾つかが保存されている。

同様にして、衣服も、少し土地が変わるだけで種々に異なっていた。同じブルターニュ人でも、たとえばコルヌアイユでは赤い衣装であるが、レオンでは青、トレゴールでは紫色が普通であった。モルヴァン〔訳注・ディジョンの西方〕では、一八七八年になっても、昔ながらの衣装が見られた。

「女たちは老いも若きも皆、幅広の縞模様の毛織物をまとい、脚は膝まで白い毛織りの靴下で覆われ、羊の毛皮で足の甲を覆った木靴を履いている。頭には、これまた全員、合わせ縫いした幅広のボンネットをかぶり、後頭部には巻き毛を垂らしている。」

（E. Bogros）

家の様式にも地方的伝統があり、土地ごとで異なる。ジュラ地方では、昔から「山ごとに違いがある」と言われたが、今も同じである。形を一見しただけで、どの土地の家かが見分けられる。

たしかに、現代では、これら全てが変容してきているし、それぞれの独自性もぼやけてきているが、地域的差異というものがなくなったわけではなく、むしろ、はっきりしてきているものもある。今はパリの大司教だが、オルレアン司教であったリュスティジェ猊下は述べている。

「わたしが『オルレアン司教区』と言ったところ、ガティネの人々は『いや、オルレアンじゃありません』と言ってきた。」〔訳注・ガティネはオルレアンのすぐ北。〕

リュシアン・フェーヴルは「フランスは多様性を自認する la France se nomme diversité」と口癖のように言っていたが、まさに、その通りである。むしろ、わたしは、多少平板な言い方になるが、「フランスとは多様性である la France est diversité」と言いたい。なぜなら、外見や呼び名だけではなく具体的実体が互いに全く似ておらず、よそでは見られない多様性と異質性が凱歌を挙げているからである。イギリスやドイツ、イタリア、スペインも多様性を主張しているが、近寄ってみると、その内容的豊かさにおいても、そう主張する執拗さにおいても、フランスには敵わない。

外国人歴史家として一九〇〇年のフランスを調査したオイゲン・ヴェーバーは、フランスにも十指に余る個別のフランスがあり、それらが互いに離反しあい、互いに否認しあっていることに気づいている。（"La Fin des terroires"）

フランスには家父長的温情主義による王制時代の長い中央集権化の歴史があったし、ジャコバン党の「一にして不可分のフランス」（一七九二年九月二一日の宣言）からだけでもすでに二百年近い歴史をもっているのだから、上に挙げたような根強い対立もすべて、今日では消し去られるか薄められていると想像されるかもしれない。さらに、西暦一〇〇〇年のころから支配権をもってきたイル＝ド＝フランスの言葉によるフランス語の普及と、とくに十九世紀の産業の発達、さらに『栄光の三十年間 trente glorieuse』と呼ばれる一九四五年から一九七五年の目覚ましい繁栄を通しての交通の発展を考えるなら、その重厚な単色絵具の層によって、さすがフランスを特徴づけてきた何百・何千という色とりどりの破片で構成されたモザイク画も覆い隠されてしまっていても不思議ではない。ところが、まったく、そんなことはないのだ。一九八一年、エルヴェ・ル＝ブラとエマニュエル・トッドは正当にもこう書いている。

「産業社会はフランスの多様性を消滅させはしなかった。これは、家族構成から自殺者数、非嫡出子の出生率から離婚率、結婚の平均年齢からアルコール中毒（さらには精神疾患）の罹患率にいたる様々な指標を用いて地理的に分析してみた結果いえることである。」そのほかの、もっとありふれた項目を指標にしてみても、フランスでは多様性が単一性を圧倒し、包み込んでいるという同じ結論に到達する。イヴ・フロレンヌは諧謔的に「フランスは一つであり、かつ分割可能である」（『ル・モンド』一九八一年四月九日）と結論している。ジャン・ジオノが「フランスの農民たちは、その各自に独特で馴染みの環境のなかでしか描けない」と述べているとき、彼は目を閉じていたのだと考えるべきだろうか？　そうした多様な無数の環境が一つのものを作り上げているのであって、同じプロヴァンス人であっても、アルプス高地の人か、それとも低地のカマルグの人かで、生活を共にし愛情を注いでいる木々や蜜蜂、牛、馬、砂など全てが異なってくる。

フランス社会の統合化が迫っていると予言している人々は、すでに一八三八年に「フランスでは、あらゆるニュアンスの差が絶えず消滅していっている。おそらく五十年以内にはプロヴァンス人もプロヴァンス語もなくなっているだろう」と確言していたスタンダールと同じ誤りを犯していると考えるべきであろう。もう一度いうが、スタンダールは間違っていたのである。

しかし、地理学者や歴史家、経済学者、社会学者、随筆家、人類学者、政治学者が一致してフランスの多様性を論じ、しかも、一種の喜びや貪欲をもってそうしているとしても、それは一応の礼を尽くしたうえで、そのあとたちまち踝を返して《一つのフランス》に関心を向けるためである。そこには、付随的なものや初歩的なものから本質的なものへ眼を向けさせ、多様性より単一性、ありのままより望ましいものに視線を転じることが大事だというような姿勢が見られる。フランスの歴史についても、パリに対して敵対的あるいは部外者的な力ではなく、国民的形成へ一直線に誘導していく流れを明らかにすることが重要であるとしているようである。最近、フランスの歴史について一書を著した二人の歴史家は、こう書いている。

「わが国は、その多様性によって一種の名声を博している。フランスでは、風景も、人々の精神も、民族性も、屋根の形やチーズの香りも、扇のように広がる多様性をあらわしている。」

(Pierre Aumoine et Charles Dangeau "La France a cent ans, Sommes-nous nés en 1865?")

出だしは結構だが、リストは全く不完全だ。この扇は、開かれるや、すぐに閉じられ、そこで私たちに語られるフランスの歴史は、いつものレールの上を走るだけである。ある随筆家は、フランスを次のように称揚さえしている。

「この国は一つであり不可分である。なぜなら、何世紀もかけて多様で多彩な要素を取り込み、それらを一つの全体として融合することに成功したからである。だが、それらの要素は、それぞれ独自性を保持しており、そこに、この国の奇跡がある。」

(Henri Spade "Et pourquoi pas la patrie?" 1974)

私も、祖国が一つになろうとし、それを成就してきたことを否認はしない。しかし、この《統一体》を前にしたとき尻込みするのは外国からの移民だけではないだろう。多様な移民が一種の人種の坩堝を形成しているのは、どこの国でも同じだが、フランスは、それだけでなく、はるか昔から《幾つものフランス》として調和を維持してきたのであって、どうして「一つに融解した」といえるだろうか？　これは、たしかに言い過ぎである。いずれにせよ、多様性と単一性のこの対立のなかで、多様性のほうを手品のように隠すことは不可能である。その内容的豊かさを復元せずしては、フランスの国民的過去の深層にあるさまざまな対立と緊張、相互の無理解による分裂か協調し補い合うかといった諸問題、さらには、事あるごとに表面化した分裂と抗争、憎しみ合いの問題は解けないであろう。その火が家に燃えつく可能性はつねにあり、かの温厚な歴史家のマルク・フェローは「フランスの天職は、唯一、内乱にある」とさえ言っている。

地域圏（régions）と地方（pays）の集合体としての州（provinces）

しかしながら、フランスでは、二〇キロないし三〇キロも歩けば、生活様式も自然の景観も、集落のタイプも家々の色や形も変ってしまう。そのちぐはぐぶりに思いがけない発見をできることに喜びを感じないフランス人がいるだろうか？　フランス人は一人一人が、そのように区分されたもののいずれかに結びつけられており、心の中でも、自分は、ほかのどの州（province）よりこの州の人間だというだけでなく、その州のなかの、どの地域（région）の人間だという意識をもっている。少なくとも、それがフランス人のアイデンティティの一部を形成している。

だからといって、そのような帰属意識をもたずパリの没個性にのみくっついている人々を憐れむべきだろうか？　それは確かではない。なぜなら、かつてのパリは、その街区（quartiers）や場末（faubourgs）に面影を遺している、村々（villages）や町（bourgs）の寄り集まりであったからだけでなく、階層的区分をも伝統的にもっていて、ここは労働者の地域、あちらは知識人の地域、ブルジョワの地域というように、特質をもっているからである。ダニエル・ロシュは『パリの人々 Le Peuple de Paris』と題する本のなかで「わたしは五代前からのパリジャンだ」と書いているが、そこには明らかに、田舎人気質の証明書に匹敵するものがある。

フランス人大衆には、この独自性が深く浸透し持続してきている。どの共同体も、隣り合った小さな祖国を《よそ者》とし、それとは混じり合おうとしない。これは現在の地理学が明らかにしている驚くべき点で、いたるところで生み出されている進歩が、各地域を特殊なやり方で作り替え、隣接する地域との間に、ときに断層に匹敵するような新しい相違を生じている。

このようにして結局は細分化が維持されるので、はるか昔からの区分がはっきり見分けられる。わたしは、とりわけよく知っているムーズ川流域のオルノワやサヴォワ地方のフォーシニィ、ルシヨンのヴァルスピル、さらにはヴィッセンブルクとアグノーの神聖な森（Heiliger Forst）の間を静かに流れ、ライン川の大きな開口部めざして東へ向かう河川群を見るとき、はるかな昔についての貴重な証言を眼前にしているのだとの感情を禁じ得ない。〔訳注・アグノーはストラスブールの北。ヴィッセンブルクは、さらにその北にある。〕

なぜなら、その風景は、現在の人々の生活を一望の下に知らせてくれるからで、その現在の生活とは、あらゆる活動がそこで合流しており、わたしが容易に一巡して、ほぼ全体を展望し把握できるほど地平線が近ずいている「地球的規模の」生活である。しかも、この風景は、それ自体をはみ出て、過ぎ去った時代の状況を明らかにして古い均衡を再構築するのを助けてくれるし、有名無名を問わず、私たちより前にやってきてほとんど同じものを見た先人たちの指摘している言葉に意味を帯びさせる。この「ほとんど同じ」ということは、しばしば、ごく小さな違いがあるものの、私たちをかつての生活のなかに浸らせてくれるからである。

真実のフランスの歴史は、このように色とりどりで、しかも極めて鮮やかな色彩をもった《一つのフランス》から始まる。基底部にある《多様なフランス》が拮抗するなかで《一つのフランス》は《多様なフランス》を支配し、抑圧し、伝統的な歴史の多様な光と香りを不当にも自身のうえに集めながら、それらの自主独立主義を消滅させようとしてきた。

《一つのフランス》はなくても《複数のフランス》は存在する。《一つのブルターニュ》はないときも、《複数のブルターニュ》はある。ジオノが言ったことはプロヴァンスについても同様であるし、さらにはブルゴーニュ、ロレーヌ、フランシュ＝コンテ、アルザス等についても同じである。

〔フランシュ＝コンテ〕

私はフランシュ＝コンテについては、かなりよく知っているつもりである。一九二六年、私は初めて連隊の仲間三人といっしょに徒歩と自転車でフランシュ＝コンテを縦断した。その一人は、今は亡くなったが地理学者であった。〔訳注・ブローデルは一九〇二年生まれであるから、このとき二十四歳。地理学者というのは、ペルピニャンのリセーで教師を務め、一九七八年に亡くなったアンドレ・マレのこと。〕

私たちはブザンソンの背後にあるヴァルダオンの連隊基地を出発した。この遠出のルートは、グランヴェル一族の祖国であるオルナンからルー川の谷を遡り、ついでナンテュアの長い横谷を通過しヴァルスリーヌとベルガルドまで行く。そこからは、ローヌ川が地下に潜行する《沈降点perre》の驚くべき奇観が見えた。そこからさらに、すばらしいジェクスの国を通っていくのだが、その美しさは、いくら称賛しても足りないくらいである。最後に、フォシーユの丘を登っていくと、地平線の彼方にジュネーヴの町が姿を表す。――

それ以後、私は毎年といってよいくらい、ジュラ地方をあらゆる方向へ旅し、その都度、新しい発見に感動した。アルボワでもシャトー＝シャロンでも、ポンタルリエでもサン＝クロードでも、はたまたサンタムール、ルース、サン＝ポワン湖やシラン湖でも……。そのなかで、アルプスの草原の緑が黄色の多様な音階によって和らげられているのに対し、ジュラの牧草地は、青色がその輝きで眼をちかちかさせるような緑に混じり合っていることを発見した。

もちろん地理学者たちは、ソーヌ川沿岸の平地と、テーブル状になっている西のほうのジュラ山地、また樹木に覆われた斜面と草原の峡谷が褶曲をなしている東のほうのジュラ山地を分けており、土壌と気候、産物、集落などの際立った多様性により、多様な地方（pays）とその枠組みを設定している。オー＝ドゥーとアン地方のなかにあっても、ロミー、ミジュー、ミエージュなどの渓谷それぞれが狭い《地方pays》を形成し、互いに異なっていながら補い合いつつ共生することを強いている。

〔プロヴァンス〕

プロヴァンスも、一つの不可分のものでない点では同じである。プロヴァンスが一つであるのは、その空と気候のもっている色調と、乾燥に適応した樹木や草、人間が放棄した廃墟によってのみである。プロヴァンスは、地中海とローヌ川とアルプスの力強い山塊との間で引き裂かれ、その大きな部分がアルプス山地に含まれ、この山地によって遠く北のほうへ入り込んでいる。

内陸部のプロヴァンスは、砂州と石灰岩台地、あまり浸食されていない古い岩盤層、谷間の狭い平地、とりわけ、古い二重の山塊のまわりに抉られたモールとエステレルのような幾つものくぼみによって構成されている〔訳注・エステレルはカンヌの西方、モールは更にその西の地中海沿岸の山地〕。

これらの要素は風景を好き勝手に変えている気ままな起伏によって複雑に入り交じっているのが実態であるが、おおまかにいうと、一方には貧しい高地の国々があり、他方には、ささやかな耕作が行われている断片的な平地と盆地、河川流域がある。高地地域は楢と松の森やマキmaquis（灌木の密生地）、ガリグgarrigue（灌木の茂み）になっている。ただし、ガリグといっても、太古の昔からの開拓と人間の存在によって「崩れた塔のところで、羽根飾りのようなトウダイグサやツルボランの花茎が最後の稲科植物を覆い隠している貧弱な荒れ地となってしまった」(Ernest Bénévent "La vieille économie provançale" 1938) それは別である。しかしながら、この高地地域は、絶え間ない後退自体が証明しているように、古代のプロヴァンス経済においては、無視できない重要な役割を果たした。一九三八年になってもなお、ある地理学者は次のように書いている。

「サント=ヴィクトワール山脈の北側のサンビュックでは、白樫と西洋柊の混生林が広がっている。この人気《ひとけ》のない森にも、毎年春になると、企業家に雇われた労働者たちが幾つものチームに分かれて住みついて様々な作業に従事した。樵は樹木を伐採し、石灰製造工は石灰窯の燃料用に枝を束ねる。枝は女たちにより木槌で叩かれて樹皮を剝がされ、皮を剝がれた枝は炭に焼かれる。やがて、樹皮も炭も荷車引きたちによって運び出され、樹皮はジュークだのペロールだのの水車の鞣し工場へ届けられる。」

このような作業は、いまではすっかり姿を消してしまい、詳細を知るには、ピエール・グルーがプロヴァンスの村について書いた物を参照する必要がある。彼らは山頂に住んだと言われるが、実際には低地の耕作地域と高地の森林との境目あたりを選んだのではなかろうか？　こんにちでは高地の森林開拓は停止し、家々は、高地のぶどう畑と低地の小麦畑の間で低地へ向かって軒を並べる形になっている。

プロヴァンスの古い経済は、地中海沿岸全体の経済がそうであったように、小麦栽培とオリーヴ、アーモンド、葡萄といった小灌木類の栽培、そして羊や山羊といった小型獣の飼育の三幅対を基盤としていた。これらの灌木類は石ころだらけで乾燥した土壌に適合しており、春の雨は小麦の生育を助け、秋の雨はガリグなど荒れ地の稲科植物の生長を促し、それが小型獣たちの餌になった。全体的に、それぞれの地域が自給自足に近い生活を営んでいたのであり、それはプロヴァンスの縄張り主義の表れでもあった。

しかし、十八世紀に始まった障壁の撤去とともに、プロヴァンスの各地が換金に有利な生産活動に取り組むようになる。たとえば、アルク盆地では小麦栽培、アルル地方では羊の飼育、そして葡萄栽培はカシスからトゥーロンへと広がりつづけた。

一つの例としてララーニュに隣接するアルプスの高地を取り上げてみよう。ここは、ヴァントゥー山からシストロンの間に広がる地で、ジャン・ジオノが愛し、歩き回った風変わりな地域である。現代の特色は、専門化が大きな役割を演じているところにある。彼は、こう書いている。

「この農民たちが犂の柄を握ることはあまりないというと、驚かれるかもしれないが、それは、彼らが羊飼いだということである。彼らは機械の進歩の埒外に置かれている。羊の番をする機械はまだ発明されていないからである。……彼らが土地を耕すのは、家族あるいは個人の生活に必要な小麦や大麦、じゃがいも、野菜といった物を作るためで、そのため、農民の多くは独身か、あるいは一人暮らしなので、土を引っ掻くのは一年のうち一か月にも満たない。」(Jean Giono"Ennemonde")

羊の飼育は、原初的な地方にとって外部世界に開かれた典型的な出口である。

〔ノルマンディー〕

ノルマンディーも一つではなく、少なくとも二つに分けられる。一つは《オート＝ノルマンディー》で、ルーアンと海のほうを見つめている。もう一つは《バス＝ノルマンディー》で、カンとその豊かな田園のほうに向いている。〔訳注・ルーアンがセーヌ川を通して大西洋につながっているのに対し、カンはノルマンディー半島北側付け根の内陸の町である。〕

それに加えて非常に顕著なコントラストを示しているのが「オージュ地方の豊かな平野とセーヌ川の湾曲部の

森林、オルヌとヴィロワの《ボカージュbocages》、コタンタンの荒れ地、コーおよびヴェクサン地方の小麦畑」である。これは、アルマン・フレモンの『ノルマンディーの農民Paysans de Normandie』に対してフレデリック・ゴーサンが書評のなかで述べていることである。ここに挙げられている地名は代表に過ぎない。そのほかに忘れてならないものを挙げておこう。

プティ＝コー、ブレ地方、ボーヴェジ、マドリー、ヌーブール、ルーモワ、ウーシュ、ベッサン、ウルム、セオワ、アランソンの野、ファレーズの野、イエモワ、パッセ、カーン平野、アヴランシャン、ボープトワ、コルロワ……である。

ゴーサンは、いみじくも、「ノルマンディーでは、地方それぞれが一つの人間タイプと生活様式を生み出し、それぞれの歴史の重みを課してくる」と言っている。この言葉は、逆もまた真なりで、各地方の歴史が人間タイプと風景を創り出し、一つの地方（pays）としての持続性を確かなものにしているのだ。こんにちの凶暴なまでに加速している都市化が、これらの古くからの差異の幾つかをぼやけさせていることは確かだが、しかし、それは多くの場合、外見だけである。

〔そのほか〕

《州provinces》を構成している《地方pays》の数の多さでは、おそらくシャンパーニュはガスコーニュに次ぐだろう。シャンパーニュは、三十をくだらない《地方》の複合体である。エルヴェ・フィリペティはこう書いている。

「それらの幾つかはまだポルシアンだのペルトワ、レモワ、セノネ、バッシニといったみんなから認められている名前と境界線をもっているが、それ以外は、もはや独自で生きている実体とは考えられていない。アルスゼだのブリエノワ、アトノワのことを誰がまだ話題にするだろうか?」(これにはプロヴィネ、ヴァラージュなども加えてよい。)

無人化した村があるように、無人化した《地方pays》はあるだろうか? そして、そうした痕跡を丹念に、とくに直ちに調査し発見する必要があるだろうか?

だが、最小の地域的単位も、それ自体、さらに分割されるのではないだろうか? ピレネーの安定地塊のなかにあるポー川の山岳盆地、ラヴダンは、バレージュ渓谷、コートレ渓谷、アザンの谷、エストレーム・ド・サル、バシュルゲール、ダヴァンテーグ、カステルーボンという七つの《地方pays》の集まりである。

したがって、昔の州の領域について正確な知識をもっていない著述家の意見には、あまり安易に従わないようにしよう。たとえば、アンリ・フォシヨンは、ロマネスク芸術の時代について「三つに分かれるブルゴーニュは、一世紀半の間は一つであった」と言っているが、ロマネスク様式の教会という視点からは正しいかもしれないが、地理と歴史に関していうと、明らかに間違いである。ブルゴーニュは、アンリ・ヴァンスノが描いたように、幾つもの特殊な地域に分岐し、しかも、そのそれぞれが、頂上部は一つだが降るにつれて幾つもの平面を段階的に形成しており、フランスの統一性という意味でその統一性を語ることは不可能である。アンドレ・シーグフリードが「イギリスは一つの島であることを忘れてはならない」といっているのと同じくらい、「フランスは多様であることを忘れるな」と繰り返すことが有用であり必須であるというのが私の信条である。

脚と眼による観察

だが、フランスの多様性を、理論的に語っても何の役にも立たない。自分の眼で見て、手でじかに触れて、その色合いや匂いを楽しむ、さらには本物の田舎の旅籠屋で食べ、飲んで味わうことが必要である。ロラン・バルトが言っているように、ミシュレはフランスの至る所を歩き回り、その丈夫な歯で、フランスの歴史だけでなくフランスそのものを食べ尽くそうとした。リュシアン・フェーヴルも、同じ情熱を燃やし、飽きることがなかった。わたしも、私流にだが、この情熱を共有している。

こんにちでは、自動車が、そのために役立つ。成層圏の高みに消えてしまう飛行機のことは論外である。自動車の場合も、自動車専用道路にはあまり頼らないことが大事である。いまでは、高速道路がジュネーヴからアンヌマス（ジュネーヴの東）へ、フォシニーを経由してボンヌヴィル、そして巨大な橋脚に支えられながら空中高く蛇行してシャモニーへ、さらにはモンブランのトンネルへと繋がっている。しかし、全般的にいえば、フランスの一般道路は世界でも最も美しい道であり、こちらを選ぶべきである。

この種の道路は、地形にしたがって曲がりくねり、起伏にしたがって上り下りしながら造られている。ときどきは車を停めること。そして、もし私の個人的好みを分かち合ってくださるのなら、何よりもまず急激な変化に対して感性を研ぎ澄ますこと。家々の屋根の形や素材が変わる瞬間に注意し、家を悪い運命から守るために付けられている魔術的標識の地域的違いを見分けることだ。アルザスに入ると、それらは急に増える。シャンパーニュでは、異常なくらい風見鶏が各家の屋根の上に突っ立っている。ロレーヌでは、風見鶏は領主館の標識で、私の生まれた村では一軒しかなかった。シャンパーニュで風見鶏が農民や職人の家にも見られるようになったのはあとのことで、その家の職業を表すとともに、社会的平等を宣言する一つの手段になっていた。だが、それにしても、シャンパーニュでは、そのようにたくさん見られるのに、ほかのところで少ないのは、どうしてであろうか？

したがって、わたしが助言したいのは、それが、どのような広がりをもっているか、その境界線を調べよということである。なぜなら、「もし各地方の間の境界線という観念が私たちには人為的でしかないようにみえても、田舎の人々にあっては、なんらの曖昧さもなく心の中で生き続けている」からである。「それは日常生活のなかに非常にはっきりと存在しているので、耕作に携わる人々は、明確にこの境界線を跡づけることができる。小川の向こうとか森のあちら側、小さな丘のふもとから先は、隣の地方paysなのである」。

ここに引いた数行はフィリペティの文章であるが、フランスの農家について書いたこの著述（『昔のフランスの農家Maisons paysannes de l'ancienne France』1979）は、昔のフランスについて読むことのできる最も美しい本（図像、文章とも）であり、そこには、家が一つの地域的枠組みと土質、気候、入手できる建築材料、そして村の社会的仕組み、生産物のタイプに結びつけて明らかにされ、彼が示している境界線（むしろ包装といってよい）の風景のなかで見事に甦っている。

こうして黒樅の森と斜面にひろがる草原をあとにし、ジュラの切り立った崖道を西方へ辿っていくと、突如、平坦な草原が並木の列や水たまりで区切られたブレス地方の世界に出る。それと同時に、大きなアーチ型の門の奥で高い石壁をもつジュラ地方の農家に代わって、ブレスの煉瓦造りの農家となる。ブレスの家々は真壁造りで、屋根には波形の瓦が葺かれ、庇の下には赤褐色のトウモロコシの穂がズラリと吊り下げられ、ジュラとは全く異なる雰囲気をかもしている。

パリからオルレアンへ行くとしよう。エタンプを過ぎて緑に覆われたジュアヌの谷を通過するあたりから、ボース地方の広大な地平線が見えてくる。その広々した畑は、規則正しい線にしたがって耕され、所々にベニバナアメクサの野が目に映る。

ここは、世界でも最も美しい台地だろうか？　多分、そうである。しかし、教会堂の鐘楼を中心に密集して造られている「壁で囲まれ、気難しく、こんにちでは人影もない」(J.Gracq) ボースの村々は、フランスで最も美しい村とはいえない。

ときとしては、自動車で十五分も走ると、劇場の幕間のように全てが変わっている。同じシャンパーニュでも《荒れ地のシャンパーニュ Champagne pouilleuse》にあるマイイ陸軍キャンプのことは、よく知られている。そこを雨の日に自分の足で歩いてごらんなさい。植物が生えている地面以外の石灰岩質の土壌は乳白色の泥濘《ぬかるみ》になっていて、あなたの足跡がくっきりと遺っていくだろう。

——ここで私は、古びた軍隊靴の白い鋲の痕をまざまざと思い起こす。昔からの呼び名でいうこの《オート・シャンパーニュ Haute-Champagne》では、見渡す限り田園で、森も泉もないことを、すでに十八世紀の旅人たちも指摘していた(Henry de Rouvière "Voyage du tour de la France" 1713)。こんにちでも、この泥地は、シャンパーニュでもイル゠ド゠フランスに近い葡萄栽培地からやってきた人にとっては驚くべき光景と映るのではないだろうか?

しかし、この《荒れ地のシャンパーニュ》を横切っている幾つかの谷間には、川や井戸の水と沖積土、家畜の飼料になる草をよりどころに生活している人々がいて、木で骨組みした土壁、床が土のたたきになっている悲しげな家々が長く連なった集落を形成している。彼らの昨日までの生活は厳しいものであった。だが、昔のフランスで、生活の厳しくないところなど、あったろうか?

農民たちは、燃料にする木が入手できず、半月鎌で刈った小麦やライ麦の茎を畑で集め、それをパン焼き竈の燃料にするのが普通であった。ブリィとかボカージュで柴を買う場合も、出費を惜しみつつ、二十五束とか三十束とか少しずつ仕入れた。もっと貧しい人々は、枯葉だのウマゴヤシの根、アザミや蕎麦、アブラナの茎だのを乾燥させて燃料にした。……年を取った人々のなかには、凍死を免れるために牛小屋や地下のワイン蔵で夜を過ごした思い出を持っている人も少なくない（E.Meillet "Le Berger dans la France des villages" 1970）。だが、きのうまでは価値のなかったこの粘土質土壌（savarts）の地域も、近年は十九世紀と二十世紀に植えられた松の木が取り払われ、耕作機械と肥料とで土壌の改良が施された結果、すばらしい小麦畑になっている。

それでも、シャンパーニュは、いまも、様々な強いコントラストをもった地方で、石灰岩質の単調な世界を抜けて、ほんの数歩東に行っただけで、《湿ったシャンパーニュ Champagne humide》と呼ばれる地域に入る。そこは、名前が示すように、たくさんの河川が入り組み、岸辺は草原と木々の緑に覆われ、水はけの悪い箇所では湿地が点在している。家々は、雨が多いので大きな屋根で身を守っている。

さらに東のアルゴンヌ地方では、壁全体を幅の狭い板や奇妙な鱗状の板で覆った家々が密集しており、見るからにしっかり身を守っている森の民の集落といった趣がある。ただし、これは、あくまで外見だけで、こんにちではフランスを守るための「テルモピュライ Thermopyles」などではない！

他方、北のほうへ進むと、いまもアルデンヌの森が突然の風景の変化を見せてくれるし、南のほうではオトの森が同様の変化を見せてくれる。さらに進むと、パリ盆地の盛り上がった縁となっているブリィ地方がぶどう栽培地になっており、石造りの家々の密集集落が見られる。

これ以上ないほど寂寞とした石灰岩質のピカルディーの台地から谷間へ降りていくと、そこは緑豊かな並木と大きな水たまりになっている。このソンム川流域の沼地こそ先史時代の人々が最初に住み着いた「選ばれた地」であるとともに、フランスの国境線も、長い間、ここをよりどころとしてきた。

しかし、この境界線は完全なものではなく、その錠前は脆かった。一五五七年、コリニー提督が守っていたサンカンタンはスペイン軍によって奪われ、一五九六年にもアミアンが奇襲を蒙っている。アミアンは翌年、アンリ四世によって奪還されている。三十年戦争にフランスが参戦した一六三六年にも、スペイン軍はコルビーに侵入し、パリを脅かすところまでいっている。

たしかに、そこに築かれていた砦はみすぼらしいもので、たった一度の砲撃や突撃を受けただけで防衛ラインを破られ、敵の砲弾は町の中心広場にまで飛来した。実際問題、町を防衛していた番兵たちの役目は、敵が襲撃してきたとき市民に警戒を促す鐘を鳴らすことくらいで、どんなに頑張っても数日間持ちこたえるのがやっとであった。

最近わたしは、ボーヌからオータンを経て、国立公園になっているモルヴァン山地を北へ向かってヴェズレーまで徒歩で縦断する旅をした。ボーヌの丘陵は、わたしの知る限り世界で最も美しいぶどう畑が連なっており、さまざまな喜びに加えて特に目の楽しみを与えてくれた。十六世紀の古びた市場や教会、家々から成るノレのあたりからぶどう畑は稀になって、それとは別世界というべき、木々や生け垣で区切られた草原のなかを真っ白なシャロレ種の牛が群をなして草を喰んでいる中央山地の世界に入る。

人々の生活ぶりも、明らかに古風となる。もっとも「古風」ということでは、オータンのほうがはっきりしており、そこでは、静かで落ち着いた美しい町並みが見られる。しかも、オータンの土地柄には解放感と安心感があり、キュル川を堰き止めて造られたセットン湖に近づくにつれて、そうした解放感と安心感を背後に残してきたような気持ちが強まる。このキュル川は、かつては薪用の木などを筏に組んでパリまで流す水路であった……。

モルヴァン国立公園の入り口は、襲いかかるように頭上を覆う密生した松や樅のために、十月の晴れた日でさえ暗い道になっている。その静かな森の道は、九月には赤茶けた羊歯類で縁取られ、利用する人もいないかのような寂しさである。実際、わたしが途中で目にした人間の痕跡は、驚くほどの高さに積み上げられた薪の山と、その傍らに置かれた一台の機械式鋸だけであった。

時折、底が樹木のない開けた土地になっている谷間が見下ろせる。そこには菜園（ouches）などの耕作地と三、四戸の小さな集落が点在しており、そうした集落の家々の屋根は、北へ進むにつれて瓦葺きから粘板岩《スレート》葺きになる。また、小麦畑やライ麦畑、じゃがいも畑、牧草畑が、生け垣とか並木で区切られ、大西洋沿岸地方に見られる《囲い地《ボカージュ》》のような様相を呈している村も幾つかある。

ただし、ここには、西部フランスのような活力に満ちた都市はない。本来なら、そうした役割を演じるはずのオータンやアヴァロンといった町も、モルヴァンの内側に向かってその役割を果たすことをしないで、外の世界へ顔を向けている。

ジャクリーヌ・ボナムールは、この幸薄い地方について、間違いなく優れた論文（"Le Morvan, la terre et les hommes" 1966）のなかで「モルヴァンは呪われた地ではないか」と問いかけているが、事実わたしたちは、この論文より半世紀前に書かれた、これも優れた論述（Jacques Levainville "Le Morvan, étude de géographie humaine" 1909）によって、この間に人口は半減し、人間的状況が悪化した様を辿ることができる。

ヴィダール・ド・ラ・ブラーシュは「モルヴァンはヴェズレー前方の小高い丘の上から見渡してはじめて理解できる」と述べたが、この丘はモルヴァンを眺望する石灰岩台地の残丘の一つである。この見晴らし台から見ると、モルヴァンは実際にはそうではないのだが一つの山（その頂上は九〇二メートルの高さしかない）という様相を示している。しかし、冬の終わりにモルヴァンを縦走すると、ヴェズレーやオータンでは果樹がすでに花盛りなのに、ここでは雪や氷雨が君臨している。

もちろん、私の驚きは、地理学的観察に取って代わって規準化できるものではない。しかし、それは、生物学的ともいえるフランスの国土の多様性を垣間見させ、固定観念になるまで感知させる一つの方法ではあろう。エルネスト・ルナンは、もともと地理学者ではないが、この誘惑から免れていない。一八五二年九月、乾燥した地

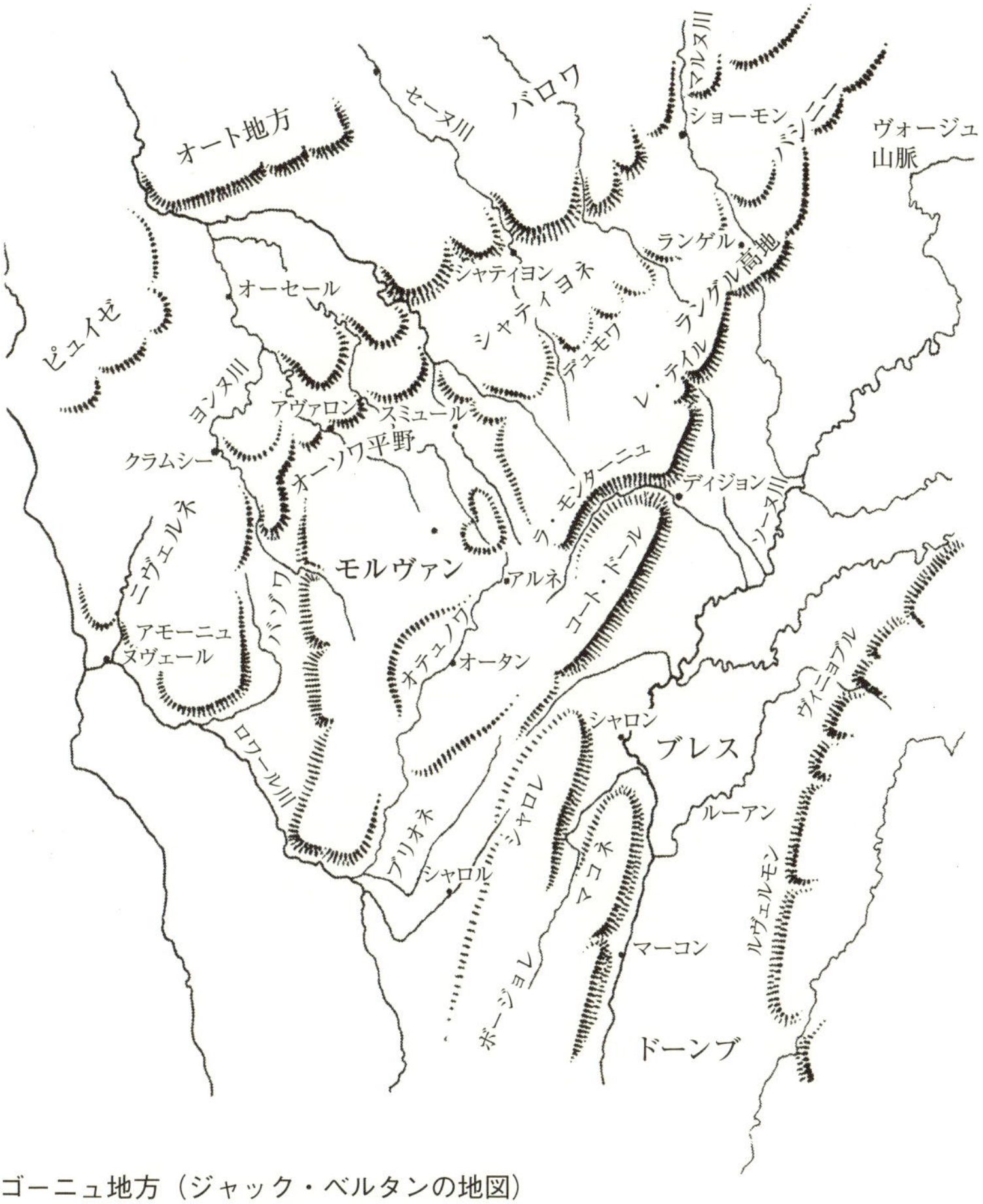

ブルゴーニュ地方（ジャック・ベルタンの地図）

中海性気候のセートを去ってガロンヌ川流域のトゥールーズに辿り着いたとき、次のように書いている。

「田園は緑を取り戻し、プロヴァンスでは夏には涸れてしまう急流も、ここでは至る所の畑を潤している。オリーヴの木は姿を消し、プロヴァンスでは実をつけた幹でしかない葡萄が、ここでは、北の地方で見られるのと同じ様子を取り戻す。」

私を驚かせたものが二つあるが、指摘するだけにとどめておこう。

一つは、昨年、テート川の谷をルーシヨンからコンフラン地方にまで遡ったときのことである。乾いた地中海型気候のなか、石ころだらけの荒れ地に枝を切られたぶどう畑が散在する地域を何キロにもわたって通過し、方向を転じた途端に風景は一変し、オート・サヴォワのような草原と背の高い樅や松の森を目にしたのだった。

第二は、先にも引いたジャン・ジオノの話の続きになるが、彼がカマルグ〔訳注・ローヌ川河口の右岸〕の南部地域について書いている何ページかである。ここは湿地帯が広がっている野性的な世界で、アルルから自動車で出かけてもスピードを上げているので、ほとんど注目されない地域である。だが、じっくり観察すると、さまざまな昆虫や蛇などの爬虫類が溢れ、世界のいろいろな土地からやってきた鳥たちがいる。そして、水と砂が果てしなく広がるなかを野生の牛や馬が駆け回っている。あちこちに角砂糖を思わせる家々があり、人間も住んでいるが、彼らも、どこか野性味を感じさせる。とりわけ私の心を惹きつけるのは、最近導入されたメロン栽培と青緑色の稲の畑であるが、後者は年々減っていて、ピンク色のフラミンゴの大群に押し戻されている。

だが、この話は、ここでやめておこう。まだブルターニュについてもロワール地方についても、ポワトゥーやギュイエンヌについても触れておらず、フランス全体というには程遠いが、それらについては、追々述べていくとしよう。そのうえ、読者のみなさんは、それぞれに自分なりのイメージや驚きをもっておられるだろうし、私のそれと重複することはないにしても、それを補う思い出をもっておられよう。私としては、問題の全般的与件を暗示したかっただけで、その目的を達することはできたと思う。

二、多様なものをできるだけ説明すること

まだ説明すべきものとして、程度の差は別にして、さまざまな亀裂、断層、細片化から生じた多様性がある。この作業は容易なことではない。なぜなら、それを説明しようとすると、地理学的解明（これ自体、さまざまな学問の和である）だけでなく、過去に遡っての経済学的・政治学的解明が必要であり、文化論などを援用しなければならないからである。ところが、人間諸科学は多くの記録に基づいて語るが、それぞれは真実のごく一部しか知ってはいないのである。いずれにせよ、いまのところ、それは、本質的な問題が何かを再認識し、その本性上どのようになるかを描いてみるだけである。どうしても答えが出なければならないとしても、ほんとうの答えが出るのは、この著述の最後においてであろう。

多様なヨーロッパと多様なフランス

フランスの国土はヨーロッパの地理の一片でしかない。ヨーロッパはフランスを包み込み、そこに身を落ち着け、そこから延びている。尤も、広大な中央ヨーロッパや東ヨーロッパでは、北海と地中海や黒海との間の距離に助けられて消滅している様々な対立点が、大陸が狭まっているこの極西では、互いに接近し合い、強烈な対照性にまでなっているという違いはあるにせよ、である。

こうして、ヨーロッパの古い山塊がずーっとフランスにまで延びてきて、アルデンヌだのヴォージュだのマッシフ・サントラル（中央山地）、アルモリカの低い台地だのになっているのであって、その台座は、全体としては広大な扇形の平地だが、その盛り上がり部分がこれらの山系を形成しているのである。

これらの山塊は、かつては非常に高く聳えていたが、何千万年にわたる浸食作用によって削られて《準平原pénéplaines》となったあと、第三紀〔約六〇〇〇万年前〕の強力な褶曲運動によって持ち上げられた。その結果、陥没と隆起で無数の亀裂が生じ、浸食で深い谷が刻まれる一方、土壌が堆積し、また、オーヴェルニュやヴレ山系におけるような火山の噴火が起きた。「中央山地は、そのほぼ全体が火山の産物である」（Jean Anglade "Auvergne et le Massif Central d'hier et de demain" 1981）。ヴレ山系はおそらく西暦五八〇年ごろにも噴火している。

陥没した地層の広い範囲に土が降り積もり、厚い層ができた。フランスの国土の四分の一を占める一四万平方キロのパリ盆地（Bassin Parisienne）はその典型的な例である。

上記の山塊のなかでも最も大きいのが八万五〇〇〇平方キロの中央山地（Massif Central）で、「フランスのまさに中央にあり、要塞のような様相をもつ」（L.Gachon "La Vie rurale en France" 1976）。多くの河川、道路、そして人々が、ここから分岐している。多分、フランスがどのように生成され守られてきたかに関しては、歴史家たちが当然のこととしているより以上に頻繁に問題にすべきであろう。この山塊は、幾つかの《異なるフランス》の間を引き離す障壁になると同時に相互を結び合わせ、頻繁な移動を可能にすることによって養い、《全体としてのフランス》を豊かにしている。ジャン・アングラードは、次のように強調している。

「たしかに、それは人間たちの城である。人々はここから、ロバやラバに乗り、あるいは車で、あるいはアリエ川（その下流のロワール川）を平底船で、ロット川を艀で、だが最も多くの人々は、自分の脚で、つまり《徒歩train onze》で出かけていった。」

最後に（そして、考えられているより以上に）フランスは、この中央山地によって分かたれ、遮断されると同時に守られてきたことも明らかである。一例をあげると、百年戦争の最終段階で、フランス王がブールジュで絶望的な状況に陥ったとき、時宜を得た援護者を見つけたのが、この地においてでなかったろうか？

第三紀時代の最後の褶曲運動が、それまでのフランスの山塊の構造を覆して造り替えた（もちろん、変形はヨーロッパ全体に及んだ）とき、のちにフランスの国境となる地帯にジュラ、アルプス、ピレネーの諸山脈が、あたかも異常に高い城壁のように盛り上げられたのだった。だが、人々の生活はここへも浸透していき、非常に早い時期から活発に乗り越えて行き来が行われていた。なぜなら、フランスの外側でイタリア半島を縦走しているアペニーノ山脈の厳しく荒涼たる地域を別にすると、フランスのそれらは、人間生活に明確に敵対する地帯ではないからである。第三紀にできたフランスの山々は、文句なく地球上で最も人間化されている。とりわけアルプスは、雪橇や荷馬により、また互いに連携して荷物を運搬してくれる人々の集落があることによって、早くから交易が行われてきた。

私は、南米チリのサンチャゴへ、ファレローネスで行われたウィンター・スポーツの祭典を間近に見るため、列車で一度、飛行機で三度、万年雪に覆われたアンデス山脈を越えたことがあるが、木も生えていなければ村もなく人間の姿もないモノクロの寂寞たる荒れ地が広がる光景を忘れることができない。このような広大な寂寥を前にすると、アルプスがいかに人間化されているかが痛感される。

結局、フランスには三タイプの大地の起伏がある。一つは、古い山塊が平らにされたのちに隆起したもの、第二は堆積性の平野。そして第三がアルプス型の高峰の列である。しかし、この基礎的な区分けは、問題の糸口を示しているにすぎない。《異なるフランス》の三つのタイプ、三つの格付けはあくまで基本的なもので、それだけでは、とうてい充分とはいえない。

そのうえに加わるのが気候による多様性である。フランスは、東へ行くにつれて、ドイツにおけるような大陸的気候になり、逆に、西の大西洋に面したところでは、イギリスにおけるような海洋性の気候になる。また、東南部のアルプス山脈によって内陸から遮蔽された地域では地中海性の気候である。

そこから、さまざまな違いと複雑さが生じてくる。農業のあり方も、住居のタイプも、食物も、生活様式や交通網、エネルギー源も、これら気候と土壌、土地の起伏の結びつきに左右されていることを想起する必要がある。ピエール・デフォンテーヌは「フランスは気候と植生の戦いの産物だ」と言ったが、ほんとうは、気候と植生だけでなく「土地の起伏と土壌、さらに歴史的過去と生活経験の相克」を付け加えるべきだろう。

気候について直ちに脳裏に浮かぶのが、フランス人なら誰でも知っている南北間を分かつ断層である。この南北の差を際立たせているのが、ぶどう・オリーヴ・栗・桑、さらに時代的に遅れてアメリカから入ってきたトウモロコシといった南フランスの特徴的植物の北限である。小麦のことは言わない。小麦は先史時代からフランスに定着し、長い歴史の間にあらゆる土地に適応してきたからである。

ぶどうは、西暦前一二〇年から同一〇〇年にかけてローマ人によって征服されたナルボンヌ地方から出発して、驚異的な速さで北の地方に広がった。人間的なものへの渇望、金持ちたちの贅沢趣味、高位聖職者たちの奨励、そして、ミサでのワインの必要性がこの拡大の成功に作用し、ぶどう栽培はソンム川流域にまで達した。(André Demangeon)

ローマの商人たちは、きわめて早い時代からガリア人のワインへの嗜好を唆していた。当時、大型の甕(アンフォラamphore)一杯のワインが奴隷一人と交換されていたようである。ある歴史家は、おそらく冷やかしの気持ちをこめてであろうが、「ローマの軍団によるガリア征服の道を開いたのはワインであった」とまで言っている。これを真似て、ずっとくだって、イギリス人やフランス人も、かわいそうなアメリカ・インディアンを意のままに扱うのにブランデーやラム酒を利用するのである。

北フランスでは、ぶどう以外の南フランスの植物は、自然条件のうえで適さず、フランス全体に広がったのは、私たちの目からすると雑種的なトウモロコシだけである。とはいえ、地中海をめざしてローヌ川沿いに南下している北の人間が、ヴァランスの南あたりまで来て、アルプスの谷間のどこかで石垣をめぐらしたオリーヴ畑や香りの高い植物、石造りで屋根の平らな農家をはじめて目にしたとき、南仏の自然が歓迎してくれているようなうれしい気持ちになれる（事実、これらの予兆は常にわたしの心を喜ばせてくれる）のはこのためであることを考えれば、そのほうがよかったのではないだろうか？

だが、今日でも尚、南フランスは北フランスの人間にとって、予備知識と余りにも違っているので、馴染むのに容易ではない。有名なイギリス人のアーサー・ヤングは、一七八七年五月、モンテリマールで、次のように述べている。

「あなた方は、ここではじめてザクロ、西洋はなずおう（arbre de Judée）、ハマナツメ、イチジク、セイヨウヒイラギガシといった木に出会う。私は、それらに蚊などの不快な生き物も幾つか付け加えよう。私はオーヴェルニュとヴレ、ヴィヴァレの山々を通ったとき、プラデルとテュエトの間で桑と蠅を同時にみつけた。蠅についていえば、この昆虫こそ南フランスの最も不愉快な道連れであり、イスパニア、イタリア、フランスのオリーヴ栽培地帯で最も強力な責め苦である。たしかに彼らは咬むわけでもないし、刺して傷を負わせるわけでもないが、口といい目といい、耳や鼻といい、うるさくたかってくる。あらゆる料理、砂糖、牛乳に群れを成して群がってくるので、奴らを追い払う専門の召使いがいなければ、食事もとれないほどである。」

（『フランスの旅 Voyage en France』）

その百年前の一六六二年、ジャン・ラシーヌは、聖職禄を獲得するため、ヴァロワ王朝の宮廷を遠く離れ、ユゼスに滞在していたが、その日々は安らかなものではなかった。ラングドックの娘たちは美しい眼をしているが、その言葉はフランス語というより外国語のようで、彼女たちの話し方を聞いていると、自慢の文体も話し方も損なわれそうな気分になった。しかも、夏の暑さは耐え難いものがあった。彼は、ある友人に宛てて、こう書いている。

「刈り入れ労働者たちが強烈な日射しに焼かれながら、悪魔のように働き、息が切れると、その場で横になって暫し眠ったと思うと、すぐ起き上がって作業を続けるのが見られる。私は、それを窓から眺めているだけである。というのは、空気は火を入れたオーブンのように熱く、一瞬でも戸外にいると死にかねないからである。」

（『ユゼス便り Lettre d'Uzes』）

彼は暑さに驚くばかりで、蟬の鳴き声にも、木靴を履いた足で踊るような調子で小麦を脱穀しながら挨拶してくる百姓たちにも馴染むことができない。（J-G.Masanelli "Gaujac à l'époque de Louis XIV" 1981）

《小環境 micro-milieux》と《微気候 micro-climats》

上記のような気候的区分はあまりにも全般的すぎて、現実を説明できるものではない。アルプス山地や中央山地で生活するといっても、厳密にどの地方で生活するのかが明らかにされなければ、意味をもたない。そのことを執拗に唱えたマクシミリアン・ソール以来、地理学者たちは《微気候 micro-climats》（極小の環境 micro-milieux のなかでの気候）について語り、「これこそ最も現実的で有用な概念である」と主張している。マクシミリアン・ソールの説明はこうである。

「気候は土地それぞれに独特で、ときにはすぐ隣接した場所同士でも全く異なる特殊性を現す。ほんの僅かな標高差、同じ丘でも斜面の向きの違い、傾斜の具合で、日照時間の長さ、空気の流れ、気温、雨量のすべてが変わる。同時に、植生と私たち人間の身体的反応も然りである……。その地域の気候こそ基本的実体であり、気候学すべてにとって唯一の与件である。」

（『人文地理学の生物学的基礎 Les Fondements biologiques de la géographie humaine』1943）

この点については、各人が個人的経験をもっておられることであろう。私が知っていることに限定していうと、アルプス山地のオー・フォーシニーにあるモンジョワは、ミアージュおよびアルボワ山に面して、山々が杯の縁のようにほぼ完全な円環状に列なっている。その結果、ここは、西方のプレアルプス地方の多雨とは対照的に乾燥した高山性気候となっている。事実、ここは狭い土地なのに水路を何本ももっていて、嵐があっても雨水はたちまち排水され、大地は乾いてしまう。〔訳注・ここで述べられているのは、レマン湖から少し南に行った地方。〕

もう一つ、微気候の例を挙げよう。それは、ピレネー・オリアンタル山脈に面したヴァルスピール地方の一隅にあるアスプルのケースである。ここは、ピレネーを越えて吹き下ろす山風が、屋根の上で唸り、壁のまわりを渦巻き、樅の木を震わせる地方で、この風が吹くと、色づいた秋の葉は最後の一枚まで吹き飛ばされ、西洋柊の枝はかんたんに折れてしまう。しかし、セレの町まで来ると、風は弱まっており、町の人々にいわせると、この山風は素晴らしい季節の到来を告げる予兆でしかない。

同様にしてプロヴァンスでは、先の山風に劣らない激しさでミストラル〔訳注・ローヌ川の谷間を地中海に向かって吹く北ないし北東の風〕が吹き付ける。だが、これも、丘の斜面とか谷のくぼみになっている土地では、ほとんど感じられない。

さらにアルザス北部では、それほど離れていないフランクフルトのラインラント人であるゲーテを驚かせた風がある。これも土地の人々にとっては春の到来を知らせる風で、この風が吹くときが最も心地よい一瞬である。

したがって、こうした微気候の実体がその全体の脈絡といっしょに地理学者たちによってあまり受け入れられないできたことは残念である。さらに残念なのが、この微小の環境と微気候を関連づけることによって私たちの生活の基盤となっているものを探求しようという《微小生物学 micro-biologie》の概念が聞き入れられないでいることである。〔訳注・あくまでも狭い範囲での生物学の意で、微生物についての学問である「microbiologie」とは違う。〕

なぜなら、大地も生きているのであり、ほんの狭い範囲でも、ある一点と別の一点とでは、土壌および心土〈耕されない深層の土〉が同じではないからである。たとえばパリ盆地では、多くの場合、心土は石灰岩土壌であるが、犂や鶴嘴で繰り返しひっくり返し掻き混ぜられてきているので、雨水は深く浸透し捌けてしまうから、雨が降ったからといって耕作を遅らせなければならないということはほとんどない。しかも、日照りが続いても、植物の助けもあり深部の水が毛細管現象によって吸い上げられるので潤いが失われることもない。ところが粘土質土壌の場合は逆で、犂の刃は泥に絡まれ容易に進めない。ノルマンディーのコー地方で石灰岩質の山の上に立つと、ほんの何キロか北のほうにブレの《割れ目 boutonnière》が見える。そこは、沼や流水に覆われた粘土質の土地で、春にはリンゴや洋梨の白い花で一面が覆われる。

このように、フランスの風景は、さまざまな土壌と心土、微気候によって細片化されている。フランス人は総じて耕作者であり、菜園や果樹園、村落の責任者であるが、お互いにはまったく同じではない。彼は俳優であり演出家だが、その演技は外部から刺激を受け助長あるいは脅かされて成されたものであった。これと対照的なものとして私の脳裏に浮かぶのが、北欧の単調な風景である。そこでは、氷河の残滓がすべてを覆い、消すことのできない絵を地面に貼り付けているかのようである。また、熱帯のマダガスカルやブラジルのラテライト〔訳注・粉末状の赤い土〕地帯では、風景は木々も含めて、ほとんど絵にならないほど単調である。そこを旅すると、衣服も顔も髪の毛も赤くなる。アルゼンチンのパンパスを旅してみなさい。列車に揺られて何時間走っても、同じ風景しか見られないだろう。フランスに関しては、「地理学など関係ない！」などと言わないでもらいたい。

フランスの多様性を守る地方経済

産業革命以前のフランスでは、国土の各部分が自身の内に閉じこもり、自活をめざした。こうして、経済的多様性と地域的多様性が重なり合っていた。フランスの国土全体を舞台として、あるものは突然の洪水のように、あるものは恒常的浸水のように、さまざまな動向と景気が展開された。しかし、そうした全体的動きが展開するのは、全体史が問題になる高いレベルの特別の猟場においてである。ここでわたしが考察するのは、狭い範囲での自給自足をめざす基礎的地方経済に関してである。

そうした地方経済のそれぞれが、順境にある場合も逆境にある場合も、ある人口を引き受けているのだが、その人口数は資源の分配量に応じて変動し、その資源の分配量は収穫量と価格に応じて増減する。生活の基盤をなしている食・住・衣には、それを下回ると個人は生きていけない限度があり、なんとしても維持しなければならない水準があるから、昨日までのフランスでは、輝かしい（したがって当然稀な）例外を別にすると、僅かな違いしかなかった。

もし、この均衡が維持されれば（あるいは、脅かされても早晩に回復されれば）、この狭い国土でも人々を養うことができるし、慣習と規律は守られる。しかし、深刻な苦難が現れたときは、粘り強く対応しなければならない。その場合、さまざまな解決策が考えられるし、事実、不可欠である。たとえば人口が増加した場合は、開墾事業によって耕作地の拡大を推進するか、そうでなければ、新しい栽培植物を導入し生産することによって人口増大に対応しなければならない。蕎麦、トウモロコシ、じゃがいもなどが、そうである。

また、たとえば葡萄のように換金性をもった作物の栽培が急激にひろがった事例を考えてみよう。この点では、度重なる当局の禁止にもかかわらず、栽培地はつねに増大してきた。同じことは、染料の原料となる植物の栽培についてもいえるし、家畜の飼育についてもいえる。これらは、いずれも、要するに自然の恩恵に依存した解決策である。

それとは別に人為的方策に依存した行き方がある。交易、運輸、工業生産などである。交易にも、生活必需品の交易と、換金のための余剰生産物の交易とがある。運輸にも、農民が物資の輸送に携わる場合と、行商人の場合とがある。また、中世の工業生産は農村を舞台に行われたが、近隣の諸都市が自分たちにとって得であるとみた場合は、それだけ盛んに行われた。これは《原初工業proto-industrie》といってよい初歩的な手工業で、農村の貧しさから生まれたものである。このような手工業の典型として挙げられるのが、北方ではノルマンディー地方の《ボカージュ地帯》のヴィルディユー＝レ＝ポエルで、これは初期の鋳物生産の中心であった。南フランスでは、交通不便な中央山地の奥にあるジェヴォーダンで、ここでは梳いてないウールの厚手の布《カディスcadis》を織っていた。同様の例は無数に挙げることができる。何千という狭い《地方pays》が様々な手工業の騒音に包まれていたのではないだろうか？　そして、住民はそれぞれの不利な条件に合わせて結婚年齢を遅らせるなどしながら妊娠の機会を抑制し、その人口を調節していたのであろう。

かつての《小規模経済micro-économie》は、こうしたやり方で守られ、それとともに、フランスの《地方pays》のもつ多様性も変わることなく引き継がれてきたのだった。なぜなら、それぞれの《地方》は自らを広く開放することをせず、どうしても必要なもの以外は外から採り入れないで、外の世界については「我関せず」の行き方を守ったからである。

この閉鎖性は、危機が長引いた場合や人口が過剰になった場合、ほとんどあらゆる地方経済が移住（永住的なものであれ、一時的・季節的なものであれ）に頼ったことと矛盾しているが、それだけに、なおさら示唆的である。はじめは小さな流れにすぎなかったのが川のようになり、やがては大河のようになって、結局は、いわばフランス全体にわたる水路システム（système hydrographique）となる。しかも、このシステムが私たちの眼に明らかになるのは中世末以後だが、実際にはそれより以前から始まっていた。

いずれにせよ、それは時間の経過とともに明確になり大きくなって、フランス全土を制圧するにいたったのであって、とりわけ十九世紀は、鉄道が普及する前か後かを問わず、この動きが激しくなった時代である。この人間の循環運動がかつての規則性と道筋、理由を失って減速するのは、二十世紀も七〇年代を過ぎて以後である。

かつて、こうした移住を避けられないものにしていたのは、必要性と貧困であった。フランスにおける人々の移住の流れを重要度の大きい順でいうと、まず中央山地からやってきたそれがあり、次にアルプス地方、ピレネー地方、ジュラ地方、そしてパリ盆地の縁の地域からのそれがある。その背景には、辺鄙な地域であることに加えて、今日もなお「貧しいフランス」と呼ばれている実態がある。

この人間の動きを復元することはかんたんである。それらは、町の建設あるいは再建工事現場へ集まっていく場合と、小麦の収穫や脱穀、ワイン造りとその運搬のため農村地域に散らばっていく場合とに大別される。しかし、私たちにとって興味深いのは、彼らが向かった先よりも、彼らが後にし、また帰っていく小さな地域の人口の均衡にもたらした変化である。このことを巧く表現している諺が「クリスマスは老人たちと一緒に、復活祭はお前の好きなところで　Noël avec les vieux, Pâques où tu veux 」である。

元の共同体にとって人々の出入りは《酸素ボンベ ballons d'oxigène》である。人が出ていくことで、養わなければならない口が減り、その彼らが帰ってくることによってカネがもたらされ、税収や日用品の売れ行きが増え、リリパット国のような農村の企業に活力がもたらされるからである。

だが、このシステムは、必ずしもつねに成功してきたわけではない。半分は成功したものも、窮余の策でしかない面も含んでいた。オーリヤックのオーヴェルニュ高地は遠い昔からスペイン向けに出稼ぎ労働者を送り出して成功を収めてきた。このことは、充分に分析し検討されており、山地の村々のほうが低地オーヴェルニュ地方よりも自然には恵まれていないが、広い世界にむかって開放的で、気易く出かける気風があった。

高地サヴォワの場合、成功(あるいは半ば成功)を収めたのは、フォーシニー地方の最後のコンパートメント、つまりモンジョワの谷という特別のケースである。ここのサン=ジェルヴェ、サン=ニコラ=ド=ヴェロース、コンタミーヌの人々は、十四世紀末以来、アルザスや南ドイツへ出稼ぎに行き、めざましい財産を築いた人もいる。さらにくだって摂政時代(1715-1723)以後は、大挙してパリにやってきて、運搬夫や引っ越し業者、床磨き、煙突掃除、召使いなどとして働いた。彼らは忍耐強く、恐ろしく倹約家で、サヴォワの故郷にかなりのカネをもたらした。たとえば一七五八年に彼らが金貨で故郷にもたらした金額は一万五二五〇フランに達している。

(Henri Baud,Jean-Yves Mariotte "Histoire des communes savoyardes II. Faucigny" 1980)

ほかの地域の場合は、これとは異なる。リムーザンとオーヴェルニュの境界地域で、「峡谷と広大な荒れ地によって区切られた」ウッセルでは、人々の生活は厳しい。ここを通過しリヨンとボルドーを結んで車の通れる道路が開通したのは一八三〇年ごろである。永住的移住者も、ましてや、聖ミカエルの日(九月二十九日)から聖ヨハネの日(十二月二十七日)まで山林の伐採や建設作業のために出かけた一時的移住者も、大した富はもたらさなかった。一七八九年の三部会への陳情書(le cahier de doléances)によると、「土地に残った住民たちはスープとパンしか口にしていない」。

リムーザンの高地地域では、地方官であったテュルゴーに宛てた報告書(1762)によると、サン=パルドゥ=

ラ＝クロワジユ村の住民たちの多くが、悲しい鐘の音とともに出かけていったことが次のように述べられている。「閣下。貧しいわたしどもの小教区からは、食べるパンもなく貧苦に責められて、豊かな土地で奉公人になるため、生まれた土地を捨てて出かけていきます。その多くが向かう先はイスパニアですが、フランス王国のさまざまな土地へも、石工や屋根葺き、建築用材の縦挽き職人として働くために出かけます。彼らは、幾らかのカネを得れば帰るといっていますが、実際に成功して稼いで帰ってくるのは十人のうち二人にも達しません。残りは病気のためや旅のため、放蕩のために使い果たしてしまうのです。これらの人々がこの地の農業発展に与えた損害は、帰ってきた人々のもたらしたもので埋め合わせられるものではありません」。

こうした人間の移動の問題は、こんにちでは異なった現れ方をしている。しかも、そうした移動の多くは職業上の必要によるもので慣習化しており、たんなる貧困への一時的対応策ではなくなっている。たとえばマグラン〔訳注・レマン湖の南、モンブランの北〕の人々は、長旅をして南ドイツで時計の行商に歩いたが、それは、祖父も父もやってきた仕事だからである。しかし、彼らの性質や動機、辿った旅程がどうであれ、結局、そうした移動がフランスの多様性に均衡を回復させ、永続させる結果となったことは確かである。

もしそうだとすれば、今日高い次元から支配している全般的経済も、望むと否とにかかわらず、共犯者であり、現在も「必要な変更を加えて mutatis mutandis」それを続けているのではないだろうか？　ただ、現代の場合の移動者は外国人であり、かなりの厚みをもって、フランス経済の裂け目のなかに入り込んできている。いまやフランスでは、一歩ごとに北アフリカ人、ポルトガル人、スペイン人、ブラック・アフリカの人々に出くわすが、彼らはフランスの経済と社会が求め、あるいは容認している限度のなかで労働している人々である。

そのように、人々の移動が全般的情勢の命じる諸条件に左右される点は、過去も現在も同じで、二十世紀初め、これらの条件が消滅したとき、古くからの人間の循環は停止せざるをえなかったし、事実、停止した。しかしながら、人間の循環そのものが止まったわけではなく、むしろ、その逆で、現実には、もっとほかのさまざまな必要性が人間の移動を不可欠にしている。まず何よりも、すでに昔から作用していたが、一九五〇年以後、際限なく加速されてきた都市化の巨大な圧力がフランスの田園を文字通り過疎化している。六〇年代になると、「パリと過疎化したフランス」だの「トゥールと過疎化したトゥーレーヌ地方」だの「クレルモン＝フェランと過疎化したオーヴェルニュ地方」といったことが盛んに論じられた。（Alain Reynaud,Georges Cazes "Les Mutations récentes de l'économie française" 1973）

都市の無秩序な吸引が田園に及ぼした涸渇化の例は枚挙に暇がない。たとえばル・クルーゾ（ディジョンの西南。工業都市）と周辺のブルゴーニュの村々がそうであり、ロレーヌ地方の金属工業地帯の田園、トロワ周辺のシャンパーニュの田園などで同様の現象が見られるが、はるかな遠方からも、しかも深く、大量の養分を吸い取ってきた都市としてパリに勝るところはない。「パリの住民は、フランスのあらゆる州から来た人々で構成され、十九世紀半ば以来、パリ市民の三分の二はパリ以外の地で生まれた人間で占められている」。（A.Demangeon "La France économique et humaine"）

この状況は、その後もさらに、都市に有利な方向へ、その傾斜度を強めてきた。都市はかつてなかったほどに要求を増大し、しかも自分が獲得したものはほとんど返していない。

しかしながら、この津波も、想像されるほどでなく、その魔力によって我が国の根底的多様性を消滅させはしなかった。事実は、その反対で、田園に残った住民や新しくやってきた人々は、以前より少ない人数で富を分かち合うことができたし、むしろ生産手段の進歩によって発展を遂げることさえできた。一九八一年、バスク地方のエスプレット村では、農業人口は急速に減少したのに、農耕地は質量ともに増大し、生産性はめざましく向上した。トラクターが導入されたおかげで三〇〇ヘクタール以上の荒れ地が開拓され、農地は四〇％増えた。逆に、大都市周辺の郊外地や機械化の困難な地域では、農耕地の放棄が目立っている。標高の高い地域で行われてきた家畜の飼育も、しばしば見捨てられている。しかし、そうした近代経済による根底的な模様替えにもかかわらず、フランスの田園の昔からのモザイクは大略的には維持され、それとともに、多様性が、尊大なまでにはっきりと姿を現してきている。

国家による多様性の持続

原則として権力に期待されるのは統一の実現であるが、そのようなものは権力からは生まれない。多様性は一種の植物的な成長力をもっており、権力によって構造化しようとしても画一化できるものではないし、強引に多様性を排除しようとすると反発を呼び起こす。政治的秩序も社会的・文化的秩序も、せいぜい外面的画一性を押しつけることしかできるものではない。

アンシャン・レジームの最後の何世紀かの間、君主制国家は王国を統一体として組織するため、政治的・行政的機構を駆使して重圧をかけようとした。だが、そのために、どれほどの困難と障害、無力感、反権力の動きが生じたことか！　アンシャン・レジームは、自身の遠い過去から混乱と未組織状態、無秩序、制度的多様性、行政上の不統一、ときに無力ぶりを受け継いでいた。当時のフランス社会が国家のもとに依存してなどいなかったことは、アラン・トゥレーヌが「主人の声」といっているとおりである。

こんにちでも私たちの前にあるのは、ジョルジュ・ギュルヴィッチの言う「全体的規模で規則・慣習・機構によって管理され、互いに似たものになろうとしている」社会ではない。フランス社会が統一性へ向かうようになったのは、フランス国民が鍛え出された（その熱さがまだ感じられるくらい）近年のことである。

このようにフランスを構成しているのは「一つの社会」ではなく「幾つもの社会」であり、その複数性は慣習的にいわれるように《垂直方向》〔訳注・階級構造がそれである〕にも認められるし、《水平方向》〔訳注・地方ごとに独自性をもっていること〕にも見られ、フランスの異種混交ぶりを際立たせている。大袈裟にいえば、以前は、あらゆる土地の区分は一つの社会的区分であり、大きさはさまざまだが地域的境界線と同時に存在理由が見出され、内側での固有の絆を優先しながら生活を営んでいる社会があった。それが「村 villages」であり「町 bourgs」であり「都市 villes」、さらに「州 provinces」である。

そして、いずれの場合も、《ヒエラルキー》がすべての社会の「啓示者 révélateur」である。なぜなら、いずれの社会も平等の平面にあるものではなく、一種のピラミッドの形でしか自らを図式化しないからであり、ピラミッドの頂点は必ず、その地方の支配階層が占めている。彼らは特定の下部社会と結びついており、それによって支えられると同時に指示されるのである。

なかでも《村 villages》は最も基本的で、狭い土地のなかで人数も限られており、教会組織や封建制よりずっと昔から存在してきた最古の社会である。村は一つの領域と集団的資産〈《共同体の公有地 communaux》は油断のない監視のもとに守られてきた〉を有する単位で、ほぼ自給自足的経済を営み、すぐ隣の村とも異なる固有の慣習や祭、歌、言葉遣いを伝えている。独自の集会と、「村長 maires」「委員 syndics」「統領 consuls」といった様々な呼び名の選良を何人かと、法制上の資格をもった代表をもっている。レティフ・ド・ラ・ブルトンヌはブルゴーニュのサシィ小教区について語るなかで「ここは、一つの大家族のように治まっている」〈"La Vie de mon père"〉と述べている。

村にはまた、その上から領主権力と、それより身近な存在として司祭の権力が貼り付いている。イッポリト・

テーヌはこう書いている。「想像されるように、（アンシャン・レジームのフランスには）一里四方ごと、住民一〇〇〇人ごとに、一つの貴族の一家と、風見鶏のついたその館があり、それぞれの村には司祭とその教会、そして少なくとも六ないし七里ごとに修道士や修道女の共同体があった」。（"Les Origines de la France contemporaine"）

こうした重みをもつ支配者たちのもとに、村人たち自身もヒエラルキーを形成していて、それに応じて日々の生活と季節ごとの活動が組み立てられた。しばしば《小教区の顔役　coq de paroisse》と呼ばれた豊かな人が一方におり、他方には貧しい農民たちがいた。

その村人のなかでも最も恵まれていたのは、パリ盆地や東部フランスで「ラブルール laboureurs」（自作農民）、プロヴァンスで「メナジェ ménagers」（管理人）、そして、皮肉をこめた言い方で、いろいろな所で「ブルジョワ bourgeois」と呼ばれた人々である。この特権的な人々は、かつては裕福な家門や強固な宗教的機構に奉仕する分益小作人あるいは請負人で、通常、犂や車とそれを牽く少なくとも十頭の牛や馬、五十頭以上の羊、車輪付の犂、馬鍬、ローラー、鎌、鉄の車軸の荷車、また下男、下女、さらに多分、控え目な数字だが、ある歴史家の説では一〇ないし二〇ヘクタール以上の土地を所有していた。（Pierre Goubert "L'Ancien Régime" 1969）

それとは別に、小規模な自営農民がいた。彼らは、ごく狭い畑をもっているだけで、牛や馬、犂や車が必要なときは、前記の「ラブルール」から借りなければならなかった。その返礼に「ラブルール」の土地の草刈りや収穫、ワインの仕込みの手伝いをした。こうした小農民と豪農の連携は、フランス東部では一九一四年ごろまで残っていた。私自身、生まれた村で行われていたそのような例を思い起こす。

それが意味しているものは明白である。「ブラシエ brassiers」あるいは「マヌーヴリエ manouvriers」と呼ばれた無産階層の日雇い労働者と土地所有農民（ラブルール）との数の上での関係が、その村社会に秘められていたものが緊張であったか、それとも一種の均衡であったかを表しているということである。裕福な農民一人に対し日雇いが一人という場合は、自分のために強制的に働かせることのできる専属の奉公人は一人しかいないということである。そのような例は、一七九〇年のムーズ県に見られる。しかし、たとえば一七六八年のメッス周辺では、自作農民一人に対し日雇い労働者が二人の割合でいた。ムーズ川の南より富裕であったこの地域では、少数者への資産の集中が進んでおり、それだけ社会的緊張が悪化する可能性を秘めていたと考えられる。

だが、単純化しすぎないように気を付けよう。フランスには何千・何万もの村があり、それらは、よく見ると、互いに全く似ていない。フランスの村落社会は、時代により場所によって繁栄の度合いも安定性もさまざまであった。その村が封建領主体制の重みを支えていたのであるが、領主体制は貧しい地方ほど、いつまでも重みをかけ続けた。たとえばジェヴォーダンでは、マンドの司教が宗主権をもつ領主として、「王と同然」の権限を持っていたが、それでも村は共同体としての自主権をもち、討議し決議している。その反対に、ボースやブリィのように、近くに大都市があり、裕福で充分発達した村でありながら、早い時期から資本主義的土地収用に蚕食されていた所もある。また、たとえば南フランスでは成文法が早くから徹底していたのに、北フランスでは慣習法が優位を占めていたというように、司法システムによる相異も考慮する必要があり、その点では、州ごとにさまざまである。しかも、経済活動の多様性が、もっと細かい相異を生み出していた。

《都市 villes》については単純ではないが、結論は同じである。

都市は一七八七年の公式リストによると一〇九九を数えた。規模の大きさも重要度も様々で、十一、二世紀に国土全体に広がった封建領主体制から、程度の差はあれ解放を獲得していったのが、その成り立ちである。この解放は、ヨーロッパ全体に影響を及ぼした《コミューン運動》(時間的にも空間的にも錯綜し、複雑に絡み合っている)の大きな流れのなかに位置づけられる。

この封建領主権力からの解放をいち早く成し遂げたカンやアラスのような都市についても、勝ち取った結果についてはかなりよく判明しているが、どのような経過を辿ったかについては、はっきりしていない点がたくさんある。しかし、だからといって、これらの都市もかなり長い間封建的束縛を受けたのであって、束縛が弱かったために脱出できたというわけではない。

封建制度は、これらの都市がコミューンになって以後も、その痕跡だけでなく、ときには遺伝子のように残滓を遺していた。ロアンヌ〔訳注・のちに詳しく論及されるが、リヨンの西北にある〕は、その地を所有する公爵、フーイアド公から様々な要求を突きつけられているし、ラヴァル〔訳注・これものちに論及されるが、ル＝マンの西方にある町〕でも、市長や助役たちは領主のトレモワイユ公の支配下にあり、都市の行政は長い間、公が定めた規則によって行われていた。

ラヴァル市は、一七二二年、他の多くの都市が慣習法や憲章によってその権限を有しているように、市長を選出する権限を評議会に与えてほしい旨を要請した。これは一七二九年、パリの国務会議（Consul du roi）によって却下されたが、その直後、トレモワイユ公は寛大にも、見返りなしでこの市長たちの要求を呑んでいる。ただし、だからといって、公は町に対して領主としての権限――賦課租、資産譲渡税、パン焼き税などを取り立てる権利――を放棄したわけではなかった。

時代がくだるにつれて、都市が領主の支配から脱することは容易になったが、王権から逃れることは、まったく別の話であった。王室の徴税当局は、都市の金回りのよさと豊かさに目を付けると、包囲網を狭め、圧迫を強めていった。その例は幾つもあるが、一六四七年十二月二十一日の宣言書をもって、物品入市税を二倍に引き上げている。一七七一年には、都市行政官の官職売買制度を復活させ、市参事を選出する自由を都市に買い戻させている。

王権もときには領主特権に配慮しなければならなかった。たとえば、王室は領主たちが設けた通行税徴収所を減らそうと絶えず努力したが、無駄であった。すでに一四三七年にはシャルル七世により、河岸の土地所有者たちが王室の許可なしに設けた通行税の廃止が命じられているにもかかわらず、同じことが一六六九年、一六七七年、一七八九年にも問題になっている。この戦いがかくも困難だったのは、一七八九年のある『覚書』が明らかにしているように、「領主領地の価値を高めているのは、それに付随した通行税の徴収権であった」ためで、有力領主たちの収入と資産がそこにかかっていたからである。

それ以外の争いは無益であった。一六八三年春、ポワトゥーの代官、ラモワニョン・ド・バスヴィルは、ポワトゥー市の各家に税をかけるようにした。これによる収入は年七〇〇〇リーヴルを超え、彼は、その役職をやめたのちも、この課税がもたらした結果について満足の意を示している。町のほとんど半分はサン＝ティレール、モンスティエヌフ、アンギタールの封建領地に属しておらず、そのほかの小さな封地も王室役人たちが調べて掌握していたので、大きな額になったのだった。

一六九五年のアングレームでは、さらに奇妙な事態が生じている。ここで問題になったのは、カネを受け取るのは誰かではなく、支出するのが誰かで、この都市の城がひどく傷んでいたので修理が必要になったが、「誰がその義務を負うか、王かそれともギーズ公夫人かが不明だった」のである。

都市社会の仕組みの多様性

これらの事例は都市の状況についての基本的理解を助けてくれる。都市は代官や封建領主、徴税官、王室裁判官などの監視下にあり、それらの権力が都市を舞台に抗争劇を繰り広げた。

その第一は領主権力で、これは、すでに凋落しつつあったが、それでも様々な特権を保持していた。第二は王権で、これは上昇しつつあったが、古くからの伝統や慣習、免除によって組み上げられる必要があった。次がコミューンの権力で、しばしば傷つきながらも、次第に勝利を得ていく。支えているのは、富を蓄積し、ほとんど全能者になりつつあった《ブルジョワジー》である。都市の行政府は当初から民主的運動によって支えられていたように考えられがちだが、これはあまりにも単純化した見方で、いずれの場合も、かなり早くから幾つかの有力家族に権力を独占されていた。多分、選挙も行われたが、それは目くらましでしかなかった。マルセイユでもリヨンでも、ほとんど全ての都市で、幾つかの有力な家族が結合して《王朝 dynastie》を創り、都市の運命を左右していた。パリでは選挙は、噴き出したくなるような脚本によって行われる芝居がかった儀式であり、同じ特権的な連中が平然と、一貫して、その地位に居座りつづけている。形は様々ながら、いたるところで、その地方のエリートが頂点を独占し、その下に職能団体（corps de Métiers）、さらに専門化されていない労働者大衆がいるというヒエラルキー構造ができあがっていた。

したがって、都市の日常生活がこうした権力を持つエリートによって牛耳られていなかったなどと考えるのは間違いであろう。ラヴァルでは、ルイ十五世の治世以後、商人や豊かな資産家たちが大金を費やして自邸を改装し窓を大きくするなど近代化しているが、こうした簡単なことでも地方権力者の同意を得る必要があった。今日、建築許可を得る煩わしさに不満を言っているあなた方は（それも無理はないが）、フランス人たるもの、はるか昔から、こうした障碍に遭ってきたことを思い起こしていただきたい！

これは大袈裟に言っているのではない。一六八九年十一月一日、ベリュル〔訳注・トロワの西南〕の代官がリヨンの町の指導的立場にあった貴族に宛てた一通の手紙は、その詳細を私たちに伝えている。

「昨日ひとりの市民が来て嘆いて言うのには、家の入り口を脇柱が倒れて塞いだのでまっすぐに立て直したところ、市当局から、件の柱を取り除いて、そのぶん家を補強するよう命じられた。理由は、市の役人に許可を得ないでやったことだから、というのです。」

このような場合、代官が介入しても効果はなかったというのである！

都市には互いに似ているところもあったが、概していえば、図式は町の数と同じだけあり、社会的方程式はそれぞれに異なっていた。

羊毛の町モントーバン〔訳注・トゥールーズの北方〕では、毛織物業者（プロテスタントの家柄であった）たちが高い地位を占め、その豪華な邸は文人たちのサロンとなり、田園や狩り場を有していて、その地方の画家たちのパトロンになっていた。レンヌ〔訳注・ブルターニュ半島の内陸部〕は、この地方の州都であり、なによりも議会と行政の町である。トゥールーズも行政都市であるが、豊かな農村地域の中心である。カンも非常に豊かな田園地帯の中心である。

大きな港湾都市で、商取引の中心であるルーアン、ナント、ボルドー、マルセイユは、海に目を向け、できるだけ中央権力の干渉を躱した。ダンケルクは《自由港》として人頭税（taille）も間接税（gabelle）も切手代まで免除され、巨大な特恵を満喫していた。ここでは、十ほどの有力な家門が支配権を握っていた。

パリ、あるいは、そのパリが遠くから封じ込めていたもう一つの首都であるリヨンについては何がいえるだろうか？　観察する都市によって、一つの社会的秩序が、その独自性と自律性、固有の運命をもって姿を現してくる。

州（provinces）の自律性

都市それぞれの独自性を複雑にしているのが、その都市を嵌め込んでいる州の自主独立主義である。フランス王国は、絶え間ない征服と婚姻、相続、調停の堆積からなる長い歴史のなかで成立したが、その過程において、公式・非公式にかかわらず、望むと否とにかかわらず、併合した領土〔州 provinces〕で新しく臣下になった人々との間で「歴史的契約」を結んできた。したがって、州ごとに過去から引き継いだ特権や伝統、自由〔防衛手段も含めて〕を維持する権利を獲得しているので、王国と州の結合の仕方も区々で、王国に加わることによって各州が均一化されることはなかった。

王制は各州を取り込もうとし、そのために必要な、たとえば、公的平和の維持、裁判の尊重、穀物の供給、徴税制度の定着、公的職責の継続性といった目標を達成するために、幾つかの点で妥協した。少なくともコルベール以後（もしかしたら、それ以前から）、王制は自らにとっても民衆にとっても明らかに有害である伝統的システムであっても、できるだけ尊重することを慣わしとした。幾つかの例外はあっても、それらは、むしろ原則を証明している。荒療治は危険が大きく、しかも、必ずしも効果があるとは決まっていない。古い制度はそのままにしておいて、老朽化し死滅するに任せるほうが簡単である。一六五五年のノルマンディー、一六五一年のオーヴェルニュの場合がそれであった。〔訳注・一六五一年はルイ十四世の親政が始まった年で、地方の公国が解体されて王制に編入され、貴族たちが宮廷貴族になっていったのが、この時期である。〕

他方、地方も様々な手段を駆使して中央権力に抵抗した。たとえばドールの会計検査院やブザンソンの高等法院（parlement）が使った術策の悪知恵と老獪さには、私も感服させられる。〔訳注・ドール、ブザンソンともフランス東部、ディジョンの東の町。なお、高等法院は「parlement」すなわち議会であるが、議員は王制時代には中央の王政府によって任命された。高等法院が設置されたのは、国境地方や自治意識の強いところで、中央のパリ以外では、アルトワ、アラス、ルーアン、レンヌ、ボルドー、ナヴァール、トゥールーズ、ペルピニャン、エクス、グルノーブル、ディジョン、ブザンソン、コルマール、ナンシー、メッスに置かれた。〕

したがって、地方諸州は針鼠のように対抗できる力を持っていたのであって、有力者たちは、納税義務とともに財政と税配分の権限を保持していた。納税者と王の間には力関係があり、常に交渉の可能性があった。より攻撃的なのが高等法院で、どこでも州の守護者の役割を演じている。それに加えて、王制は古代のあらゆる制度を遺していたから、眠りから目覚めて動き出し互いにぶつかり合う地下に隠れた植生のようなものをもっていた。たとえば《徴税管区 élections》《憲兵隊 prévôtés》《代官裁判管区 bailliages》《代官管区 sénéchaussées》《下級裁判管区 présidiaux》などがそれで、これらは王から独立した狭い仲間内で構成されており、これらのなかでは王の権限は消滅していく。この連中は役職をカネで売り買いし、自分の利益と繁栄を追求することしか考えないからである。

王制は、これに対抗するため、十七世紀の様々な危機を通じて、国王直属の代理人として《知事 intendants》を創設し、これに、ほぼ無制限の権限を持たせた。「裁判・治安・財政の管轄人 intendants de justice, police et finances」という正式の称号が、これを裏づけている。この時代、ロー〔訳注・イギリスの財政家で、フランスで王立銀行を設立　1671-1729〕は、フランス全土が三十人の知事によって治められていることを次のように明言している。

「あなた方は高等法院も行政府も行政官たちももっていないが、私は、各州の請願書を審理し、州の幸不幸、繁栄と凋落を左右するのは王でも大臣でもなく、この三十人であると言いたい。」

そのうえ、彼らは、しばしば言われてきた以上に、国家の忠実な奉仕者、有能な行政官であった。それでいて、とくに一七五〇年以後、経済的繁栄がフランス全土に近代化政策と公共事業をもたらしたとき、彼らが地方諸州と一体化し、ヴェルサイユに対抗して地方諸州の擁護者となっていったのを見ると、驚かされる。だが、他に方法があったろうか？

すでに一七〇三年、ブルターニュ知事ベシャメイユ・ド・ノワンテルは、こう書いている。「注意しなさい。この州の人間は、ほかの州のようなやり方では治めることができない。」（Henri Fréville "L'Intendance de Bretagne 1689-1790" 1953）

そして彼は、エストレ元帥がブルターニュ政府の要請に背いてポジションを暴力的に手に入れていた二人の貴族を厳しく罰したことを不手際であると非難している。同様にして一七〇八年、メッスの知事は、メッスの町が主権を失ったのはミュンスター和平条約の一六四八年のことで、アンリ二世がメッスを占領したのは一五五二年であることをメッス市民は忘れていない旨をヴェルサイユに報告している。

それにもかかわらず十八世紀、《一つのフランス》への流れが勢いづいていたときに、時の流れのなかでとっくに意味を失っていた無数の既得権を公式に尊重しようとしたことは、明らかに愚かしい結果を生み出した。革命政府の中央集権主義がこうした行政上の煩雑さを一掃したのは、大革命前に現れていた全般的不安に対する一つの応答であったと考えられる。

一七八二年に書かれたある報告書は、『プティ・フラン・リヨネ Petit Franc Lyonnais』と名乗る地方組織が異常な権限をもっている事実を指摘している。この『プティ・フラン・リヨネ』とは、リヨンの北の小さな町トレヴーを中心にソーヌ川流域に結成された同盟であった。

「もしも、あらゆる行政の基盤は秩序と平等にあるべしという統治の一般的原則から考察するならば、同じ一つの国家の臣民は同じ法律によって支配され、同じ権利を有し、同じ責任を負うべきであるというのが正論であり、王国のなかにあってせいぜい二里半の広さの領域が、近隣の小教区から羨望される特権を享受しているなどということは異常であるといわなければならない。しかも、この特権的領域が、過去にも周辺から憎悪の的となり、そうした人々の反感を押さえ込むのに力の苛酷な行使に頼らなければならなかった場合においてをや！　である。」

これを異常とすることには誰も異論はないだろう。そして「全体的進歩が明白であるのに、どうして州はその流れに、このように背いたのか？」と疑問に思われるであろう。そこに、ある種の《地方的ナショナリズム》というべきものがあるのは、まだ《フランス国民nation française》というものが存在しておらず、地方的郷土愛がその代わりをしていたからである。それが今日私たちが「自治主義的感情sentiments autonomistes」と呼んでいるものを培ってくれたのである。

この感情は大革命前夜に極度に高まったが、この奇妙な感情の激発は、まもなく、大革命によって終息させられたのだった。しかし、アンシャン・レジーム末期の各州に対する王政府のやり方について、どのように貸借対照表をつけたらよいだろうか？　トクヴィルや何人かの碩学の歴史家たちのように、中央集権主義が優位に立っていたと考えるべきだろうか？

たしかに《州province》は、かなり以前から公的区分ではなくなっており、納税のための区割（徴税管区généralite）や知事の管轄区（ressort）を前にすると、「政治的実体」としては消滅していた。そこにあるのは、古い境界線の上に新しい区分を重ねるやり方で、それは、一七八九年の憲法制定議会（Constituante）で県（départements）の区分が定められることによって過去が清算されたプロセスを想起させずにはおかない。

しかし、この二つを対比するのは誇張したやり方ではないだろうか？　一七五〇年以後のフランスの飛躍に伴って王権は進展したが、それと同時に地方的特性も強まった。各州とも、その州都において特権に結びついた狭く強力で優越的なエリートを生み出し、彼らは、これらの特権を普遍的利益の名のもとに守った。これは当然のことだったのではないだろうか？　アーチにとって要石が不可欠であるように、指導的集団のいない組織はありえないからである。

そのことを示すものとして、ブルゴーニュの例に勝るものはない。ブルゴーニュは、様々な問題を抱え、ディジョンの高等法院というこの州を支配している狭い特権的グループなくして、存立しえたであろうか？　このグループはその優位を守るために、州のなかに居座って様々な無理難題を突きつける会計検査院や三部会と戦った。反対に、一七五四年から一七八九年までについていえば、コンデ公という声望のある知事とは、いわれているよりずっと巧く折り合いを付けた。この軍指揮官が統治者としてどのように振る舞い、結局、とくに深刻な抵抗にあうこともなく知事になったことは、少し注意して調べればすぐ分かる。

ディジョンの特権グループが議会を独占するためによりどころとしたのは、その本来の重みと威信に加え、ブルゴーニュ全体に散らばっていた農地・森・ぶどう畑・建物・製鋼工場・貸地などの富の力であった。このグループは閉鎖的で、互いの協力と婚姻を通じての家系的繋がりによって結束し、成り上がりの商人やブルジョワが不愉快にも割り込んでくるのをなんとか阻止しようとした。だが、このグループ自体がかつてはブルジョワであったのが、柵を越えてローブ（法服・礼服）を着用した貴族階級の仲間入りを果たした人々であった。もとより、なかには、古い起源をもつ貴族も何人かはいた。たとえば一七〇九年から一七七七年までディジョン高等法院議長を務めたブロッス家は、一四九五年にフォルノヴォ（訳注・北イタリアのパルマの近く。シャルル八世が神聖同盟軍をここで撃破した）で戦死した貴族の末裔である。

したがって、彼らは一種のカーストを形成していたのであって、「議員たちは職席を自分の子供たちにだけ伝えるとは限らない。兄弟や義理の兄弟、甥、娘婿なども仲間に入れた」。勝利の凱歌を挙げたのは、同族結婚によって守りを固め、長期にわたって平和を維持した結束の固い家族である。彼らは、つねに手紙をやりとりし意思を通じ合わせただけでなく、「舞踏会、演奏会、観劇、ゲーム、祭典、食事会……」など様々な機会に一堂に会し、接触を密にし協議しあい、自覚を深め合った。一七八五年三月三十日、ノルマンディー公（ルイ十六世の息子）の誕生を祝う教会の鐘の音が国じゅうに鳴り響くなか、ディジョン高等法院議長のジョリ・ド・べヴィは自邸の前で会食者一一〇人による豪勢な食事会を催し、「一般市民のためにもワインの噴水を設置」している。(Jean Sigmann "La Révolution de Maupeau en Bourgogne 1771-1775")

これら支配者集団の目的は、まず自分たちの特権を守ることによって州の自治権を守ることにあった。そのことは、レンヌやトゥールーズ、グルノーブル、ボルドーでも同じであるが、グルノーブルについては、じっくり観察する必要があろう。というのは、この州はフランス王国のはずれにあり、様々な特権と独自の慣習をもっていたからである。

グルノーブルの高等法院のなかでは互いが警戒心を抱き、利害の対立が渦巻いていた。その支配下にある市庁舎も、市民や農村共同体同士の争いの場になっていた。一六七九年、デルビニー知事は、次のように書いている。

「私は、治安判事を置いて、市庁舎の情報が高等法院に伝わらないようにする必要性を日々に感じています。高等法院には、この州の全ての権限が集中しており、ある事件について彼らの一人でも利害が絡んでいるときは、間違いが起きないとはいえないからです。」

グルノーブル高等法院の専横ぶりについての知事のこの言葉は、一七〇七年、スペイン継承戦争のさなかにテッセ元帥が遭った災厄を想起すれば、決して大袈裟ではないことが理解される。フランス軍部隊がトリノの前面で敗北を喫して辛うじて帰還したとき、テッセは書面で南東方面軍の指揮官に任命されたが、ヴェルサイユでは、現地グルノーブルの高等法院からも承認をもらうように、と言われた。彼は、宮廷から直接赴任したが、おそらく充分に謙虚な姿勢を示さなかったのだろう。たちまち、議長のグラモンから、資格もないのに高等法院に席を得ようとしたとして、非難され無礼な扱いを受けた。

元帥は、書簡のなかでこのことを激しい怒りをもって書いたが、サヴォワ部隊の視察のために三日間留守した間に自分の権限が縮小されていることを知って、ついに怒りを爆発させた。彼は、自分の権限は国王によって定められたもので、誰人もそれを縮小することはできないとして、国王に判断を求めた。結局、彼が勝ち、グラモン議長は謝罪しなければならなかったが、このような上席権争いが起きたこと自体、示唆的である。

ボルドーでも高等法院は、ぶどう栽培という非常に古くからの収入源を牛耳っている裕福な人々によって独占的に構成され、とりわけ強力で横暴であった。すでに一六〇八年、アンリ四世は、いまも私たちの心を惹きつけてやまない言葉で、これらの特権的な連中のことをはっきりと言い切っている。「あなた方は、わが民は虐げられているという。では、誰が虐げているのか？……あなた方とその仲間ではないのか？……ボルドーでは、裁判に勝つのは最も大きい財布を持っている輩だというではないか？　耕しているぶどう畑が高等法院の議長や参議のものでない百姓がいるのか？　土地を持たない貧しい貴族はいるのか？　金持ちにすぐなれる方法は高等法院の参議になることだというではないか？」

リヨンは、一五五八年、聖職者から、「ほぼ全員が商人である三十人」がこの町を支配しているとして非難されている。ルイ十五世の時代、モンペリエでは、ラングドックの金融業者たちがパリにのぼって徴税請負の仕事を手に入れていたことから、同じ成功を目指して階梯をよじのぼろうとする人々が見られた。同じことは、フランスの国家資産の大部分についていいえる。力を持つ者が一番よい思いをしたのである。

オイル語とオック語

身体的にも経済的・社会的にも統一性に欠けるフランスは、そのぶん、なおさら文化的統一性を優先したのではないだろうか？　たぶん、その通りである。しかし、周知のように、一方の高い次元にエリート主義的な《一つのフランス文明》があり、華やかな輝きを放って全体を包み、その構造（むしろ上部構造といったほうがよい）をもって支配し圧迫しているのに対し、他方、フランスの地上では、何世紀も昔から二つの文明が言語的地下王国を形成して対峙しあってきた。勝利を得たのが《オイル語文明》であり、敗れた《オック語文明》は、おおまかにいうと、ほとんど植民地のような立場に置かれてきた。オイル語の北フランスがオック語の南フランスを、その物質的優勢をもって圧倒したのである。

私はどちらも同じように愛しているし、一方を依怙贔屓したくないので、国民的統一主義者として、できるだけ双方を理解するよう最大限努力しながら、歴史的懐古趣味にならないようにしたい。

北フランスと南フランスの間には、どちらにとっても言語学上の境界線を成している、開いた傷口のような裂け目がある。この裂け目は、ガロンヌ川のほとりのラ・レオルからトゥーロンの北のヴァール盆地にいたるもので、中央山地とアルプスのかなりの部分を含んでいる。文化的境界線は、この言語上の裂け目より北を通っており、地名研究や方言調査から得られたデータの解釈を通じて確定された歴史地理学上の新しい洞察に耳を傾けるならば、大きくいって、ロワール川まで北上することになろう。

ピエール・ボノーにいわせると、《オイル語のフランス》と《オック語フランス》の間の境界線は一本線ではなく、並行する何本もの境界線と南北両方にひろがった多くの瘢痕とから成っており、いわば《中央フランス》

出典：菅野昭正ほか編『読む事典フランス』（三省堂）より転載

《中央ロマーニアRomanie médiane》というべきものになっている。その結果として、リムーザン、オーヴェルニュ、ドーフィネは通常、《オック語フランス》とは切り離して扱われる。

しかし、この問題はしばらくお預けにしておこう。いずれにしても、フランスの過去が、この《中央フランス》の両側に分かれることについては疑問の余地はない。通常、北側で起きることは南側と同じやり方では起きない。むしろ、逆になる。文明civilisation——すなわち、この世に生まれて、生き、愛し、結婚し、考え、信じ、笑うやり方、衣食住の慣習、耕作地のありよう、お付き合いの仕方等々——は、北と南とでは同じではない。昔も今も、これからもずっと、南へ行くにしたがって、「別のフランス」となる。この「もう一つのフランス」こそ、北の人々が常に新しく発見し、声を大にして叫ぶものである。それは、時宜に叶っていることもあれば外れていることもある。なぜなら、彼らの驚きは気分を害する方向へ向かうことが少なくないからで、これは、彼らにとってお気の毒なことである！

ラシーヌがユゼスで書いた手紙については本書でもすでに紹介したが、彼はヴァランスを過ぎるころから、人々の言っていることがまったく理解できないことについて毒づいている。当時のフランスは、どこでも国訛りがあって当たり前であったが、それにもかかわらず、ラシーヌがこのあたりまで南下してきたときに、これほどまで罵っているのは、それまでは、土地土地の方言もなんとか理解できたからだと想像できる。彼はラ・フォンテーヌに宛てた手紙のなかでこう書いている。

「白状すると、今の私には、パリにやってきたモスクワっ子のように通訳が必要です。昨日も、たまたま小さな鉄鋲が必要になったので召使いを街へ買いに行かせました。ところが、彼はマッチを三束買ってきたのです。これと似たような間違いはいろいろあり、どんなに私が悩まされているか、ご想像ください。」

「この土地のフランス語は私には理解できませんし、この土地の人々も私が話す言葉が分かりません。」（"Lettre à La Fontaine" 1661.11.11）〔訳注・ちなみにラシーヌが一六三九年生まれであるのに対し、ラ・フォンテーヌは一六二一年生まれで、十八歳年長であった。〕

したがって、南と北のフランスは、言葉の本来の意味で《異邦 **mondes étrangers**》だったのであり、それが、セヴェンヌ地方の新教徒による民衆蜂起《カミザール Camisards》を称賛して著した『神により新たに興されし奇蹟の物語 Récit des diverses merveilles nouvellement opérées par Dieu』（一七〇七年にロンドンで刊行）のなかで述べていることなのである。彼は、「霊感を受けた極めて純粋で悪意のない人々」が「神から啓示された勧告」をフランス語で告げる場面を目にして、「これぞ正真正銘の奇蹟」と思い込んだ。というのは「この地の人々がフランス語でまとまった話をするのは、イギリスにやってきたばかりのフランス人が英語を話すのに劣らず至難の業」だったからである。しかし、この「奇蹟」は、充分に説明がつく。というのは、セヴェンヌでは、人々は聖書をフランス語で読んでいたし、クレマン・マロ（1496-1544）の押韻によるフランス語訳の聖書詩篇を朗誦していたからである。

一八三六年、ノルマンディー人の血を引くパリジャンで明敏な観察者であるプロスペル・メリメも、蒸気船でローヌ川を旅し、アヴィニョンに上陸したとき、外国にやってきたような気がすると述べている。彼は、その後も南フランスに戻ってきて、一八七〇年、カンヌで亡くなっている。彼が南仏に戻った理由は（もし理由があるとすれば）、「地中海の娘」というべきコルシカ島をフランス文学のなかに摂り込むためで、『コロンバ Colomba』が発表されたのが一八四〇年のことである。

家系はフランシュ＝コンテの出であるが一八七八年にロレーヌ地方のナンシーで生まれたリュシアン・フェーヴルは、南西フランスを旅したとき、全く異質の文明に接したような衝撃を受けたことを一九三八年七月二十日付けの私宛の手紙で、次のように書いている。

「こちら（コートレ。彼は養生のためにやってきていた）へは、リモージュ、ペリグー、アジャン、モワサック、オーシュ、ルールドと道草を食いながら着きました。それは、フランスの美しい断面を見る想いでしたが、はたして、フランスの、というべきでしょうか？　私たち北部や東部フランスの人間にとってこの地はなんとエキゾチックな異国でしょう！　フランスの風景のなかでも最も魅力的で繊細な、クールベのジュラ山地の風景をエジーあたりに再現したようなこの環境のなかで、突如、自分を誇示するかのように現れるペリグーのサント・ソフィー教会、一籠のぶどうのために魂を売り渡したモワサックのがっかりさせる陳腐さ、そのなかで見向きもされず途方に暮れているサン・ピエール教会の彫刻と鐘楼。アクロポリスを思わせる戦闘的な岩山の上に造られたオーシュからは、いまは燃焼し尽くして静まり返っているものの、その奥に秘められている教派的情念が観察されます。――こうしたすべてが、はるか遠い異国の世界にいるのだという不思議な感情を湧き起こさせます。」

《ロレーヌ公》リヨーテー元帥にいたっては、簡潔に「ベジエは居心地がよくない」とだけ言っている。〔訳注・リヨーテーは、植民地行政官としてモロッコの反フランス運動を武力で鎮圧し、フランス本国への同化政策を押し進めた。1854-1934〕

同じ驚きは世代ごとに繰り返された。一八七二年、エルネスト・ルナンは、ひどい顰め面をしてこう書いている。

「北フランスとイングランドの類似性についての一つの民族史学的な見方が私の心にますます重くのしかかってきている。フランス人の軽率さは南フランスから来ており、もしもフランスがラングドックとプロヴァンスを自分の活動範囲のなかに入れていなかったら、われわれフランス人はまじめで行動的、プロテスタント的で議会制的だったであろう。」（"La Réforme intellectuelle et morale"）

彼はなんと多くの南仏人の美徳を見損なっていることか！　十六世紀には、南フランスに非ざるパリやましてやブルターニュがカトリックの立場を守ったのに対しニームやセヴェンヌ地方がプロテスタントに与したことを知るならば、これは、なんという大胆な仮説だろう！　ルナンの知性がどうであれ（さらにいえば、その知性のゆえに）、この文章は、情けないとはいわないまでも、いただけない。

だが、北フランスの人間は厚顔無恥にも、ほんとうに持っているか否かは別にして自らの美点を言い立てて優位を主張することがしばしばある。いずれにせよ、そうした《美点》は人間的資質よりも政治的経済的優越に負っているのであって、それは、ほとんど歴史のみによって北フランスに付与されたものなのである。

この点を補うのに、もっと熱烈な証人に援けを求めることが可能だろうか？　すぐ思い浮かぶのは「私は南仏人だ。事実、私は深刻に悩んだことはない」（"Mémoires d'un touriste"）と楽しげに言ったスタンダールであろう。しかし、あなた方は、彼はグルノーブル生まれであり、その生まれから、このように言ったのだと言われるかもしれない。実際問題、グルノーブルは北フランスではない。しかも、スタンダールはイタリアというもう一つの光り輝く南国を熱愛した人である。南フランスはイタリアと際立った幾つもの関わりをもっているではないか？

ヴァン・ゴッホも挙げることができるだろうか？　これはイエスでもノーでもある。この正真正銘の北方人がアルルにやってきたのは、パリでの痛ましくも厳しい二年間のあと、一八八八年二月のことであった。彼は「巨大な岩山が聳え、バラの小道が走る緑の公園、一面コバルト色の空が広がる自然」を前にして、たちまち眩惑された。彼は兄弟に送った手紙にこう書いている。

「これからずっと、ここの自然が気に入るだろうことは確かです。これまで私は、それほど孤独に苦しめられはしませんでしたが、いつも求めてきたのは、強い太陽の光とそれが自然にもたらす結果です。……ああ、ここの太陽を信じない人々は、呪われているのです。」

我慢しかねるほど《悪魔的なミストラル》〔南仏で吹く北風〕も、見た目には美しい。だが、人間、それも土地の住民がいる。「私にとってひどい苦痛の種は土地の言葉を話せないことです。これまで、私は進んで人々のなかに入っていったことがありません。食事を注文したりコーヒーを頼んだりする以外、もう何日間も、誰ともひとことも話していません。しかも、これは、こちらに着いた最初からそうなのです。」

私たちは、ここに、狂気の兆だけでなく、現実的な当惑を見るべきである。アルルに着いてまもない一八八八年三月ごろの手紙には、こう書かれている。

「アルジェリア人の歩兵や淫売宿、聖体拝領をはじめて受けに行くかわいい娘たち、危険な犀を思わせるスルプリsurplis〔訳注・祭服の一種〕を着た司祭、アプサン〔訳注・ニガヨモギで香りをつけた酒〕をしこたま呑んだ酔っ払いたち……私には、これらが別世界の人々のように見えることを白状すべきでしょうか？」

（“Lettre à son frère Théo”）

《北方人》の辛辣さ、幻滅、言葉のいい加減さに対峙するのが、《南仏人》のよき正義、笑い、批判、当てこすりで、人々は、これに拍手喝采する。この点について私は南仏の言葉に通じているたくさんの人に意見を求めたが、収穫はそれほど多くなかったことを認めよう。南フランスの演劇作品で使われている言葉や、たとえば「風で砕ける物はない Rien qui claque au vent」といった諺にも一種の嘲りが含まれている。十六、七世紀にイングランドやオランダに赴任したスペイン人たちは大変な優越感をもっていて、北国のバター料理に嫌悪感を示し、ビールを小便のようだと罵っている。ロンドンに駐在したカトリック王〔訳注・スペイン王〕の使節は、イギリス人嫌いで自宅にこもってばかりいた。一六七三年、ジェノヴァ共和国の一人のエージェントは、彼についてこう書いている。

「Non si accomoda niente alli costumi della nacione, vive sempre retirato, non ama conversatione（イギリス人の習慣にいっさい馴染もうとせず、閉じこもって、会話もしようとしない）」

これはスペイン人の話じゃないかと言われるだろうが、スペイン人は南フランス人のアクセントを強めた人間である。そして、ロンドンも、北フランスを含めた北国のなかで若干独自色が強いだけである。

南フランスのほうは、こうした北フランスとの言葉の隔たりに馴れ、諦め、気にしなくなっているのだろうか？　南仏文化がめざめ、春の若々しい枝を伸ばし始めている今日、そのようにいうのは言い過ぎだろう。それとも、北フランスで学者や政治家、公務員、実業家として成功している南仏人も少なくないし、社会的入植もうまくいっていることから、そんなことは議論もされなくなっているのだろうか？　もっとありそうなのは、首都パリの威信のため、それと一体化した北フランスとの対話が狂わされていることである。

《オクシタニア Occitanie》（オック語文化圏）擁護論者の草分けであるマリー＝ラフォンは、一八四二年に刊行した『南フランスの政治・宗教・文学の歴史 Histoire politique, religieuse et littéraire du Midi de la France』のなかで、「洗練され自由を愛する中世の南仏人」に対し《フランス人Français》すなわちロワール川以北の人々を馬鹿にはしないまでも、北の騎士たちの野蛮ぶりを「狂信的で暴力的な盗賊たち」と告発し、山岳派（Montagnards）が恐怖政治によって、「真の革命家」たる南仏人のジロンド派（Girondins）を打倒したようなものだとしている。〔訳注・山岳派は北フランスのアラス出身のロベスピエールに率いられた強硬派で、議場後方の高いところに席を占めていたことから付けられた呼称。〕

マリー＝ラフォンは非難し告発する。だが、勝利者を簡単に嘲られるだろうか？　南フランスでは北方人は占領軍であったから、南仏人が《フランス人Français》すなわち《フランシア人Franciaux》〔訳注・中世においては、イル＝ド＝フランスの方言をフランシアン語といった〕に対して抱いた感情には、外国人に対するときのそれに似たものがあったのではないだろうか？

北フランス人の堅苦しく儀式張った、悲しむべき自惚れ屋ぶりを皮肉るにはスタンダールがうってつけである。彼は、ローヌ川を下りながら、楽しげに述べている。

「幸せは訛りとともに消えると人はいうだろうが、人間の善良さと自然は輝きを増す。……ヴァランスでは、私たちは完全に南フランスにいるのだ。私は、喜びを抑えることができなかった。これと対極にあるのがパリの慇懃さで、それは、何よりも、話しかけてくる人が自身についてもっている尊敬心を表そうとし、あなたにもそれを求めるのである。」それに対し、「ここでは自分を動かしている感情を満足させることだけ考えて話すのであって、聞いている人の心の中に自分を高貴な人間として印象づけようとか、ましてや、その人物の社会的立場にふさわしい考慮を払わせようなどと考えていない。タレーラン氏が『もはやフランスは全く尊敬されていない！』と言ったことが、まさにこれである。」

彼は、この旅の途中、ボーケールの祭を見物するために三日間逗留し、民衆の陽気さに触れて楽しんでいる。

「ボーケールでは、パリの控え目な調子などは、ほとんど見られない。……リヨンやジュネーヴの街でよく見受ける刺々しさや悲しみ、心配そうな顔も、ここでは僅かしか目にしない。このことは『悲しみの苛立ち aigreur triste』といったものがないことを示しており、ボーケールでは市民の大部分が南仏人であることを物語っている。」

こうした違いは、昔のことだけではなく、今も消えていない。ほんの数年前、ラングドックのアルミッサン〔訳注・ナルボンヌの東で地中海岸にすぐ近い町〕の町長が私の友人の歴史家にこう言ったことがある。「ロージェニーさん。ノールーズ峠〔訳注・トゥールーズの南東にあり、大西洋側と地中海側の分水嶺になっている〕を越えた日に、あなたはフランスをあとにしたのです。あなたが、いまおられるのはオックの地であってフランスではないのです。」

たしかに今日わが国では、北から南までみんなフランス語を話している。しかしながら、つい先日(一九八五年七月三十一日)、私はテレビで衝撃的な一言を耳にした。シナリオ・ライターのミシェル・オディアールが「自分はこれまでたくさんの作品を書いてきたが、方言は使ったことがない。ただ、パリっ子の下町(parigot)の日常語は使ったことがある」と話したのに対し、対話相手が「それには、ロワール以南の視聴者のためには字幕が必要だ」といったのである。庶民の言葉には今でも、南北フランスで隔たりがあるということであろうか?

十八世紀の方言の多様性

言葉の問題だけでなく、各地に固有のあらゆるものが表面の文化的統一性によってはカバーされていないのが実態で、少し近寄ってみると、過剰なまでの地方的特性が姿を現してくる。ほんの少し歩いただけで、慣習も伝統芸能も、服装や諺も、相続の仕方〔成文法にどう定められていようと〕も虹の色のように変化していく。それにしても、一七九〇年にグレゴワール師が方言について行った調査報告を読むと驚きを禁じ得ない。この調査は、革命のプロパガンダである《公民精神の普及》への障碍になっているとしてバレール（1755-1841）〔訳注・大革命当時、山岳党に属し、公安委員として恐怖政治の推進に加担した〕が発案したものであった。

この調査が各地の通信員から寄せられたおびただしい事例をもって明らかにしたことは、フランスにはオック語とオイル語だけでなく西南部ではバスク語、西部ではブルトン語、東部ではドイツ語、北部ではフランドル語というようにほとんど外国語といってよい言葉が話されていること、しかも、ロワールを挟んで南北に分かれるオック語・オイル語両地域でも、さらに地方毎に無数の方言が話されているという事実である。グレゴワール師は、こうして集めた情報を要約して、国民議会（Convention）で、フランスには三十の異なる方言があるが、それらの地方語も場所によって変形し、町ごと村ごとに相違がある、と報告した。（Augustin Gazier "Lettres à Grégoire sur les patois de la France (1790-1794)"）

このことから、一七九二年十二月一日、コレーズの県会は、行政上の文書を方言に訳することに関し、「ジュイアック小郡の通訳の使う言葉は、ほかの小郡では通じない。訛りの相違は、すぐ近くではさほどでなくとも、七、八里も離れると、ずいぶん大きな違いになる」と、その有効性に疑問を呈した。ボルドー議会の長老議員、ピエール・ベルナドーは、このことに意を得て、グレゴワール師に次のように書いている。

「私は、この近辺の田園地帯について持っている知識から、人間の権利についての聖なる宣言を住民たちの話している種々の方言の共通語（langue mitoyenne）に訳することを考えつきました。」

これは、エスペラント語の先駆というべきであろうか？

ところで、幾つかの明確な例をあげると、ギュイエンヌとガスコーニュで話されている言葉（ガスコン語 le

gascon）はラングドック語やプロヴァンス語とは区別される。しかし、そのガスコン語自体も、ガロンヌ川を挟んで「全く別の方言」に分かれている。しかも、小さな地域それぞれに方言があり、たとえばオーシュからトゥールーズだのモントーバンへ行こうとすると、幾つものコミュニケーションの関門にぶつかることになる。事情通にいわせると、ボルドー地方のなかにも、「大きく分けると二種類の方言がある」が、もっと細かい違いがあることはいうまでもない！　ランド地方についても同様で、「小教区が違うだけで、言葉がしばしば通じない」ほどである。

では、北フランスはどうだろうか？　ブルゴーニュ方言（bourguignon）は、その全体で一つの家族を構成しているが、たとえばディジョンからボーヌだのシャロン、ブレス地方やモルヴァン地方へ移動していくと、様々に変わっていく。マーコネ地方でも「アクセント、発音、語尾変化とも、村ごとに異なる」。サランの周辺でも村ごとで方言があるが、もっと奇妙なことには、ほぼ半里の長さをもつこのサランの町自体が、「言葉も風習もはっきり異なる二つの部分に分かれている」ことである。

ブルトン語についても、ブルターニュの都市も田舎も支配している単一言語のように想像してはならない。同じブルトン語といっても、トレギエとレオン〔訳注・どちらもブルターニュ半島の北海岸で、すぐ隣り合っている〕では異なっていて、一方に当てはまる文法が他方には当てはまらない。とくに違うのは発音で、「土着の人間でも二十里も離れた所へ行くには、前もって言葉を勉強しなければならない」ほどである。

この調子でフランスじゅうを見て回っても退屈するだけだろう。一方で、フランス語がフランスじゅうを支配しているのでないことは確かで、この点については、『百科事典Encyclopédie』（1765）が「方言。フランス語がほとんどあらゆる地方で話されているうちに崩れたもの。フランス語が話されているのは首都においてのみである」と言っているとおりである。他方で、地方的変異はいたるところで見られ、それらは無数である。一七〇八年、ラ・シェタルディ（1636-1714）は、宗教教育に関して「小教区と学校の数だけ異なった教理入門書がなくてはなるまい」と言っている。

しかしながら、ロワール川を挟んで非常に重要な相違がある。北側は、ブルターニュとフランドルおよび東部フランスを別にして、全体がフランス語を〔話すほうは必ずしもそうではないが〕理解できる。とくに公的証明書や村の司祭の説教、学校ではフランス語が使用されている。

このオイル語圏においても、方言は田舎の日常語であるとともに、都市でも庶民の言葉であるが、その消滅はより迅速である。反対に、オック語圏のほぼ全域では、地方訛りが幅を利かせており、田舎でも都会でも同じように、また社会階層の区別なしに方言が使われている。アヴェロン〔訳注・モンペリエの北方〕の通信員は「これは学者も金持ちも同じである」と述べている。そして、上流のブルジョワや文化人が仮にフランス語で話しても、庶民は理解さえできない。ガスコーニュでは、「慣習法も、ほとんどの公的証明書も卑俗ラテン語（latin de cuisine）で書かれている」――これは、一人の通信員がオーシュについて書いたものである。したがって、この同じ通信員によると、彼がオーシュからモントーバンへ旅したとき、フランス語が人々との交流のために役に立たなかったのは当然であった。

そうした言葉の壁はフランス全体にわたって存在しており、アルプス南部地方の生まれであるアルベール師は、こう言っている。

「数年前、オーヴェルニュのリマーニュ平野〔訳注・クレルモン＝フェランの東方〕を旅しているとき、出会った農民たちは、私が話しかけても全く理解できない様子であった。私は、まずフランス語で話し、つぎに自分の故郷の言葉で話し、さらにラテン語で話したが、結局、いずれも役に立たなかった。私も、彼らが話す言葉を理解することができなかった。」

（Abbé Antoine Albert “Histoire géographique naturelle,ecclesiastique et civile du diocèse d'Embrun”）

したがって、十五世紀のアルルやタラスコンで、ブルターニュ生まれの司祭やシャロン＝シュル＝マルヌの司教区から派遣された聖職者に対して小教区民が憤って抗議したことに驚く必要があろうか？　信者たちは日曜日に司祭の説教を聞いても、何を言っているのか全く理解できなかったのだ。

しかしながら、住民たちの混交は一度ならず、フランス語の浸透に有効に作用した。たとえば、同じ十五世紀のアルルでは、北方からの移住者がますます増えていた。もとより彼らは、この地方の言葉を話すことはなく、彼らのおかげでフランス語は町の上層部だけでなく庶民階層にも浸透していった。

「アルルが、ヴィレル＝コットレの法令よりずっと早い一五〇二年に、議事録をフランス語で記録したプロヴァンス最初の都市であったのは決して偶然ではない。」

（Louis Stouff “Habiter la ville” 1984）

〔訳注・ヴィレル＝コットレの法令とは、一五三九年八月に、聖俗裁判の管轄区分の明確化、聖堂区戸籍の義務化、労働者の集団的行動の禁止、裁判記録をフランス語で記すべきことなどを定めたもの。〕

十八世紀も末になると、各地の方言のなかにフランス語の言い回しが入ってきて、大きく変容させるが、その背景には、住民の攪拌があった。この点については、グレゴワール師の調査に関わった通信員たちがフランスの各地について同様の報告をしている。それに加え、商業で栄えた諸都市でも、フランス語を話すことが当たり前になった。かつては上流の商人たちもガスコーニュ方言を話していたボルドーでも、「いまや方言を話すのはニシン売りの女たちや沖仲仕、小間使いぐらいになった」。職人たちでさえ、フランス語を話すようになる。

（A.Gazier）

この変革は、達成されるのに時間がかかった。大部分の観察者は約五十年、それ以外の人々も三十年はかかったと見ている。全員が商業の隆盛と、少なくとも大型の村や都市の間の交通を根底から変えた道路建設をこれに結びつけている。しかし、我が国十八世紀の土木局技師たちが自慢しているこれらの大工事も、次の十九世紀のそれ〔訳注・鉄道の出現〕と比較すれば、どうであろうか？　しかも、フランス語の普及を確固たるものにしたのは、道路や鉄道よりもむしろ、学校教育の普及であった。

しかしながら、広大な田園地帯の《フランス語化 francisation》は一朝一夕でできることではない。ピエール・ボノーは書いている。「ラングドックの農民たちは一八五〇年ごろまで、フランス人という色合いはほんの僅かしかもっていなかった。」（"Terres et langages. Peuples et régions" 1981）『宝島』の作家として有名なイギリス人のロバート・ルイス・スティーヴンソンが一八七八年、ロワール川上流地方をロバで旅行したとき、土地の人々とおしゃべりするのに何の苦痛も感じていないようであるが、だからといって、もう方言は話されていなかったことにはならないだろう。この年の八月、ル＝ピュイの町から四十キロのところにあるモナスティエ村に着いたとき、彼を見たレース編み職人の女たちは、この訪問者の国について質問してきた。

「彼らが『イギリスでもみんな、おらたちと同じ言葉をしゃべっているのかい？』と訊いてきたので、私がノーと答えると、『へぇー、それじゃ、フランス語をしゃべっているんだ』と言った。私が急いで『いやいや、フランス語じゃないよ』と否定すると、彼女たちは『それじゃ、やっぱり、おらたちと同じ言葉なんだ！』と結論したのだった。」（"Voyage avec un âne dans les Cévennes" 1879）

幾つかの地域では、フランス語の採用はもっと遅くなった。一九〇二年、パリからの通達にもかかわらず、ブルターニュでは、多くの司祭が、標準フランス語で説教するのを拒絶している。ラングドック地方のルーシヨンでは、こんにちでもカタロニア語が使われていて、土地の人は全員、話せるわけではないが理解できる。一九八三年、ワイン醸造委員会の会長を務めたアンドレ・カステラは、ジャン・ロージェニーのインタビューに答えて、ラングドック語が消滅したのは一九五〇年代末ごろだとし、それ以前から教育の普及で衰微はしていたが「断層 cassure」ともいうべき急激な消滅をもたらしたのは、テレビなどのメディアの普及とともに、都会人の階級章であり社会的昇進の印であったものを民衆が入手したがるようになったことであると述べている。

方言学と地名研究

方言（フランス語で patois とも dialectes とも parlers locaux ともいう）が示してくれているのは十八世紀や十九世紀の実態だけではない。方言学（dialectologie）と地名学（toponymie）、また言語学者たちの派生的な仕事によって、伝統的地理学や最新の歴史学がまだ開拓していない我が国の遙か遠い過去についての知識の鉱脈が明らかになってきている。気鋭の地理学者ピエール・ボノーの功績は、そうした豊かな証拠を地理学と歴史学の論証に合致させる最初の重要な試みを実行したことにある。

方言（あるいは、そのなかで生き残っているもの）や、大なり小なり変形されながら残っている地名（その変形自体も証拠になる）は、たくさんの年代学的標識を帯びている。それらをどう扱い、正しく位置づけるかは難しい課題だが、それらが近代になされた《フランス化 francisation》とは別の実体を明らかにしてくれることは確かである。そこで得られた光は、私たちの最も遠い深みを照らし出してくれる。

ピエール・ボノーの採った方法は、悠遠な時間の流れのなかに散らばっている地名や方言という標識を見つけることから出発して、どの地名がより古いか、ある方言がどのように地理的に限定されるかを突き止めるのである。これらの標識は、一つの共同階段に整然と並んでいるわけではない。これは、樹木の年輪を研究する専門家たちのやり方と似ている。彼らは、その素材を使って場所を明確化し、絶対的ではないが相対的な年代を推定してきた。問題は、それを歴史時代の年代、さらには先史時代のなかに嵌め込むことであり、つぎに、それによって得られた結果に照らして、大なり小なり私たちの過去についてのイメージを手直しすることである。ピエール・ボノーも、同様に忍耐強く言語学的痕跡を探索した。それは、非常に古く各地に最初に定着し、広さは区々だがある領域を占拠した《民族ethnies》という基本的細胞が、その土地の風景のなかや文化の深層に遺した独自の痕跡で、それらは、その後も、幾つもの激動に晒されるが、「そうした嵐のたびに、新たに芽を出してきた」。フランスは豊かな多様性を変わることなく包含してきたが、その活力の鍵がここにある。この多様性は、敵対的な国家によって浸食され均されてきたにもかかわらず、はっきり見分けられる。そのなかで、フランスという国家が、空間的にはパリ盆地を出発点として一つの国語に統一することによって、ゆっくりと吸収し画一化する作業を続けてきた。

このようなピエール・ボノーの研究は、一種の奇妙なレントゲン写真のように、私たちの知識を覆すものをもっている。そこで最初に現れるのが、大地に直に印された農村的過去である。私たちは、何千年にもわたって(そして、現在も)、農作業を通じて人間と環境の間で無限に繰り返し交わされる会話を耳にしながら生きてきている。そこで私たちは、環境をよりよく活用するために、住環境と風景の間の対話を吟味することを余儀なくされる。なぜなら、現実の社会的・経済的構造は、自然環境の及ぼすものが障碍であるか恩恵であるかによって絶えず変化し、そこには反復的決定論が作用するからである。こうして、長期にわたる彷徨ののち、さまざまな人間集団の粘り強い作業と定着によって、《人間による空間の充塡》が驚くべき深さにまで実現されていった。

だが、この《人間による空間の充塡》が、大昔のそれにせよ、つい昨日のそれにせよ、一挙になされたように考えるのは間違いであろう。土地に住み着いて《定住民homo stabilis》になったからといって、ただちに《動かない民homo immobilis》になったわけではない。彼は、自然がつきつける要求、つまり生産の必然性に自らを適合させながら物質的環境との戦いをやめない。もしも適合できなければ、それまでのことである。

フランスの国土に住む人のかなりの部分が、カロリング時代や最後の《大侵入grandes invasions》の時代にいたるまで、半ば移動民であった可能性がある。わが国土に穀物栽培をもたらしたのは先史時代の中央ヨーロッパの人々であるが、穀物畑が定着するのは、穀物栽培が優位を占めるようになった地域でも、ずっと後のことで、全体的には、平地と山地の間を季節によって移動する《移牧transhumance》を主とする家畜飼育が行われていたようである。

言い換えると、フランスの多様性、フランスの風景のモザイクぶりは、ある時間のなかでは余り変わらないが、それでも変化しており、私たちの案内人たるピエール・ボノーは「現在、人間が居住している土地で、もともとから人が住んでいたところは、どこにもない」と言っている。それでいて、遠い過去に遡っても《多様なフランス》であったことに変わりはない。これは、私たちが「地方pays」と呼んでいるフランスの基本細胞についてもそのとおりで、これにも個体差があるし、さらには、この「地方pays」の集合体である「地域régions」についても同様である。中央フランスのリムーザン、さらにオーヴェルニュは、この著者にとって馴染み深い地であり、特に詳細に記述されている。これらの地域は、すでに本書でも述べたように、もはや本来のオック語のフランスでもなければ、北の征服者であるオイル語のフランスでもない《中間のフランス》である。私としては、ロベール・スペックランが北フランスと南フランスの境界としてこのような奇妙な形で描いた《リーメスlimes》について、ピエール・ボノー自身はどう考えているのか知りたいところであるが、この境界線は、ローマ時代やそれ以前の時代には西はポワトゥー湾から東はジュネーヴ湖にいたるまで水平方向に横断していて、オーヴェルニュ地方はこの線より南にあり、オイル語圏から切り離されていた。

これは重要な事例だが、もとよりボノーは、この例だけで満足しているわけではない。フランス全体について同じような修正を施している。彼がこのすばらしい知的な本のなかで示した新鮮で生き生きしたイメージは、私のフランス史のなかにも機会があれば挿入することとなろう。

彼が先史学者たちの説を借りて述べているところによると、先史時代の《一つのフランス》は、中央ヨーロッパから出てきたのと地中海からやってきたのと、二つの流れによって成立した。前者の中央ヨーロッパからの流れが伝播してきたのは、東方起源の穀物経済が早くから優越していたことによる。ボノーに言わせると、中石器時代（l'époque mésolithique）において「農民の大陸」と言えたのは、とりわけ中央ヨーロッパであり、そこから、この新しい技術とそれを持つ人々が西方へ流れていったのだった。他方、地中海からの流れは、それよりも早くから生じており、眼前に広がる空白の世界を北方へ向かって進み、移動しながら耕し収穫する農業と家畜の飼育を重ねたやり方を広めていった。

このように、こんにち私たちが知っている南北二つのフランスの本質的なものが、歴史時代に入るよりずっと前から存在していたのであって、そのため、ボノーが丹念に地図上で示したこれらの《基本的細胞》が今も存在しているのと同様に、この農業の相違も残存しているのである。フランソワ・シゴーは、次のように書いている。「国立統計・経済研究所（Institut national de la statistique et des études économiques）は、現在のフランスの国土に存在している農業地域を四七三と数えている。（かつては、もっとたくさんあったであろう）……ブルボネからルーシヨンまで、オニス〔訳注・大西洋岸のラ・ロシェルに近い地域〕からボージュ〔訳注・ジュネーヴ南方の地域でフランスの東端〕まで、かつてのフランスにおける耕作システムの数は一〇〇を下らなかった。……したがって、そうした様々なやり方や考え方のもつ多様性を把握する学問的手段を見つけないかぎり、私たちの行う概括は役には立たないだろう。」

（"Forme et évolution des techniques"）

そこで私たちがしなければならないことは、歴代のフランス王たちがやったように、様々な風と潮流に逆らってでも、王国の統一性を考察し樹立することである。

文化人類学と《家族》

したがって私たちは、「フランスの多様性」をもって安易に終えるわけにはいかない。とりわけフランスの容貌に無数の《染み》をつけているのが、文化的起源の多様性である。フランスは、自分に抗うこの分割のなかで、どのように生きることができるだろうか?

太古に遡るこれらの文化的淵源を探るうえで、最近は人類学（anthropologie）も大きな援けになっている。それも、頭蓋骨を計測して人種的差異を調べる古い物理的人類学ではなく、いわゆる文化人類学が若い（もう、それほど若くなくとも）歴史学者たちの情熱を掻き立てている。

彼らが発見したのは《家族famille》である。ジャン＝ルイ・フランドランがいみじくも言っているように、家族的生活を危機に瀕せしめている現代社会の変化が、あらゆる社会の母胎細胞として家族を強調する固執を生み出しているのであるが、それは、全てが家族から出発し、ほとんど全てが家族によって説明されるからである。（"Familles, parenté, maisons, sexualité dans l'ancienne société" 1976）。

一つの蜜蜂の巣のなかで、もし働き蜂たちが結婚し子を儲けたら、秩序というものはどうなるだろうか? そんなことは、私たち歴史家も、人類学者や精神分析学者たちより以前から知っていた。しかし、こんにちでは、彼ら人類学者たちのおかげで、ずっとよく知ることができるようになった。その結果、私たちは、現在の統計や地図から出発して、目が眩むほど遠い過去にまで遡っていこうとする研究に、必ずしも常に納得はしないまでも、大いに魅惑を覚えるのである。

このやり方を理解するには、エルヴェ・ル＝ブラとエマニュエル・トッドが『フランスの発明Invention de la

France』でやっているように、まず前もって幾つかの事前の事実確認をして規範を明らかにすることである。

西欧では、今日でも家族は三つのカテゴリーに分けられる。

一つは、父・母・非婚の子供たちから成る狭い家族で、これはしばしば《核家族familles nucléaires》と呼ばれる。もう一つは拡大型家族で、これがさらに二つのタイプに分かれる。一つは、夫婦とその子、孫というように、垂直に並ぶ複数世代で構成される《株家族famille-souche》で、これは家長（pater families）によって権威主義的に統率される。結婚もコントロールされ、結婚して財産を引き継ぐ子供は一人だけで、ほかの子供たちは独身を通すか、さもなければ出ていく。もう一つは一人の長老のもとに結婚・非婚を問わず全ての子供たちが集まっている《族長的家族famille patriarcale》である。したがって、これは、そのなかに兄弟愛によって結束した幾組もの夫婦を包含しており、これが拡大すると、ほんものの《部族tribus》あるいは《地域的共同体》にまでなる。

この拡大型家族の二つのタイプを最も明確に分けているのが結婚の平均年齢である。前者にあっては晩婚が普通で、非婚率も高い。それに対し、後者にあっては、結婚は容易で、かなり早婚である。こうして、「マルクス理論において階級闘争が占めていた位置を、人類学においては、家族システムのなかでも動的で再生産に関わる要素である結婚が占める」（H. Le Bras）こととなるのだが、この指摘はおそらく微笑ませるためのものである。

ヨーロッパは、以上三つの家族システムのタイプによって比較的明確に区分けできる。《核家族》はイングランド全体に広がっており、《株家族（家長型家族）》はドイツ人の世界を支配している。《族長型家族》はイタリアで優勢である。フランスは三つすべてを包含しており、この点でもフランスはヨーロッパを統合し要約しているといえる。しかも、ほかの国ではその国民の特徴となっているものが、フランスにあっては州次元の対立点となっている。おおまかにいうと、南フランスでは拡大型家族が優勢であるのに対し、北フランスでは核家族が優位にあるといえるが、ただし、ブルターニュ、アルザス、フランドルといった周縁地域は別で、拡大型である。南フランスの拡大型家族は多くの場合、共同体的であるのに対し、アルザスやブルターニュのそれは家長権威主義的である。

興味深いのは、こうした家族システムの示す地理的分布がずっと昔から変わっていないことで、人類学は、そこで文化的実体の耐久性（longue durée）、不変性（permanences）、硬直性（rigidités）にぶつかる。もちろん、だからといって比較的安定したこれらの地域の周辺部が、加速する都市化や強大な浸透力と破壊力をもつ工業文明による無構造化の絶好の舞台になることもあることには変わりはない。このような崩壊の危機に瀕している社会では、その文化的集合体の境界線において、個人の絶望、進むべき方向性の喪失、意欲の低下、狂気、自殺、アルコール中毒といった現象が噴出する。

この事態にあって安心感を与えてくれるものへの欲求から、十九世紀には、精神的再征服をめざしたカトリック教会が「独身者たちの増殖する」権威主義的家族の地域で熱烈な支持を見出したのだったが、同様にして今度は、共産党が共同体型家族のなかに支持基盤を見出した。ただし、この場合、共産党が人々の心を惹きつけたのは、政党としてよりも、方向性を見失った人々に高い次元で安心感を与えることによってであった。

しかし、驚くべきは、家族システムの崩壊あるいは入れ替わりが起きているところでも、そのあとを引き継ぐ宗教的・政治的システムが、結局のところ、以前からの植生の多様性をそのまま維持し、古くからの裂け目、傷口が装いを新たにして生き続けていることである。これは、そうした多様な家族的規範をもっている地域では、もともと多様なものが相関し合っており、それが、こうした地域の利点になっているからである。

このように、カトリック教会と共産党のいずれも自分に都合のよい家族的仕組みに乗じて花を開かせたわけであるが、もっと驚くべきは、一九七四年と一九七八、一九八一年の選挙結果が示している相関関係である。原則的には、共同体型家族の地域は左翼的であり、家長型家族の地域は右翼的である。そして、核家族はフレデリック・ル・プレのいう「不安定な型」であり、この地域は流動的で時により右寄りになったり左寄りになったりする。もちろん、選挙というテストだけがフランスの家族類型による区分けの境界線を明らかにしてくれるわけではない。その影響の度合いは、それが関わる問題——両性間の関係、移動の傾向性、老人や身障者に対する態度、産児数、宗教的実践のありよう、売春問題だけでなく、農業の輪作の形態や相続のあり方、建築様式の伝播、十六世紀初め以後はなくなったが魔術の問題、さらには識字率の問題——によって様々だが、どのような点から調べても、その存在が浮かび上がってくる。

それは、「歴史の心土」（深層の土壌）のようなもので、しかも地方によって大きな違いがあり、フランスの各地方はこの《心土》に合わせて自らを作り替えなければならなかったから、少し注意して観察すると、そのたびに様々な地下の構造物が姿を現してくるのである。たとえば、北フランスの豊かなパリ盆地、リムーザン、ポワトゥーでは、村落組織というものは今やほとんど存在せず極端に簡素化されているのに対し、南フランスのドーフィネやオーヴェルニュでは確固としており、さらに南のギュイエンヌ、ガスコーニュ、ラングドック、プロヴァンスでは、文字通り花盛りであるのを見れば、歴史家たるもの驚かないでいられるだろうか？（Jean-Pierre Gutton "Villages du Lyonnais sous la monarchie XVIe-XVIIIe siècle" 1978）

フランスは、このように分裂し、歴史の転換期には屈辱と挫折があったことがはっきりしている。エルヴェ・ル・ブラとエマニュエル・トッドは、そのことに驚き、感嘆し、楽しんでさえいる。彼らは、この分裂が明確化したのは、少なくとも西暦五〇〇年ごろのクローヴィスの時代、蛮族の侵入により多くの民族的領域が確定したときであると主張しているが、そう信じてよいだろうか？

文化人類学が私たち歴史家の援けになってくれるのは、現在を足がかりに文献的証拠を支えにして、何世紀かを遡った場合だけである。そこに歴史の再検討という一連の作業が生まれる。たとえばパリ盆地を例にとってみよう。ここは、おおまかにいって、現在の地図では《核家族》が優位を占める地域である。この核家族地域と標定されるパリ盆地のまさに中心部であるモーあたりが、ミシュリーヌ・ボーランによって採り上げられている地域の真ん中にあたり、彼女は、十六、七、八世紀のこの町周辺の田園地帯に関して「断片状の家族 familles en miettes」と呼んでいる。これは、核家族と同じである。（原注・この書名は、ジョルジュ・フリードマンの『Le Travaille en miettes』が成功をおさめて、当時、流行になっていたのにあやかったものである。）

そして、このタイプの家族の脆さ、不安定さという特質が顕著に現れるのが、社会的保護というものを全く欠如している社会である。この家族は、夫婦のどちらかが死ぬと、たちまち壊れて無となり、生き残ったほうは独り者、破産者、悲惨な生活不能者となる。ミシュリーヌ・ボーランは、配偶者をなくすると、男も女も、あたかも緊急の救援を求めるかのように、大急ぎで再婚する例が多いことを指摘している。

「ニコル・ピカールは、一七三九年六月に第八子、一七四一年八月に第九子、一七四四年五月に第十子を生んだが、彼女は、この間に二度やもめになり、二度、結婚している。」

（“La Famille en miettes” 1972）

さらに時間を遡ると、おそらく中世にまで到る一つの連続性が考えられる。これは、核家族を経済・社会の最近の発展が生み出したものだとする考え方について再検討を迫るものである。それを裏づけているのがピーター・ラズレットの著述で、彼は夫婦と未婚の子供たちから成る家族（まさに核家族である）を基礎的家族と呼び、これが十六世紀以後のイギリスの基準であったことを明らかにしている。（“Un monde que nous avons perdu. Les structures sociales préindustrielles” 1969）アラン・マクファーレンにいたっては、イギリスの中世には拡大型家族はなかった、したがって、何世紀もこのかた、核家族が普通であったことを証明している。（“The Origines of English Individualism” 1978）

もし、パリ周辺の状況が遙か昔（十一、二世紀）も同じであったことが確認されれば、ロワール川・セーヌ川・ソンム川に挟まれた地域にいち早く封建制が発展した理由が、よりよく説明できるだろう。というのは、封建制度は、家族制度が破損して最小の抵抗しかできないなかでこそ発展できたものであるからだ。この制度の起源は、奉仕への褒美としてカネの代わりに土地が繰り返し使用されるが、そこには土地だけでなく人々やその慣習、文化までも包含されるのである。

その反対に、ロワール以南では拡大型家族が維持され、その強い結束力によって個人財産（つまり自由地alleux）が守られ、都市や農村共同体の自由権が保持され、これが封建制度の進出を阻んだ。ここでも、北フランスで進行したこととロワール以南で進展したこととの間に隔たりがあり、それがもたらした結果の違いも大きかった。というのは、核家族は世代ごとに刷新されるので伝統にそれほど縛られず、変化や近代化に対して、より開放的だからである。北フランスが変革について一歩先んじるとともに、やがて、国家が交渉相手となる力の試練に抵抗できなかったのもこのためである。なぜなら、国家と家族との間には、絶え間ない競合があるからで、その観点からいうと、イギリスにおける家族の細分化は、ヘースティングスの戦い（1066）のあと、ノルマン人によって征服のために行使された数々の暴力の結果であるとみるべきであろう。

もとより、核家族を脆くて開放的だとするこの見方は、しっかり補強されているように見えても、仮説でしかない。アメリカの社会学者、リチャード・セネットは、逆に、社会的流動性への強力な障碍であるとしている。他方、フランスの歴史学者、ジョルジュ・デュビィも、「伝統的家族を破壊したのは資本主義の進展であり、それは明らかに手作業から解放するためであった」と考えている。これは、核家族化をかなり遅れて生じたとする想定に立っている。このテーマに関しては、慣習法や厖大な公証人の記録文書を通して確かな裏付けが出てくるまでは、確かなことはいえない。一六三二年ごろにランスの一市民が書いた日記に次のような一節がある。

「祖父から結婚するようにと話あり。私は、結婚するのはおじいさんではなく私なんだから、と答えてやった。」

だが、この一記述をもって、十七世紀の人間の近代性を云々することができるだろうか？　それとも、シャンパーニュ生まれのこの男は、この地方の伝統によって家族のなかでの自分の独立性を主張しただけだと考えるべきだろうか？

それでもやはり、人類学的研究は、その当初からすでに、過去がどの点で現在に襲いかかってきているかを示してくれている。エルヴェ・ル＝ブラとエマニュエル・トッドは、フランスの古くからの強力な分化を目にして、「フランスといえるものが存在したなどとは言えない」と断じ、だから「諸民族と諸文明の雑多な集合体からフランスというものを発明しなければならなかったのだ」と主張している。事実、フランスは幾多の障碍と分裂を乗り越え、停滞し、相矛盾し、大地のように重くのしかかる歴史の塊を引きずっていかなければならなかった。

三、距離の多様性

これまで私は、空間を不変のものとして考察してきた。ところが、その空間も明らかに変わる。距離を測る尺度は人間の移動速度であるからだ。昨日までは、人間の移動速度はおそかったから、空間は、人々を閉じ込め、孤立化させるものであった。《六角形のフランスFrance hexagonale》は現代的基準ではありふれた大きさの統合体だが、以前は広大な空間であり、そこに道路と障碍が延々と拡がっていた。

小プリニウスは、『トラヤヌス頌辞Panégyrique de Trajan』のなかで、「果てしないガリア」と述べている。それは、ルイ十一世の時代（1461-1483）にいたっても同じで、シャルル軽率公が治めていたブルゴーニュ一つを横切るのにも、一九八二年の現在ならフランス全土を十回も二十回も横断できる日数がかかった。

そのようなわけであるから、いわゆる百年戦争がフランスの国全体を浸したことは一瞬とてなかったことや宗教戦争（1562-1598）が半世紀の長きにわたって続いたことに驚く必要はない。距離自体が障碍であり国の守りであり保護者であった。オーストリア・スペイン皇帝カール五世は、二度もこの名状しがたい敵に敗れるという悲しい経験をしている。一度は一五三六年七月、あまりにも長期にわたり連係不足の行進の末に、ついにプロヴァンスに攻め入ったものの、軍隊は生気を失いマルセイユの前方で挫折したときであり、もう一度は、一五四四年、サン＝ディジエの小さな要衝を打ち破ってマルヌ川に出て川沿いの道を倉庫を掠奪しながらモーまで辿ったものの、息が切れて、急いでクレピ＝アン＝ラオノワ和平条約を結んで、この地域を放棄している。

同様の冒険を息子のフェリペ二世も繰り返している。一五五七年八月十日、サンカンタンでモンモランシー元帥の軍勢に対し圧倒的勝利を得たあと、彼はパリをめざそうとした。しかし、これは、スペインのユステ〔訳注・マドリードの西方〕に隠棲していた父の老皇帝も「息子のフェリペはフランスの首都へ進軍するつもりなのか？　彼は、そんなことはまず不可能だということを知らないのか？」と心配したことで、勝ち誇っていた軍勢も、その戦場から先へは、ほとんど進めなかった。

この距離の論理は、それから二世紀半経ってもほとんど変わらなかった。結局は敗れてエルバ島に流されるのだが、ナポレオンが一八一四年にフランスの若者たちを率いて行った戦いは、距離のもつ意味が今日のそれとは違っていた事実を無視しては考えられない。ドイツ等の同盟軍がパリをめざして進撃したが、途中の悪路のため遅々たるもので、そのおかげでナポレオンはエーヌ川の谷からマルヌ川、オーブ川の谷へと急行し奇襲攻撃を加えることができたのであった。これは、彼のほうが敵よりずっと迅速に移動したことで可能になったことであったが、結局は潮のような敵の大軍によってパリへ押し戻されてしまった。タレーランは、この作戦の弱点を前もって見通していた。ラ・トゥール・デュ・パン侯爵夫人は、彼との会話を日記に記録している。

「ああ、私のことは、あなたの皇帝とともに、そっとしておいてください。彼は、終わった人ですから。――どうして終わった人なんですの？　あなたは何をおっしゃりたいの？　と私は言った。すると彼が答えていうのに、私が言いたいのは、要するに彼はベッドの下に隠れてしまう男だということです。――私は、たくさんの質問をしたが、彼が答えたのは、次の数語であった。――彼は、持ち駒をすべて使い果たし、にっちもさっちもいかなくなっています。もう終わりです。」

ナポレオンの持ち駒とは大砲であり弾薬、馬車、そして男たちであった。

これに対し、一八七〇年のプロイセン軍は鉄道を利用した。これは巨大な革新であった。しかし、この戦争に若い将校として参加したフォッシュ〔訳注・第一次大戦で元帥としてフランス軍を指揮した。普仏戦争では志願兵として参加〕は、この敗北のドラマを回顧して、「もし自分が作戦参謀だったら、ピレネーまで後退して、フランスの国土全体を活用して戦う道を選んでいただろう」と述べている。一九一四年になっても、移動の多くは歩兵の脚で行われた。フランス軍がマルヌ川の手前で長路の退却を実行できたのも、このためである。それに対し、第二次大戦では、ドイツ機械化部隊は、一九四〇年の五月から六月にかけての数週間でフランスを打倒している。

私たちの眼から見て、昔のフランスが広大であり、統治するのも横断するのも監視するのも容易ではなかったことを、幾つかの大きな出来事以上に雄弁に物語っているのが、平凡な日常的事実である。その例として私は、一五二三年に王室のスパイに追われたブルボン元帥〔訳注・フランソワ一世によって元帥に任命されたが、財産を狙われてイタリアに逃れ、カール五世と結んでフランスと戦い、ミラノ公となってローマ攻撃の際、銃弾に倒れた。チェッリーニは自分の弾丸が倒したと言っている。1490-1527〕の逃亡について語ることができよう。彼は、ローヌ川を渡って山野の自然のなかに身を隠すことに成功した。自然は大きな障害物だったのである。

もう一つのエピソードは、それほどドラマチックではないが、私たちには充分示唆的である。それは一五五四年に生まれ、波瀾万丈の青春時代をアンリ三世の寵臣として過ごしたエペルノン公の話である。事件は一六一九年のことで、彼はすでに六十五歳の老人であったが、青春の意気は衰えていなかった。彼は、メッスの総督として任地から離れてはならないという王の命令にもかかわらず、貴族五十人、武装兵四十人、さらに料理人や召使いも引き連れて、十五頭のラバに荷物を載せ、一月二十二日の夜明け前にメッスを出発、ロワール河畔のブロワ城をめざした。

この遠征の目的は、ブロワ城に幽閉されている王母マリ・ド・メディシス〔訳注・アンリ四世の妃で、このときの王ルイ十三世の母〕を救出することであった。そのためにはフランスを東から西へ横断しなければならなかった。私たちの興味を惹くのは、この企ての政治的意図よりも、厳しい冬の劣悪な道路を、当然、何日もかかるから休息もとらなければならないし、徒渉に苦労する河川が何本も遮っているコースを、これだけ大勢がよくぞ隠密裡に歩き通したことである。

ディジョンのような大きな町は避けなければならなかった。もし、そんな町を堂々と通過したら、たちまち王母を幽閉したリュイヌ公爵やルイ十三世のもとに通報され、妨害されるだけでは済まなかっただろう。しかも、町はディジョンだけではない。けっして小規模とはいえないこれだけの一行が、気付かれることもなく、フランスの中央部を横断することができたのは奇跡的というべきで、それだけ王国が広大であり、いわば彼らの存在は藁の山のなかの一本の針のようであったということであろう。彼らは、ロアンヌとドシーズの間の浅瀬でロワール川を渡り、アリエ川はヴィシーの橋によって通過。二月二十一日夜、無事に王母を窓から脱出させることに成功したのだった。(Léo Mouton "Le Duc et le Roi; d'Epernon, Henri IV, Louis XIII" 1924)

私がとくに惹きつけられるのは、歴史的事件のなかでも日常生活を垣間見せてくれるようなエピソードである。たとえば一七〇八年春、ルイ十四世の特使としてマドリードへ派遣され、スペインへの旅を急いでいたニコラ・メナジェは、こう記述している。

「九日間にわたる旅ののち、三十日の夕方、バイヨンヌに着いた。このように遅れたのは、悪路つづきで、宿駅も状況が劣悪であったためである。ここからマドリードに向けて出発するのだが、交替のラバが一、二頭しか見つかっていないので、マドリード到着は、まだ十二日ほどかかるだろう。」

一八〇〇年、見回りに出かけたある道路監察官の馬車は、五〇〇キロの行程のなかで六回も転覆している。しかも、十一回も泥濘《ぬかるみ》にはまり、その都度、馬車を引っぱり出すのに牝牛を探しにいかなければならなかった。(René Héron de Villefosse "Histoire des grandes routes de France" 1975)

馬にまたがって長距離を旅することくらい疲れるものはない。だが、馬車や駅馬車も、はたして、より快適だったろうか? 一七九四年、小麦の貯蔵量調査に出かけた農業参事会のある役人は、次のように書いている。

「出発からして、ついていなかった。サンリスの近くで駅馬車の車軸が折れた。しかし、私は日程を遅らせるわけにいかなかったので、コンピエーニュまで歩き、そこで馬車を雇ってノワイヨンまで行った。」〔訳注・サンリスはパリのすぐ北。コンピエーニュはサンリスから約三〇キロ、ノワイヨンはコンピエーニュから東北約二五キロ。〕

河舟の航行には、別の種類の問題があった。一七九九年、イタリア派遣師団の指揮を執るために息子を連れてパリを出発したマルボ将軍は、エジプト遠征から帰国して民衆の歓呼を受けながら首都をめざしていたボナパルトとリヨンですれ違っている。マルボは船でローヌ川を下り、アヴィニョンで下船して、そこから陸路エクス＝

アン＝プロヴァンスを通過したが、デュランス川が増水したため足止めを喰った。貴重な時間を失うのは残念だったが、船が出せるようになるのを待つ以外なかった。

ロワール川の舟航には常に砂州に乗り上げる危険があった。一六七五年九月、セヴィニェ夫人は、オルレアンで船頭を雇ってナント（約二七〇キロ離れている）へ向かう途中、娘に宛てた手紙のなかで、こう書いている。

「ああ、なんてお馬鹿さんでしょう！　水位が低く、船は何度も浅瀬に乗り上げるので、こんなふうに足止めを喰わないで自分の思いどおりに進むことのできる陸路の旅にすればよかったと後悔しています。」

ある夜などは、川岸にある家畜小屋で雑魚寝しなければならなかった。

それから百五十年後の一八三八年、スタンダールは、ナントへ行くのにトゥールで最新型の蒸気船に乗っている。ところが、出航して僅か十分ほどでロワール島に繋がっている砂州に前進を阻まれた。濃霧と寒気のなかで全く動けなくなっているところを、「八頭の馬に曳かせてロワール川を遡ってきた大きな船に、もう少しで衝突されるところであった」。

一八四二年のアリエ川でも、蒸気船は同様に貧弱な状態で、六組の牝牛に曳かせていた。

道路に関しては、すでに一七五〇年ごろから、フランス全土を網羅することをめざして整備が進められていたが、今日の我々から見ると、進展はまだ微かなものであった。スタンダールは、一八三八年、例によって簡潔に、パリからボルドーへ行くのに七十一時間と四十五分かかったと書いている。しかし、その二年後も、「飛脚たちは、パリからマルセイユまで行くのに十四日間を要している」。一八五四年になっても、パリから地中海岸に達する鉄道は完成しておらず、クリミア戦争に派遣された部隊は、リヨンで列車を降りて徒歩でヴァランスまで行き、そこから再び列車を利用している。

だが、第一次大戦中の一九一七年、コバリード〔訳注・いまはスロバキアに入っているが、当時はイタリアに属しカポレットといった。一九一七年十月、イタリア軍はドイツ・オーストリア軍に敗れ、十八万人が捕虜になった」での連合軍の災厄のあと送られたフランス軍部隊も鉄道連絡の悪さという難関にぶつかって、シャルル八世やフランソワ一世、あるいはボナパルトの時さながらに、徒歩でアルプスを越えなければならなかった。

これらのエピソードは、我々の注目に値するものであったろうか？　それとも、一七六五年から一七八〇年までの間の「道路事情の大変革」によって、フランス国内の距離は半分に縮められたという数字を示すだけで満足すべきだったろうか？　私としては、こうした事実は、移動の緩慢さと困難がいかに人々の日常生活全体を満たしていたかをよく物語っていると思う。それらは《限度limites》、要するに、可能な最高限度を示しており、その限度を革命的なやり方で超克していったのが、まず鉄道であり、ついで自動車、トラック、高速道路、そして飛行機である。

フランスの細分化が示しているもの

私が言いたいことは、もうお分かりであろう。フランスでは、この空間的広がりのなかで、村々、町々、都市、地方（pays）、地域（régions）、州（provinces）がそれぞれの制度、文化、話し方を伝えながら、この広がりに守られて別々に生き、それらを静穏無事に開花させることができたのであり、その最も小さな統一体も奇跡的に消滅を免れてきたということである。君主制国家が大きな道路網、いわゆる毛細血管ではなく動脈を優遇してきただけに、これは、まさに奇跡的なことである。だが、国家はほかにやりようがあったろうか？　結果として、私たちが《村道chemins vicinaux》と呼ぶ田舎道の惨めな様相がずっと続いてきたのである。プロヴァンスのドラギニャンの近くにあるシャトードゥブルという小さな村のコミューンが一七八九年に出した陳情書のなかに、次のような要望が述べられている。「大道から離れている全ての集落に、商業活動のために相互を結ぶ道路と、集落内を通る道を造ることを認可していただきたい。」

このすぐ上のランクにあるのが《間道routes de traverse》であるが、けっして、よく整備されたものでなかったことは、一七八七年にイル＝ド＝フランス州議会での演説からも窺われる。

「雨が降る時期（ということは、一年のうち半分）は、隣町の市場へ産物を運ぶ農民や車引きたちは、荷役の牛や馬を二倍に増やさなければならない。そのため、運搬費が増えてその負担が消費者にのしかかる一方で、売る側の利益も減る結果になっている。」

コレーズ〔訳注・南西フランス、ドルドーニュ地方東部〕では、一七九二年になっても、三十キロほどの距離が村人同士の交流にとって重大な障碍と考えられている。

しかし、この距離の障碍に始まって、言葉の違いが大きい。むしろ問題は、距離自体よりもコミュニケーションの難しさにある。一七八三年にアンブラン地方〔訳注・プロヴァンスの北のアルプス地方〕について書いたある民族史学者は、こう書いている。

「平地地方では言葉や服装の違いを見るには何里も歩かなければならないが、ここでは、一つの小さな村を出て隣の村へ行くだけで言葉も慣習もすべて違うことが分かる。……これは、おそらく住んでいる谷が異なると、山に隔てられて、お互いの間のコミュニケーションがないためである。」

（Abbé A. Albert “Histoire géographique, naturelle, ecclesiastique et civile du diocèse d'Embrun” 1783）

同様にしてブルターニュは、フランス人に対して閉ざされた島のような世界で、都市においてさえ、多くの場合、説教はブルトン語で行われていた。村の小学校（もし、あったとき、だが）で教えられていた読み書き（書くほうは稀であった）もブルトン語であり、時たまラテン語が教えられていた。しかし、都市の近くではなく田舎

出典：菅野昭正ほか編『読む事典フランス』(三省堂) より転載

に住んでいる人々でもフランス語を話せる人たちがいた。それはアンジューとの境界に近い住民のように考えられるかもしれないが、そうではない。「海岸地方の人々」(A.Gazier) である。というのは、周知のように、昔からブルターニュの人々は、船でイスパニアや地中海にまで出かけて活発に商業活動をしてきたから、ブルトン語しか話せないのでは商売などできなかったからである。

先のアルプス山地の状況も、「必要な修正 mutatis mutandis」はあったのではないだろうか？ 十八世紀にアルプス地方を旅した人々は、フォーシニーだのシャブレー、モーリエンヌ、タランテーズといった、およそ外部から訪ねてくる人などいそうにない山岳地帯でフランス語を耳にして驚いている。とくに一七二〇年以降、ごく小さな集落にさえ学校が設立されるが、これは、昔は信仰の一つの形として巡礼などに出かけたのが、いまは、その代わりに子供たちに学校と教師を提供することがサヴォワ人たちの慣習になっていたのである。親は子供たちにフランス語を読み話す勉強をさせるのに月六から八ソル、さらに書くことも学ばせるには四ソル余計にかかった。こうした教育熱は何も不思議ではない。この高地地域から移住していった人々は、リヨンやパリ、さらにドイツで有利な立場を得るには「世界のほとんどあらゆる所で話されているフランス語」を身につける必要があることを知っていた。このことは、一七五〇年ごろにボーフォールの近くのプラーツ村について書かれた報告書にも見ることができる。要するに、サヴォワの人々は、その多くが移動あるいは移住の必要性に迫られていたので、コミュニケーション能力の上達を選んだわけである。

国訛りが開花し維持されるのは、孤立した世界のなかにおいてである。ポワトゥー地方の当局者たちは、フランス語を普遍語にしようという革命指導者たちの意向にしたがって、方言を打ち壊すために、まず行ったのが「村道を造って、各村、各町、都市間の交流を活発化すること」であった。これ以上に巧い言い方ができるだろうか？　しかし、一九四七年になってもなお、ピレネー山地のアスプの谷にあるラスカンの近くのレール村では、死者が出るとアクースの墓地までラバの背に縛りつけて運ばなければならなかった。

このような状態であったから、フランスが何百年このかた、「細胞がただ並んでいるだけで、ほとんどまったく組織体となっていない」（Robert Muchembled）細分化された空間であったといっても誰が驚くだろうか？　まさにフランスは「必要とあれば、長期にわたって自給自足できる能力をもった小宇宙の集合体」（Robert Philippe）であり、「同じ政治的・宗教的総体に属していたとしても、それぞれが独立した町や村という《小国》が作っているモザイク」である。このフランスでは、「都市であれ村であれ各共同体の凝集力を強めるためとともに、首尾一貫した世界の説明を各成員に与えて生活の困難に対して人々を武装させるために、庶民大衆のある程度の文化的自立性が必要とされる。」（R.Muchembled）

この限られた地平線のなかでは、社会的繋がりも、どうしても狭くなる。ジャック・デュパキエは、正当にも、こう書いている。

「かつてのフランス人たちは、その大部分が、会う人すべての顔と名前を一致させることのできる、よく知り合った間柄であった。彼らは、教会で、夜の集いで、結婚式で、シャリヴァリcharivaris〔訳注・新婚夫婦の家の前で囃し立て騒ぐ風習〕で顔を合わせた。互いに助け合い、監視し合った。どの村でも、人々は親戚だの姻戚だのの関係で繋がっており、友人関係や敵対関係で縛られていた。もしも、このような人々に対し、互いにつながった三つの必要性が、教会の鐘の音が届かない外の世界へ眼を向けさせていなかったら、フランスの田園は孤立した分子の集合体になっていたであろう。その三つの必要性とは、税金と小作料を払うために現金を手に入れなければならなかったこと、有り余る若者たちの働き口を見つけること、彼らを従妹以外の女と結婚させること、である。なぜなら、従妹との結婚に教会の許可を得るにはカネがかかったからである」。

（"La Population rurale du Bassin Parisien à l'époque de Louis XIV" 1979）

こうして、愛してくれる人、支えてくれる人、自分を憎んでいる人、と様々だが、いずれにしても、知っている人と一緒に自分の家に残っているのが普通であった。正真正銘の村人であったレティフ・ド・ラ・ブルトンヌの父がパリの町に来て示した反応は示唆的である。彼は「こりゃ、なんという世界じゃ！」と叫び、「これだけ大勢の人間がひしめきあっていて、すぐ隣の人も、同じ家のなかにいる人間をさえ知らないでいるとは！」と驚いている。

このような状態は、スイス、スペイン、イングランド、ドイツ、イタリア等々、それこそヨーロッパのどの田舎についても大同小異であったろう。イタリアのピサのいわゆる《コンタードcontado》〔訳注・都市に食糧などを供給した周辺の農村地帯〕は、とりわけ混成的な地域であるし、ガルダ湖〔訳注・北イタリア、ロンバルディア州にある〕周辺地域も同様で、ジョヴァンニ・ゼルディンはヴェネツィアの栄光の歴史に注目して「垂直線の歴史

histoire à la verticale」ということを述べている。つまり、井戸の底へ降りていくように過去のなかへ降りて行き、そこに身を置いてみることが大事だというのである。

多様性と歴史

したがって、フランスの地域的自主独立主義は長い歳月の奥からやってきたものであり、フランスの多様性は国土の広大さと距離の長女として生み出され育まれてきたものであるが、逆に、この長い持続性をもつ多様性が歴史の一つの力になってきたのであって、事実、私は、遠い昔から細分され、互いに孤立してきた《地方pays》の総和が、その地域の統治とともに全体の統治の試みにも恩恵を与えてきたと確信している。

フランスで上部支配構造が早くから芽生え生長したのは、その高みにおいては、さほど困難な障碍や組織された抵抗に出くわさなかったからである。フランスの君主制が国内を統合しようとしたとき、それに抵抗したのは、せいぜい、一つの州あるいは、州の一部であったから、それに対しては、国土のかくかくの地点で戦いを進めればよかった。同様に、大革命のときも、一七九三年、ジロンド党がかなりの州を巻き込んで反乱を起こしたが、そうした州でも抵抗したのは表層部だけで民衆の深層にまで影響が及んだわけではなかった。とくに武装蜂起は北フランスと東部に限られ、それ以上は広がらなかった。民衆の大多数がとった態度は敵対的というより無関心で、政治的・社会的・宗教的抗争は燃え上がっても、多数者の無気力によって鎮火させられている。

国家国民が、分割されることによって生きているのは、どこでも同じである。しかし、フランスの場合は、この規範が、プロテスタント対カトリック、ジャンセニスト対ジェズイット、共和派対王党派、右派対左派、ドレフュス派対反ドレフュス派、対独協力派対レジスタンス等々、際立ちすぎている。フランスという一家は内部が分裂し、その統一性はいわば包装か上部構造にとどまり、全体としての結束は多くの多様性のために欠如しているのである。〔訳注・ジャンセン主義は「神の恩寵は絶対である」とするアウグスティヌスの思想を受け継いだものでポール・ロワイアル修道院の中心思想となった。これに対し、ジェズイットはイグナティウス・ロヨラの考えをもとに、「より大いなる神の栄光のために状況に応じて最善を尽くすこと」を信条とし、ジャンセン主義と対立した。〕

最近も、あるエッセイストが次のように書いていた。「フランスはシンクロナイズされた国ではない。それはまるで、四本の脚がそれぞれに別々のリズムで動く一頭の馬である。」（Sanche de Gramont "Les Français, portrait d'un peuple" 1970）

このイメージは、完全には真実でも偽りでもないが、私はこの極端なイメージが好きである。不幸なのは、物理的・文化的・宗教的・政治的・経済的・社会的などのあらゆる分裂が重なり合い、相互間の無理解と敵意と軋轢、疑惑、抗争、内乱を生み出し、燃え上がった内乱と不和は一時的には収まっても、ちょっとした風で、その灰の下からまたも燃え上がることである。ある歴史家は言っている。

「フランスは内乱にいたるほどの戦争の才能をもっておらず、一九一四年を別にすると、長期にわたる本物の祖国防衛戦争を経験してこなかった。何よりも軍事的栄光に対して貪欲なこの国民が行った戦争も、そのそれぞれに内輪争いが多少とも混じっていた。一九三九年から一九四五年の戦争においても、大革命と帝政時代に現れていたと同じもの、あるいは、さらにジャンヌ・ダルクとブルゴーニュ党、アンリ四世と旧教同盟（la Ligue）、そしてリシュリュー時代に露出していたと同じものが現れている。一八七〇年においてすら、国家の指導陣の敗北を密かにであれ公然とであれ望む党派が見られた。」（Marc Ferro "La Grande Guerre 1914-1918"）

それでは、この点を、とことん押し進めたミシュレの「物質的フランスを作り上げている素材は、本質的に分裂的であり、不和と分裂を切望する」との審判を受け入れるべきだろうか？　あるいは、この恐るべき考察が正しいとすれば、ジュリアン・バンダのいうように「フランスの歴史は恒常的に《ドレフュス事件》である」ということであろうか？　国土と民族の統合に手間取ったフランスは、あるときジャン・ゲーノ〔訳注・作家。第二次大戦では反ナチス抵抗運動に献身した〕が一九一四年にペギーが採った態度を擁護して私に言ったように、対外戦争より内側での争いに適していると認めるべきだろうか？

ゲーノは、のちに、「この戦争（第一次大戦）は私の問題ではなかった」と書いている。彼がそれに巻き込まれたのは運命によってであって、心の奥底では「自分の問題だ」とは、まったく信じることができなかったのだ。白状すると、他方、私は、生い立ちからいって、理解できないのは内戦のほうである。多分それは、ゲーノがブルトン人で、《故郷 patrie》を《国家 nation》より上位に置いたのに対し、私は東部フランスの人間として、フランスの統一的機構こそ支えだと考え、フランスの自由はその統一性とそれが包含する警戒心に依存することを意識しているからである。これは、自分を正当化するために言うのではなく、どのような経験を引き継いで生きてきたかによって、その生じる果実も決まることを言いたいのである。

読み返すたびに私の心に痛みを覚えさせる文章があるが、そうした感懐もこれらの経験に由来するのであろう。だが、それが書かれたのは十六世紀で、プロテスタントのなかでも最も誠実な男であったフランソワ・ド・ラ・ヌーの手になるものである。

時は一五六二年六月のこと、王母カトリーヌ・ド・メディシス〔訳注・このときの王はシャルル九世で母のカトリーヌは摂政であった〕とナヴァール王（のちのアンリ三世）、コンデ公がカトリック派とプロテスタント派をボースのトゥリィの近くで会見させた。これは、一五八九年まで続くユグノー戦争の始まりとなった、いわば、一種の《顔合わせ》であった。両軍とも大部分が貴族の選良で編成され、一方はアンヴィル元帥、他方はラ・ロシュフコー伯の指揮のもと、互いに八百歩のところで停止した。

「ところが、小半時も互いに睨み合ったあと、それぞれが相手の陣営にいる兄弟や叔父、従兄弟、友達、古い仲間と会いたくなり、上官に頼んで会う許可を苦労して得た。上官たちが許可を渋ったのは、侮辱し合い抗争になることを危惧して両者の接近が禁じられていたからである。ところが、争いになるどころか、人々は、かつては親戚関係や礼節で結びつきあっていた相手に対し友情の印を示さないではいられなくなって、挨拶を交わし抱擁し合ったのだった。一方のナヴァール王の配下たちは深紅のビロードのマントを着て赤い吹き流しをもっていたのに対し、コンデ公の部隊はマントも吹き流しも白というように敵同士の標識を帯びていたにもかかわらず、である。カトリック側は、プロテスタント軍が負けるだろうが、肉親同士で殺し合う凄惨な戦争には突入しないようにしようと相手方に勧告した。プロテスタント側は、自分たちも戦争は嫌いだが、もし自分の身を防衛しなければ、フランス各地で惨殺された多くの同信の仲間と同じ目に遭うに違いない、と答えた。要するに、どちらも平和を望み、位の高い連中を説得すれば戦争は回避できると考えたのである。事態をより深く考える少数の人は別にして、民衆のなかに不和があり、それが将来の禍の根源となることを心配した人はいなかった。ましてや、指揮官たちのほんの小さな合図で、自分たちが交わした抱擁が血腥い殺し合いに変わり、凶暴な怒りのために盲目となって兄弟同然の人間同士が不倶戴天の敵となり、涙に暮れる事態になるなどと考えた人はいなかった。このとき私はカトリックの側にいたが、相手方陣営のなかに、こちらからも兄弟のように親愛の情を寄せ、向こうも私に同様の友情を寄せてくれている友人を十二人ほど持っていた。」

(François de la Noue"Mémoires"1838)

その六か月後の十二月十九日、双方はドルーで干戈を交える。フランソワ・ド・ラ・ヌーはこう書いている。

「このとき、それぞれが、自分たちのほうへ今攻め寄せてくるのはイスパニア人でもイギリス人でもイタリア人でもなく、フランス人であること、しかも、最も勇敢な人々であり、その相手方のなかには、かつて自分の仲間や親戚、友人だった人もおり、一時間後には彼らと互いに殺し合うことになるのだ、ということをはっきり意

識して向かい合った。これは、恐ろしいことであったが、だからといって、勇気を殺がれることはなかった。」（同）

このドラマティックな文章は、同じように痛ましい別のエピソードにも容易に移し替えることができるだろう。現代のことは言わないまでも、私は、大革命の勃発を見てマリー＝アントワネットの近習にこれからのドラマの展開を予言し、信じようとしない相手に言った老紳士アレクサンドル・ド・ティリーの「閣下、私たちは悲劇には慣れっこの国民ですから」（Alexandre de Tilly“Mémoires”）との言葉を思い起こす。

現在のフランス

かつては広大で分割されていたフランスも、未曾有の速度の進歩によって日々に縮小し狭くなる《六角形 hexagone》のなかに閉じ込められている。ヨーロッパの《共同市場 Marché Commune》はまだ実現にいたっていないし、他方では、植民地の喪失（一九六二年）によって《国家を超えた空間 super-éspace》は消滅した。そこから、かつてのようにアフリカ大陸のチャドの土地へ勝手気ままに飛行機を配備することもできなくなったことを残念がる戦略家たちのノスタルジーが出てくる。

しかも、すべてが猛烈なスピードで変化しつづけている。パリからアルジェへは、飛行機なら一時間半で行ける。五十年近く前は、カサブランカの飛行場は小さく、私は、それに劣らず小さな飛行機で着陸したが、その飛行機の速度は時速二〇〇キロで、目的地に接近すると、まず一方の翼で、ついで別の翼で巧みに滑空しながら高度を下げていったものであった。

こんにちでは、パリからジュネーヴまで一時間足らずである。ジュラ山脈を越えるとすぐ、噴水を吹き上げるレマン湖が目前に迫り、それを縁取るようにモンブランをはじめとするアルプスの山々が見えてくる。パリからペルピニャンへは一時間十分の空の旅で、そこでは、もう別の大陸の匂いを感じることができる。第二次大戦前はおそろしく出不精だったフランス人が、今更狭苦しく感じるようになったため、みんなが〔あるいは、ほとんど全員が〕世界へ出かけはじめたのだろうか？

私がこの数行を書いたのは、『フランス＝キュルテュール France-Culture』誌の一九八一年二月八日付が私のデスクに届けられたときである。そこには、私の説に反論するためのように、ロゼール〔訳注・南仏のセヴェンヌ山脈の近く〕の羊飼いについてのルポルタージュが載っていた。つまり、羊に付けられた鈴の音や犬の吠える声、羊飼いが発する命令の声が織りなす奇妙な音楽が消え失せ、静寂のなかに沈んでいきつつあることが指摘されていた。かつてあったものがすべて、急速に消滅しつつある。フランスは、少なくとも暫くはまだ存在しているが、この推移はますます速度をあげている。それが示す最高速度はめざましく恐ろしいほどだが、まだ全速力には達していない。そのときは、一人で山を歩いているだけでも、ロゼールの山腹を移動する羊飼いの声や物音を耳にしたときのように、過去の時間と空間を見出し甦らせる喜びを得ることができるだろう！

第二章　人々の集合体（村・町・都市）

フランスが生命を終えることは永遠にないだろうし、いまも、複数と単数の間で生きている。《複数pluriel》とは、根を広く張る雑草のように活発な多様性である、《単数singulier》とは、統一への傾向性、自発性と熟考された意志（たんに「意志」ではない）に基づく統一への志向性である。他のあらゆる国と同じくフランスは、これら二つの極の間で引き裂かれており、このため、そのバネの大部分は行き過ぎる性癖がある。

歴史家たちにとって必要なのは、この両面を同時に見ること、どちらか一方に偏らないようにすることである。エルヴェ・ル＝ブラとエマニュエル・トッドは、「フランスは必然的に存在しているのではなく、作り上げられるべきものである。しかるに、フランスは、はるか以前から存在しているが、それは一つの神話ではなく、久しい昔に自らを作り上げたのだ」と述べている。ジャン＝ポール・サルトルにいたっては、ある挿入節において、「フランスは統合不能である」と言っている。しかし、正直にいって、これは不正確である。たしかに一つであることに苦労しているが、諦めてたくさんのフランスのままでいることはできないし、これまでも、そんなことはできなかった。むしろ、その政治的・文化的統一性は、ヨーロッパに最初に出現したものの一つ（最初のものとはいわないまでも）であった。歴史学は必ずしも正しく計測してこなかったにしても、そのためには、たくさんの無意識の力が働いてきた。

私自身、本書を、フランスが《多様性》を誇りにしてきたことから書き始めたし、白状すると、そうすることに喜びを覚えてきた。というのは、そこに、その美しさだけで、心を痛めるものになったかもしれない理屈づけから解放してくれるフランスの容貌のより美しく、私の好きな面があるからである。

しかし、この第二章から以降は、《複数のフランス》から《単数のフランス》へ飛び移り、この《一つのフランス》の統一性の実体と深層の力をできるだけ探求することに努めたい。なぜなら、フランスは「千年間にフランスを創造してきた四十人の王たち」だけの作品ではなく、この王たちは最も威信ある存在であったには違いないにしても、この作業の唯一の職人ではなかったからである。
フランスは、部分的には単一の存在として造られるだろう。なぜなら、空間的には分裂しても、分割された各部分は、互いに補い合う必要性を無限に生み出していくので、分割されることによって却って結合していくからである。たとえば、穀物生産地帯と畜産地帯、小麦生産者とワイン生産者の間の接触は、ほとんど避けがたいといってよい。同様にして、文化的不均等のために「言葉も文化も、物質的文化でも技術水準でも非常に異なる人間集団」が並列しているとき、この並列は危険をはらむものになる可能性があり、互いの間の障壁を吹き飛ばすかもしれない。

要するに、あらゆる規模の人間集団は、どんなに互いに異なり敵対し合っていても、完全に自分たちの殻のなかで生きていけるものではない。実際問題、完全な自給自足経済というものは見受けられないのであって、生きていくためには、たとえ僅かであっても、外へ向かって自らを開かなければならない。

一七二一年八月のある文書によると、「マルセイユから始まったペスト禍に苦しんでいたプロヴァンス全体で、この病気が侵入していなかった村は十指に満たなかった。しかし、そうした地域でも住民たちは飢えとそのほかの窮乏のために多くの死者を出した。というのは、軍隊によって村の出入りが厳しく禁じられ、住民たちは必要な食料をどこからも入手できなくなったためである。」

しかしながら、この同じ夏、ペストの猛威は、プロヴァンスから東のドーフィネや西のラングドックにまで広がっていく。唯一の防衛策は、境界線を引き、交通を遮断して封じ込めることであったから、軍隊が動員されたのだが、そのためフランス軍全体がこの目に見えない執拗な敵との戦いに疲れ切ってしまい、しかも、村や町、地域全体の通常の生活が脅かされた。一七二一年の夏にはドーフィネが外部との繋がりを断ち切られ、その数か月後には、宮廷から元帥のベルウィック公にラングドックを封鎖するよう命令が出されている。恐慌に陥ったラングドック州では、各都市から、そのような措置は飢饉を招くと撤回を求める陳情が上がり、その結果、封鎖は回避されたのであった。

このような事実は、私たちにどういう問題を提示してくれているだろうか？　フランス人の生活は、通常のリズムでは、外部との結びつきとそのための出口を必要としている。フランスの歴史の深層は、これら無言の継続的な動きと調整装置によって満たされている。誰かが命令しているのではなく、それら自体がフランスの空間を貫通して各部分を繫ぎ、縫い合わせているのだ。

大地に密着していて、すべてがその上に支えられているような生きた基盤を形成しているのが村（villages）や町（bourgs）などの集落である。それらは、フランスの国土のいずこにおいても根本的にはほとんど差異がないモデルに基づいて際限なく再生されていく人間集合体である。市《いち》が立ち商業活動が行われる大きな村あるいは町（bourg）の一定距離以内に、ちょうど太陽を中心にした幾つかの惑星のように、村々（villages）が点在している。この市場町（bourg）と村（villages）を併せた全体がフランスの《郡 canton》である。

こんどは、これら幾つかの《郡》が一つの都市（ville）のまわりに集まっているのだが、この《都市 ville》と幾つかの《郡 cantons》で構成されているのが、本書で《地方 pays》と呼ぶものである。この呼び方は、リュシアン・ガロワ〔訳注・ヴィダル・ド＝ラ＝ブラーシュに師事した地理学者。1857-1941〕の時代の地理学者たちの説に従ったものである。さらに、この《地方 pays》の幾つかが、なんらかの役割を果たせる力をもったある一つの都市（ville）を中心にして《地域 région》だの《州 province》だのを構成する。建物は建設によって完成するが、その完成度には様々あるのと同じように、これらの人間集合体も、遅かれ早かれ、国民的市場と国家（nation）を構成する。国民的市場は、それだけの手段と条件に恵まれた強力な大都市をもっている必要がある。パリは早い時期から、規模において怪物的都市であったが、すぐにフランス全体を統合したわけではなかった。その推進力は、大なり小なり自身の任に耐える能力を備え、車は揺れながら進む。その意味では、フランスの歴史自体が、絶え間ないやり直しではなかったろうか？

一、村（village）

もし、あなた方が、フランスを築き上げている一つの統合システムがあったことを受け入れられるなら、まず私が取り組まなければならないのは、それを叙述し分析することである。だが、この章は、その表面を撫でるだけで、そこから更に、それを動きのなかで再構築し、これがフランス的多様性をどの程度まで再び集めるかを見てみたい。ただ、そうした再統合が完全に達せられるわけでないことは前もって言っておくことができる。というのは、それらの糸の多くは短すぎるか、または、脆くて引っ張ると切れてしまうからである。

この章自体は、あくまで下準備であり、ただ描写するだけで、根底的に説明するものではまだない。最初の旅であり、偵察のようなものである。しかも、このシステムは幾つもの層をもって現れてくる。当然、最初に私たちの前に現れてくるのは広大な農業的基盤であり、その何千という村落（villages）や小集落（hameaux）である。

村落の多様性

フランスの典型的な村を一つに絞って述べることはできない。たくさんのタイプの村があり、そこでは、多様性と複数性がその権利のすべてを守っている。それには、何千もの理由がある。
第一は、村といっても、主産業による違いがあることで、牧畜を主とする村もあれば、栽培にしても小麦を作っているのか葡萄を作っているのか、はたまた、オリーヴ、桑、栗、リンゴなのかで異なるし、さらには、小規模の工業もあり、何を作っているかで違ってくる。たとえば、葡萄を栽培している村は、建て混んだ各家にワインの貯蔵に適した暗くて涼しい地下蔵が備えつけられていて、一目瞭然である。反対に自作農民の村は、農地が広がる平地にゆったりと広がっている。」（Paul Gaultier "L'Âme française" 1936）
そのほか、織物職人や靴職人、馬具職人などの家は、通りに面して職人たちの仕事場になっている。……
さらに多様性を加えているのが、建物の配置（一か所に塊まるように建てられているか、庭を囲む形に建てられているか、といった）の伝統の違い、建築に使われる資材の違い、気候条件に合わせて出てくる相異である。たとえば、プロヴァンスの高台にある村は、陽射しと風を避けるため、街路が狭い。ロレーヌの村は、家々が互いの境界壁を共有する形で連なっており、それが面している道は幅が広く、農作業用の庭としても使われる。その反対にブルターニュの村は、各戸とも農地の真ん中に建てられ、点々と散らばった形になっている。そのほか、挙げれば際限がないほど地域による多様性は著しい。
とくに最後に挙げた二つの例（ロレーヌとブルターニュ）は、《集村》と《散村》という問題を提示している。これは、しばしば取り上げられるが、その起源と原因の問題は、おそらく解決不能で、大部分が私たちには捉えきれていない。歴史は、私たちに告げることのできるであろうものの全てをまだ明らかにしていないのである。
この居住形態の二つについて、アンドレ・ドレアージュは、「間隔を置いた住居と接近し合った住居habitat espacé, habitat rapproché」と呼んでいる。（"La Vie économique et sociale de la Bourgogne dans le Haut Moyen Âge" 1941）
一八八九年、カール・ランプレヒトは、はるか昔の『サリカ法』に遡って《ドルフシステムDorfsystem》と

《ホーフシステムHofsystem》があることを明らかにし、サリー系フランク人がエスコー川以南の地に住み着くよりも以前から、この二つのシステムは現れていたと述べている。〔訳注・Dorfは集落、村の意。Hofは庭、農場の意から宮廷の意味までもっており、前者が集村型、後者が散村型と考えられる。〕

おそらく最も漠然として最も捉えがたい用語が《hameau》(これは「小集落」と訳される)で、形態は集村型であれ散村型であれ、個々の農場(ferme)とその集合体である村(village)の中間の、おそらく数戸からなるものをさしている。私がいま住んでいるルーシヨンのアスプルのように、あまり肥沃でない山地や条件の悪い土地では、耕作できる土地はどうしても小規模であり、集落もそれに見合って小さくならざるをえなかったのであろう。

一八九一年のフランスの国勢調査では、コミューン(都市、町、村を併せて)が三万六一四四を数えたのに対し、コミューンとして行政上の自治単位になりえず、様々なコミューンにくっつけられている村、小集落は四九万一八〇〇あったという。したがって、平均的にいって、コミューン一つ一つは、まわりに飛び地状に散在する小集落を十三個もっていたことになる。ただし、これは、単に平均値であって、フランスの国土全体を見ると、住民の散らばり方はきわめて不均等である。

しかし、まずはっきりさせておきたいのは、集村と散村の対置は、必ずしもそれが喚起するイメージほどには明白でない、ということである。つまり、一方は一つの教会を中心に凝集した家々の集まりであり、他方は散らばった農場の連なり(どちらも、固有の領域をもっているが)というふうに単純に分けられるものではないということである。

散村にも少なくとも二つのタイプがある。一つは、集合型村落の外に散らばった飛び地に過ぎない場合であり、もう一つは、中心があくまで曖昧で、農場と小集落が星雲のように広がっている場合である。集合型の村もロレーヌのそれのように、少なくとも幾つかの農場や小集落の飛び地をもっている。これは、十五世紀以後、フランス東部地方では、小作人の納める賦課租が固定されているため通貨価値の下落によって実質収入が減り不利となった領主たちが、村の境界外の領主保有地や隣村との間にあって放置されてきた土地にそれを補う収入源を求め、新しい開拓地と小集落が形成されていったことによる。

同様の現象は、シャンパーニュのベリー地方でも、百年戦争の間放置されていた土地の再耕地化として見られるし、さらにくだって、十九世紀前半の農村人口急増の結果、工業労働力が過剰になり、第二帝政のもとで、資本主義的農場が増えた。よく似たことは西部フランスのピカルディーやノルマンディーの幾つかの地方（ポワトゥー平野）でも起きているが、これらも同じ原因によるのか、それとも別の事情によるのであろうか？　そこでは、大きな村から幾つかの農場や、村さえ分離している例が見られる。

それ以外の場合は、状況がかなり違ってくる。ときには《町 bourg》のような外観をもつ村のまわりに、中心から適度な距離を置いてほとんど環状につながった形で農場が作られていることがある。これは、プロヴァンスでもローヌ川流域や海に面した地域に特徴的で、アルプス山地やバルスロネットの高地平野の場合、住民は分散している。プロヴァンスの低地地域では、呼び名は「グランジュ granges」「バスティード bastides」「マス mas」と色々だが実体は同じような集合体が並んでいる。これは、中心に農園管理のための建物と、その傍らに主人の館があるもので、イタリアのトスカーナ地方の農園（mezzadria）や新大陸の大農場の住居と似ている。

『プロヴァンスの歴史地図 Atlas historique de Provence』（E.Baratier,G.Duby,E.Hildesheimer）はエクスの北、デュランス川左岸からひっこんで「リュベロン山の裸の断崖にひっかかっているかのような」ローニュ村の例をかなり詳細に明らかにしている。この村は、一九五四年には中心部に住んでいる人が六一〇人、周辺に分散している住民が三六三人で、合計九七三人を数えた。だが、かつては、もっと多く（一七六五年で一六五二人、一八五五年で一五六一人、一九五二年で一〇五二人）、東部フランスなら一つの町（bourg）といってよい規模（役割とはいわないまでも）をもっていた。これは、八一六六ヘクタールという土地の広さと見合っていた。

しかし、町（bourg）か大きい村（gros village）かは、今は重要ではない。重要なのはプロヴァンスを東西方向に走っている山々の隆起を避けて、その周縁部に次々造られていった一連の《バスティード》（小要塞を兼ねた館）の増殖である。その数は、一四八五年には五つだったのが、一五〇〇年には十五になっており、その後も増え続けた。その結果は、一つの「資本主義的変革」が生じ、都市の資産家たちがそこから恩恵を受けた。これは、十三世紀のフィレンツェ周辺で起きたことや、ポワトゥーのガティヌでの変異とも似ている。後者については、最近、メルル博士による研究がある。

同じことを裏づけているのが、これまたプロヴァンスの例であるが、ブリニョルの南約十五キロにあるガレウーという大きな村で、ここについては勝れた研究書（Paulette Leclercq "Garéoult: un village de Provence dans la seconde moitié du XVIe siècle" 1979）がある。この村で、その境界地帯にまで農家が移転しはじめたのは、ようやく十六世紀のことであった。これは、どこでも普通に起きたことであろうが、ただ、出発点から実態が把握されているところに意義がある。ただし、この例を一般化できるかどうかは問題として残る。

《マス mas》〔訳注・プロヴァンス地方の伝統的様式をもつ農家〕や《バスティード》は、村の土地を分割または周辺部に拡張して入植したことから始まる。したがって、多くの場合、それらは村の境界に広がる牧羊のための痩せた土地の外側の更に痩せた荒れ地に造られた。このため、開拓にあたっては、牧羊者たちとの調整が欠かせなかったが、いずれにせよ、これらはあくまで独立性をもたない飛び地であり、規模の点でも、これらの《マス》や《バスティード》は、《村》が怪物にみえるほど小さい。

しかも、この飛び地の農場は、近くの町からの資本主義的入植のためのもので、町から供給される労働力によって維持されていたことが様々な調査によって明らかになっている。そうした労働者は町や村に住んでいて、夏の時期は、毎朝夜が明けるころ、近郊の地主や農園管理者が働き口を提供してくれるのを待った。(これは、アンダルシアやシチリアでは今も見られる光景である。)そこから、一つの顕著なパラドックスが生じる。プロヴァンスの大部分の場合、資産家たちは田園で生活しているのに、農業労働者たちは都市の文化に染まっているのである。要するに、プロヴァンスの都市郊外の農地が整然と調えられている理由が、とりわけ、この点からよく理解できるのではないだろうか?

他方、ときとして、分散化によって、中心の村の人口が減少して小集落か寒村になってしまい、立場が逆転してしまうこともある。そうした例が多く見られるのが中央山地地方である。一七〇三年三月二十九日といえば、《カミザール派 Camisards》〔訳注・一六八五年にナントの勅令が廃止されたことから、王朝に対して反旗を翻したセヴェンヌ地方のカルヴァン派の人々〕の戦争の最中であるが、ある旅団長がモンルヴェル元帥から受けたミアレ制圧命令のなかに、このコミューンが七つの小集落と小教区によって構成されていたことが述べられている。アルモリカ山地やリムーザンの低地地方の田園地帯も同じような状況であった。

アルモリカ山地には、たくさんの《囲い地 bocage,champ clos》がある。これは、樹木の植わった築地で囲われたある広さの土地の中心に家を建てたもので、その何よりの特徴は、これが自給自足的な生活の基礎的単位になっていたことである。この地域の農民は、ごく最近まで農器具だけでなく衣服や靴にいたるまで自分で作っていた。それと同時に、これらの囲い地が幾つか集まって、一つの小集落(hameau)あるいは村(village)を形成していた。これは、ときに「bourg」と呼ばれていたが、この言葉は《village》と同様、フランスのどこでも同じ意味をもっているわけではないのである。

いずれにせよ、この中心部には小教区の教会があり、それを囲んで特権階級の人々が住んでいて、ここが騒がしくなるのは週一回開かれる市と縁日のときだけであった。必然的に、この中心部の特権的な人々と、中心からかなり離れた農場の農民たちとの間には大きな社会的隔絶があった。一七九〇年にフィニステール県シャトーヌフ＝デュ＝ファウで書かれた手紙に、「町から遠く離れて住んでいて、自分の名前を署名するのもおぼつかない百姓を町長に任命するなどというのは論外だ」と陳情した文章がある。同じ時代、別の文書の筆者にいわせると、「ブルトン人農民は、町から遠いところに住んでいて、印刷されたこともなければ理解できる人さえ稀な言葉を話し、それが人々の教育と文明化を妨げている」のだった。

《ボカージュ bocages》の典型的システムを観察するには、少なくともメーヌ地方まで行かなければならないのだろうか？〔訳注・メーヌはパリから南西、シャルトルの先にあり、ブルターニュ半島の内陸部。中心都市はル・マンである。〕ロベール・ラトゥーシュの講義（"Le Moyen Age" 1937）によると、それは十一世紀のヨーロッパ全体の人口増加に伴って定着していったものだという。だが、では、このアルモリカの西部地域と、たとえばパリ盆地の北部や東部の穀物栽培地域との間に、どうして違いがあるのか？　一方は村人たちが緩やかな網目状に相互に離れて点在し、中心部は辛うじてそうと見分けられるだけの侘びしい存在であるのに対し、もう一方は家々を密集させて大きな村を形成し、その外側に《オープン・フィールド openfield》（人々が共用し合う畑）が広がる形になっているのは何故なのか？

ロベール・ラトゥーシュによると、《ボカージュ地帯》になっている地域は、もともとローマ時代のガリアにあっては広大な森林地帯の「人間の住まない空白地帯 vacua ab omni habitatore humano」であり、フュステル・ド・クーランジュ お気に入りの《大農園 villae》も、ごく例外的にしか造られなかった。このため、中世に入ってかなり遅れて領主領地や修道院がこの空白の地に開かれたのだが、それには様々な困難が伴ったからである。

事実、西部フランスのボカージュ地帯は粘土質土壌で、水が浸透しにくく溜まりやすいため、「じめじめした低地が網の目のように走り、耕作できる土地は細切れに分散」し、農民たちは大きな集落を作ることができなかった。しかも、道路がきちんと建造されていないため移動も困難なら、粘土質土壌のため農作業も容易ではなかった。そうした多くの理由が「人間の集落のまわりに放射状に耕作地を拡げるやり方」を妨げたのである。

そのうえ、ブルターニュの《窪みの道 chemins creux》は、車の通行に向いていなかった。「内コルヌアイユ Cornouaille interieur では、十九世紀半ばになっても、気候の悪い季節には水たまりや湿地に妨げられて、小教区の外れの村から中心の町まで往復するのさえ、一日がかりの旅行であった」（A.Croix）。しかも、水たまりは、へたをすると溺死しかねないほどの深さがあった。「十九世紀には、石で舗装し排水設備を施した道路の建設が大規模に進められ、粘土質地域のこうした支障は大幅に軽減された」ことも事実である。しかし、そのころには、「農民の居住形態も、自然の豊かさの度合いに応じて、その決定的様相を獲得していた。」（R.Dion）

ブルターニュは荒れ地が多かったので、小教区の面積も並外れて広大である。フランスでは、小教区の面積は、平均して一二から一三平方キロであるのに対しブルターニュのそれは二五平方キロで、住民が二〇〇〇から五〇〇〇を数える場合は《都市 villes》のカテゴリーに入った。しかし、たとえばクロゾン〔訳注・ブルターニュ半島の突端で、ブレストの南方にある町〕は十七世紀には人口五〇〇〇から六〇〇〇を数えたが、一〇〇平方キロの土地に散らばって住んでおり、《都市住民 citadin》といえるものではなかった。

現在のコレーズ県にあたるリムーザンの低地地域にも、これと似た痕跡が見られる。ここでも、土壌の貧弱さのため人々は互いに間隔を置いて住居を構えているが、条件は同じでも、その対応の仕方には独自性と様々な違いがある。コミューン、小教区は不規則な島々からなる小さな群島のようになっており、中心となる町も、しばしば《町 bourg》というよりも《小集落 hameau》である。アラン・コルバンの説明によれば、「それは、ときとして無秩序に散らばった一〇ないし二〇戸の家から成り、家々は幾つかの小さな広場を囲むように建っていて、広場と広場は泥だらけの小道で繋がっている。そのほか、道の交差するところや道沿いに四、五軒の農家が、なんの統一性もなく集まった小集落があるだけである」。これらの小集落の幾つかは、「村役場や学校、教会が、このコミューンを構成している小集落に分散して置かれている場合」コミューンの中心町を凌ぐ重要性をもつことがある。

形は一風変わっているが、農村文明の遅れを現しているのが、これらの小集落（かつての国勢調査のなかで使われていた呼び名でいう「コミューンの支部 sections」のもつ特性である。《マス mas》が家父長型家族によって占められ、彼らの自治権に結びついていた文明、小集落がまだ集団生活のスタイルを維持していた文明は、その小集落固有の資産を所有していたからこそ成り立っていたのではないだろうか？　その固有の資産とは、通常は家畜の放牧地であるが、いざというときに臨時的に耕したりするために遺されている質の悪い土地であり、また、洗濯場、養魚池、パン焼き竈、粉ひきのための水車など、みんなが利用する共用の資産も含まれる。こうした枠組みのなかで、一つの文化がそれぞれの特性をもって、粘り強く生き残ってきた。たとえば、九月半ばから二月の《謝肉の日曜日 dimanche gras》までの冬の間は、村あげて夜なべ仕事が、一九一四年まで、さらには第二次大戦が終わるまで儀礼的なやり方で行われてきたのも、その一つである。こうした夜なべ仕事は約三時間行われ、村人たちを迎えた家の主人が燃えさしの薪を灰に埋め、これで終わりという合図をして初めて切り上げられた。

（Alain Corbin "Archaïsme et modernité en Limousin au XIXe siècle" 1975）

このように過ぎ去った時代の証拠物件で私たちの時代にまで生き残ってきているものも、その淵源は時間の闇のなかに消え、事実を明らかにしようとする試みは、ますます困難になっており、真実を究明すべき歴史学は、ずっと後代の、しかも、きわめて少ない発現物のなかでしか捉えられないでいる。ところが、村や小集落、町、離れた農場といったものは、先史時代からの何千年という持続性をもつ古い作品である。それには過去へ遡る必要があるが、望み通りにできることではなく、必然的に私たちは仮説で我慢しなければならない。

ピエール・ボノーと同じく私も、農村住民が定住するまでには、何世紀にもわたる移動ないし半移動生活があり、その移動がフランス各地で静まったのは西暦前九ないし八世紀ごろであろうと想像している。他方また、大なり小なり拘束を伴う集団生活の時期が、それに先立つ何世紀以来あったであろうし、その拘束性は、幾つかの地域では二十世紀にいたるまで続いてきていることも確かである。

エマニュエル・ル・ロワ・ラデュリーとアンドレ・ジスベールは最近の論文（"Géographie des hagiopotonymes en France"）で、フランスはブルターニュ半島のユー Eu（あるいはサン＝マロ）とジュネーヴの間を結ぶ東西方向の線で蝶番のように南北に分けられるが、この線が二重の意味をもっていることを明らかにしている。まず、この線は、小集落や飛び地の多い地域と少ない地域の分割線になっている。この蝶番線がそのような分離の役目を果たしているといっても、いまさら誰も驚かないだろう。フランスの歴史全体が、この境界線に沿って割れているし、すでに一八九一年の国勢調査も、小集落の分布状態を地図のうえに明かしていたからである。しかし、それにしても、もう一つの、フランスの東部と東北部では聖人の名をつけた村が稀で、ほとんどゼロといってよいのに対し、そのほかの地域で多いのは、なぜか？　という疑問が生じる。これは、聖人の名を地名につけるようになったのは八、九世紀ごろからで、とくに増えたのは西暦一〇〇〇年以後、というように比較的に時代が新しい。それに対し東部や北部の聖人名と関係のない地名は、起源の古さのせいだというのである。

この説明から私たちは、こんにちの先史学者たちが主張している論点の一つに行き着く。それは、ピエール・ボノーが方言研究から述べているもので、「パリ盆地の大部分は中央ヨーロッパから来た人々により、西暦前四〇〇〇年紀という非常に早い時期から耕地化されていた。彼らは、穀物栽培を基本とする進んだ農業をもたらすとともに、原住地での居住形態をモデルとして、住民五〇人から二〇〇人で、家々を密着させた大型村落を形成した。こうした住居跡は完全に復元されているが、それに対し、地中海に近い南フランスには、そのような痕跡は全く見られない。南仏でも農業は非常に早くから出現したが、そのために半移動生活に馴染んだ人々の習慣が急激に変わることはなかった。」（Jean Guilaine "La France d'avant la France"）

このように、農村の居住形態が多様である理由の大部分は、大きい意味での時期の早い遅いや歴史の変転によって説明される。その地取り法は時代の娘であり、これまた変わる環境への適応の産物であるが、人間の集合体の形は、いったん定着すると、必要な変更と修整を伴いながらも基本型は永続化する傾向性をもっている。

村のモデル

村の具体的な形態を無視してその役割だけを考えるならば、様々な相異は消滅し、一つのモデルが浮かび上がる。それは、必要な変更を加えれば、集合型の村にも分散型の村にも、重要性をもった村にも単なる小集落や寂しい開拓地の微小な集落にも通用する一つのモデルである。

あらゆる村は一つの空間を占めている。それをピエール・ド・サン＝ジャコブは、「耕作用空き地 clairière culturale」と呼んでいる。それは「土が生み出す物を生産する人の（言葉の第一義的意味での）入植を可能にする生物学的細胞」（André Piatier）である。事実、家々の群落よりずっと重要なのが、この《土 sol》《土地 terroir》であり、ブルゴーニュで「村の耕作地」をさしていう《finage》である。というのは、住居群は廃墟となり消滅していても、土地のほうは、近くの町や村のものになって生き残っているからである。

村の土地は、多くの場合、一〇〇〇ヘクタールほどあり、一八二六年にドイツの農業経済学者チューネンが描いたように同心円状の何本かのゾーン（『チューネン圏』）で構成されている。村の中心から距離が遠く離れているところでは作業には労力も時間もより多くかかるし、費用の点でも高くついて不均等になる。このため、居住地に近い畑と離れたところにある畑とでは、作られる作物も違ってくるから、同じ種類の作物は、中心からほぼ同じ距離の円形帯状地に作られ、その結果、「手間をかける必要の少ない、つまり貧しい土地ほど縁のほうへ押しやられる」(A.Dion)こととなる。ポール・デュフルネは、サヴォワのある村に関して次のように書いている。「肥料が不足しているためと道の悪さ、車の出来の悪さ、役獣不足のため、最も手入れが行き届いている(したがってローテーションの速い)土地は、村にすぐ近い土地である。」("Une communauté agraire sécrète et organise son territoire à Bassy" 1975)

村のまわりを帯状に囲み、家々にすぐ接している土地(呼び名は「courtils」「closeaux」とさまざまである)は最も大事にされ、必ずしも常にというわけではないが壁で囲まれた果樹園や菜園、麻畑になっていた。ロレーヌでは、村々は春になると「西洋スモモの白い花の布」で囲まれた。(Albert Demangeon "Géographie économique de la France")

これはパリ周辺の農村についても同様で、そこでは、家々の壁に沿って植えられた果樹が、ほかの木々に先駆けて花を咲かせていた。そのような光景は、一七八七年三月半ばにアルクイユとカシャン(訳注・いずれもパリの南。ソーの手前)で書かれた文書にも見ることができる。そうした果樹園や菜園は特別の愛情をこめて手入れされ、暇さえあれば鋤を入れて手押し車で家畜の糞や野菜屑で作った肥料を運び込んだり枝を剪定する人々の姿が見られた。そのうえ、ここは、つねに新しい作物の試験的栽培場にもなった。とうもろこしやジャガイモ、インゲン豆など海外からやってきた植物が、ヨーロッパ各地の畑で大々的に栽培される以前に最初に植えられたのも、こうした菜園においてであった。

この果樹園や菜園の帯状地帯の外側に、かなり幅の広いもう一つの帯状地が広がっている。これは村人たちの《共同耕作地 terroire》全体をさし、ブルゴーニュ地方の「finage」も、私にいわせると、村のすべてのそうした土地を指している。フランス東部と北部では、きのうまでまだ、村はこうした帯状の耕作地に囲まれ、年ごとに耕作区域を移していく輪作が行われていた。

これにも三年で一巡する《三年輪作assolement triennal》〔『三圃制』〕と二年リズムの《二年輪作assolement biennal》〔『二圃制』〕とがある。三年輪作では、小麦またはライ麦を栽培する区域と燕麦または大麦を栽培する区域(三月に播種することから《マルスmars》と呼ばれる)と休耕地(ロレーヌ地方では《versaines》と呼ぶ)が、毎年移動していく。今年小麦が作られた畑は来年は休耕地になり、今年燕麦を作った畑は来年は小麦畑になり、今年休耕した区域は来年は燕麦畑になる。この昔からの輪作システムが続いていたつい昨日までは、初夏のころは、この三つの違いが遠くからもその色合いで見分けられた。小麦畑が黄色であるのに対し、燕麦畑は浅緑、休耕地は「sombres」〔訳注・「黒ずんだ」の意〕と呼ばれるように土がむきだしで、秋になると小麦の種まきの準備作業が行われた。それに対し、二年輪作の地域では、土地は二分されて、年ごとに穀物畑と休耕地が入れ替わる。

しかし、きのうまではどこでもそうだったが、特に際立っているのが、耕されている土地とまわりの荒れ地や森との対照である。耕されていない土地は、旅人や経済学者を愕然とさせるほど険しさを示していた。アンジュ・グダールは「この地方では半分の土地が放棄されている」と思いこんだほどであったが、事実、第三の環を形成しているこうした耕されていない土地が、しばしば最も広大であった。十年、二十年とかけて開拓しても、その僅かな幾片かの土地が耕されるだけである。(Ange Goudar "Les Intérêts de la France malentendu" 1756)

耕されていない土地とは、概していうと、ラテン人農学者たちが耕されている平地(アーゲルager)に対峙させ「サルトゥスsaltus」と呼んだものである。歴史家たちは、これを引き継いで、これらの二つの語彙を都合よく使っているのであるが、イギリス人たちは《アウトフィールドoutfield》と《インフィールドinfield》に区別している。〔訳注・前者が農場の外の畑または辺境の未知の世界をいうのに対し、後者は農家のまわりの農地をさす。〕

ラテン語の《サルトゥスsaltus》は、同時に幾つもの側面をもっていた。それは、野生の植物が野放しに生えている丘や荒れ地であったり、かつて葡萄畑であったが、その株の列の間に植えられていた何かの果樹が今も実を結んでいる土地であったり、あるいは、東欧の王侯の散歩道を縁取る生け垣と同じくらい高く不揃いに伸びているクマシデや、さらには雑木が入り混じった茨の茂みであることもあるが、なによりも多いのがいわゆる森林である。

この野生に戻った風景は、土壌と気候によって変化する。ローマ時代直後の中世のアクィテーヌでは《サルトゥス》とは「耕されていない土地とともに、様々な資源となる樹林、沼地、河川、中洲等々」(Michel Bouche "L'Aquitaine des Wisigoths aux Arabes 418-781" 1909)であった。また、サヴォワでもローヌ川に近い地域では、「岩地、岩山、沼、砂地、砂利地、荒れ地、牧草や灌木に覆われ耕されていない土地」(P.Dufournet)、そして、もちろん、森である。オーヴェルニュでは、《サルトゥス》は広大な領域を占める耕されていない未開地であるとともに、安心が支配している平地を指した「耕地ager」に対し、獣たちと恐怖が支配する森林や山地という心理学的意味を帯びている。

かつてのコミューンは、この両者の間に境界線を明確化することには関心を寄せなかった。たとえば、ムーズ県のボネ村の住民たちがその共有林と隣接するオルナンの谷にあるヴォー修道院の林との境界線を測量によって明確化し標識を立てたのは、一七八九年秋のことである。これと同じような境界の確定が各地で行われるのがフランス革命以後で、ロワール川の上流地方でも一七九〇年に行われている。

実際には《サルトゥス》は、隣村との境界地帯や、同じコミューンのなかの耕作地と非耕作地の分離帯をもさし、後者は、食料事情などによって、しばしば移動した。たとえばラングドックでは、一五〇〇年から一六四〇年の間に、灌木の茂みの一部が開墾されて葡萄畑になっている。プロヴァンスでも、一七〇九年の厳しい冬の飢饉で多くの村が廃墟となったあと、農民たちは新しい土地を開墾し種を播いている。これは、当然の反応というべきであろう。

十七世紀半ば、州知事のル・ブレは書いている。「私は、今年はかつてないくらい広い土地に種まきが行われたと思っている。というのは、冬枯れした松林が開墾されたからで、この林の土質は石ころだらけで、質が落ちるが、耕して種が播かれたことは確かだからである。」

特に今日では、《サルトゥス》すなわち耕されない土地が増え、逆転現象が起きている。リュシアン・ガショ ンは「耕されない土地がライ病のように広がっており、この趨勢はオーヴェルニュの結晶質片岩の山地において顕著である。これは田園風景の凋落を証明しており、新しい建設が行われないまま廃墟と化した農家や水車がいたるところに目につく」と書いている（"France rurale d'aujourd'hui" 1950）。

こうして放棄された土地には人影もなく、ハリエニシダやヒースが生い茂り、羊や山羊が歩き回り、野ウサギは驚いて巣穴に逃げ込み、木陰には蜜蜂が巣を作り、とぐろを巻く鎖蛇の姿が見られるなど、ヴァカンスを過ごす子供たちにとっては、さまざまな発見と疑似冒険の格好の世界になっている。

だが、この《サルトゥス》も、昨日までは、村人たちにとって、長い年月にわたる親密な付き合いを通じて利用法を学んだ様々な資源を無料で手に入れられる貯蔵庫であった。南西フランス、ベジエの北、ラルザックの南にあって、ロデーヴ地方を見下ろす火山系の狭い台地、エスカンドルグでは、驚くほど様々な物を手に入れることができた。シダや黄楊《つげ》の枝は細かく裁断して家畜の寝藁にされた。どんぐりは豚の飼料に、低木や草の茂みは山羊や羊の餌になった。そのほか、胡桃《くるみ》、りんぼく、山グミ、野生のサクランボ、ブナやナナカマドの実、いちご、キノコ類、蜂蜜、そのほか、現在では忘れられてしまったが当時は調理法が知られていたたくさんの野草〔訳注・原書では、その例としてタンポポ pissenlit のほか「latcheron à la broco, ensaladeta fina, bezègue, bourrut, repounchou, lengua de buou, asperges, salsifis, poireaux sauvages」を挙げている。最後の三つは、アスパラガス、西洋ごぼう、野生ネギであるが、それ以外は、当てはまる日本語名がない」などである。

さらに忘れてならないのが狩猟（密漁も含めて）による獲物である。とくに野ウサギは串刺しにして「ハシバミの枝を燃やして熱した円錐形の鉄鍋のうえで溶けたラードをかけながら焼き」、それにすりつぶした肝臓と血、そしてニンニクをたっぷり加えたソースをかけて食べた。」

要するに、森はいうまでもなく、どうしようもないような荒れ地も、昔は、役に立たない空間ではなかった。そこでは様々な果実が採れるとともに、家畜の飼育のために欠かせない餌場であり、豚は定期的に楢や山毛欅《ぶな》の森に連れて行かれた。羊や牛、馬など、あらゆる飼育動物たちが、一年のうちの何か月かは休耕地や荒れ地、森をほとんど野生の状態で自由に歩き回って過ごした。たとえばポワトゥーの沼沢地やブルターニュでは、馬たちは自然のなかに放され、自分の知恵で生きるに任された。大地が凍る冬は、凍結した雪を蹄で掘ってその下の草を食べた。繁殖のため、牝馬たちと一緒に種馬も放たれた。種馬である牡は、群にとって、狼たちの脅威に立ち向かうためのリーダーでもあった。

このような自由のなかで、その多くが野生化している。一五五六年五月十七日、ノルマンディーのシェルブールの領主グベルヴィルは、メニル・アン・ヴァルの森で友人たちと勢子を組んで馬を手に入れたことを当然のこととして書いている。

「捕らえた黒い子馬は、わたしの乗馬として躾けるために、シモネとカトールズが館に連れて帰った。」

こうした獣の群は、自分で生き方を考え出したのだろうか？　ヴォージュでは、樹木の生えていない頂上部が四月から十月までの牛の放牧地（chaumes）となり、普通、スイス人の牧人（「macaires」と呼ばれた）が牛番として雇われたが、一六九八年に書かれた文書には、この放牧法について「牝牛たちは春になると、自分で牧草地へ登っていき、十月になると、自分で帰ってくる」という記述がある。もし、これが正しいとすると、夏は山地、冬は平地で過ごす《移牧》のやり方を最初に始めたのは人間ではなく獣自身だったことになるのだろうか？　同じことは、ジャン・アングラードも中央山地に関して「この地に最初にやってきたのが人間だったか牛だったかは、誰にも分かっていない」と言っている。

鹿、ノロ〔訳注・小型の鹿〕、狼などほんものの野生の獣もたくさんいた。草食獣たちは農作物を食い荒らす恐れがあり、狼は家畜を襲う危険な獣であったから、狩りが必要であった。パリ周辺の平地にひろがる森では、野生の獣が増えすぎると狩猟が行われたが、その権利は王侯貴族たちが保持していた。もっとも、この権利の行使はしばしば忘れられたようで、パリの長官フェリポーは、県内の森で鹿が三十から四十頭もの群をなしてうろつきまわっているほか、さまざまな獣が増えているので狩猟を実施してくれるよう何度も要請している。

農民たちにとって、有害獣から畑を守るための費用は、「王様に納める税金よりも高く」ついた。これも首都近辺の例であるが、スグレ（いまのエッソンヌ県のアルパジョン）に住んでいたアルジャンソン侯が一七五〇年三月二十五日に書いた覚書には「葡萄や穀類、また果樹園で作られている果物などが動物たち、とくに野ウサギに食い荒らされて、人々から嘆き声が起きている」とある。（Marquis d'Argenson "Journal et Mémoire" 1864）

同じような嘆きは、一七八七年三月のマント近くのリメーでも聞かれる。これも野ウサギによる被害で、ここでは、ブイヨン公がもう何年間も狩りを怠っていたのである。まして、アシェールやガレンヌ、フロマンヴルやセーヌの岸からサン・ジェルマンの牧場や森にいたる土地を所有していたマッソル殿には同情を禁じ得ない。この不幸な資産家はサン・ジェルマンの森について「何年か前に持ち込まれた獣たちが野生化し増えすぎて、私の土地は破滅しかねない」と嘆いている。農作物が全滅すれば、農民たちは、よそへ去らざるをえなかった。どうしようもないときは、国王が土地を買い上げて救済した。

こうした野生の獣による害はフランスじゅうで生じていた。一七八九年の三部会への陳情書にも、この問題に触れたものが少なくない。プロヴァンスのドラギニャンの近くにあるブロヴェという小さな村からは、この村のある谷では作物を食い荒らす獣を罠や銃で獲ることと犬を飼うことを許可してほしいとの国王への陳情が出されている。

当然、現実には農民たちは許可の有無にかかわりなく罠をしかけたり、狩猟したりしていた。しかし、昔のフランスでは、密猟は重い犯罪として厳罰に処されたから、密漁を監視する役人は農民にとっては不倶戴天の敵であった。

森——資産の花形

私たちは、きのうまで森がもっていた経済的価値をともすれば忘れがちである。すでに指摘した家畜の飼育場としての役割のほかにも、干し草が足りないときは楢や楡の葉が家畜の飼料にされたし、山毛欅《ぶな》の葉は藁布団に詰めるのに利用され、黄楊《つげ》の落ち葉は土壌を肥やすのに使われた。また森は、炊事や暖房、火を使う産業（製鉄、鍛冶、ビールの醸造、製油、ガラス製造など）のために燃料を提供したし、樽や車、馬車、犂、木靴など様々な道具、家や船の建材を提供した。さらに、圧搾機、ポンプ、巻揚げ機も、歯車を含めその大部分が木で作られていた。

農民は、同時に樵であり、秋に収穫も終わって手の空いた人々は、下枝おろしや伐採のため森に出かけていった。ブルゴーニュの山地では、一九〇〇年ごろになっても、ジャガイモの収穫が終わり一連の農作業に区切りがつくと、山林の仕事に出かけていった。

「夜が明ける前に家を出て、近道の急傾斜を三〇分ほどかけてよじ登り、伐採区域に着いた。右の方に向かって『おおい、オーギュスト！』と叫ぶと、『おおい！』とオーギュストが答えた。左の方にむかって『おおい、ドニ！』と叫ぶと、『おおい！』とドニが答えた。それから、彼らが斧を振るい始めると、これまた、彼方から、その音が返答のように返ってきた。斧で木を伐る鈍い打撃音と、木片の飛び散る軽い音が響く」。その間、飯盒は熾き火の下で熱くなっている。「ジャガイモとインゲン豆と脂肉を煮込んだラグー（煮込み料理）であった。」
(Henri Vincenot "La Billebaude" 1978)

木材が急速に不足し、価格が上昇したことは、買い手の数と開拓農民の数を見ると、容易に想像できる。十六世紀以後、資産としての森の人気が高まり、《花形の資産fleuron des biens》になった。ピエール・セギエは一五五四年にパリ市会の議長になった古い家柄の商人の子孫で、一生、家門の土地を拡げることに熱意を傾けたが、とりわけ情熱を注いだのが森の購入に関してであった。どのような森からどれほどの利益を引き出せるかを見抜いた彼の計算能力の高さには驚かされる！　木材の価格は一七一五年以後、ずっと上昇していたが、アンシャン・レジームの最後の二十年間は急カーブで高騰している。パリの暖房用だけで年間二〇〇万トンの木が消費されている。

このようにして森には、今日よりずっと頻繁に人間が入り込んでいたし、人間によって育成もされた。ノスタルジックな観察者は、ともすれば森は自然の贈り物で、人間はその略奪者だと思い込みがちだが、これは半分しか真実ではない。ルイ十四世から現在まで森の境界線がほぼ固定していることは、人の眼を欺く恐れがある。なぜなら、この長い時間的経過のなかで不動のものは何もないからである。しかも、「森の多い地域の地図において、地名から蘇らせることのできる過去の風景の状態は、学者の描く図式が教えているそれとは、かなり異なる」(P.Bonnaud)。

人間は森を圧迫してきた。深い森でさえ、人間の需要と活動に合わせせられてしまっている。アルゴンヌの森〔訳注・ランスとメッスの間に南北に広がっている〕が残ってきたのが、その砂岩質の基層のせいであることはほんとうである。だが、この森が乱開発から守られたのは、現地での消費用以外の活用を阻んでいる「複雑で激しい起伏による交通輸送手段の欠如」のおかげでもある。(François Jeannin“L'Industrie du verre en Argonne”1980)

最後に忘れてならないのが国家的統合経済で、これが、あちらでもこちらでも自分の秩序のもとに組み入れようとして村人の生活を奪い、かつては森に覆われていた地表を縮小させた。

裏世界としての森

森は、盗賊や追い剝ぎ、無法者など、裏世界の人々の天国でもあった。サド侯爵(1740-1814)がジュスティーヌの冒険の舞台に設定した有名なボンディの森(パリの東北)が大々的に伐採されたのは第二帝政時代になってからである。陰鬱なアルデンヌの森では盗賊が出没し、一七一五年一月には、スダンからブイヨンにいたる道路の全域が危険地域とされている。

メッスとサント=ムニュールの間のこれまた鬱蒼とした森は、殺人者たちの巣窟であった。これと同じくらい悪評の高かったノルマンディーの王室林が汚名を払拭するにいたったのは、一七一二年に《砕石道chemins ferrez》〔訳注・砕石を敷いて悪天候でも通れるように整備された道ということで、「大道grandes routes」と同意〕が開かれたことによる。しかも、ノルマンディーはフランス王国でも最も開けた州であった。

もっとパリに近い地域でも、ピティヴィエ〔訳注・パリの南方でガティネ地方の町〕に近いイユール=ル=シャテルという小さな村の臨時王室法廷に刑事代官が出した報告を読むと、同様の状況であったことが分かる。彼は、フォンテーヌブローとオルレアンの森で大道を荒らす多くの盗賊と人殺しを捕らえたが、同じような悪者がまだ大勢のさばっていることを嘆いている。そこで、そうした悪人退治を続行する権限が彼に与えられたのであったが、「皮肉なことに、彼は、部下の警吏の何人かを、盗みと悪事の罪で捕らえることを余儀なくされた」のであった。

村に近い森は、軽犯罪を犯した人々にとっては手軽な隠れ家で、伝統的に、塩の密売が行われていた。ときには脱走兵たちも身を潜め、同情した村人たちに馬を借りて、もっと安全な森に移動することが少なくなかったが、彼らが武器を使うことはよくよくの場合に限られていた。

他方、塩の密売人たちのほうは、次第に大胆になっていった。一七〇六年には、幾つものグループを編成し、塩を車に積んで村や小さな町に繰り出して、「いうとおりの値で買わなければ家々に放火するぞ」と嚇しながら強引に売りつける連中が現れている。この年の七月、ノジャン＝シュル＝セーヌの近くで彼らを追跡した総徴税請負人は、次のように書いている。

「彼らは臆することなく、森の道から通常の道路に出て、あちこちの町の門に堂々とやってきた。」

避難所としての森

しかしながら、戦争の場合は、逆に、森は最も弱い人々に避難所を提供した。その例としては、フランス革命のときのヴァンデーの反革命王党員、同じくブルターニュの《ふくろう党員Chouans》や、第二次大戦の際のヴェルコール〔訳注・アルプス山脈の南西部で、イーゼル川とドローム川の間の地域〕のレジスタンスの人々を思い起こしていただきたい。一八一四年、〔ナポレオンのロシア遠征が失敗したあと〕、追ってきたコサック兵たちが、言われているところでは、ドンレミー村のジャンヌ・ダルクの生家の梁をサーベルで傷つけるなどの乱暴を働いたので、村人たちは三十年戦争のときに先祖たちがしたように森に避難している。

三十年戦争は、その名のとおり長期にわたったため、ロレーヌでは、長い避難生活のなかで農民たち自身が野蛮化して「森の狼」になり、王に仕える役人や兵士たちまで金銭や物品強奪の被害者となっている。その挙げ句は、一六四三年、フェルテ＝セネテール元帥のもと掃討作戦が実施され、大勢が死刑に処された。

それとは別に、乞食や浮浪者といったタイプの避難民は、通常、村の土地の境界になっている共有林（communaux）に住み着き、木の枝と土と藁であばら屋を建て、家族と一緒に生活した。当初は「ロジストlogistes」（小屋に住む人々）と呼ばれて、村の共同体からも容認されたが、そのうち、森を開拓することによって豊かになり堅固な家を建てるようになると、それに伴って不平の声をあげ告訴する農民も出てきた。ロワール・アンジュヴァン地方には、開墾によって獲得されたものの、沼沢地で絶えず浸水の恐れがあるために放棄されていた土地があったが、そうしたところでも集落が誕生している。

「一二世紀前にこっそり建てられた掘っ立て小屋から始まった小集落が、いまではちゃんとした建物の集落になっている。もしも、その独特の呼称がなければ、その惨めな起源のことは分からないであろう。たとえば《レ・ロジュ Les Loges》というのがそれで、これは十八世紀には樵や炭焼きが森の中に造った小屋を指していた。そのほか、いかにも入植民という匂いのする呼び名として《新世界 le Nouveau Monde》《カナダ Canada》《ミシシッピ Mississippi》《カイエンヌ Cayenne》〔訳注・カイエンヌは南米ギアナにある町の名に由来する〕などがある」（Roger Dion）。みすぼらしかった新世界アメリカの地名は、みすぼらしい開拓地の集落にまさにぴったりであった。

村の理想像

すべてを自前で生産すること——これが村のめざした理想であった。住民数も、五百人を超えると窮屈になるので、村内で相手を見つけ、子供の数は生物学的に維持できる程度で満足した。ときには近隣の村から結婚相手を得ることもあったし、もっと稀には、よそ者を村に住み着かせて結婚させることもあったが、概しては、自前でまかなうことが優先された。こうして、パリ近郊の葡萄栽培村ロマンヴィルでは、十八世紀になっても、村人の大多数が同族結婚（endogamie）であった。

したがって、村の生活は閉鎖的傾向が強く、その村独自の法制、領主（ひとりの場合も複数の場合もある）、共同体、共有財産、祭儀、交際法、慣習、方言、小話、民謡、踊り、諺、近隣の村々に対する嘲りかた（lazzi）を有している。ブルゴーニュのコート・ドール地方で町や村の住民たち同士がつけ合った渾名のリストは、「ビケット biquettes（小山羊）」「グルヌイユ grenouilles（蛙）」「コション cochons（豚）」「ルー loups（狼）」「サックヴィド sacs vides（からっけつ）」「ヴァントルドソン ventres de son（粗食）」などで、言われたほうは気分をよくするものではない。ちなみに最後の二つはイ＝シュル＝ティル〔訳注・ディジョンの北のほうにある村〕の人々に付けられた渾名で貧乏人呼ばわりしたものである。（Michel-Hilaire Clement-Janin “Sobriquets des villes et des villages de la Côte-d'Or” 1876）

隣人をからかい、ひやかしたいという欲求から、際限のない告訴にまで行き着く憎しみ——これらは、村人たちの生活の舞台である《小さな国 minuscule patrie》が、大きなそれにおけるのと同じ欠陥と過激さ、意地悪さをもっていることの証拠である。毎年、ある時期には、「居酒屋で騒ぐ若者たち」による喧嘩が起き、ときには流血を伴う抗争へと発展する。リヴィニャック＝ル＝シュペリウールとフラニャック〔訳注・どちらも現在のカンタル県の村〕の住民同士の対立は、ロデズの司教による仲裁にもかかわらず、一七八〇年から一七九〇年まで十年間も続いた。アヴェロン県でこの種の抗争が姿を消したのは一八九〇年以後のことである。

このような憎悪または敵愾心は、自分たちを際立たせたいという欲求によるもので、アイデンティティを樹立させるよすがとなる。そこから、最も高い鐘楼、最も美しい教会、最もすばらしい装飾を施した祭壇に自分たちの威信をかける競争が生じた。また、独立と自治への深い欲求も、ここから育っていった。村は自給自足を自らに義務づけ、一軒の家を建てるにも、麦打ちの作業でも、池での魚取りでも、あるいは荷車の車輪に鉄の環を嵌めるにも、みんなで協力し合った。鉄の環は真っ赤に熱して木製の車輪にはめるのだが、木製部分が燃え出そうとする瞬間に水のなかに投げ込むと、一挙に冷めると同時に鉄の環が縮んで、しっかりと嵌るのである。

こうした村の自立性を支えた基盤として、無視できない幾つかの要因がある。村は、しばしば、牧草地や森といった共用資産を所有していた。そのほか、穀類を粉に挽くための水車、パンを焼く竈（もともと領主が造り、村人たちに有料で使わせていたのを、村で買い取った）、また、オリーヴ油を搾るためやワイン造りのためのぶどう絞り、胡桃を砕くため等々、使用法は多岐にわたったが、大きな共用の桶などもあった。村は、想像される以上に多様な第二次産業活動を行っていたのである。ジョゼフ・クレソは、その著書の中で、彼が生まれた一九〇〇年ごろの村の思い出を書いている。その村はディジョンの北、ラングルの近くにあり、当時はまだ葡萄畑をもっていた。

「村の職人の種類を数えるのには十本の指をもってしても足りない。粉ひき、縮絨工、製材所の親方、大工と指物師、石工、油屋と織物職人、樽屋……そして、骨接ぎにいたるまで。」これらの職人たちはみんな勤勉で、経験を積んだ人々であった。たとえば石工は「石切場での石の選択と切り出しから、屋根の板岩葺きにいたるまで、家を造るのに必要なことはすべて心得ていた」(Joseph Cressot"Le Pain au lièvre")。だからといって、これらの職人たちも、自分の畑と菜園、なんらかの小型の家畜を持っていないわけではなかった。そうでなければ、日々の生活を支えることができなかったであろう。

そうした職人のなかでも、村人たちの生活に決定的役割を演じたのが、一つは鍛冶屋である。鍛冶屋は、十二世紀以後、村の重要人物の一人で、両耳に付けた鉛の環で自分を際立たせ、事あるときには一党の領袖になるという、しばしば不吉な役目を担っていた。もう一人はパン屋で、登場は十九世紀と遅く、長い間待ち望まれていた白パンの普及を象徴している。もう一人が居酒屋の親父で、彼は集団的娯楽のオルガナイザーで民衆文化の担い手であるとともに、情報屋であり、ときには高利貸しでもあった。彼の家は「街や集落の怪しげな人々の溜まり場」になっており、多くの場合、教会の対極(contre-église)を成していた。

村の自立性は、こうした様々な仕事をする人がいたから維持できていたことが明白である。リムーザンの各小集落でも、同じような努力が行われていたことが分かる。通常考えられる仕事に加え、さまざまな専門職の人々が腕前を競い合う競技会をそれらの小さな共同体のなかにもちこんだ。豚を殺して解体しハムやソーセージを作る職人、豚の病気を調べる仕事人(langueyeur)、床屋、薬草の効能に詳しく委託販売している人(lou mège)〔訳注・「mège」は「médecin」が俗化したものといわれている〕などである。(A.Corbin "Archaïsme et modernité en Limousin au XIXe siècle" 1975)

ある村のおよその規模は、その村にいる職人の数で割り出すことができる。十八世紀、ポントワーズ〔訳注・パリの西北〕から十七キロのところにあるエルモン村は、住民の大多数が自作農民と葡萄栽培者、さらに、この両方の兼業者(laboureurs-vignerons)と日雇い労働者(journaliers)で構成されていたが、樽屋、肉屋、豚肉加工業者、食料品屋、居酒屋、公証人(それぞれ何人かずつ)、鍛冶屋、産婆、学校教師(それぞれ一人ずつ)も生活していた。このように様々な職人や商店主が揃っている様子は、ここが、この村に土地をもっているパリのブルジョワ数人もいる《町 bourg》あるいは少なくとも《大型の村 gros village》であったことを示している。〔André Vaquier〕

これとよく似たモルヴァン地方〔訳注・ディジョンの西南〕のサン＝ディディエ＝シュル＝アルー村の耕作地面積は三〇〇〇ヘクタールで、住民が七五〇人から一〇〇〇人のころは一人あたり三ないし四ヘクタールであった。住民は、一八六五年ごろ九五〇人だったのが一九七五年には三五三人になっている。しかし、職人は二十世紀初めのころで約五〇人を数え、これは多いように見えるが、そのような種々のサーヴィスがあってこそ《町 bourg》としての機能を備えたのだろうか？　事実、このサン＝ディディエのまわりには、四つないし五つの小集落がそのもとで生活を営んでいる。

だが、これは、さらに研究しなければ、決定的なことはいえない。モルヴァンの山塊のなかに南北方向に深く刻み込まれたアルー川の谷は重要な交通路で、サン＝ディディエは約二〇キロ北のオータンと一五キロ南のトゥーロン＝シュル＝アルーの間にあって、これら両者の動向に左右されてきた。この牧畜地域の中間あたりに、常時家畜の取引が行われる市場を開設する必要があり、そのためにサン＝ディディエが復権されたのである。ところが、一八一三年、オータンで十三回、家畜市が開かれ、そのうちの一つは七月三十一日から丸一か月続いたし、トゥーロン＝シュル＝アルーでも、この同じ年に八回開かれているが、サン＝ディディエでは二回しか開かれていない。ここからサン＝ディディエは、騒がしい家畜市でも、そのあとの土地の生活を維持しているささやかな日常品の交易でも脇役の立場に置かれていたことが明らかで、村人同士の取引のための市場が設けられるのも、かなり遅れて一八七四年のことである。結局、サン＝ディディエは、ほかの村よりも孤立していたので、住民に必需品を供給するだけで手一杯だったのだろうか？

欠かせない外部との交流

すべての村は、どんなに努力しても、一〇〇%自給できるものではない。領主に納める賦課租や国に納める税、また、《塩税 sel du devoir》(アンシャン・レジームのもとでは、これだけが外部から村に課せられた経済的裂け目を形成していた) で支払うカネを手に入れるため、余剰生産物を定期市や近くの町の市場に出かけて売る必要があった。十八世紀のリムーザンの家畜飼育についてのある覚書が述べているように、村人たちは「税で納めたカネを取り戻す」ために、市の立つ日には、バター、野菜、卵、家禽、羊やウサギ、羊毛、木材などを荷車に載せたり担いだりして町や都市へ持っていったので、そうしたときには街道は長い行列で埋まった。彼らは、そうして手に入れたカネの一部で、パン屋からパンを、肉屋からは捌かれた肉を買って帰っていった。たとえば現在のオート・サヴォワでは、十八世紀になってもなお、アルプス山地のヴァロルシーヌの人々がヴァレーにあるマルティニーにまで肉屋を訪ねて降りてきている姿が見られた。〔訳注・ヴァロルシーヌは標高が約一四〇〇メートル、マルティニーは約五〇〇メートルで九〇〇メートルの標高差がある。〕そのほか、人々が町で買い求めた物としては、香辛料、繊維製品、道具類、金属製品などがある。そこでは高利貸しも開業していた。貸し金業については、十九世紀には、村の有力者や宿屋の主人が副業的に行うようになる。

このような商業ルートに出せるだけの余剰生産物をもたない農村で収入源となったのは、いうまでもなく都市や町の企業家からの需要に応じて行われた在宅労働であった。この種の工業が田園地方を浸すようになるのは十八世紀のことで、その多くは織物、縮絨であるが、リヨンの西方、フォレ地方のサン゠ジュリアン゠モラン゠モレットでは、テルネー川の水車による搾油、粉ひき、研磨、鉛鉱石の粉砕、絹織りなどが行われた。(Abbé

Chaland "Mémoires" 1852)

ほかに収入源になったものに運送がある。農民たちは畑仕事がないときは、牛や馬、車を転用して運搬の仕事をした。これが、定期的輸送と驚くような交通の専門分化へと進展していく。往年の繁栄を物語る豪華な教会を擁し、一九一四年の戦争の犠牲になったバロワ地方〔訳注・シャンパーニュとムーズ川の間〕の村、ランベルクール＝オ＝ポの人々は、十六世紀より以前から、その《シャルトン chartons》と呼ばれた荷車をもって、フランドルからイタリアまで、国際的輸送活動を行っていたことで有名である。同様に、ジュラ高原にある古い城塞都市で、要塞化した教会で知られるオルジュレも、荷車と馬、車引きをフランスじゅうに配置していた。オート・ピレネーのシウタとオッサンの住民たちは、カンパンの谷の乳製品をトゥールーズなど諸都市に運ぶことを専門にしていた。サル、ブラン、サンギネの人々は、大西洋岸のアルカション潟の鮮魚を牛車でボルドーへ運んだ。

短距離専門の運搬に携わった人々もいる。同じく南西フランスのバス＝コレーズでは、《トゥルタリエ tourtalhier》と呼ばれる代理業者たちが「週に一、二度、ロバや小型荷車でお得意さんたちのために町へ買い物に行った」（Richard Gascon "Grand Commerce et vie urbaine au XVIe siècle（1520-1580）" 1971）。サヴォワでは、《バルロティエ barlotiers》と呼ばれる農民兼代理業者が近くの小さな町で週一回開かれる市へ、バター、チーズ、家禽、子牛、羊を運び、復路は顧客から頼まれた買い物の品々（commissions）、たとえば糸枷、コーヒー、砂糖、石油などを載せて帰っていく姿が見られた。こうした光景が消えたのは、自動車による定期運送がこの山地の村々の間を結ぶようになったごく最近のことである。

しかし、農民の運送活動は、権力による徴用（その多くは軍事物資の補給）に晒された。そのときは、いかなる事情も（収穫という切迫した事態でさえも）、発せられた命令にストップをかけることはできなかった。一六九五年〔訳注・植民地をめぐって英仏が戦争〕には、ヴェルダンからアルザスへ、軍隊用の小麦とライ麦を運搬するため一四〇〇台の荷車が徴用された。一七〇九年夏〔訳注・スペインの王位継承をめぐって英蘭独と仏西が戦争〕には、北部軍が農民による輸送隊をランドルシー〔訳注・サンカンタンの北東にある町〕へ送ったが、「絶え間なく降り続く雨のため道は泥沼さながらで、疲労の余り多くの馬が死に、あるいは倒れた。それでもなお農民たちは、むりやりヴァランシエンヌ〔訳注・ランドルシーから西北三〇キロほど〕にまで運搬させられ、帰途には何も運ぶことはできないまでになった」。一七四四年ごろ〔訳注・オーストリア継承戦争〕には、ドーフィネやプロヴァンスでも、農民たちがアルプス方面軍のための輸送係りとして徴発されている。

当然のことだが、自給自足の行き方は、大都市に近い村ほど、簡単に放棄した。都市に近い村は乳製品や野菜・果物栽培へと専門特化することによって豊かになっていった。十八世紀パリの中央市場（les halles）には、パリ近郊の農民たちによって、さまざまな品物が小さな荷車に載せて夜明け前から運びこまれた。都市近郊の農地が菜園（jardins）として細切れにされていったのは、パリの場合だけではない。そうした菜園では、鋤や鍬で丹念な作業が行われ、牛や馬に牽かせる犂は大きな農場に限られるようになっている。

そのほか、利益をもたらした専門特化の例を挙げると、ヴズール〔訳注・ブザンソンの北方〕に近いアンドラール村に富をもたらしたのは石材であった。パリに近いエルモンは、首都で生まれた幼児たちを引き取って養育するのを専門とした。そうした赤ん坊の多くは、略式洗礼を受ける暇もなく、着いてまもなく死んでいった。トネール〔訳注・セーヌの支流のヨンヌ川沿い〕の東南約一〇キロにあるアルマンソンの谷にある四つの小教区（アルジャントネー、レジンヌ、パシー、ヴィロー）は、十六世紀以降、パリと直接結びつき、食料、庭師、召使い、女中の供給源になっている。また、ワインの運搬に携わる人も多く、そうした人のなかには居酒屋をパリ市内の各地で開くまでになっている。彼らは結束が堅く、洗礼式だの結婚式だのというと盛大に集まって、同郷人意識を再確認し合った。（Dominique Dinet“Quatre paroisses du Tonnerrois”1969）

人々の移動

村・町・都市の間での人々の移動も重要な問題である。無数の人々が移動した。プロヴァンスの場合、そうした旅や出奔、放浪に身を委ねたのは、農民より職人、女より男、そして金持ちよりも貧しい人々であった。だが、放浪する人もどこかで停まり定住し、結婚する。これが村のシステムのなかに一つの刷新と換気をもたらした。

私が幼少期を過ごしたシャンパーニュ地方とバロワ地方の間の小さな村には、一九一四年ごろ、住民二〇〇人に対し九人の職人がいたが、そのうち、もともと村で生まれた人がやっていたのは車大工、宿屋、粉ひきと二人の食料品屋で、指物師、鍛冶屋、馬具屋、パン屋の四人はこの村の生まれではなかった。農民社会に新しい血をもたらしたのは、耕作のために雇われた人たちで、そうした立場でやってきて住み着き、子供を儲けた人を私は少なくとも二人知っている。

村を外界へ開くもう一つの口になっていたのが、各地を巡回して村へやってくる商人や職人である。ムーズ地方のある村では、一九一四年から一九二〇年までの間、土曜の朝と日曜の朝の二度、肉屋がやってきた。これは人々が肉を食べる唯一の日で、女たちは肉と野菜の煮込み料理（ポトフー pot-au-feu）を作るための肉を、それこそ世間体など気にかけずゆっくり吟味し議論して買った。そうした肉を買えることは、ゆとりのある証拠と見られたのだろうか？

青果商、包丁研ぎ、鋳掛け屋、葡萄の剪定師、牛乳や卵の集荷人もやってきたが、だれよりも村の中に深く入り込み様々なニュースを広めることに寄与したのがウサギの毛皮を集める商人であり、また、とりわけ二十世紀初めのルヴィニー＝シュル＝オルナン（ムーズ県）の例でいうと、「屑鉄、古いマットレス、使わなくなったレンジやシチュー鍋、不揃いの薪台、折れた火挟みや穴のあいたフライパン、ヒビのはいった鋤などを集める商人」である。（Pierre Gaxotte“Mon village et moi” 1968）

同じような光景はいたるところで見られた。第二帝政時代、ディオワ地方のアルプスの山村、ノニエール〔訳注・グルノーブルの南方〕では、「スプーンとフォークは鉄に錫をメッキしたもので（これはフランスの田舎なら、どこでも同じだった）、すぐに傷んだ。このため、定期的に鋳掛け屋がやってきて、村の共同パン焼き場の庇の下に自分の炉を据えて、鍋を火にかけ錫を熔かし、醜かったスプーンとフォークが見違えるように美しく変身する様を見せて村の子供たちを驚かせ魅了した。」（Severine Beaumier）

一九一四年以前にモルヴァンのある村で幼少期を過ごした私の友人の一人の思い出では、鋳掛け屋といえば、熊のように毛むくじゃらで黒く、ヴルカヌスVulcain〔訳注・ローマ神話の火の神〕さながらの大男であった。「……彼はいつも、継ぎ接ぎだらけのちぐはぐの服を重ね着していた。そのあちこちに開いた穴は、火のためよりもむしろ、長年着古したためであった。……彼は、そのボロ服を、服のほうが見捨てないかぎりは脱ぐこともなく、顔を洗うこともないが、牡山羊のように頑健で、酒もわずかに嗜む程度で、非の打ち所のない正直者として有名であった。彼は言ったものだ。『どんなによく磨いた銀製のスプーンやフォークよりも、おいらが錫でメッキしたやつのほうがずっと光っているから較べてみな』。」（Jean Petit“Le Chant de mon enfance”）

フランシュ＝コンテで最も人々に馴染みの巡回職人は麻梳きであった。「麻は、栽培した百姓によって刈り取られ、皮を剝かれたあと、川の水の力で回転している打ち棹にかけられるのだが、この最後の作業は麻梳き職人に委ねられた」のである。「彼らの多くはサヴォワの貧しい男たちで、子供たちに囃し立てられ住民からは軽蔑されながら、仕事を請け負ってまわった。三人一組で作業をしたが、小さな村の場合は、一チームで充分だった。支払われる報酬は安く、一八一二年を例に取ると、食事付きで麻糸一キロあたり十五サンチーム、食事別でも二十サンチームにすぎなかった。こうして、一つの村で仕事を終えると、道具を肩に、隣の村へ移っていくのであった。」（R. Chapuis 1958）

そのほか、もぐら退治をしてくれる職人や、マムシを捕獲し集める職人もいた（Henri Vincenot）。アルプス山地やピレネー地方、中央山地そのほかでも、行商人や巡回職人たちが、さほど遠くない昔にいたるまで、それぞれの慎ましい職務を果たしていた。そのような光景は、現在では全く見られなくなったろうか？　深い緑に覆われたペリゴール地方の小さな村では、こんにちでも「毎朝、牛乳を集める車の長いクラクションの音が響く。月曜日の午後四時ごろには食料品屋の鳴らすラッパの音が響きわたった。狩りのトランペットかと耳を疑わせるのが水曜日午後三時のパン屋のそれである。」（Fernand Dupuy "L'Albine" 1977）

そのほか、牧草刈り、麦の収穫、葡萄の穫り入れ、冬の脱穀作業など様々な季節労働者がやってきた。たとえばアルプス山地からワイン造りのためプロヴァンスの平地にやってきた人々は、その出身地がガップであることから《ガヴォ gavots》と呼ばれた。また、ディオワの麦刈り隊は《ソック soques》と呼ばれ、標高差により収穫の時期にズレがあるのを利用して各地を移動してまわった。「次の仕事を夜明けとともに始めることができるよう、移動は夜に行われた。」（S. Beaumier）

現在のオート＝サヴォワのヴィリーでは、一八四五年になっても、その地の司祭が記しているところによると、麦の収穫を手伝うために労働者たちが幾つもの隊を編成してやってきた。隊ごとにリーダーがいて、隊員の半月鎌を束にして担ぎ、隊員たちは収穫の歌をリフレーンで歌いながら、あとに続いた。このときは、「居酒屋は、教会の定めた規制や国の法律を無視して一日じゅう開業した」。それは、公序良俗にとっては、呪われるべきことであった！（Jean-Pierre Laverrière "Un village entre la Révolution et l'Empire, Viry-en-Savoie（1792-1815）" 1980）

昔から、ラングドックの葡萄や小麦を栽培している地域は、中央山地からおりてくる農業労働者に多くを依存してきた。ヴィヴァレ地方〔訳注・ローヌ川の西方を南北にほぼ平行するように走っている山地〕では、プラデルの領主、オリヴィエ・ド・セール（1539-1619）が、収穫期のこの補助軍の存在について、こう記している。

「至高の管理者たる神は、その深慮によって中央山地の寒冷の地から温暖な平地地方へたくさんの人々が下りていって小麦の収穫を手伝うよう計らわれた。……これらの山地の貧しい人々は、冬の間生活を維持するのに充分な物を我が家にもっていないので、平地におりて生活し、かつ、家族のために収入を得るのである。」

（"Théâtre d'agriculture et ménage des champs" 1675）

もう一つ、モルヴァンの《ガルヴァシェ galvachers》の例を挙げておこう。これは、三月に農作業のために牛飼いとして近隣各地へ出かけるのを送る儀式で、彼らが帰ってくるのは十一月であった。この出稼ぎは十九世紀になっても行われていた。こんにちでは現実には行われていないが、伝統的な祭として再現されている。出かける人々は丸い帽子をかぶり青い上っ張り（blouse=biaude）を着て木靴をはく。送り出す側は、老婆たちが歌い、それにあわせて、伝統的な民俗舞踊《ブランル branles》を踊る。

もっと驚くべき例がアルプス山地のブリアンソンの場合で、ここの人々は家庭教師として各地に出かけていったが、その職種を象徴するように、帽子に鵞ペンを差していた。そのほかにも、いわゆる「ジプシー」なる流浪の民がいるが、いまでは見られず、ここでは触れない。

このように、あらゆる村は外部に向かって自らを開かざるをえない。一七八七年から八年にかけて、ひとりの旅人（Père Pierre-Jean-Baptiste Legrand d'Aussy）がオーヴェルニュのティエールに滞在したが、そこで、普通の村々のすぐ近くに、変わった小集落が幾つかあるのに気づく。「それらは同じ一族の分家で構成され、結婚はお互いの間で行い、資産を共有し、独自の法と慣習をもっている」。彼らは一人の首長のもとに全員が平等な一種の共和国を形成している。その一つであるピノン村は、十二世紀に創建されたと言われ、四家族、十九人から成る。物品の売買、カネの受領はすべて、共同体で選ばれた首長の仕事である。女性たちを統括する《女主人》も選挙で選ばれるが、男の首長とは別の家族から選ばれる。共同体の資産が分割されることはない。共同体は集団として去勢牛を三組、牝牛三十頭、羊を八十匹所有しており、木綿の下着類も家具も住居も履き物も共同体で作る。唯一、外部から買い入れるのが鉄製品と塩である。自給自足の見事な手本であるこの小集落でさえ、全面的に自給自足ではなく、自分のところで生産できない塩と鉄製品は買わなければならず、しかも、塩税そのほかの税を払う必要がある以上は、わずかとはいえ外に対して開かれていることに変わりはないのである。

二、町（bourg）

《村village》を出て《都市ville》にいたる行程で最初の起伏をなしているのが《町bourg》である。これは「大きい村gros village」から「小さい都市petit ville」まで、広い意味をもっているが、田舎の社会にとっては、しばしば（また、唯一）行政と司法と商業等々すべてにわたって《外部世界monde extérieur》全体を代表している。またおそらく、大規模商業の末端である小動脈（あるいは小静脈）を形成しており、大商業はそれによって、辺鄙な農村地域にまで到達している。しかし、こうした《町bourgs》は、「運ばれる商品の少なさ」の割に活気と興奮を与える役割を演じている。（Emmanuel Le Roy Ladurie "Histoire économique et sociale de la France" 1977）

しかも、その歴史は古く、ジョルジュ・デュビィによると、《村villages》および、それに付随する《小集落

hameaux》とともに、十世紀には存在していたことが確認される。「マコネ地方では、助任司祭管轄区（vicaria）が下級裁判区（viguerie）である。……それは、一般的に大きな街道筋とか川の渡渉地点に建設されていた昔の《ヴィクス vicus》（これが village あるいは bourg になった）を中心に、その周りの幾つかの小集落を結びつけたもので、これらの小集落は、訴訟や弁護のために中心の町へ出なければならないにしても、ほぼ半日で行き来できる距離にあった。それ自体、外側を湿地や森、山地などの障害物によって区切られた地理的単位であるとともに、考古学的調査によって明らかにされている太古からの人間の居住単位でもあり、その聖所を示す典礼上の語彙がその古さを証明しているように、宗教的なまとまりでもあった。」

（"La Société aux XIe et XIIe siècles dans la région mâconnaise" 1971）

だが、そのような小さな集落も、また、どれほど遠い昔でも、市場での交易というものを抜きにしては考えられないし、いかにつつましいものであっても、そこでカネが果たした役割を無視することはできない。

一つのモデル

現実には、まわりの村々や小集落が市場や定期市、公的サーヴィス業務、人々の出会いの場として利用している場合にしか《町 bourg》というものはない。《町》は、その周辺の村々との関わり合いから自らの富と存在理由を引き出し、まさに、それによって生長し繁栄する。《町》は普通、何本かの道が交差するところであり、多くの場合は谷の出入り口にあって、異なった産物を生産する二つの世界の境界地に形成される。その双方から、人々は自分の労働の成果を携えて、交換のためにやってくる。こうして、《町》は、「村々の共同市場」としての機能を有しており、その心臓部である、何軒かの宿屋に囲まれた広場は、市が立つ日には滞在客や小売り店主、法律家だの居酒屋、高利貸し、悪質な商人たちの騒音によって満たされる。(Lucien Romier "Explication de notre temps" 1925)

したがって、《町》は、騒がしいお祭や厳粛な行列が繰り広げられるセンターでもある。一五八三年五月、旱魃の脅威にさらされたバール＝シュル＝セーヌ周辺の村々は災厄の除去と豊作を祈って行列と祭儀を執り行なったが、例のごとく、最後は乱痴気騒ぎとなった。年代記作者は言う。

「率直にいって、これらの白い衣をまとって行列に加わっていた女たちは、その大部分が小間使いだったが、夕方には酔っぱらってしまい、暗くなると、男たちに抱かれて麦畑に入り、淫蕩のかぎりを尽くしたのであった……」(Jacques Carorguy "Mémoires 1582-1595")。縁日の祭も、終わり方は、しばしばこのようなものであった。

《町》は、自らが提供するサーヴィスを必要とするある広さの田舎に君臨しているが、《町》自身のほうも田園地域を拠り所としており、それなくしては存在できなかった。そのような村々は《町》から半径五ないし十キロの円のなかに点在し、その最大値は、農民が徒歩あるいは馬や荷車で一日のうちに行き来できる距離というのが相場であった。

共和暦五年(一七九七年)の風月 ventôse〔訳注・今の暦では二月二十日から三月二十日まで〕に打ち出されたロワール県の区割りも、そのような考え方で定められた。郡の役所の所在地サン＝サンフォリオンは人口一九三六人だが、これは十二歳以上の男女の数で、この郡はノー(人口四六二)、フルノー(四四五)、ヴァンドランジュ(二七五)、サン＝プリスト＝ラ＝ロッシュ(三三三)の四つの村から成っていた。

一八五〇年ごろのアルプス地方のオー＝ディオワ郡の六六〇〇人の住民は、ボンヌヴァル、ブール、シャティオン、クレイエール、グランダージュ、リュ＝ラ＝クロワ＝オート、マングロン、ラヴェル＝エ＝フェリエ、サン＝ロマン、トレシェニュの十のコミューンに分散して生活していた。この郡の中心である小都市シャティオンには、郵便局、税務署、憲兵隊の分署、治安裁判所（刑事裁判所）と幾つかの公証人事務所があり、医者も何人かいた。週ごとに市が開かれ、守護聖人の祭には、町に店を構えている食料品屋やパン屋、喫茶店、肉屋、車大工、樽屋、服の仕立屋は当然として、かなり遠方から来た行商人や職人たちも商売した。

アンジューでは、デュルタルの町が近くの七つの村に対して同様の役割を演じていた。次に示す住民数は一九六二年の統計であるが、その力の水準が分かる。デュルタルが人口三二〇二であるのに対し、バラセが四二〇、ドームレー一一〇六、エトリシェ八八七、ユイエ五二六、モンティニェ三九七、モランヌ一六九四、レ＝レリー八一〇である。

そのほか、例を挙げればきりがないが、中心である《町bourg》とその周辺の《村villages》の間にある従属関係は、だいたい、これと同じである。《町》は社会的・経済的に優越しているだけにとどまらず、公的秩序の最初の階梯を現している。アンシャン・レジームのもとでは、初級裁判所と少なくとも憲兵隊（警察署を兼ねていた）、そして、絶えず改編が行われた行政区の役所の分署が置かれていた。

この機構は《都市villes》ではいっそう複雑かつ重厚になり、裁判官、弁護士、検事など様々な司法関係者が増える。他方、《村villages》では、領主裁判所が現在の治安（刑事）裁判所の役割を果たしていた。時には、同じ郡のなかに幾つも領主裁判所があるため、矛盾する司法判断が出て軋轢を生じた。

それぞれの《町》が、状況の変化に応じて、自分の勢力圏を形成していた。中世においてすでに、アルザス・ヴォージュの領主領の中心であったタンは、周辺の村々にその裁判管轄権を拡大している。一三四四年にはヴィユ＝タンとエルベンハイム、アスパック＝ル＝バ、アスパック＝ル＝オーの村々を服属させ、一三六一年にはローデレン、ランメルスマット、オッツェンウィラー、ライムバック、さらに一四九七年には、セルネー、シュタインバック、ヴィッテルスハイム、ルターバック、ライニンゲ、シュヴァイクホウス、エルンヴィラー、ミヒェルバック、ビットシュヴィラーの領主領地で自分たちの羊に草を食べさせる権利を獲得している。拡大はさらに続き、ベルフォルト、ラウ、ゼントハイム、グヴェンハイム、ゼーヴェンを吸収し、この過程において、サン=タマラン、ダンヌマリーという二つのライバルがタンに敗れている。タンのこの成功をもたらしたのは、その活力であり、それが次々と行われた建設に現れていく。一五一八年には中央市場（halles）、一五五〇年ごろには新市庁舎が建設され、さらに景気を刺激するため、銃の射撃コンクールを開催し優勝者に大金を出している。（Marc Drouot "Thann à l'époque mazarine（1658-1789）" 1961）

しかし、タンは《町bourg》と《都市ville》の曖昧な境界線を高いほうへ踏み越えることはなかった。この区別は、文献資料では、たとえばフェカンとエルブフは《町bourg》と規定されており、ロアンヌも同様であるが、それにしても、難しい場合も少なくない。

たいていの場合、ある町がどんな役割を果たしていたかは、一つの文書に見られる暗示や報告だけで充分に明らかである。たとえばムーランはパリの下流でセーヌ川のある橋をコントロールしている。グレーの町はソーヌ川の航行が可能になる最初の地点に造られた。ロリアンの東約三十キロにあるオレー〔訳注・ブルターニュ半島の南側にあり、カルナックの巨石群がすぐ近くにある〕は、かつては「十九の小教区を擁する国王代官裁判区の中心」で、絵のように美しい町である。また、バール=シュル=オーブについては、一七二〇年三月六日のある公文書に次のように書かれている。「この町は、それ自体はさほど重要な町ではないが、シャンパーニュ総徴税区（généralité）でも最も有名な徴税区（élection）の一つで、近隣の農民たちは皆、自分が作った穀物そのほかの農作物をここに運んでくる。」（ここに、バール=シュル=オーブの役割は明白であるが、それがシャンパーニュ大市に関わっていた昔の栄光とは隔世の感があることは否定できない。）さらに現在のアヴェロン県のサント=アフリックとそれを取り巻く十個のコミューンは、プロテスタントの商人や労働者が去ってしまったにもかかわらず、その毛織り物産業は十八世紀になっても維持されている。

《町bourg》か単なる《村village》かの区別は、医者または公証人がいるか、農民たちが売り買いにやってくる市場があるかどうかを見れば充分である。ジュラ地方のルージュモンでは、二十世紀初めになっても、市の開催は重大事業であった。商人たちは夜が明けるころには、その居住用を兼ねた馬車でぞくぞくやってきて、広場にある豚肉商の店と並べて自分たちの露店を組み立てた。というのは、土地の商人たちのなかで豚肉商だけが露店を出すことができたからである。その間にも、「商人たちは、幌付き四輪馬車、二輪の無蓋馬車、そのほか様々な荷車に商品を積んでやってきたし、重い籠を背負った農婦たちもぞくぞく集まってきた」。この農婦たちは「黒っぽい服に《コールcaule》と呼ばれる白いボンネットをかぶり、シナノキの下に陣取って卵やバター、若鶏、兎、野菜などを売った」。

雑踏のなか、白や赤、緑の布で覆った売り台や店舗では、熊手、まぐわ、鎌、掃除用具、食器類、布地、肌着、キャンデー、香料入りのパン、ソーセージ、ハムなど、あらゆる物が売られていた。市が開催されている間は、薬売りや骨接ぎ、歯医者も客の注文に応じた。(Robert Bichet “Un village comtois au début du siècle” 1980)

《町bourg》を《村village》や《都市ville》と区別する基準として、こんにちでは人口数が重みをもつようになっているが、それにしても、《市marché》が《町》の必須の属性であることに変わりはない。アプト〔訳注・アヴィニョンの東方約五十キロ〕を例に挙げると、この町は人口が一万一六一二人で、近くには、それより大きい人口二万一五三〇のカヴァイヨンが三十一キロ西に、人口二万五四六三人のカルパントラが西北四十八キロのところにあるが、アプト自体は、かつて《町bourg》がもっていたあらゆる機能を今も発揮している。

ローレンス・ウィリーは、近著(“Un village du Vaucluse”1968)において、ペラーヌ村から出発して、アプトで四百年以上の昔から土曜日の朝開催されてきている市へ案内してくれる。

「この日は、町の広場はすべて商人たちの屋台で占められている。街路も店も群衆で溢れ、周辺の住民が全員、この町に吸い寄せられたのではあるまいかと思われるほどである。……医者の待合室も一杯で、薬局は大繁盛である。十五人も二十人も並んでいる列の尻尾にくっついて順番を待たなければならない。弁護士事務所も満員で、公証人は近くのカフェで客と会う。幾つかあるカフェは、それぞれ、専門的身分の人々の会合場所になっていて、公証人が使うカフェは、町長や役人たちもよく来るところである。」

広場のあちこちでは、農民たちが「野ウサギや鶫《つぐみ》、精油やラヴェンダーの蜂蜜、蜜蠟」さらにはトリュフ、果物、野菜などを売っている。ここには間違いなく昔の《町 bourg》の特質がいまも厳然とある。

一七九〇年のゴンドルクールの例

《町 bourg》について、システムの説明から更に、目に見える実態に迫るため、私は文献が明らかにしてくれている例を探してみた。そこで、一時は、R・シャピュイが書いているオート＝ルー地方〔訳注・ディジョンの東方〕についての研究を足がかりに、ジュラ高地のなかをブザンソンとポンタルリエを結ぶ線に沿って伸びている素晴らしい谷を選ぼうと考えた。この谷の住民たちが集まる中心が美しい小都市オルナンである。だが、このルーの谷は葡萄畑と種々の工業、輸送（とくに塩の）、盛んな交易（一八〇〇年以後、オルナンでは毎月第一、第三火曜日に市が開かれている）のため、かなり例外的なケースである。

私はまた、オーソンヌの小さな町にも心を惹かれた。ここは、ソーヌ川に臨む要衝であり、ブルゴーニュ公領と同伯領に挟まれた小さな王室領であったが、土地が肥沃なうえ、免税特権を頑固に守り徴税役人も簡単には踏み込むことができない特権的な地域であった。その意味では、まさに通常の基準は当てはまらないところである。

また、ジェクス地方〔訳注・ジュネーヴの北方〕のことも考えたが、ここの不動産の所有主はジュネーヴ市民で、このことがこの地の社会と経済を複雑化している。

そこで最終的に、ごく平凡で、そのぶん容易に普遍化できる例として、ムーズ地方のゴンドルクール郡（canton de Gondrecourt）を選ぶことにした。ここには、一七九〇年に県制度が敷かれたときに、オルノワ、ブロワ Blois（またはブレゾワ Blésois）、ヴォワド、ヴォー、ヴァラージュ、バッシニーなどに執拗につきまとった曖昧な国境問題が絡んでいる。〔訳注・「ゴンドルクール」の地名は、フランス国内に幾つかあるが、ここで述べられるのはヴェルダンの南にある「ゴンドルクール・ル・シャトー」である。ブレゾワは、ブロワの近くの小郡。〕

ゴンドルクールはムーズ県の南部にある最も貧しい小郡の一つの中心である。標高四二三メートルと県で最も高いビュイッソン・ダマンティ高地地域にあり、十八世紀末には、葡萄が栽培されたのはゴンドルクールから十六キロあるトレヴレー、サン＝ジョワール、ウードランクールまでの一帯で、しかも、気候がそれほど厳しくないオルナン川の谷の、たとえば標高二二〇メートルのリニー、同じく一八四メートルのバール＝ル＝デュックなどに限られた。

東のほうにはムーズ川の岸と台地があり、北と西にはバロワ台地があって、異なる構造をもつこの二つの石灰岩台地は構造が異なるため接合が不充分で、空白部分が粘土質あるいは泥灰岩質の窪地になっていて、ゴンドルクールを含む村々は、この窪地にある。というのは、石灰岩質台地に浸透した水がここで湧き出してきて泉や井戸、小川、そして河川となっているからである。そうした小川には幾つも堰が造られ、水車が設置されている。一二六一年にはすでに、《リュメヴィル＝アン＝オルノワ Luméville-en-Ornois の水車》として記述されている。この石灰岩台地は石材の供給源でもあり、無数の採石場がある。このため、近辺の村の家々は石造りで、すぐ近くのシャンパーニュからやってくる人々を驚かせてきた。シャンパーニュは気候が湿潤なため、十八世紀になっても木造に泥壁、藁葺きが当たり前だったからである。（ジャムレ＝デュヴァルが一七〇九年に書いている。）

石灰岩の岩塊は、いたるところで丘の形でその姿を現している。それらの頂上は山毛欅やクマシデ、楢の森になっているが、下生えはなく、しかも、森の密度は西側より東側のほうが濃くなっている。（ムーズ川に沿って次第に高くなっている台地では、こんにちでも木々が密生していて、迷子になるほどである。）こうした森から低地へくだる斜面は石灰質土壌で、その多くが耕作地になっているが、土中には石灰岩の塊がごろごろしており、犂を一台牽かせるのに馬が四頭、ときには十頭必要で、犂が入れられる時期には、掘り出された石で一面が真っ白になる。いずれにせよ、犂を牽かせるたびに次々と石が顔を出してくるから、石を除去しようなどということは無駄である。その結果は明白である。村と同一平面は牧草地になっているのに対し穀物畑は村を見下ろす斜面にあり、収穫のときは、小麦やライ麦の束を山のように積んだ四輪荷車が、ブレーキを限度一杯締め付け、耳を聾するばかりの音を立てながら村のほうへくだってくる。轅につないだ馬は、思い切り手綱を引き締めなければならない。

したがって、ゴンドルクールの土壌は、特別に肥えているわけではない。広さも一〇〇ヘクタールほどだが、三圃制では当然のこと耕作できるのは半分に満たない。しかも、どうしようもない荒れ地が十分の一を占め、森が三分の一、その残りが菜園と牧草地になっている。食料事情が多少ともよくなったのは、隣のロレーヌ地方と同様、一七三〇年以後、ジャガイモが急速に入ってきたことによる。

人々の生活は、おそらく、それほどゆとりはないが、なんとかやっていけた。ゴンドルクール郡の人口は、一七九六年に六九〇三人だったのが、一八〇三年には八二六三人、一八五一年には一万一六六八人に達し、以後は減少している。一七九六年の人口調査によると、内訳は成人男子が一六〇五（そのうち二五三人が軍隊に徴用されて一三三人が死んでいる）、成人の女一六二九、少年一五八九、少女一五一五人。家畜の数は、去勢牛、牝牛、子牛あわせて三六八〇頭、馬と牝ラバが一六三三頭、羊七一八一匹、山羊六二五四匹、豚は九三九匹である。これらの家畜は、馬も牛も大きさは普通で、牛は犂につないで牽かせた。羊も小柄だが、質については「良質bons」とある。豚は市場に出して売られた。小麦の生産高は、私の計算では、一人あたり三キンタルquintal（一キンタルは一〇〇キロ）で安定していた。

金属工業はムーズ県内の他の地域と同様盛んで、この小郡でも、自前の鉱山と溶鉱炉（すでに十八世紀に、高さ六、七メートルの高炉があった）、鉄工所、鉱石粉砕用の水車を有していた。しかし、この産業は年中無休で作動していたわけではない。溶鉱炉を休みなく作動するには膨大な燃料を要したし、夏期には人手も動力の水も不足したからである。冬だけでなく他の季節も水車を操業できるようにするには、動力源として高台に貯水することが必要で、これは耕作地に洪水を引き起こす恐れがあった。

鉄鉱石は不足していなかったし、燃料の木材も、鉄一〇〇キログラムを得るのに一〇〇立方メートルの木材が必要だったが、東のムーズ川沿い台地からも、西のバロワ台地からも得ることができたから有り余っていた。森林地帯の中心にあるヴトン＝オーには専門の《木挽き》が大勢いた。溶鉱炉も鉄工所も、台地の間の窪地を流れる水路に沿って設置されていた水車の力を利用した。

ロレーヌ地方がそうであるように、このムーズ地方も全体としては森林地帯で、方言も、村の様相もロレーヌのそれと共通している。家々は街路に面して荷車用の大きな入り口が開いている穀物倉と馬小屋、重厚で大きな住居がくっつき合って並び、背後は菜園になっている。街路は広く造られているが、四輪馬車や犂、堆肥の山が両側を塞いでいる。家々の屋根は「ローマ式」と呼ばれる丸い瓦が葺かれている。もっとも、このロレーヌ地方の瓦がローマに由来するとは、いまでは考えられていないが——。

ゴンドルクールの町に絞ってみると、その人口は、一八〇三年には一一三九、一八五一年には一六九二人を数えたが、この町が村々に対してもっていた影響力は、より活気ある他の町や小都市の放つ光によって遮られた。

たとえば北西の方向では住民三二三四のリニー＝アン＝バロワがあり、北方にはゴンドルクールとほぼ同じ規模をもち、近隣の幾つかの集落を従えていたヴォワドがある。ここは、ムーズ川の不完全ではあるが港と宿泊地の役目を果たしていた。同様にムーズ川に面して、リニー＝アン＝バロワと同じ規模のヴォークルールや、一七八八年には人口三三八〇を数えたヌシャトーもあり、このため、ムーズ川の流れから外れているゴンドルクールのもつ支配力は、森林地域のなかにあるヴトン＝オーやレ＝ロワーズにさえ及ばない。南のほうでは、ソー川というオルナン川よりさらに幅の狭い支流に面してモンティエ（一八〇三年で人口一二五七）があり、西方では、マルヌ川沿いにジョワンヴィル（一七八八年で人口二二一〇）、マルヌの支流ロニョン川にはアンドロがある。アンドロについては、アンシャン・レジームの末期に、ゴンドルクール郡の一部がアンドロ裁判区に編入され、さらにショーモン代官区に組み込まれたことが記されている。

ゴンドルクール郡は、広さは三四一平方キロと県内最大だが、人口密度は一八〇三年で平方キロあたり二十四人と最も少ない。隣接するヴォワド郡は面積が二七四平方キロで、人口密度は三十七人、モンティエ＝シュル＝ソーは面積一九九平方キロで人口密度は二十九人である。したがって、人口密度が希薄であるほど《町bourg》や《村village》の仕組みが占める面積は大きくなるという規範の正しさが証明される。もし私が間違っていなければ、ゴンドルクールの年四回の市にあわせてボネやトレヴレ、ドマンジュ＝オ＝ゾーでも村人の市が開かれていたのは、この郡の広さのせいといえるのではないだろうか？

ある町がその農村地域の原動力としてもっている力を明白に示しているのが、なによりも、この《町》の人口と、その影響下にある郡の人口の比率である。一八〇三年ごろに関して、《町》の人口を「一」とすると、その《郡》の人口比は、バール＝ル＝デュックの場合が一・三七と最小で、ダンヴィレーが一一・四七で最大である。ゴンドルクールの場合、六・九五で、ヴィニュール＝レ＝アットンシャテルは一一・〇〇、ダン＝シュル＝ムーズが九・四四、スーイは八・三四、ヴォワドは八・三二、モンフォーコン＝アン＝アルゴンヌは七・八である。この数値の解釈についてはまだ問題がある（郡は便宜的区分であって理想的区分とはいえないから）が、次のことは明らかである。つまり、この数字が小さい場合は中心の《町》と周辺地との結合は緊密で、仕事の適切な分担が行われていた、そして、その放つ光は周辺の郡の枠を超えて一つの《都市ville》といえるものをもっていたということである。これは、バール＝ル＝デュック（数値は一・三）がそうであり、ヴェルダン（一・四五）もサン＝ミエル（二・七五）もそうである。その反対に数字が大きい場合は、ダンヴィレー（一一・四七）やヴィニュール＝レ＝アットンシャテル（一一・〇〇）のように、それ自身が農村的生活のなかに埋没した《大きな村》でしかなく、その優越性が《町》という幻想を抱かせているにすぎないのである。

結局、ゴンドルクール（六・九五）は、それほど悪いケースではなく、このことは、その住民と周辺村落の住民の職業的組成によっても裏づけられる。

	〔ゴンドルクール〕	〔周辺の集落〕
第三次産業	二〇・五二％	一一・〇八％
第二次産業	四六・二八％	二六・八四％
第一次産業	三三・一八％	六二・〇七％
	（二二九人）	（一四八六人）

	〔ゴンドルクール〕	〔リニー〕	〔バール＝ル＝デュック〕
第三次産業	二〇・五〇％	三三・九三％	二八・〇〇％

第二次産業　四六・二六％　四六・六一％　四六・六八％
第一次産業　三三・一八％　一九・五〇％　二五・〇〇％

これらの資料は、一七九〇年五月の憲法制定国民議会（Assemblée constituante）の指示で各市町村役場によって作成された活動的市民（citoyens actifs）のリストによるものである。この対象になっている《活動的市民》とは、なんらかの職業をもっている二十五歳以上の男性で、しかも、原則として土地所有者あるいは不動産賃貸人として約三リーヴルを納税している人である。しかし、このリストには乞食も入っていれば未亡人の名前まで記されており、市町村役場は、そうした指示を無視したようである。

全体として見ても、一七九〇年のこのリストは活動的市民一七一五人を全住民の二〇・七％にあたるとしており、郡の人口を三二六三としている一八〇三年の統計と照らして、世帯数と全人口の関係について通常的に考えられている「一対四（あるいは五）」という比率にほぼ近いことから、全住民を総括しての数値であることが明らかである。

したがって、このリストはかなり実態を忠実に表していると見ることが可能である。たとえば、ゴンドルクールも含めて郡全体で、パン屋は一軒だけであるが、これは、村人たちが各家庭でパンを焼いていたからである。一七八九年以後も、各家庭にパンを焼く竈と《メー mêe または maie》と呼ばれたパン櫃をもっていた。この櫃は、当時は日常的な家具で、パン生地を捏ねる台にもなった。

もっと驚かされるのは肉屋がなかったことである。ゴンドルクールの町にさえ肉屋はなく、交通の要ともなっていたモヴァージュの村に一軒あっただけである。肉の小売商に会うにはリニーかバール＝ル＝デュックまで行かなければならなかった。そのリニーには五軒、バール＝ル＝デュックには十四軒あった。

居酒屋（cabaretiers）と旅籠屋（aubergistes）も全部で十八（私は、これらを一緒のものと数えた）と少なく、しかも二十四ある町村のうち七つにしかない。ゴンドルクールには旅籠屋が二軒あるだけで、あとは、ボネに旅籠屋が一軒と居酒屋が二軒、ダンヴィル＝オ＝フォルジュに居酒屋三軒、ドマンジュ＝オ＝ゾーに旅籠屋一軒と居酒屋が三軒、ロジエール＝アン＝ブロワに居酒屋が三軒……という具合である。地図でごらんになれば、居酒屋があるのは周縁部の村々だけであることに気づかれるだろう。こうして、ここに述べている地域は、アルコールについても肉の消費についても、まだ開放的ではないことが分かる。食料品の店さえまだ一軒もない。

それだけではない。医者もいない。リニーへ行けば、医者が二人、外科医chirurgien（これは歯医者chirurgien-dentisteや骨接ぎと思われる）が二人、バールには医者三人と外科医四人がいるが、郡部にいるのは床屋兼骨接ぎ（barbiers-chirurgiens）が七人、そのうち二人がゴンドルクールにおり、残りはモヴァージュに二人、シャルセーCharcey（こんにちのChassey）に一人、ボネとヴトン＝オーに一人ずつである。それに対して産婆はいたるところにいた。

学校の教師（recteurs d'école）についてみると、二十四ある集落のうち十一にいる。このなかの何人かは聖職者を兼務しており、それを抜きにするともっと少なくなるが、それにしても、この数字はさほどがっかりはさせない。リュメヴィルのようなありふれた村でも、一六八九年以来、教師がひとりはいたことが記録によって分かっており、識字率の向上に貢献したことが窺われる。十八世紀には、戸籍簿の記載にあたって、たとえば子供の洗礼に立ち会う代父母の署名が必要とされるようになり、男たちは、ほとんどが署名できるようになった。ただし、女性たちは、まったく書けないか、それに近い状態が相変わらず続いた。

このリストでは、年金生活者（rentiers）を「ブルジョワ」としているが、年金生活者、資産生活者といっても、どのレベルに属するかという問題がある。全部で十一人記されており、そのうち五人がゴンドルクールにいる。

同様に「サン・ルイの騎士chevaliers de Saint-Louis」は五人おり、そのうち四人がゴンドルクールにいる。〔訳注・ルイ十四世によって創設された軍勲章に「サン・ルイ」というのがあり、この勲章を受けた功労者と考えられる。革命中の一七九二年に廃止されたが、王制復古にともなって復活した。〕

《ラブルール laboureurs》と《マヌーヴリエ manouvriers》をどう区別するかについては、よく論じられてきた。前者が充分な土地と生産手段をもつ富裕な農民をさすのに対し、後者は、持っていてもごく小さな土地だけで、裕福な農民に労力を提供して生活している日雇い労働者をさすとするのが通説である。ゴンドルクール郡の場合、「活動的市民」一七一五人のうち《ラブルール》が四九一人、《マヌーヴリエ》は四七八人である。この数字は、私にいわせると、「裕福な農民」の貧しさ、したがって、この両者の境遇に差がないことを示している。(ちなみに、メッス周辺の場合、一対二の比率になる。) しかしながら、社会的境遇に大きな差はなかったとしても、差別があったことは確かである。都市住民の社会が平等でなかったのと同じように、農民社会も不平等であり、その頂点には「村の雄鶏 coq de village」と呼ばれた有力者が必ずいた。

フランスの農村社会を数値的に分析するうえで、もう一つの方法は、いわゆる第一次産業、第二次産業、第三次産業の従事者が占める相対的比率を見ることである。第一次産業とは、ここではまず何よりも農業であり、第二次産業は職人、第三次産業は弁護士や商人、教師、僧侶、年金生活者など、自らの手による労働をしない人々すべてである。ゴンドルクールでは、第一次産業の従事者が全住民の三三・一八%を占めており、このことから、この《町》がかなり大きい部分を農耕活動によって浸されていたことが分かる。第二次産業の従事者は四六・二八%、第三次産業のそれは二〇・五二%である。

この数値のもつ意味は、この郡の村落全体の場合と対比してみると明らかになる。この場合、第一次産業は六二・〇七%、第二次産業は二六・八四%、第三次産業が一一・〇八%である。この最後の数字は、幾つかの疑わしいケースも第三次産業に入ると判定して強引に増やしたものである。当然、農耕活動の分野で《町》が担う役割は《村》と対比して制約され、そのぶん、第二次産業に従事する職人の活動が大きい比重を占めるし、第三次産業も重要になる。そのことから私が出す結論は、この空間の組織化が、それだけで、社会的不平等とヒエラルキーを生み出しているということである。マルクスは都市と田舎の抗争のなかに階級闘争の最古の例を見たが、これは、まさに天才的洞察である。

この不均衡は、《町 bourgs》から《都市 villes》（規模の大小を問わず）の段階に達すると、ますます加速する。先に私は、ゴンドルクールとリニー、バール＝ル＝デュックにおいて、第一次産業、第二次産業、第三次産業の従事者の占めた比率を示したが、ここでまず驚かされるのは、第一次産業の占める重さが、リニーにおけるよりもバールにおけるほうが大きいことである。この点について納得するには、こんにちでは荒れ地になっているが、バールの町のすぐ側にある斜面がかつては葡萄畑になっていて、三百四十三人の栽培農家があった事実を思い起こす必要があろう。

同じく私を驚かせるのは、全体として、職人たちの活動の大きな部分をローカルな需要に応じるための仕事が占めていたことで、ゴンドルクールでもリニーやバールでも、住民の半分近くがそうした手工業に従事していた。しかも、もっと驚かされるのは、村々でも、住民の四分の一が、おそらくごく狭い土地を耕しながら、職人の仕事をしていたことである。その職種の多さも、これまた驚きで、靴屋、車大工、石工、採石工、亜麻布や毛織物の織工、車引き、木挽き、製錬工、釘作り、馬具屋、さらには飛脚にいたるまで数え切れないほどである。

私はゴンドルクールの歴史には触れないできた。それは、いまもあまりよく整理されておらず、本書のテーマにはさほど役に立たないので、それほど語りたい気持ちにならなかったからである。ただ、《村》の容貌をもつこの小さな《町 bourg》は、スイスのバーゼルとフランスのランスを東西に結ぶ道と、ショーモンとヴェルダンを南北に結ぶ道が交差するところに位置し、幾つもの強国の接合部にあったため、要塞として堅い防備をそなえていたにもかかわらず、十四世紀と十五世紀の二度にわたって攻略と焼亡を免れることはできなかった。つまり、一二八五年以後フランス王国に入ったシャンパーニュの国境線と、バール公領の国境線（バロワ県だけは一三〇一年からフランス王に帰属した）、そして、ロレーヌ公領の国境線がここでぶつかり合っていたため、それぞれの君主たちが、ここを服従させ、収入源にしようとしてしばしば争ったのである。しかも、最も厄介だったのが、ラングルに設置されたフランス王室の徴税役所であった。

しかしながら、こうした混迷から幾つかの利益も引き出せた。たとえば貴族の立場からすると、ゴンドルクールでは「胎によって貴族となる Le ventre anoblit」というシャンパーニュの慣習が適用され、平民を父親、貴族を母親として生まれた息子は、貴族の身分を要求する権利をもったし、そのことが証明されればバール公もそれを認めた。ただし、バール代官区では貴族でない父親の遺産の三分の一を要求することができたが、ゴンドルクールではできなかった。

ゴンドルクールは、城壁と塔で囲まれた高台の部分と、水運によって物資が補給され活力を湛えた低地部分とから成る強固だが乱雑な町で、後者は、金曜日に開催される市や幾つかの定期市から利益を得ている商人たちの居住地になっていた。高台部分の農民や地主たちは城門の番兵たちのうるさいコントロールを受けたが、低地の住民たちはずっと簡単に自分の飼っている家畜を牧草地へ連れていくことができた。

ゴンドルクールは要塞を備えていたが、要衝の都市ではなかったし、あらゆる敵が密かに動き回っているかもしれない森林地帯に対する監視所にもならなかった。一六三五年、フランスが三十年戦争に参加してオーストリア王家に対する戦争を開始したとき、不安定なバロワ地方の防衛のためフランス軍を指揮したアングレーム公は、ゴンドルクールには小さな別働隊を配置しただけであった。それは「ここは通過地点にすぎなかった」からである。

ルイ十四世が国境の防備を簡略化するため幾つかの要塞を取り壊したときも、軍事的地位は低下した（それ以前の要塞で今も遺っているのは、ゴンドルクール＝ル＝シャトーという仰々しい名前と《とんがり屋根の塔》が一つあるだけである）が、そのために、この《町》が、それまでの威光を失うことはなかったし、その活動や役目が低落することもなかった。ある文書は、この行政区には二十九の村が属していたと記している。同様にして、その司祭区（この上にリニーの大司祭区、トゥルの司教区がある）は二十五の小教区を擁していた。

この町にあるロマネスク・ゴシック混合様式の教会は遙か遠い昔から引き継がれたもので、何人かの著名な死者が埋葬されている。たとえばフランソワ一世とともにパヴィアやナポリの攻略に活躍した軍人である。このときフランスにやってきたレコレ Récollets 派〔訳注・フランチェスコ修道会のなかに生まれた改革派〕によって建てられた修道院は、一七九〇年に郡役所が設置されたときもまだ存在していた。

だが、これらだけでなく、そのほかライ病の療養所、高級サージの織物工場などもあったが、この小さな町が、それによってその慎ましい実体以上に大きくなることはなかったし、その支配下の貧しい地域との関わり以上の意義をもたせることもなかった。

三、都市（villes）

最後の段階を占めるのが《都市villes》であるが、これで社会の仕組みのすべてが説明されたことになるとは思わないようにしよう。実際には、都市の数だけ、有りようや役割があるのではないだろうか？　そして、規模の点でも、最も小さな都市は、辛うじて《町bourg》と区別されるようなのも多く、農民的生活のなかにどっぷりと浸かってきたのであって、産業革命にいたるまで、いや、その後も長く変わることなく農耕生活が人間の圧倒的多数の活動となっているのだ。

都市システムに適用できる類型学を探求する場合、まず論じられるべき問題は、《都市ville》をそうでないものと区別することであるが、ルイ十四世の御代（Grand Siècle）のフランス人（その筆頭が一六九〇年に『フランス語辞典』を完成したフュルティエールである）にとっては、これは簡単であった。都市が《都市ville》と名乗れるのは、城壁で囲まれている場合のみである。それによって農業地域と区別される一つの別世界になるのであり、囲っている城壁こそ、その独立性の印であり独自性の証明であった。

ところが、その後は、城壁はなくても正真正銘の都市が幾つかあるし、反対に、城壁に囲われていても《都市ville》としての評価が与えられない集合体もある。一六七二年、やがてワイン産地として有名になるブルゴーニュのニュイを通りかかったある旅人は、この基準の妥当性をあまり信頼していない。彼はこう書いている。「ニュイが《ville》と呼ばれるのは、城壁と濠、跳ね橋、裁判所があるからであるが、ここには、周辺から集まってくる大量のワインのための樽職人しか住んでいない美しい大通りが一本あるだけである」(Alfred Jouvin "Le Voyageur d'Europe" 1672)。しかも、この小さな町の人口が二〇〇〇を超えるのは十九世紀になってからで、『コート・ドールの統計 Statistique de la Côte-d'Or』によると、当時は広さも「一周わずか四〇〇メートル」に過ぎない。

他方、城壁で囲まれているが《都市 ville》とは認められない村(villages)も幾つかある。たとえば、ナルボネ地方のカネだのサン=ナゼール、サン=ヴァリエがそうで、サン=ヴァリエにいたっては二重の城壁を備え、その前方には幅の広い濠(cava magna)まである。同じくジネスタース〔訳注・ナルボンヌの近く〕にも古い濠があり、馬の水飼い場になっていた。楢の森で有名なルーヴレ〔訳注・セーヌの河口地域〕も、十六世紀まで城壁と濠で囲まれていたが、あくまで村にすぎない。

統計学者たちは、この問題に決着をつけるため、一か所で集合生活を営んでいる住民の数が二〇〇〇以上である場合を《都市 ville》、それ以下を《町 bourg》や《村 village》としている。その場合、はっきりしていることは、適切とされる境目は時代によって変わることである。この問題については、あとで論じることにしよう。

《都市 ville》とは何か?

《都市 ville》としての最も明白な特徴は、城壁の有無や住民の数よりも、十八世紀にアンジュ・グダールが「かくも小さな土地にかくもたくさんの人間が!」と言ったように、限られた面積の土地に住民を詰め込むことによってその活動を集中させるやり方である。とりわけ城壁が自分たちの生活を守ってくれていると同時に拡散を妨げている場合、住民たちは車も入れない狭い路地を行き来しなければならないし、自分の自由にできる空間を活かすため家は上へ上へと高くしなければならない。

もともと城壁は、ちょうど劇場の舞台装置を移動させるように移すことができるし、実際に移築されると、都市は、突如、息を継ぐことができ、獲得された土地では、菜園や果樹園、耕地、さらには時代がくだると、射撃場まで造られる。しかし、それも、やがては、街路と家々によって覆われていく。

しかし、リモージュやカン、レンヌのように、十八世紀になってきれいさっぱり城壁が取り払われたところでも、都市の空間は、相変わらず狭苦しい。人々は、あらゆるものが交差し、すべてが決定される都市中心部から遠ざかるのを望まないからである。結局、都市という集合体を束縛するとともに、それに効率性をもたらしているのがその狭さであり、商店や市場、家々が狭い区画に積み重なり、職人たちや住民をそこに詰め込んでいるのは、都市にとって必要だからなのである。

だが、都市とは何よりもまず、一つの支配体制である。その支配を明確化し評定するうえで物をいうのが統率力であり、その力が行使される空間である。

こうして共和暦四（一七九六）年プリュヴィオーズの月〔訳注・「雨月」の意で、一月二十日ごろから二月二十日ごろまで〕、カルパントラはアヴィニョンを押しのけて都市としてのランクを上げるため、ヴォークリューズ県の民事および刑事裁判所を誘致しようとして、「アヴィニョンからもアプトからもオランジュからも年間を通じて安全に通行できる道路がある」ことを申し立てている。そして、位置的にも県の中央にあることこそアヴィニョンやオランジュがもっていない利点であり、「毎週定期的に市が開かれ、外国人たちが集まってくるので、県内だけでなく近隣諸県の人々にとって重要なコミュニケーションの要になっている」と強調している。

優越性と威光を生み出すものが地理的位置だけでないことはいうまでもない。パリの北東で、マント＝ラ＝ジョリに近いボニエールは、住民六〇〇から七〇〇に過ぎなかったのが、一七三八年にパリ＝ルーアン間を結び、一七五三年にはカンにまでいたる王国道路が建設され、この道路網の充実によって商業の中心になったものの、それでも《都市》になるにはいたらなかった〔訳注・ボニエールは現在も人口約八〇〇〕。交通の要衝であることも重要ではあるが、それに加えて様々な要件が必要だったのである。

明確に《都市 ville》といえるためには、自らの影響を及ぼせる幾つかの《町 bourgs》があり、それらの《町》もそれぞれが《村 villages》を従えていて、その小宇宙をこの都市に間接的に結びつけていることが必要である。もっとも、単純な幾何学的イメージは必ずしも当てはまらないし、とくに大都市の場合、はるかに複雑化するが――。

そのうえ、各都市は、規模の大小を問わず、まわりに食料供給地帯をもっていて、とくに生鮮食品の供給をそれに依存している。各都市には、そのための市場があり、たとえばトゥーロンの市場には、「毎日、近隣の農家から野菜や果物がロバやラバの背にのせられ、一時間、二時間と歩いて、運び込まれた。」(M.Agulhon)

タラスコンでは、十四世紀末には、この食料供給源を確保するための土地が完全に人間の手で造成されている。この小さな町はローヌ川の岸辺に位置していることで栄えたのだが、絶えず洪水に脅かされた。この危険な水が及ぼす禍を避けるため、北の小さな山地と南にあるアルピーユ台地の間を結ぶ堤防が築かれ、これによって農地も二つのゾーンに分けて造成された。一つは堤防と城壁の間で守られた低地で、これは細分されて菜園や果樹園になった。堤防の外側では畑と牧草地、そして耕されていない荒れ地(herms)が広がり、また、丘の中腹は葡萄畑になっていた。

都市がさほど意識しないままで容易く働きかけるのは、直ぐ外側を取り巻いている村々に対してである。そうした村は、都市住民の好みに応じて作物を産したし、都市のほうでも、村々の住民が脅威にさらされたときには避難所を提供した。いうまでもなく避難は一時的であったが、なかには、そのまま都市に居着く人々も少なくなかった。コルマールだのゲブヴィレールのようなアルザスの都市の周縁部は、十四世紀に絶滅した村々が都市の一部として吸収されたものから成っている。同様のプロセスはエクス＝アン＝プロヴァンスでも進行した。このように、多くの村が無邪気にも都市に貪り喰われた可能性がある。

しかし、野菜や果樹栽培のための土地は、都市の城壁のすぐ外側が充てられ、この環状地が一種の植民地帝国というべき最初のゾーンになっている。こうして、巨大な胃袋である都市にさまざまな食料を供給すると同時に都市からの影響を受ける地域が幾重にも広がる同心円の形で形成される。すなわち、最も内側には牛乳と野菜を産する帯状地があり、次に穀物を提供する地帯があり、その外に葡萄栽培地帯、牧草地帯があって、その先には森林が広がり、その彼方に遠距離通商圏がある、という具合である。

これらの環状地のうえには、中継的な市場だけでなく町まで配置されている。ここで思い起こすのが、エックハルト・シュレンマーの「都市の市場では、町と田舎の間の交易だけでなく、町同士の間の交易も行われる」（"Die Wirtschaft Bayerns" 1970）という正鵠を射た言葉である。しかも、このテーマは、すでに一九〇八年、ルドルフ・ヘプケにより、ブルッヘ（ブリュージュ）などが最盛期を迎えた十五世紀の低地諸国の都市網に関して「都市列島 archipel de villes」という想像力に溢れた言葉で表現されているものである。

都市の支配力の拡大は、経済面だけでなく政治・行政・宗教・文化など多方面にわたる。フランス王国のなかで、都市は特権と自由を獲得するために、封建領主たちと戦い、国王ともある時は戦いある時は協調した。こうして都市は、領主あるいは宗主の権力の分け前を一つ一つ奪い、その幸運により、偉大さにより、闘争力によって、上級裁判所（présidial）下級裁判所（bailliage）、高等法院（parlement）というように、領主たちを人々の統治に結びつけてきた機構を手に入れていった。

また、都市の有利な点として、すでに司教座と参事会、修道院、大学……といった宗教的機構を獲得していたことも考えていただきたい。ヴァランスから数キロのイゼール川沿いにあるドーフィネの小さな町ロマン＝シュル＝イゼールについて書かれた数行は、まことに味わい深いものがある。

「ヴァランスがその大学により、グルノーブルが高等法院と会計院、知事公館、ドーフィネ州庁により、ヴィエンヌが大司教座とその補佐役たちの宮廷によって訴訟人や陳情者、学生を大量に惹きつけている間に、ロマン＝シュル＝イゼール〔要するに、上記の都市に較べると恵まれない立場にあった〕はその産業と商業の発展に努めた。この町の行政官たちは、ウンベルト二世によってサン＝マルスランに置かれていたバ＝ヴィエノワの代官職の座を何度も要求したが、ついに成功しなかった。」

（André Lacroix "Romans et le Bourg du Péage" 1897）

ロマン＝シュル＝イゼールにとって気の毒だったのは、この役割配分のなかで「ニュー・ディール new deal」すなわちカードの配り直しが容易に行われなかったことである。なぜなら、裁判所や役所は、それ自体が《産業 industries》であり、しかも「操業中止 chomage」ということのない種類のそれであり、生きていくうえで助けとなるこのような機構を失うことは、一つの町にとってほとんど災厄だったからである。たとえばナンシーは、フランスによる占領期間〔訳注・ナンシーは神聖ローマ帝国に属していたが、ネーデルランド戦争の結果、一六七〇年から一六九七年まで、ルイ十四世の支配下に置かれた〕、代官裁判所を取り上げられたが、このとき味わった惨めさは非常なもので、「この不幸に衝撃を受けない人はほとんどいない。富裕な市民は全員、逃亡してしまった」と記されているほどである。

都市から最も遠く離れた影響圏を際立たせている要因は、何よりも人的資源の供給ではないだろうか？　人間は最も移動好きの動物であり「最も侵略的な生物種」（Jean-Marie Dunoyer）である。他方、《都市 ville》は、夜の闇のなかで獲物を惹き寄せるために鈍い光を放つ密猟者のランプのように、まわりの農民たちを魅惑し、引き寄せる。その様相を何よりも雄弁に教えてくれるのが、幾つかの都市について、移住してきた人々の出身地別の数を示した分布図である。都市は、もしこうした新鮮な血の補給がなかったら、死亡者のあとを埋める新生児数の慢性的不足のために衰亡してしまうであろう。なぜなら、およそ都市は、規模の大小を問わず、また十八世紀以前も以後も変わらず、いうなれば《養老院 mouroirs》だからである。

どの都市であれ、新しくやってきた人々の出身地を拾い出してみると、その都市を中心にして驚くほどの広がりを示す。たとえば十八世紀にエクス＝アン＝プロヴァンス〔当時、エクスは中規模の都市にすぎなかった〕に移住した人々の出身地の分布図を見ると、フランスの注目すべき部分が浮かび上がる。多くの場合、移住者は、その専門によって出身地がどこか特定できるほど専門化された職人たちである。「トゥールーズでもペリグーでも、土木作業を請け負うのはブルターニュ出身者であった。ローヌ川の船頭は半分以上がローヌの上流地方の出身であったのに対し、パン焼き職人はブレス〔訳注・ソーヌ川とジュラ山地に挟まれた地方〕の人々であり、肉屋はオーヴェルニュの人たちであった。」（Georges Duby"Histoire de la France urbaine" 1980）

十八世紀のパリでは、大工といえばノルマンディーの出身者で、石工はリムーザン、乳母はブルゴーニュ、煙突掃除人はサヴォワ、水売りはオーヴェルニュの出身者であった。ごく小さい町でも、都市で働いている職人たちの出身地を調べると、同じような答えが出てくる。今日のオート＝サヴォワ県にあたるフォシニーの中心、ボンヌヴィルの十八世紀の状況を調べると、医者はディジョンの人であり、二人いる執達吏〔訳注・逮捕や差押えを執行した〕は、ひとりはブルボネ、もうひとりはニヴェルネの出身である。パン屋はノルマンディー人、靴屋はドーフィネ人、日雇い労働者たちはカルカソンヌやペリゴール、また、サヴォワの田舎から来た人たちであった。

しかし、以上のような職人たちの事例よりずっとよく知られているのは、将来、《都市ブルジョワ》となる商人たちの例で、彼らの多くは、野心と財産をもって都市へ移り住んできた。たとえば一九二四年、ペランは、十八世紀のメッスの町におけるこの種の移住者の実態を明らかにしている。
もっと大きな広がりをもっているのが、ある都市とか、アンドレ・ピアティエが言うように都市連合を中心にどのような商取引が行われていたかを示した環状ベルトである。なぜなら、この環状ベルトは、フランスの国土から始めて中近東やバルト海、アフリカ、さらに十五世紀以来の地理的大発見によって開拓された新大陸や極東にまで拡がっている。

本書では、十八世紀のルーアンとマルセイユの商業とフランス各地との関わりを示す図表を掲げておいた〔訳注・残念ながらいずれも本拙訳では省略させていただいた〕が、それによって読者は、この時代の商業の伸展がめざましかったといっても、フランスの国土全体を網目のなかに取り込んだ都市はなかったことに気付かれるであろう。事実、国土全体を緊密に統合した《全国的市場 marché national》が形成されるのは、もっとあとのことである。物資輸送の努力や、さまざまな都市や町で開催される市《いち》の多さにもかかわらず、また、市場が定着してそれに関わる町村が広がったにもかかわらず、フランスの国土は、単一の商業圏になるには広大すぎた。十三世紀のシャンパーニュ大市やボーケールの大きな市でさえも、フランスの国土のほんの一部しか捉えてはいなかった。フランスは、フランス国家自身にとっても、最も先端的な諸都市（いずれも、奇妙なぐらい王国の周縁に位置しているが、それについては後述する）にとっても、あまりにも大きな塊なのである。

幾つかの簡明な事例

だが、各都市が共通にもっているものと個別的なものについて御託を並べるよりも大事なのは、具体的な事例や経験に眼を向けることではないだろうか？　その手始めとして、最も単純な、比較的地味で、あまり野心的でない都市のケースから見ていこう。それでもなお、一瞥して分かるような簡明な都市の例というものがあるか私には疑わしい。

あらゆる都市は、「受け取る（あるいは、奪う）もの」と「与える（返す）もの」の間のバランスを維持することによって生きざるをえない。その均衡は絶えず更新される必要があり、釣り合って静止することはない。しかも、ある都市が外部に依存し、外の世界を自らに結びつけて支配するために、内側で自らを変えるやり方も、けっして単純ではなく、そこには解読されるべき秘密がある。

具体的事例を挙げることの有効性は、理論的図式を裏づけることになるか、それとも破棄することになるか、にある。理論的図式は、説明の最初のスケッチであり、一種の《モデル》である。だが、《モデル》はそれだけでは不充分であり、事実と照合されなければならない。水に飛び込ませてみなければならないのである。もし浮かべば、それは重要な点であるし、沈めば、すべてはやりなおさなければならない。

重要な点は、その都市を《町 bourgs》や《村 villages》といった《都市 villes》ならざるものと並べてみるだけでなく、他の都市との関わりによって位置づけ、地域的・地方的・国際的脈絡の光で照らし、弁別することである。国際的脈絡ということでいえば、広大な世界の歴史は、いまも休むことなくそれを実現しようとし、もしものときは、それをはぐらかし、格下げしようとしている。

したがって私たちは、前記の図式を証明し、さらには複雑なものに対応するために、都市を内側からよりもむしろ、周辺に対する支配の図式という視点から観察し、規定するのも評価するのも必ずしも容易ではない二つの集合体の関係によって、同時に内外から検討しよう。

ブザンソンと地域的優越性の問題

都市の地勢ということでは、ブザンソンのそれ以上に、一見するだけで明瞭かつ好都合な事例はない。この都市は長所も短所もすべてがその地勢に依っており、ここでは、地理的決定論が確かに当てはまる。

この都市は、ソーヌ川の支流であるドゥー川の湾曲した水流によって囲繞され守られている。しかし、川筋がいかに蛇行しているといっても、すべての方角を水で守られた島になっているわけではないので、完璧な守りではなく、開口部が一つある。この切れ目は幅が一〇〇メートルしかないうえ、そこは三六〇メートルの高さにそびえる山の一部で、川の湾曲部を約一〇〇メートルの高さから見下ろす高台によって塞がれている。この高台には、おそらくガリア人が造った砦があったし、その後、城塞が築かれ（さらに十七世紀には、ヴォーバンによって土台から屋根まで再建された）、自然が造り出した城壁を補強していた。

この自然の城壁のほうは太古の地質学的プロセスの結果できたもので、事実、鮮新世〔訳注・新生代第三紀後半で、ほぼ三〇〇〇万年前〕の時代、ヴォージュ＝シュヴァルツヴァルトの山塊のためにコースが変わる以前は、ライン川が現在のドゥー川の谷を流れていた。こうして、いまのドゥー川とは比較にならない強力な水流がジュラ山系の縁を鋸で切ったように切り取った。ブザンソンの城塞は、こうして刻まれたリヴォットとタラニョスという二つの横谷に挟まれた断片の一つの頂に築かれたのである。

このような自然の要害の地であるから、早くから町ができたのは驚くに当たらない。ブザンソンはローマに征服される以前のガリアの大きな部族、セクアネス Séquanes 族の首都であった。セクアネス族はジュラ山脈の向こうのヘルウェティ Helvète 族と接触をもち、ドゥー川・ソーヌ川の西側にいたハエドゥイ Eduens 族と敵対してい

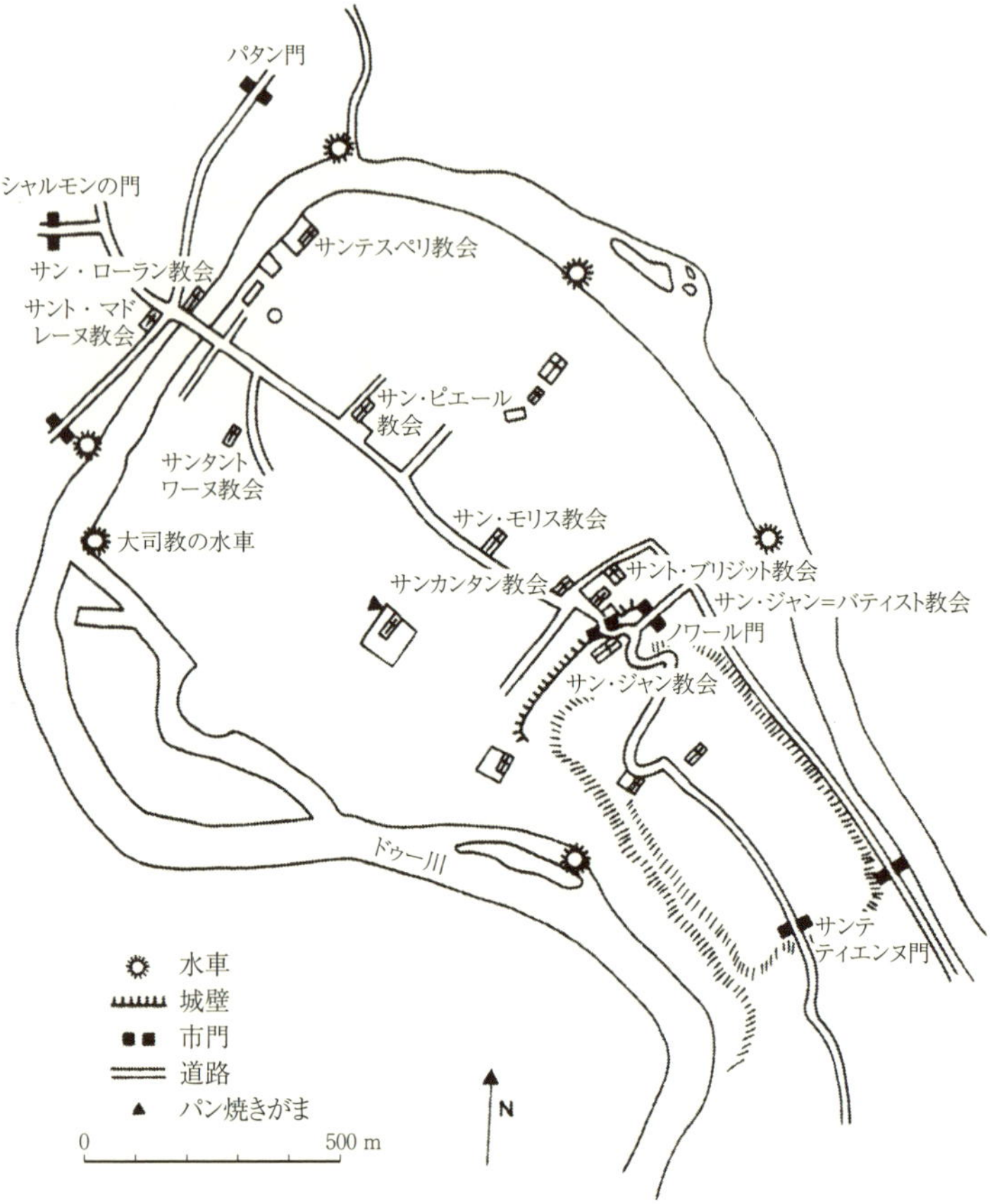

ブザンソンの町と地形（クロード・フォラン『ブザンソンの歴史』）

た。カエサルはその『ガリア戦記Commentaires』のなかで、このブザンソン（ローマ人はウェソンティオVesontioと呼んでいた）の位置の重要性と堅牢さを指摘している。

ローマ時代に入ってからも、ウェソンティオは二つの道が交差するところにあって、属州でも重要な拠点であった。一つはルー川の谷とポンタルリエの長い横谷を経てジュラ山地を通り、ローザンヌとレマン湖にいたる道であり、もう一つはシャロンでソーヌ川から離れジュラ山地の縁を通ってモンベリアール、べルフォール、ライン川に沿った《要塞線limes》を辿ってゲルマニアのマインツに達する道である。後者はローマ軍団が使った道で、リヨン→シャロン→ラングル→トリエルと辿ってラインに向かう最も重要な道であった。

したがって、ウェソンティオは間違いなく重要な交通の要の都市であり、イタリアのカンパーニャやラティウムのワインが運ばれてきていたことは、ドゥー川湾曲部の廃墟から出土したアンフォラ〔訳注・陶製の甕で、ローマ時代にはワインの容器として用いられた〕の破片が証明している。しかしながら、ローマ期のウェソンティオの栄光を偲ばせるものは、円形闘技場、広場、黒門、そして現在の大通りと一致している《カルドcardo》〔訳注・ローマ軍団宿営地に設けられた主要道路〕ぐらいしかない。また西暦二世紀以後、ガリアの各地と同様、「奴隷と兵士と商人の放浪者たち」(P.M.Duval)によって、どのようにキリスト教がもたらされたかも私たちは知らない。さらに、蛮族侵入時代やメロヴィングやカロリング朝の暗澹たる時代をこの町がどのように過ごしたかも分かってはいない。

ただ、非常に早い時期から市場が開催されていたので、豊かで、幾つもの教会が建設されていたことは確かである。七世紀にはサン=テチエンヌ、サン=モーリス、サン=ポール、サン=ピエールなどの各教会があったし、十一世紀にはサン=タンドレ、ノートルダム=ド=ジュッサ=ムーティエ、サン=ヴァンサンの教会堂が建設されている。こうした建築のにぎわいと結びついているのが、時期の確定は難しいものの大司教座の威光によるこの都市の地位の向上である。しかも、州の宗教上の君主であるブザンソン大司教は、一〇四一年、皇帝の譲歩によって、この都市の行政権を手に入れることに成功しており、このことは非常に重要な意味をもった。これによってブザンソンは、皇帝権力のもとにありながらも距離を置いた司教座都市として、西欧世界が第一歩を踏み出した十一世紀から十三世紀にかけての近代化への全般的変動に参画したのであった。

西欧ではこの変動のなかで何千という新しい都市が生まれる一方、古い町でありながら花を開かせるものも多数にのぼった。ブザンソンが一二九〇年ごろ、大司教の権力から半ば以上解放され（そのためには、抗争も免れなかったが）《自治都市commune》としての自己形成に成功したのも恐らく、こうした全般的動向のおかげであった。この年、ブザンソンは皇帝ルードルフ一世の勅許状によって《帝国自由都市》となり、大司教の干渉から少しずつ自由になっていった。ブザンソンは一種の共和都市として、徴税権と裁判権、警察権、さらには条約締結権まで行使し、一五三四年以後は、自らの紋章を刻んだ貨幣を鋳造する権利まで手に入れている。

しかしながら、こうした幸運も、そのあと逆転する。コンテ州の宗教上の首都としての立場は変わらないが、政治的・行政的には州から切り離され、一五七四年には、長官のフロワサール・ド・ブロワシアの表現を借りると「眼に入った藁屑のような邪魔者」の外国人となり、フランシュ＝コンテ州の首府としての役割と優位性はライバルであるドールに譲らされたのである。

ドールはブザンソンより人口が少なく、中心から外れていたが、交通面では恵まれていた。一四二二年には州の高等法院が設置され、ついで大学も一つ造られた。そのころから急速に発展を示すのであって、十六世紀の歴史家、ロワ・ゴリュによると、この都市は「最も美しい橋と塔と鐘楼、最もすばらしい市場をそなえ、パリ（paÿs）に負けない素晴らしい学生たちと勝れた神学者（gens doctes）を擁している」（1592）。しかも、おそらくフランシュ＝コンテ州の人々は、ほかのどこよりもドールでこそ、ブルゴーニュ人の祖国にいるという感慨を抱いたようである。その反対に、《帝国都市》であるブザンソンは現実の優位性を失うにつれて、その特権意識のなかに閉じこもっていった。

しかし、ブザンソンは人口では、フランシュ＝コンテ州最大の都市である。一三〇〇年から一三五〇年のころ、その人口は近郊も含めて八〇〇〇から九〇〇〇を数えた。これは、当時としては、かなりの大都市である。だが、この共同体は、その生活手段をどこから引き出していたのだろうか？　おそらく、大司教座に付随する聖職者たち、裁判関係者が主力を占め、教会財産が収入の正規の源泉をなしていた。しかも、裕福な市民たちは町の近辺に土地を所有し、その金利で生活していた。このように早くから寄生的な生活の徴候をもって現れていたものがすべて、その後も長く続いていった。

町には、糸紡ぎ、織り工、大工、靴屋、鞍作り、皮革職人、瓦屋、刃物職人、錠前屋などがいたが、十五世紀にアヴィニョンやマルセイユに盛んに輸出される白い布製品を別にすると、いずれも近辺の人々を顧客としたものであった。この町の市場にはパン屋、肉屋、居酒屋などが店を構えていたが、最も多くの客を惹きつけたのは、ドゥー川の向こう岸にできたバタン地区へ渡る橋の両側に並ぶ小売り商店街である。

しかし、ブザンソンはシャンパーニュにも近く、ルー川とジューニュ〔訳注・ポンタルリエの南〕の通行料金徴収所の間にあったことから、すでに十三世紀にはシャンパーニュ＝イタリア間の通商路の中継地として、その国際的商業活動の恩恵に浴し、そのころから貿易商や両替商がおり、外国の商人たちが滞在していた。だが、十四世紀初頭には、シャンパーニュ大市の凋落とともに、彼らはブザンソンから姿を消してしまった。

そのうえ、一三四九年八月から九月にかけて猛威を振るったペストのため、外部への扉が閉ざされる。このとき頼りにできたのは、町に直接従属しまわりに広がっている食料供給地帯の村であった。その先は、十六世紀のある歴史家にいわせると「一部を除いては、剝きだしの石灰岩の丘陵地」で、唯一栽培されているのがぶどうであった。造られるワインは、原料であるぶどうの栽培された場所が山の高所か、中腹か、低い丘かで、その質が分かれる。この葡萄畑の地帯を越えると、北のサン＝フェルジュー、ティユロワには小麦畑が広がり、さらに彼方には、ささやかな牧草地と広大なシャイユ〔訳注・Chailluz は Chaux とも書く。〕の森がある。この森もブザンソンの有力者たちのもので、町で消費される木材はドゥー川に浮かべて運ばれた。

しかし、結局のところブザンソンにとって「唯一の富であり真の糧」（Jean Brelot）となってきたのはワインである。毎年、コミューンによって葡萄収穫の告示が出されると、新酒を仕込むための樽が到着して大騒ぎが始まる。町のなかでも、ドゥー川の湾曲部分の土地が菜園や果樹園、とりわけ葡萄畑になっていたが、この湾曲部の少なくとも三分の一は教会関係者のもので、しかも、彼らはドゥー川の水車を独占し、壁で囲った特別の葡萄園を所有していた。

中世の都市は、どこでもそうだが、ブザンソンも根底的には農民的なままであった。家禽や豚を飼育していない家はないほどで、大市のときは町じゅうの道が家畜でいっぱいになった。ただし、六月から九月までの夏期は、城内（intra muros）でこれらを飼うことは禁じられ、シャイユの森へ連れていって放された。それに劣らずありうることだが、人口の四分の三とまではいかずとも、半分を活動的でフランス語を話す葡萄栽培業者たちが占めていた。

最後に、この都市は、周辺からだけでは充分な小麦も肉も得ることができなかった。肉に関しては、オー＝ジュラの牧畜産業に助けを求めたが、小麦については、もっと複雑である。普通はブザンソンの西北のグレー地域が小麦の供給源で、その余剰分がソーヌ川を使ってリヨンなどへ運ばれていたが、これが、スイス各州によって先に買い付けられてしまっていた場合には、ブザンソンはもっと遠くのアルザスにまで買い付けにいかなければならなかった。小麦の備蓄制度が整備されて飢饉への通常の備えができたのは一五一三年のことである。

いずれにせよ、一三〇〇年ごろのブザンソンがコントロールできたのは、その本来の領域内の村と小集落に限られていた。これは、ほかの都市でも同じで、トゥールーズやパリでさえも、城壁のすぐ周りは、防備の強化も兼ねて葡萄畑になっていた。村々を菜園や果樹園が取り巻いていたのと同じように（規模こそ違うが）、都市は郊外地によって囲まれ、それらは、《町 bourgs》などの仲介によらず、都市住民が地主として直接に監視していた。

逆に、驚かされるのは、ブザンソンのまわりには、都市の中心の影響力を中継して遠くへ運ぶことのできる

《小都市》や《町》の光輪（auréoles）がなかったことである。事実、ブザンソンは、ドールやグレー、ヴズール、サラン、ポンタルリエ、ロン＝ル＝ソニエといった町々とは不完全な結びつきしかもっていない。ブザンソンを取り囲んでいる道路でも東方のジュラ地方を通る部分は、山また山の険路で、それ以外の部分でも、湿地や沼地が多く劣悪である。南方では、フランスの東部国境地帯で最も広大なショー（シャイユ）の森という障碍にぶつかる。この森には楢やクマシデの樹林が延々と続いており、十九世紀にいたるまで毎年、五万から六万頭の家畜が放し飼いされていた。この森の地層には、いまはブレスの低地を通っているライン川がかつてはここを通っていて、それが残した小石が堆積している。しかも、ドゥー川は底が浅く、せいぜい小舟を浮かべるのがやっとで、船で航行することはできない。建築用木材を筏に組むこともあるが、燃料用の木はバラで流された。

このようにブザンソンは、水上交通路も陸路も事情がよくなかったので、外の世界へ自らを開放しようとせず、そのぶん、自分のところで比較的安楽な生活を営むことで満足したのだった。その後も、状況は、よくも悪くもさまざま変わったが、この都市は、そのあまり恵まれない仕組みのなかで閉じこもり続けた。とくに十五世紀には全く閉鎖的で、生きていくのにも困難をきたした。それが十六世紀になって、突如開放的になり、予想もされなかった発展と進歩をみせる。その背景には、一四七七年にブルゴーニュ家の遺産が公領と伯領に二分されたことが挙げられる。

公領はフランス王のもとに入ったが、伯領（フランシュ＝コンテ）は一五〇六年にハプスブルク家のものとなり、新しい君主のもと《スペイン人espagnole》として一挙にその活躍の舞台が拡がる。事実、カール五世とその息子のフェリペ二世のもとで「太陽の沈むことのない帝国」を統治する任務に当たったのは、ペルノー・ド・グランヴェルとその息子のグランヴェル枢機卿という二人のフランシュ＝コンテ人であった。

だが、十六世紀のブザンソンの飛躍は、それ以上に予期できなかった事情による。一五三五年、ジェノヴァの金融商人たちがこの町に拠点を置いたのである。彼らは、それまで数々の不運に遇っていた。一五二八年、フランス王によってリヨンを逐われてサヴォワのシャンベリーに逃れたものの、ここもサヴォア公によって逐われ、ロン＝ル＝ソニエで《王たちの市 foire des Rois》をなんとか維持していたが、一五三五年にブザンソンに拠点を設ける許可をドイツ皇帝と市当局から獲得し、この年の復活祭を皮切りに、以後三十年間、ここで大市を開催するのである。

これは彼らにとって有利なことだったろうか？　ジェノヴァ人たちは、当時のヨーロッパ経済の中心であったリヨンの近くに踏みとどまり、仲介人を通して秘密裡に事業を続けることができたはずである。私としては、リヨンは一五六〇年から一五七〇年にかけて凋落していったため、ジェノヴァ人たちはかなり自由に仕事が出来たのではないかと考える。

いずれにせよ、彼らは、ブザンソンでも、市当局との確執の末、一五六八年には去って、一時はポリニーに、ついでシャンベリーに移り、さらに一五七九年にはなっていた彼らの市は、イタリアのピアチェンツァに本拠を置いて『フェリエ・ディ・ビセンツォーネ feria di Bisenzone』と銘打ってヨーロッパの金融の中心として活動を継続したのだった。

したがって、ブザンソンは様々な偶然の競合によってではあるが、一時的には世界最初の金権家たちを庇護したのであって、その贈物は虚しいものではなかった。この町は魔法の杖に打たれたように一変したのである。グランヴェル宮、市庁舎、モンマラン邸、ボンヴァロー邸が次々と建設され、モンペリエやフォントノワ＝アン＝ヴォージュ、リュクスーイユ、ロン＝ル＝ソニエなどから金持ちがやってきて住み着いた。

しかしながら、次の十七世紀には、ペスト、戦争、飢饉と数々の不幸がこの町を襲う。スペイン自体、活力も財力も失い、この町と州にまで手が及ばなくなり、ここを征服する好機とみたフランスは一六六八年、軍隊を送るが、同年、アーヘン平和条約によって、フランス人たちは支持者たちを見捨て、憎悪と報復の火種を残して去っていった。そして、六年後、ふたたび征服戦争を始め、種々の困難にもかかわらず、今度は目的を達成する。一六七四年、アンギアン公に率いられたルイ十四世の軍勢がブザンソンの城壁の前に到着、その砲兵隊は抵抗するブザンソン市に二万発の砲弾を浴びせた。五月十五日、市はやむなく降伏した。これは、ありふれたドラマの一つでしかないが、まだ自由であった都市が近代国家の前に屈服した歴史の一齣として胸打つものがある。ヨーロッパ全体では、同じようにして、どれほどの都市が貪り食われたことか！　この数年後、同じルイ十四世によってシュトラスブルク（ストラスブール）が占領される（一六八一年九月二十九日）が、これは、もう一つ別の例である。

ブザンソンの場合、そのあと、フランシュ＝コンテがフランスの支配下に組み込まれていったプロセスが一つのドラマであった。というのは、当初、フランスは慎重を期して種々譲歩したが、その甲斐もなく農民たちのゲリラ戦が始まり、スペイン人が戻ってくるのを期待する世論が高まった。とりわけ、一六七五年、帝国軍がアルザスを一時的に征服したことから、そうした期待が再燃したのだったが、警報が鳴りやむと、フランスは支配体制を組織立て、強引に押しつけていった。ルイ十四世の王政は、当時にあっては、申し分なく整備された一つの機械であった。

ここで私たちの興味を惹くのは、この都市がそれに合わせることになる新しい均衡である。この町は事実上、二重に併合を蒙っていた。一つはフランスへの併合、もう一つはフランシュ＝コンテ州自体への併合である。しかも、この都市はフランシュ＝コンテ州に対しては、本当の意味では同化していなかった。

一六六四年、帝国政府との合意によりブザンソンをフランシュ＝コンテ州に統合したスペインは、この町に譲歩して周辺の百か村を追加的領域として与えた。しかし、この領域の拡大を別にすると、その措置は、結局は無駄に終わった。ついで、一六七八年のナイメーヘン（ニメーグ）平和条約によって公式化されたフランスへの合併後は、全く違った展開をみせることとなる。

フランス王国政府は、ブザンソンを州都とし、それまでドールに置かれていた高等法院を移し、さらに上級裁判所、下級裁判所、通貨に関するものや水をめぐるもの、商取引にかかわるものなど一連の特別法廷（justices d'exception）をブザンソンに創設した。そのうえ、さらに、大学を一つ、知事職（intendance）、行政監督（gouverneur）、そして軍隊の駐屯地まで、ここに置いた。王国政府が州としての秩序を再建するうえでブザンソンを要として選んだのは、最も人口が多く、豊かで、とりわけ防衛面で勝れているなど、この町の立地条件の利点を再認識したからであった。

最終的にはブザンソンは、こうした新しい立場から利益を引き出すが、王国政府が征服達成後すぐ追求したのは、この町をいかに服従させ税を取るかであって、好意を寄せたからそうした立場を与えたわけではなかった。高等法院がブザンソンに置かれたのも、三〇万リーヴルの軍税（賠償金）に対する見返りでしかなかった。一六九二年、ルイ十四世の政府は、かなり躊躇しながらも売官制度をこの州に導入している。

フランスによる占領直後に生じた本当の意味での刷新は、この古い町に、約五百人、家族も含めると二千人におよぶ行政官や司法官とその随員が入り込んできたことであろう。「この町で、彼らより多数であることをひけらかすことができたのは葡萄栽培者だけであった。」（Maurice Gresset“Le Monde judiciaire à Besançon de la conquête par Louis XIV à la Révolution française”1975）

高等法院は金利で生活する富裕階層のめざす目標となった。フランシュ＝コンテの内部がもはやバラバラであることから高等法院が州全体の代表とみなされるようになり、高等法院の方も、自分たちの特権と州の利益や特権とを同一視してこれを守ることに専心したため、この町は、寄生主義的伝統をますます強めていった。

それでも、ブザンソンは、その歴史のうえで初めて、この地域の首府としての真の尊厳性に辿り着いた。それは、自身の生活に緊密に関わりをもつ近辺の《町 bourgs》や《小都市 petits villes》を利用すると同時に彼らのために寄与することである。ただし、この進展はゆっくりしたものであった。それは幾つかの証言で明らかである。一七三五年、「ブザンソンは商業都市でもなければ繁栄した町でもなく、その商業は、衣服や食料、また、それ以外の商品でも住民たちが自分と家族で使用し消費するものに限られている。そうした物を彼らは、市場にやってきた商人や行商人から買っている」。この町で時計塔の音が聞かれるようになるのは一七四七年のことである。フランシュ=コンテの商業活動の活発化を示す例として、一七六五年にはソーヌ川の船便がグレー〔訳注・ブザンソンの北西、ソーヌ河畔の町〕に登場したことがサヴァリの『商業事典 Dictionnaire de commerce』に記述されている。

大きく変わるのは一七八五年で、ある報告書には「ブザンソンではかなり大勢の人々が商業に従事しており、二十五家族を挙げることができる。そのほかに二、三家族が、フランス王国から物資を大量に仕入れ、それを小都市の小売商たちに回す卸売り(commerce de gros)を専門にしている」とある。このことから、ブザンソンが周辺の小都市に商品を再配分する中心の役目を果たしていたことが分かる。ブザンソンが為替手形(lettres de change)の活発な中心になった事実は、このことを補足的に証言している。「人々は、直接間接にこの用事を済ますために、ほとんどフランシュ=コンテ州全体からブザンソンへやってきた」(Jean Brelot“Histoire de Besançon”)。しかも、ブザンソンの銀行は、ヨーロッパ的規模からいうと慎ましいものだったが、ストラスブール、バーゼル、フランクフルト、オランダ、イギリスとさえも取引関係をもっていた。

最後にブザンソンは、工業化も試み、とくにメリヤス産業の定着に成功している。

こうした進展の背後には、十八世紀にフランスが成し遂げた全般的な経済成長と富裕化があった。フランス王政がフランシュ＝コンテにもたらした最良の贈り物は、おそらく州内の道路事情の改善であった。私たちは、一七四〇年八月八日のある公文書によって、州内の完全に整備された道路は七万五〇〇〇トワーズ toise〔訳注・一トワーズは一・九九メートル〕に達し、その結果、それまでは一年のうち何か月かしか通れず、しかも、激しい振動を受けながらでなければ車では通過できなかった山地や沼地さえも、かなりの速度で行き来できるようになったことを知るのである。この十八世紀中頃、ブザンソンとディジョンの間を郵便馬車（malles-postes）の定期便が毎日走るようになる。これはパリ方面への定期便と繋がっており、さらに、ナンシー、ベルフォール、ストラスブール、バーゼルといった諸都市をも定期便で毎週結ばれるようになる。

また、ブザンソンは、接しているフランス王国の他の州やスイスの州との関税ラインでまわりを囲まれ、一種の《外国》とみなされていたという特殊事情も考慮する必要がある。要するに、地方分権の完全な手本でもあったわけで、その結果、州全体に対しては、ある種の緊張の減退を生じるが、その代わり、ブザンソンを中心にして分極化が起きて、これが一種の《ミニ国民市場》の核となる。

それにしても、この市場は慎ましいもので、一万五〇〇〇平方キロの範囲に住んでいる人口は、一七一〇年ごろで三四万七二〇人、そのうちブザンソンの人口は一万一五二〇人、サランは五六六三、ドールは四一一五、グレーは三九八二、アルボワは三三四〇、ポリニーは三三二〇、モン＝ベリアール二五二〇、ポンタルリエ二六六四、ヴズール二二二五、ロン＝ル＝ソニエ一九二二、サン＝クロード一七四五、オルナン一六三二、ボーム＝レ＝ダーム九九〇、オルジュレ五三二、カンジェ四七〇人である。

都市人口が占めた比率を計算すると、フランシュ＝コンテの都市化率はきわめて低く、一一・五％でしかない。要するに、この州は、あまり活発な経済圏ではない。しかしながら、この十八世紀末には、人口は四五万になり、増加率は三二％を示している。ブザンソンにいたっては、一七八八年の住民数は二万二二八で、増加率は七五・六％である。この同じ年のフランシュ＝コンテの諸都市の人口は、サラン六六三〇、ドール七七七四、グレー四七八四、アルボワ五九〇二、ポンタルリエ三〇四二、ロン＝ル＝ソニエ六五〇〇、サン＝クロード三六四〇、ヴズール五二〇〇、ボーム＝レ＝ダーム二〇八〇、オルジュレ一二七四、カンジェ一八四六となっている。モンベリアール、ポリニー、オルナンの人口は記録されていないが、増加していたことは確かである。

ブザンソンの進展ぶりがどうであれ、その支配権はフランシュ＝コンテのすべての町に及んでいたわけでなく、少しは北部ジュラ地方にも及んでいたが、市の有力者たちが土地や鍛造工場、製鉄所、製紙工場などを所有していたのは中央ジュラ地方が主で、サランとポンタルリエを結ぶ線より南の南部ジュラ地方は、ほとんど全くブザンソンの支配圏外であった。

ブザンソンがその近辺に対する影響力を強めたのが十八世紀末と遅かった背景には、作為的とはいわないまでも、自発的でなく外部から誘発された何かがあったことが推察される。そのため、この優越性は短命で、大革命の波が襲いかかってくるや、その議員たちや地方総監、宗教組織は突如として消滅した。

その後、ブザンソンは、一七九三年にスイスの職人たちが時計産業を導入したにもかかわらず、また、一八一〇年以後と七月王政に伴って種々の事業の再興が試みられたにもかかわらず、さらには、ローヌ川とライン川を結ぶ運河や新しい道路建設によって商業再活性化の機会があった（ただし、これは南仏のワインの進出を促進して地場のワインを圧迫した）し、重要な軍隊駐屯地がもたらした活況化（実際には、まがいものでしかなかった）にもかかわらず、ついに目覚めることはなく、フランスの他の地方と較べた相対的地位は低落していった。フランスの全都市のなかでのランクは、一八〇一年には第十八位であったのが、一八五一年には二十五位にまで下がっている。サント＝ブーヴによると、ここは「役人だらけの不愉快な町」であり、バルザックにいたっては「一言でいうと、進歩に対して、これ以上に鈍感で、無反応をもって抵抗する町は、どこにもない」とまで言っている。

事実、ブザンソンにとって不運は続いた。道路事情の悪さというその主要なハンディキャップは、鉄道によって消去できたはずで、一八四〇年以後、この最後の切り札を手に入れようと躍起になった。ところが、何度も努力したにもかかわらず失敗。パリからスイスのヴァロルブ、シンプロンを経て、イタリア、バルカン諸国といった外国へ向かう大輸送路となる鉄道はディジョンとドールに奪われ、ブザンソンは外されてしまった。一九六〇年になってもなお、ブザンソンとパリを結ぶ直通の鉄道便は一日一便だけである。

この失敗の衝撃は厳しく、この町の沈滞に拍車をかけた。第二次大戦後、人口面ではかつてない飛躍を経験した(一九六〇年、人口が一〇万に達した)にもかかわらず、商業における強力な中心都市になることはできなかった。不便な鉄道ルートと高速輸送を妨げる曲がりくねった道路(自動車専用道路はまだできていない)のせいで不利な状況に置かれているうえ、ナンシーやミュルーズ、ディジョン、リヨンといった歴史も古く威光と影響力を放っている大都市が近くにあるため、なおさら不利益を蒙っている。

ブザンソンが行政上支配してきた地域でさえ、これらのライバルによって奪われていることは、一九五六年から一九五八年のこの地域の電話回線数を示す地図でも明らかである。事実、距離や行政上のつながりにもかかわらず、「ドールやグレーにしてみればブザンソンよりもディジョンのほうが近く、サン゠クロードにしてみるとリヨンのほうが、リュクスイユにとってはナンシーのほうが近い」というのが実態である。防衛的に恵まれた地に生まれ、一連の偶発事によって充分な資産を賦与され、長い間、葡萄畑の恩恵によって支えられてきたブザンソンは、ほぼ一貫して、月並みの安楽で満足し、過度の野望は差し控えざるを得なかった。

要するにブザンソンの歴史が示している意義は何であろうか？　それは指標となるような価値をもっているだろうか？　この都市が私たちに教えてくれるのは一つのありふれた基礎的真理である。それは、一つの都市は、一種の「大きな町 gros bourg」として、それ自らにより、また、その本来の領域によって生きていくことができるか、または、そうせざるを得ないということであり、とりわけ、ブザンソンがその閉鎖的な生活から脱け出すのは外的状況と結びついた場合のみであるということ、それゆえ、それは少々作為的で、けっして決定的ではないということである。

道路が交差するロアンヌ

ブザンソンを発って、ソーヌ川流域を経てリヨンに着き、ついで西北方向に転じてタラール経由で八十六キロほど行くとロアンヌに到着する。ここは、すでに中央山地のなかで、その環境は、ドゥー川とジュラ山地の国とはあらゆる点で異なる。この小さい都市は、絵画的で活気に満ちており、充分に複雑で、ブザンソンに次ぐ第二の手本として、より簡明ながら一つにとどまらない問題を提示してくれる。このロアンヌが《都市 ville》と呼ばれるにふさわしい町になったのは十五世紀末と遅く、その《都市》としての幸運は特にロワール川水運と結びついており、ここでも、外の世界から来た外発的要素が優位を占めている。

ロアネ地域は、フォレというフランスじゅうでは何百とあった一つの小さな《くに patrie》の北部を占めており〔訳注・南北方向に走るフォレ山地を越えた西にクレルモン＝フェランがある〕、この土地は、その出身者たちから激賞されてきた。オノレ・デュルフェ（1567-1625）はその長編小説『アストレ Astrée』の舞台をここに設定し、一種の《地上の楽園 Paradis terrestre》としている。この称賛はたしかに度を過ぎているが、かつては、大西洋からキング・サーモンがロワール川とリニョン川を遡ってきており、このロアネの岸辺で釣ることができたようである。もともと、このあたりは、幅三〇キロ、長さ五〇キロほどの不健康な湿地帯で、デュルフェも言っているように「深い水たまり」が何千ヘクタールかを占め、たくさんの魚が生息していた。なかには人工的に造られた養殖池もあり、所有者たちの監視の眼をくぐって池の水門を開けて干上がらせ魚を一挙に獲ってしまう大胆な密猟者も絶えなかった。

《水たまり》だけでなく、ロワールの河床をそれてできた支流も流れており、夏の時期は「どこでも歩いて渡れるせせらぎ」になったが、上流地方で雨が降ると、急に水位が二メートル、三メートル、ときには五メートルも上がり一面を水没させた。一七九〇年十一月十二日には水位七メートルを記録している。この平野を一つの巨大な割れ目が貫いているが、これは、この川の古い河床で、砂地の中洲や分流のあとが残っており、その幅は狭い部分でも一キロ半、この平野の出口に近いドシーズの町があるあたりでは五キロに及んでいる。この町自体、中洲の一つの上に建てられたものである。人間は、これらの自然条件にさまざま手を加えた。人々は排水のために営々と溝を掘り、その残土を畑の境界に積み上げた。また、犂を入れた場合も、畝の端に土が盛り上げられることになり、区画地それぞれが盆地状に窪み、なかに水が溜まる。

ロアンヌの町はこの川の左岸、水面より十ないし十五メートル高い台地の上に造られ、教会と城に向かい合う形で民家がひしめき合っている一つの村であった。集落が大きくなるにつれて、川を越えるために木造の橋が一本また一本と架けられていった。川が頻繁に氾濫したので、橋は流失しても安上がりに架け替えられるよう、いずれも木造で、ロアンヌで石造りの堅固な橋が架けられたのは一八五四年になってからである。ドシーズとヌヴェールには、ずっと早くから石造りの橋があった（Elie Brackenhoffer“Voyage en France”1643-1644）が、一六八七年、「フランスで最も美しい橋」と讃えられたドシーズの二本の橋は、一つが崩れ落ちて渡し船に取って代わられ、もう一本のほうもアーチの一つが失われた。このような水の裏切りのため、この川は、しばしば浅瀬を歩いて渡らなければならなかった。ロアンヌ公領の代官所役人たちが書いた文書の一つに、川岸に打ち上げられた溺死体について、その一人は浅瀬を案内していた地元の人物だが、ほかの何人かについては身元不明であることを無機質な調子で記録したものが遺っている。

当然のことながら、この平野は、河川や沼がいたるところに広がっているため、陸上交通は困難を伴った。物資を運ぶには、牛や馬を使うにしても、オーヴェルニュ地方のように車を牽かせることは稀で、普通は背に載せた。ときには、人間が肩に担ぐことも少なくなかった。

ロアネ地域は、小麦やライ麦、大麦、燕麦といった穀物を生産していたが、その生産量は地元の需要を満たすのにさえ不充分で、恒常的に不足していた。平地では、村から手の届く範囲で大農地所有者が、貧しい農民たちを小作人として使いながら定住していたが、土壌の貧弱さのため収穫はささやかであった。近年の氾濫で堆積した《シャンボン chambons》と呼ばれる土地を別にすると、平野のほとんどは砂地か、または、煉瓦の素材としてしか関心の的にならない粘土かで、繁茂しているのは草だけであった！　昔の諺に「お前の土地に生えている草が養ってくれるのなら、恩知らずに鋤き返してはならない」というのがある。（Christophe Extrat "Images et réalités de la vie coopérative agricole dans la Loire de 1945 à 1979" 1981）

加えて、この平地は健康に悪く、「農民たちは、四月から秋まで、自分の身を守るのにやっとというほどの暑さに痛めつけられ」（E. Thomas）た。そのため若くして死亡する率が高く、人口密度の低さがこの田園の大きなハンディキャップの一つになっていた。十八世紀の人々は、この原因を「空気の腐敗」にあるとし、定期的に池の水を抜いて耕作地にし、三年経つと池に戻す慣習があった。このやり方が妥当であったかどうかは別にして、いずれにせよ、ここでは夏の何か月かはマラリアが猛威を振るい、金持ちたちは近くの山地へ避難したものであった。

このロアネ地域は三方をかなりの高地によって囲まれている。東のボージョレの山々は標高一〇一二メートルに達し、西には、最高一一六五メートルに及ぶマドレーヌの山々がある。南方には標高五〇〇ないし六〇〇メートルのヌリーズ高原があり、ロワール川は深さ二〇〇メートルに達する峡谷を穿ってこれを貫通している。(原注・この暴れん坊の川を制御するため、近年、この峡谷にダムを建設するプランが立てられ、一九八二年九月十一日、ヴィルレ・ダムとして完成した。)

ヌリーズ高原は本来のフォレ地方であるフール地域とモンブリゾン地域を分ける《敷居》になっており、自動車で北へ向かっていくと、フールの町を過ぎたところで行く手に急傾斜が現れ、幾つもの言語でブレーキに注意を促す道路標識が見られるだろう。ロアネ地域から北へ、シャロレ＝ブリオネの丘陵を掠めてイグランドとサン＝ボネ＝ド＝クレー方面へ向かうと、大した障害もなくブルボネの低地に至る。

東西両側に山地があることも、このロアネ地域を独特のものにしている。この山地の住民たちは日雇い労働者(冬になると溝掘りの仕事や小作人の手伝いとしてやってきた)、羊飼い、ぶどうの収穫、そのほかの仕事のためにやってきて、この平野の労働不足を補った。しかし、この人々は、住んでいる山地では独立した土地所有者であり、大革命の時期には自分たちの司祭に対する愛着を示し、ナポレオン帝政下では徴兵制に逆らうという、独特の情念を貫いた。こうした高地の民のもとに避難した司祭や脱走兵を捕まえようなど、誰が請け負うことができただろうか?

なお、マドレーヌとボージョレという二つの山地の違いも明らかにしておくほうがよいだろう。ボージョレ山地の葡萄畑になっている東側斜面はかなり急で、葡萄の木はあたかもソーヌ川の上に張り出すような形で生えている。他方、ロアンヌに面した西側は階段状の緩やかな斜面になっており、西洋サンザシの垣根で区切られた牧場と森が広がっていて、葡萄は栽培されていない。概してあまり肥沃でなく、森と家畜飼育が主であるこの地域で、十九世紀にクールからアンプルピュイやパニシエールにいたるまで、繊維産業が進出し成功

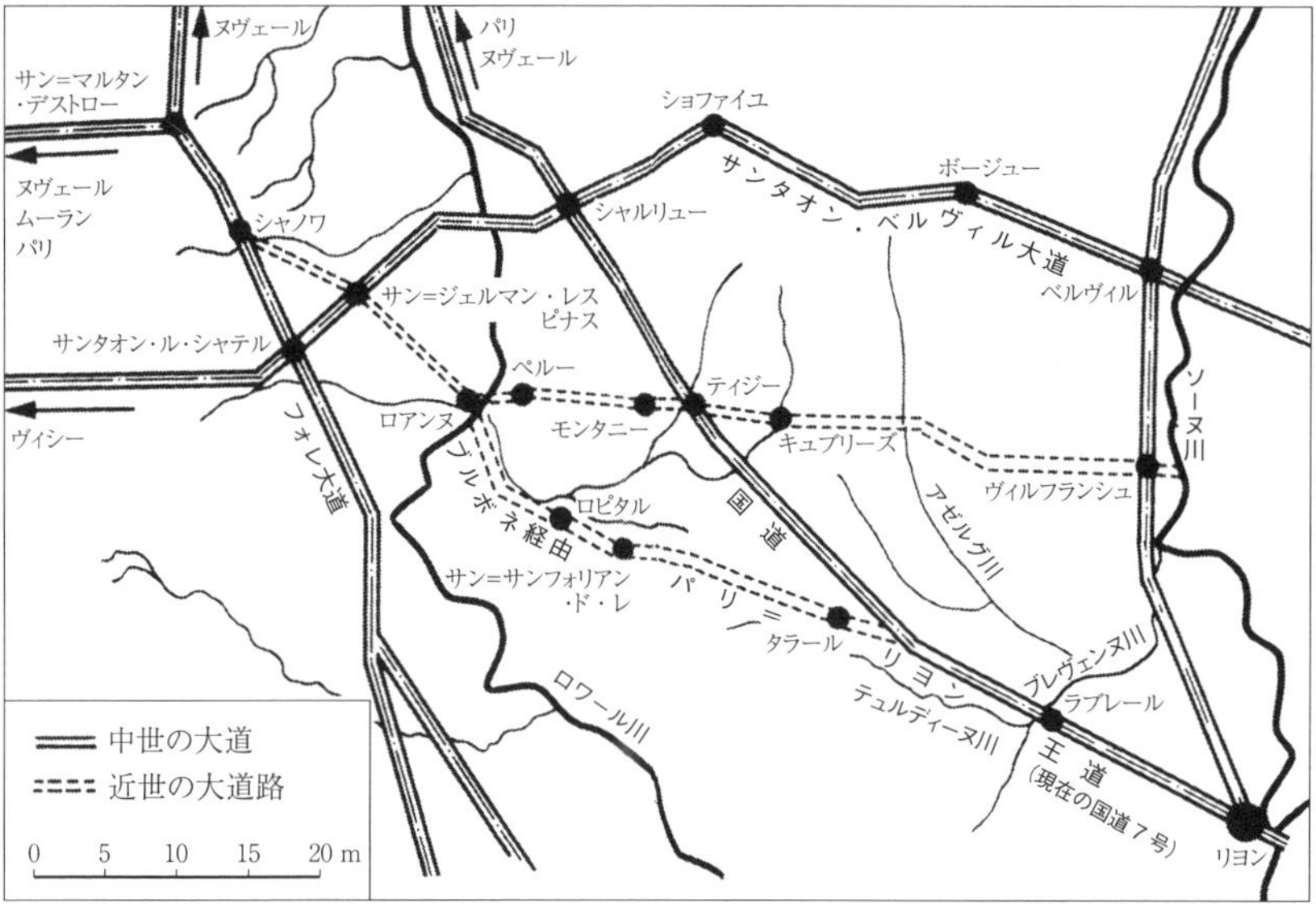

ロアンヌ周辺の道路網

したのは、当然だったのではないだろうか？　あるいは、これはリヨンという中心地との交通の便利さのためだろうか？

他方、ロアンヌの西の地平線をなしているマドレーヌ山地は急峻で、その急斜面を流れ下ってくる川によって沖積土が形成された。ロワールの川筋が東のボージョレ寄りに押しつけられているのは、間違いなく、そのせいである。その結果、平地もロワール川を軸にあちこちで非対称形になっており、ロアンヌの町も平衡を保つためのように西に寄っている。マドレーヌ山地から何本もの川が狭い峡谷を穿ちながら流れ出ているので、それがこの地域の道路にとって障碍となっているうえ、この地に出没した《盗賊団 bandoliers》にとって絶好の仕事場になっていた。

しかしながら、マドレーヌ山地の東側斜面の標高四〇〇メートルあたりは土壌の質もよく、ぶどうの木が列をなしてびっしり植え込まれており、銘酒で名を知られる村々が散在している。たとえばルネゾン、サン＝ロマン＝ラ＝モット、サン＝ジェルマン＝レスピナス、サン＝フォルジューのワインがそれであり、あるいは「ガランボー garambeau」と呼ばれる美しい木いちご色をしたノワイーのワイン、さらには「甘くてその果実を感じさせる」プイ＝レ＝ノナンの白ワインなどである。

ここに挙げた文句は、十七世紀のある司祭（chanoine Reure）がワイン論争のなかで述べたもので、この著者は、「最良のワインを選ばせるには郵便馬車や駅馬車の御者たちに敵う者はいない。彼らは、パリとリヨンの間（当然、ロアンヌを経由する）の大道を絶えず行き来し、からからに乾いた喉を各地のワインで潤しているからだ」と言っている。つまり、実際に飲んで判断するのが最良の判定法だというのである。

ルネゾンの町は、十八世紀には、パリへ大量に送られたロアネ産ワインの重要な取引市場となっていた。ある公的報告書は「これはパリでは《アルメゾン酒》の名で知られ、質は並だが非常に鮮やかな色をしているので、アンジュー産の白ワインに色を付けるのに重宝され、大事に扱えば上質ワインとして通じる」と述べている。（“Annuaire statistique du département de la Loire” 1809）

パリっ子の嗜好のなかでロアネ産ワインが王座を滑り落ちたのは、一七二〇年ごろボージョレ産ワインが喧伝されるようになってからである。それでも、葡萄栽培は発展を続け、一八〇九年の生産量は一三万ダブル・ヘクトリットルに上り、十九世紀中頃までロアネ地方の商業バランスはワインの出荷によって保たれた。ほんとうの打撃は、ブザンソンなどと同じく、鉄道の出現で南フランスのワインの競争力に敗れたことによるが、ロアネの葡萄畑は、狭くなってはいるものの、消滅してはいない。

ロアネ丘陵でも、ある標高を越えると葡萄が栽培されることはない。それより上では、楢や山毛欅、栗の密生する森になるが、こんにちでは、そうした樹種も、もっと収益性の高い樹脂用の松柏類に入れ替わりつつある。さらに高いところでは森はなくなって、繭草が生える頂上部になる。夏になると牛が放牧されたのがこのあたりで、あちこちに「牝牛たちの膝まで達する深さの水たまり」がある。（Marcel Gonivet "Histoire de Roanne"）

かつては、この山の山毛欅の木は木靴の材料となり、さまざまな木を焼いた木炭が産出されたが、いずれもいまは廃れた。地酒のワインも半ば凋落し、農民人口の全般的減少に伴って、こうした丘陵地や山地は過疎地となり、逆に、平地のほうが農業の近代化と工業の進出によって優勢になり繁栄している。かつては健康によくないと敬遠された平野は、排水設備の完備によって健康的になった。樹木が植えられた肥沃な牧草地が広がり、四面に傾斜した屋根をもち、玄関や窓枠を土地で産する黄色の石材で縁取った練り土壁の大型の家が点在する豊かな農村風景が広がっている。

いうまでもないことだが、ロアネについても、その狭い地域の枠の中だけで判断するのでなく、フランスの全体的循環のなかで考察されなければならない。ロアンヌの特異な幸運も、そうした全体的循環のなかでゆっくりと形成され、高められた。というのは、ロワール川流域では、北フランスと南フランスという相互補完的な二つの世界が蝶番の両側のように併存しており、まさに、その繋ぎ目にあたっているのがロアネ地域であることは、ロアンヌを含む北側部分がオイル語圏、南側部分がオック語圏である事実にはっきり表れているからである。

これら二つのフランスの間では、早くから商品も人間も、さらには文化まで絶えず交流してきた。そのための道が大まかにいって二つあった。一つはアルル→アヴィニョン→オランジュというようにローヌ川の谷を通り、リヨンでギヨティエール橋（その建設は一一九〇年より以前に遡る）を渡って、ソーヌの谷を辿り、ライン流域やシャンパーニュを経由してパリに向かうルートである。もう一つは、エーグ＝モルトあるいはモンペリエを出発し、ニーム、アレス、ル＝ピュイ、モンフェランとアリエ川の谷を辿るものである。

くだって十四世紀に、ロワール上流地域を通る補助的な第三のルートが開かれた。これは、ル＝ピュイからフォレ、サン＝ジェルマン＝ラヴァルを経て、ヌヴェールに至る道である。しかし、これもロアンヌを外れている。

これらは南北を基軸にしたルートであるが、これに西はオーヴェルニュに、東はソーヌ川の谷に向かう東西方向の道が接続する。

道と町とは一つである。十四世紀、道路が活況を呈するにしたがい、ロアネ地域でも、それまであまり恵まれていなかった場所で、一つの城や、稀には修道院のもとに町が形成された。それらが自治権を獲得するには、さほど困難はなかった。城壁に囲まれていると否とにかかわらず、そこでは市場が開かれ、一〇〇〇人から三〇〇〇人の、当時では無視できない人々が住むようになった。たとえばヴィルレスト、サン＝タオン＝ル＝シャテル、サン＝ジェルマン＝ラヴァルがそうであり、何本かの道の交差するところにできたのがセルヴィエール、サン＝ジュスト＝アン＝シュヴァレ、ル＝クロゼ、ネロンドであるが、とりわけリヨンとパリを結ぶ《フランス大道Grande Voie Française》と、ロワール・ソーヌ両河を結ぶ道〔ソーヌ河畔のベルヴィルから西へ伸びる道〕が交差するところに生まれたのがシャルリューで、これは、ロワールの右岸では最も活気のある集落になった。シャルリューはもともとブリオネ〔訳注・ロアンヌの東北の一帯〕の小さな集落であり、十二世紀に遡る修道院は久しい昔に壊されて、いまも遺っているのは玄関廊（narthex）だけだが、そのほかにもロマネスク様式の教会が幾つか遺されていて、古くから栄えた要衝であったことが分かる。

ロアンヌに見る輸送の勝利

ロアンヌも、こうした小さな村々のなかにあって、十四世紀にはまだ、おそらく人口四〇〇に満たない村に過ぎなかった。それが、十五世紀、百年戦争のあと、最初の発展を見せる。この村がもっていた切り札は何だったのだろうか?

ロワール川がヌリーズ高原を通過し、ヴィルレストの隘路を出て、初めて船で航行できるようになるのが、このロアンヌからである。この切り札を見抜いたのが、シャルル七世の勘定方であったジャック・クール(1395-1456)であった。彼は、ロアネの領主になると、領地内に産する鉄・銅・また銀を含む鉛の鉱石をベリー、オルレアネ、トゥレーヌの精錬業者たちのもとへ輸送するのに、ロワール川を船で運ばせることを考えついた。そして、そのためにベリーから船大工や船頭がロアンヌに送られたが、ロアンヌの一部の住民は、このときやってきた水夫の子孫だと称することを好み、その騒々しく、しばしば暴力沙汰にまでいたる争い好きの気質によってロアンヌの歴史のなかで無視できない位置を占めることとなる。(Paul Bonnaud"Essai d'histoire locale, La navigation à Roanne" 1944)

だが、ジャック・クールの話は付随的なエピソードであり、誇張すべきことではない。ロアンヌが実際に《離陸》を見せるのは、もっとあとの時代で、それには二つの要因が作用した。

一つは、かなり長い歳月がかかったが、リヨンとパリ、ローヌ川とロワール川そしてセーヌ川の間の連結が実現したことである。ロアンヌの発展は、フランスの経済活動の両極であるパリとリヨンの結合と同調することでもたらされた。いうまでもなくパリは、何世紀も前から権力の中心であり強大な吸引力をもつ磁極である。他方、リヨンはルイ十一世が一四六三年に、その市場に特権を付与したことで急速にのしあがってきた。この両者を近づけたのが、それからほぼ二百年経った一六四二年のロワール川とセーヌ川を結ぶブリアール運河の開通であった。これにより、一方の川を船で運ばれてきた物資を荷車に積み替えて他方の川の港まで運び、そこで再び船に載せるという手間が不要になった。

もう一つは、ロワール川とソーヌ川を結ぶルートをめぐって展開された争いで、これが、期せずしてロアンヌを利した。このロワール川とソーヌ川の間を繋ぐ道は、十五世紀までは、前述したようにロワール川の港のシャルリューからボージョレ山地を越えてボージューのソーヌ川に臨んだ港ベルヴィルにいたるルートであった。ところが、十五世紀に、ボージョレの中心地がボージューからヴィルフランシュ〔訳注・ベルヴィル同様、ソーヌ河畔にある〕に移り、ここがソーヌ川とロワール川の架け橋の役を担うようになると、ロアンヌを通る新しい峠道が優位に立つこととなったのである。それからまもない一四四九年には、リヨンの物資輸送は、ヌヴェールを経てパリへ向かう昔の《フランス大道》を使うのでなく、タラールを経由してロアンヌに到るルートになった。

これは、ライン川とテュルディーヌの谷を辿り、ロワール・ローヌ両河の分水嶺であるソヴァージュ峠を越える今日の国道七号とほぼ同じで、かつては、どれほど苦難に満ちた道であったか、想像することもむずかしい。十七世紀中ごろ、ストラスブールの人でこの地を旅したエリー・ブラッケンホッファーは、「この道が艱難を極めるのは高度のためではなく、坂を下るかと思えば上る、変化の激しさのためである」と記している。同じ頃(一六四四年)、フランスの使節としてローマへ派遣され、この道を旅したフォンテーヌ侯は、「ガラス窓のついた四輪馬車を使ったが、これを牽かせていた六頭の白馬は泥で黄色く汚れ、タラールから先は、悪路を牽くのにより適した八頭の牛を繋いだ」と書いている。

十八世紀になって幾つかの進歩があったものの、大革命直前のころもなお、タラールの山地を越えるには牛を駅馬車に繋いでいるのである！　ローヌ川とロワール川の間の商品輸送のために注がれた労苦がいかほどであったかが想像される。それは、まさに《壮挙》といってもよいほどであった。

だが、それはロワール川の舟航についても同じではないだろうか？　こんにち、たくさんの堰堤によって流れは穏やかになり、砂州や植え込みで覆われている両岸を見ると、この川がかつては、荒々しい水流のなか、上り下りする様々な舟艇で川面を覆われていたなどとは信じられないだろう。「ロワール川が舟航可能だったことは、実際にはなかった」とまでいう歴史家（M. Lyonnet）もいるほどである。フランソワ・ビラコワが「ロワール川舟航の活力を生み出したのは自然の条件ではなく、むしろ人間の意志であった」（"La batellerie de la Loire au XVIIe siècle"）と結論づけているのは至言というべきであろう。

これは、逆にいうと、ロワールの上流地域の人々にとっては、陸路と河川による南北交易に関与するビッグ・チャンスだったということである。ローヌ川の谷を経て、家庭用金属製品、武器、綿・羊毛・絹などの織物、小間物、そして、南フランスの多彩な産物（アーモンド、ヘーゼルナッツ、オリーヴ油、オリーヴの実、いちじく、シトロン、葡萄、コルク、樽、また樽詰めチーズなど）のほか、イタリアやさらには近東の産物まで運ばれた。ときには、ソーヌ川を運ばれてきたアミアンの毛織物がリヨンからロアンヌに陸送され、ここから、ロワール水運（navigation ligérienne）によって各地へ送られていくこともあったのではないだろうか？

ロワール水運で加わった物資としては、アリエ川水運によってもたらされたオーヴェルニュ地方の産物がある。たとえばアプルモンやヴォルヴィックの石材、水車用の挽き臼、煉瓦、屋根瓦、ティエールやアンベールの紙（これは、十七世紀にはナント経由でスペインにまで輸出されていた）、麦藁、ワイン、建築用木材、果物、木炭、石炭、ブルボネ地方の鉱石、さらに、十七世紀以後、パリ市民が求めるようになって値が上がったヴィシーの水などである。

川の流れを遡る舟航は、当然、輸送力は低下するから、茜色の染料、木炭、樽詰めのニシン、織物、アメリカの砂糖とコーヒーの粉など重量の少ない物が主であったが、人々の生活に欠かせない大西洋岸の塩、深刻な凶作で需要が高まったときは小麦も運ばれた。とくにロアネ地域は、恒常的に穀物生産が不足し、ポワトゥーやボース、オーヴェルニュで穀物を買い入れ、ロワール川水運で調達しなければならなかった。なかには、大西洋岸の港を経由してきたものもあった。たとえば、一六五二年は特に収穫が悪かったため、「一六五三年一月、ロワール川の氷が融けるとただちに、オルレアンからロアンヌにいたるあらゆる港の船が動員され、小麦、ライ麦、エンドウ豆、空豆、梨、ジャムなどの食料品が運ばれた。噂では、ポーランドから来たものもあった〔もちろん、船ではなく穀物のことである〕という。」（M. Laboure）

一五二九年、一五三一年、一五四三年とリヨンが食糧不足に苦しんだときも、ボース地方の小麦がロアンヌまで船で、その先リヨンまでは荷車で運ばれている。一七〇九年には広範囲に飢饉が起き、ドーフィネの軍隊に食糧を補給するため、同じルートをオルレアンから何隻もの船を連ねて穀物が輸送されている。

逆に、一七一〇年には、マルセイユを経由してリヨンで陸揚げされた近東産の穀物がロアンヌまで運搬され、そこからパリ方面に送られている。これは、私たちにとって、リヨンとロアンヌの間の陸上輸送量を算出するうえで好い機会を提供してくれる。最良の方法は文書が伝えているデータを正確に再現することであるが、そうした昔のデータ情報は、若い学生を勘違いさせる落とし穴を秘めた数学の初歩的問題のように注意深く辿る必要がある。ここでは、そうした補足の必要があると思われる文言を括弧で挟んで挿入しておこう。

「リヨンの山側〔つまり西方〕の近郊の小教区〔つまり村々〕は、通常六〇〇人の羊飼いを〔運送のために〕提供したが、彼らがタラール〔行程の三分の一あたり〕まで仕事に出ることができたのは週に一度だけであった。というのは、リヨンで荷積みし、タラールまで運び、それをおろして〔つまり、積み換えて〕リヨンに戻ると、七日目の日曜日はけっして仕事をしなかったからである。したがって、リヨンでは日に一〇〇人の羊飼いが雇われ〔ということは、一〇〇台の荷車が動いた〕、それぞれが八キンタル〔原注・「quintaux poids de marc」とあり、この場合の一キンタルは一〇〇キロになる〕ずつ積んだ。こうして一〇〇人の羊飼いで八〇〇キンタルを運んだが、これは三七四スティエ〔一スティエは、地方により一五〇から三〇〇リットルまで差異がある〕の小麦ということである。

一スティエの小麦の重さは二三〇リーヴル（一リーヴルは約五〇〇グラム）だからである。こうして、六〇〇人の羊飼いが日々、タラールからサン＝シフォリアンへ、サン＝シフォリアンからロアンヌへの輸送に携わった。したがって、毎週、一八七ミュイ〔訳注・容積単位で、品目により異なるが、小麦の場合は一八七〇リットルが一ミュイ〕にあたる二二四四スティエがリヨンからロアンヌへ運ばれたわけである。また、ベルヴィルからプーイ＝シュル＝ロワールへいたる道によっても毎日、一五〇スティエの小麦が運ばれた。これは週で九〇〇スティエ、つまり七五ミュイになる。両方を合計すると〔一八七プラス七五で〕二六二ミュイである。しかし、羊飼いたちは日曜日以外に祭日でも仕事を休んだから、この数値は減って二五〇ミュイほどになる。」

読者は、この文書が述べているのは、農民の余剰労働力による運送であることに気づかれるであろう。普通、牛に牽かせた荷車の一日の進行距離は十四キロで、一八〇〇頭の牛が用意され、七キロごとに交替した。一キロごとに二〇台の荷車が上り下りしたから、五〇メートル間隔で動いていたことになる。自動車時代の我々だったら、過密状態だと文句をいうところであろう。当時、馬車で旅行した人々や駅馬車の御者たちは、どう思ったであろうか？

小麦の運搬量については、週あたり一八七ミュイがリヨン・ロアンヌ間を輸送されたとしている。実際には少なめであったと断られているから、一八〇ミュイとすると、一年で九三六〇ミュイになる。一ミュイが一八ヘクトリットルとして一六万八四八〇ヘクトリットル、重量ではほぼ一四万キンタル、つまり一万四〇〇〇トンになる。これは、この道路を考えると、最大限に利用した値になる。

事実、この文書は、最初の数行に、南フランスの小麦の貯蔵量はパリの秤で三二〇〇ミュイであるが、それが飢饉で待ち焦がれている首都に到着するには何か月もかかると述べ、その理由として、リヨンからロワール川への陸上輸送が最大の難関で、二本ある輸送路を使っても、一週間あたりの運搬量は二五〇ミュイどまりだからだと指摘している。

年間一万四〇〇〇トンという数値は、容積単位で記されたのを重さに換算したものであるから、運ばれる商品によって、小麦と嵩は同じでも重さは違ってくる。他方、道も恒常的にフルに活用できたとは限らない。だが、この道が《ネックgoulot d'etranglement》であったとすれば、この数値の小ささに抗議するわけにはいかない。これは、現在の通常規模の遠洋航海船でいうと六ないし七隻分に相当する。道路建設技術が進歩するのは十八世紀になってからで、それより以前の、起伏の激しい道によって、これだけのものを運搬することは容易なことではなかったろう。

輸送量の増大を可能にしたのが十八世紀の道路建設の進展で、その背景には、戦争の際、ラングドックやプロヴァンスからパリへ物資を運ぶのに、海上ルートではイギリス海軍に拿捕される恐れがあり、それを避けるため、ロアンヌを経由するルートが重視されたという事実がある。しかし、蒸気機関車が一八三一年に導入されるより以前、フランスで最初に民間企業の主導によって、サン＝テティエンヌとリヨン、サン＝テティエンヌとロアンヌをアンドレジュー経由で結ぶ鉄道路線が建設された（一八二三〜一八二八年）のは偶然であろうか？　この一八二六年に、最初の鉄道会社の株主たちに説明して言われたのが「ロワール川とローヌ川を結ぶ長年の夢を現実化する最も確実な事業」ということであった。（Thomas Ragazzol. Jacques Lefebvre "La Domestication en mouvement" 1981）

当時をふりかえったとき、ローヌの水運より、ロワール川の水運のほうが、よく目に付く。そこには、何千という船が行き来していた。川底に打ち込まれた杭や岩にぶつかることの心配は当然として、船頭たちが最も恐れたのは砂州に《座礁》することで、それを避けるために船底は平らになっていた。安全な水路を教える標識は

ロワール川の平底船（G・ビトン「ロアールの川船」より）

あっても、増水のたびに河床の様子は変わったから、必ずしも安全を保証してはくれなかった。ロワールの川幅が広がり、幾つもの島を作って分流しているあたりでは、艀（toue）に乗った水先案内人がハシバミとかニワトコの長い棒を使って水深を確かめ、大声で指図しながら船団を先導した。

ロワールの川船は、大部分が樅の木（sapin）で造られていたので「サピーヌ sapines」「サピニエール sapinières」、また、この種の造船の中心地であったロワール上流のサン＝ランベールが変形した「サランバルド salambarde」、さらには支流のアリエ川から来ている場合は「オーヴェルニャット auvergnates」などと呼ばれ、もっぱら川を下るのに用いられた。上流から下って、たとえばロアンヌなどの目的地に着くと、その船は解体されて薪などとして売られた。『一八〇九年度ロワール統計年報 Annuaire statistique de la Loire pour l'année1809』にも、「分解され、大工仕事に使うために売られた」と書かれている。これは、元の値段が三〇〇ないし五〇〇リーヴルだったのが、川を遡って持ち帰るには四〇〇から五〇〇リーヴルかかったからで、解体すればパリでは一〇〇リーヴルほどで売れた。そのうえ、この船は造りが堅固でなく、何回もの航行には耐えられなかった。

もとより、下りだけでなく上りにも使われ、十年以上使用に耐えるよう樫材（chêne）で入念に造られ「シェニエールchénières」「ガボリオgaboriots」「カミューズcamuses」と呼ばれた船も古くからあった。しかし、そうした平底船を指すのに「シャランchalands」という呼称が広く使われるようになるのは十八世紀末のことである。この船は、長さが九メートルから十五メートルあるが幅が狭く、大きな一枚帆を備え、上流へ帰っていくときは、三隻、五隻と互いに連結され、列をなして川を遡っていった。《母船la mère》を先頭に、追い風を効率的に受けるよう、先頭の船は帆を最も高く揚げ、後ろの船ほど低くした。その光景は堂々たるものがあったが、事故も少なくなく、一七〇九年九月十四日には、突風のため、ある船団で最後尾の船二隻が三番目の船に追突し沈没させる事故が起きている。

いずれのタイプであれ、川船には危険がつきまとった。冬は増水に脅かされ、夏は水位が下がって航行できないことがあった。水夫たちは、狭い船のなかで徒刑囚のような辛い生活を余儀なくされた。唯一、休息をとることができたのは夜の帳がおりるころで、船を停めて岸に上陸できた。睡眠は雇い主の船上で、敷いた藁のうえに折り重なるようにして眠った。旅が終わると、ほとんどの水夫は徒歩で帰っていったが、その多くは、貰った給金を解放の喜びから気違いのように浪費した。

このように、ロワールの河川水運は下りが主力で、ロワールの上流や支流を出発して下った船何千隻に対し、ロアンヌまで遡ったのは五十隻ぐらいだったであろう。一七八九年、地理学者のデュロールは、ナントはじめロワール沿いの諸都市で積んだリヨン向けの商品をロアンヌまで運んできた船は「巨大な」帆を装備し、しかも、都合のよい風を待って、しばしば停船を余儀なくされたうえ、人力によって曳航しなければならなかったことを記している。

海外の植民地（たとえばアメリカ）からフランスの港まで来るより、川船で一〇〇里ほど運ぶほうが長い時間を要していることも多く、人力に代わって馬や牛による曳航を主張する人々が現れ、それに対し反対論を唱える声も出た。ある覚書には、ロワール川の場合、これは不可能だとして「ロワールの川岸にはたくさんの障碍があり、馬に曳かせるのは至難である。岸はいたるところで高く盛り上がっており、ときには、五、六メートルもの切り立った崖になっている。人間は危険なところでも作業ができるが、馬では不可能だ」と述べている。

冬の時期には、ロワール沿岸の農民たちが船を曳く人足として雇われた。アンシャン・レジームにおいてはみんなそうであったように、船員たちは自分たちだけの閉鎖的世界を作っていたので、農民たちは補充船員にしかなれなかった。正規の船員たちは、こうした田舎者を《virebouse》とか《chasse pie》《culterreux》などと呼んで馬鹿にした。他方、農民たちも、《péteux》だの《fi de galorne》《chieurs dans l'eau》などと呼んでやり返した。この嘲り合いも「階級闘争」というべきだろうか？

いずれにせよ、こうした船乗りの世界が暴力的であったことは、ロアンヌの裁判所に持ち込まれる事件の増加に表れている。ほとんどが傷害だの侮辱だのといった小さな事件であるが、必ずといってよいくらい「川の連中」が関わっている。彼らは、その後の文書も言っているように、公的権力に対抗する力ももち、「力に対しては力で押し返す」だけでなく、「欺瞞的で約束を守らず、平気で誤魔化す連中」であった。たしかに、そうかも知れない。

ストラスブールのエリー・ブラッケンホッファーは、彼らについて適切にも次のような助言を受けている。「彼らは我勝ちに旅人を欺く。彼らとは、食事をどうするか、ワインは出るのか、停泊場所はどこか、料金は幾らかなど、すべて前もってはっきりさせておく必要がある。料金の支払いは、旅が終わってからにすること」などである。しかし、ブラッケンホッファーは、ロアンヌのある商会の助言に従って、前年にルイ十三世を運んだ船乗りを雇い、最後に、こう認めている。「私たちが雇った船乗りたちは正直で誠実であったから、如上のような難点を彼らすべてに当てはめることは正しくない。」

それでも、ロアンヌの港には、パリをめざす旅人がたくさん押し寄せた。おそらく、パリに早く着きたいからではなく、馬や馬車で行くより楽だったからである。もとより、川船の旅は危険も伴い、旅程も偶然に支配された。一七三七年、リヨンからパリまで、郵便馬車で五日間の旅だったのに対し、船旅は、気候に恵まれても、ロアンヌからオルレアンまでだけで既に三日間かかっている。しかし、船には旅行客用に《船室cabane》が設けられていて、比較的快適に旅ができたのである。（ちなみに、「cabane」というのは、橋の上に設けられた「cabine」と関係がある。）

いずれにせよ、船旅は、お偉方たちからも好まれた。一四七七年、ルネ王〔訳注・バール公、アンジュー公、プロヴァンス伯、ナポリ王国の称号上の王を兼ねた当時の名士であった〕は、アンジェからプロヴァンスへ行くのに、ロワール川をロアンヌまで「テントを張り、旗で飾り立てた船に王子や取り巻きを乗せ、綴れ織りや食器類、長持ちを運ぶ幾隻もの船を連ねて」遡っている。一四八一年、亡くなったときも、彼の遺骸は、生前愛したアンジェをめざし、同じ道を逆方向に、「ロアンヌからポン＝ド＝セの下手まで」、その最後の旅をしている。（P. Chaussard"Marine de Loire et mariniers digoinais" 1970）〔訳注・ポン＝ド＝セはアンジェのロワール河港の名。〕

そのほかにもロワールを旅した著名人を挙げると、一四七六年、ルイ十一世がル＝ピュイからやってきているし、一四八二年にはフランソワ・ド・ポールが、一四九〇年にはシャルル八世、一四九八年にはルイ十二世、一五三九年にはサリュース侯（彼は旅を楽しむためヴィオロンを演奏する一団を連れて乗船した）、さらに一五九九年にはサヴォワ公のシャルル・エマニュエル、一六〇一年一月にはアンリ四世もサヴォワ戦争を放棄してパリへ帰還するのに、この川船を利用している。そのほか、ルイ十三世とリシュリュー……そしてセヴィニェ夫人等々がいる。

十八世紀には、ロアンヌでも、旅客と貨物を問わず、輸送全般に進歩が見られる。その第一の要因は、パリの発展に伴い、その渇きを癒すためにロアネ地域やボージョレのワインに対する需要が高まったことで、出荷量は年間三万から五万ヘクトリットルに達した。もとよりすべてのワインがロアンヌを経由したわけではなく、プーイ＝シュル＝シャルリューやドシーズ、ディゴワン、さらには、ロワール流域の町や村々でもワイン生産が盛んになって、パリ向けに出荷するようになった。しかし、そうした輸送も、ロアンヌが牛耳っていた。

第二の要因は、（これが、より決定的であったが）一七二八年以後、ヌリーズ高原を貫くロワール川峡谷を利用した、ロアンヌとサン＝ランベールの間の舟航が実現したことである。この部分の遡行についての最初の記録はすでに一五七二年に見られるが、その後、ピエール・ド・ラガルデットが始め、そのあとを引き継いだ会社によって、川底の掘り下げ工事、峡谷の各所を塞いでいた水車の買い取りと撤去、地権者との交渉などが進められた。その結果、一七〇二年五月二日に国務会議で承認され、一七二五年にいたって「国家にとって有益な事業であるから、ぜひ遂行する」旨が決議された。

工事を落札した業者は、原則的にいえば、サン＝ランベールからさらに遡ってモニストロルまで工事部分を延ばすべきであった。だが、ピエール・ド・ラガルデットは、いろいろな理由から、この部分の工事に手を着けず、挙げ句は実現不可能だと宣言した。そのため、抗議の声や尽力の申し出が続出し、積極的に自分たちで実現しようとする事業家たちまで出てきた。私は、サン＝ランベールの船大工たちがモニストロルで二隻の船を建造し、それをサン＝ランベールにまで遡航させようとしたのは、一種の神聖な怒りに囚われてのことであったと考えたい。そのうち一隻は急な増水で流されてしまったが、一隻は一七五六年五月十四日にサン＝ランベールに無事到着し、モニストロルとサン＝ランベールとの間の航行が可能であることを証明したのであった。

本題に戻って、航行をサン＝ランベールにまで延長する計画についていうと、その目的は、少なくとも二つあった。一つは、まだ手つかずであったサン＝ランベール周辺の森を開発すること、そして、やがてロワール水運全体の鍵を握る船大工の活動をここに集中することであった。こうして年間一〇〇〇隻以上が建造されるようになったのであり、私の計算に間違いがなければ一五〇〇隻、さらに歴史家のドニ・リュヤの見解では、一八二二年ごろの建造数は多分二八〇〇隻に達している。

これらの船がロアンヌの港に、木材を、やがては石炭を積んでやってくるようになる。石炭はサン＝テティエンヌの盆地から荷車や牛馬の背にのせて、船の出発点のサン＝ランベールの橋の川下にあるサン＝ジュスト埠頭に運ばれてきた。船は、空であっても荷を積んでいても、ロアンヌの港に入るとき四〇リーヴルの入港料を払わなければならなかった。川底には杭が打ち込まれ、鎖が張り渡されて両岸を結んでおり、いやでも船を港内に入れなければならないようにしてあった。

最大積載量一五トンの平底船《サピニエール》は入港すると、さらに付け足して二〇トンまで積めるよう改装された。このやり方がロアンヌの幸運を確固たるものにした。というのは、ワインから石炭まで、二〇〇〇隻以上の船で、おそらく四万トンという膨大な物資の輸送が可能となったからである。石炭の最大の発送先はセーヴルの工場で、パリまではブリアール運河を通って運ばれた。〔訳注・セーヴルはパリの南西、ヴェルサイユに近い。焼き物で有名。〕

資本主義と封建制

しかしながら、十八世紀から十九世紀初めのロアンヌの繁栄を過大評価しないようにしよう。ロアンヌは、一八〇〇年当時で、住民八一〇のパリニー〔訳注・ロアンヌの南にある小さな村〕と合わせても人口は六九九二に過ぎなかった。城壁もなく（原注・城壁は、決定的条件ではないにしても、ちゃんとした都市villeの印であった）、したがって、デュロールが指摘しているように、「《都市ville》とは肩書きだけで、こんにちも《町bourg》と呼ばれている」。もっとも、彼が付け加えているように「フランスで最も美しい町」であることに違いはなかった。

確かなことは、ロアンヌはフランス国内輸送の重要な路線の要ではあったが、産業の大きな中心ではなかったことである。ロアンヌは、あらゆる都市（ville）と同様、様々な職業の人々を擁していた。弁護士や医者、種々の商人たちがいた。貿易商人の何人かについては、死後作られた財産目録によって資産内容が算定できる。一七〇〇年ごろには、リヨンの会社から発送された商品をパリ方面へ送る仲介業だけを仕事にしている取次業者が十人ほどいた。

最後に、肩書きは仰々しいが、都市の生活のなかでは周縁部にとどまっている人々もいた。たとえば市参事官（échevin）は、現職の行政官（consuls）と並んで、「売りつける」ことを目的に国王が一六五七年に設けたものであるが、金持ちたちはさほど興味を起さなかった。この町の治安が悪く、街路の状況も相変わらず劣悪で泥濘になっていたのは、そのせいであったろうか？　それとも、どの町も似たり寄ったりだったのだろうか？

この町に関して歴史家の懐古的興味の向かう先が輸送の分野であるのは自然なことである。原理的に言えば、河川交通の分野がロアンヌの富を集め、資本主義的刷新の中心になるはずであった。ところが、それさえ、この都市の活力の中心においてさえ、めざましい成功を収めたとはいえない。

河川交通の飛躍が変化を引き起こしたのは船大工と船乗りの世界においてで、そこに一種の初歩的資本主義の進展が見られた。たとえば、部下（仲間といってよい）と一緒に船に乗って働く運送の親方（maîtres voituriers）と違って、何隻もの船を所有してはいるが、それらを実際に動かす仕事はスタッフや船員たちに任せる人々が現れている。物資の運送事業が十八世紀にますます進展するのと呼応して、小型の資本家が生み出されたのである。これに成功して頭角をあらわしたのが、ベリー＝ラバール一族である。

ピエール・ベリー＝ラバールは、何隻かの船と造船所を所有し、一七六五年には「サン＝ランベールとロアンヌの間の地域で行われるほとんど全ての取引を仕切る豪商」になっていた。この文言は、ロワール川のこの部分での主要な輸送物資であった石炭の売買と輸送で成功したということであろうか？

いかなる場合も、《独占monopole》ということは、無視できない重要性をもっている。いまではオフィシャルな為替手形も、もとは有力な一族の取引慣習から生まれたものであった。だが、成功して強大な力をもつことは、憎悪と報復を招く。一七五二年九月二十五日、運送業の親方たちが会社の石炭輸送船何隻かを奪い取り、自分たちでパリまで運ぶと言い出した。これは小さな事件であったが、持つ意味は大きかった。ベリー＝ラバール家は余裕のないまま強敵に直面したのである。明確な数字はないものの、河川輸送の世界から出てきたこの資本家は、かなり慎ましいものであったという印象を拭えない。事実、アンシャン・レジーム時代の運送事業は、巨大な利益を生む分野ではけっしてなかった。もし、桁外れに大きな資産家を探すとすれば、もっと別の分野に求めるべきだろう。

先に出てきたピエール・ド・ラガルデットは、ロワール川水運の企業家などよりずっとほんものの資本家である。彼の企業は、出発のはじめから金融業者の大きなグループが提供してくれた五〇万リーヴルという資本金を基礎にしていた。そのうえ、川の航路標識の維持費は毎年四〇〇〇リーヴルを超え、入港料金徴収のためのスタッフもかなりの人数を必要とした。おそらく毎年の経費は五万リーヴルを下らなかった。工事が行われた何年もの間利益を生まないでいた資本金の大きさに較べて収入はつつましく、大まかに計算しても、資本の八％を超えなかった。

この企業がたくさんの支店をもっていた秘密は、容易に分からなかったが、ある偶然から見つかった文書によって、「一七六五年十一月にリヨン管区の総監代理になった」ヴェルノンという人物が「新しい水運事業の持ち主」つまり株主の一人であったことが判明した。また、もっと明確な資料によって、ラガルデットが通行料徴収所の公債の単なる所有者ではなく、サン＝テティエンヌの城門のところで石炭を買い取り、それをロアンヌへ発送する事業も行っていたことが分かった。これは、サン＝テティエンヌの城壁から四里以内で産出した石炭はすべてサン＝テティエンヌのものであるとする規定に逆らうものであった。

要するに、ラガルデットとその仲間の新事業は、一見したところよりずっと多岐にわたっていたのであって、モニストロルとサン＝ランベールの間の危険で金のかかる輸送事業もほんの一部にすぎず、彼は、さほど心配していなかったようである。ピエール・リヴァという人物との対決で勝利したことは、そうした彼の力を最もよく証明している。

この人物はブルターニュの鉱山の株主でもあり、フィルミニー〔訳注・サン＝テティエンヌのすぐ西方〕に拠点を置いて、そこで産出した石炭をモニストロルで船に積んで搬送することを計画した。そこでラガルデットの「新しい水運会社」と衝突し、リヴァは王室の国務会議に提訴した。そのなかでリヴァは、ラガルデットの会社は自分たちが事業に参画するのを排除するために質の悪い理屈ばかり並べていると非難したが、鑑定人と覚書は、明らかにラガルデットに肩入れした見解を支持する。

リヴァは、モニストロル近辺の石炭産出量がまだまだ増えること、未開発の森林資源を開発してサン＝ランベールの船大工たちに資材を提供できること（これまでの資材供給地は五十年間にわたる乱開発によって枯渇していた）、さらに、この木材を筏に組んでナントまで運べば、王国海軍の艦船を建造するのにも役立つことを主張したが、彼の意見は受け入れられなかった。すでに彼は一七五九年には、イギリスのニューコメンの蒸気ポンプを改良した機械を使って、浸水で廃墟になっていたフィルミニーの坑道を再開発するなど、その執念と企業家としての優れた着想で成功を収めていたが、その彼も、ロワール水運の件では挫折を余儀なくされたのである。ロアンヌからナントやパリへの輸送事業に関しては、一六七九年にフーイアド公のために設立され、ほとんど直ちに彼によって請負われた大規模企業について語るべきであろうか?

この川船に独占権などというものはなかったが、強者の論理がまかり通った。彼は、厚かましくも自分の名義でロアンヌから週二回のペースで、旅行者と商品を満載した船を出した。そこでは、競合する通常の運送業者は排除されたので、損害を蒙った人々の激しい敵意にぶつかり、一六九二年には、この会社は事業の撤退を余儀なくされている。

だが、一七三六年には、この権益はブリアール運河の所有者でモンタルジとヌムールの間〔訳注・ヌムールはフォンテーヌブローの南、モンタルジは更にその南で、ロワン運河が結んでいる〕の川船の所有者たちと競争関係にあったアレクサンドル・イヴォンに引き継がれる。このブリアール運河とロワン運河の争いは、私たちにとっては遠いこととしか映らないが、アレクサンドル・イヴォンの事業の幅広さを教えてくれる。しかも、私たちが注目したいのは、彼がロアンヌの人ではなかったことである。

総体的にいって、十八世紀には、ロアンヌとロアネ地域が近代資本主義によって覆された様子などない。当時、近代資本主義は、その最初の歩みを始めたばかりであった。ロアンヌの人々が過去に埋没したままであったことは、一六六六年にロアネ公になったフーイアドの行動を観察すれば充分納得できる。彼は、この称号とともに、その野心から開発しようとしていた一連の資産と権利、特権を一挙に手に入れた。そして、それを維持するだけでなく強化し、それまで衰微していた幾つかの特権も甦らせることに成功した。たとえばロアンヌにおいては、ロアンヌの港とロワール川通行に様々な税をかけた(その総額は五三五〇リーヴルにのぼった)。具体的には、町の市場での小麦の売買に対する税（droit de grenette）、裁判に関する税（droit de greffe）を強制し、小教区の十分の一税から四分の一を取る権利（droit de geôle）、また、ロアンヌの町で真っ先にワインを売りに出す権利を有し、住民たちには小麦を粉に挽く場合、フーイアド公所有の水車を利用することを義務づけた、などである。彼は、ロアンヌから一里のところにボワジー城と農地（当然だが、小作人を使って耕作させていた）、養魚池を七つも八つも持っていた。また、何台かの圧搾機を所有していて、村々の葡萄栽培者たちに、その利用を強制した。

これらはフーイアド公の際限のない財産目録のほんの一部に過ぎず、公とその代理人たちが、なんらかの動きを見せたり異議を言い立てたり要求したことから記録された文書によって、たまたま明らかになったものである。たとえば一七〇五年から翌年にかけて、町の委託業者と争ったときとか、水車の利用を強制できる特権を取り戻すために見せた攻撃的なやり方などで、それらが図らずもロアネの状況を解明するうえで一つの光を投げかけてくれているのである。そこでは、封建制度は資本主義と巧く折り合わなかったのだろうか？

町の内情

私たちは、一つの時宜を得た研究（Serge Dontenwill "Roanne au dernier siècle de l'Ancien Régime" 1971）によって、アンシャン・レジーム末期のこの町の社会的・職業的人口構成とともに、考察のための豊かな素材を得ることができる。

この人口を第三次・第二次・第一次という産業区分で分けると、それぞれ一三・五％、五四％、二〇・五％という概数が得られる。合計が一〇〇％になっていないのは、完璧な調査として期待できないことを物語っているが、これらの数字から、一つの奇妙な構造が浮かび上がる。

一、第三次産業のなかには、地位の高い役人たちや司法関係者が含まれている。商人や宿屋の主人といった人々は、このうちの七%に過ぎない。

二、第二次産業の五四%という数字の大部分は職人で、その一九%が船乗り、船員である。

三、第一次産業の二〇・五%という数字は、日雇い労働者を含めたもので、土地を持っている農民と葡萄栽培者は七%しか占めていない。このことは、ロアンヌが周辺の農業生活の枠外にあることの証拠である。これは、大きな問題で、都市化の力に押されてそうなったのか、それとも、労働者が水運や陸上輸送の仕事に吸収されていったためだろうか? だからといって、特権階層や土地所有者たちは、町の周辺の土地に対し優越権を行使しなかったわけではない。ロアンヌは、自らに近接する田園への投資をやめたミュルーズのような町とは異なっている。

四、最後の一点として、大革命直前のころ、居住区分に関し明確な特殊化があった。職人と労働者は北部のカゼルヌ地区、南と西の周縁部、港の近くに住み、特権階層は山手と下町の中間、商人と役人、船乗りたちはロアンヌ島に住むようになった。これは、それぞれの仕事に合わせて、そのようになったと考えられる。

十九世紀から二十世紀にかけて起きた変化

以上に試みたロアンヌおよびロアネ地域の過去の活動についての研究では、農村と都市の間の均衡の問題に関し、かなりの欠落がある。有り余るほどの学術論文よりも、まだ調べられていない一片の資料のほうがずっと進展をもたらしてくれるであろうが、それは、いまの説明の段階で必要なことだろうか?

多分、ロアンヌのケースを最終的に位置づけるには、古くからの水運が消滅したあと、この町と周辺地域がどのようになったかを一瞥しておくべきだろう。すなわち、長期間にわたりロアンヌのよき従僕となるロワールの側設運河 canal latéral〔訳注・河川本道の航行できない箇所を迂回するため、並行的に設けられた運河〕が完成した一八三八年(ただし、この側設運河も現在ではあまり利用されず、廃墟同然の状態になっている)以降か、あるいは鉄橋が完成して鉄道網がこの町にまで到達した一八五八年から起こった変化である。

これらの出来事のために、ロアンヌ全体の繁栄が妨害されることはなかった。交通の要衝としてのロアンヌの地位は、一七六一年のジヴォール運河〔訳注・サン゠テティエンヌ盆地をローヌ川と結んだ〕や、一七八四年から一七九〇年にかけての中央運河〔訳注・ディゴワンとソーヌ川の間を繋いだ〕の開通でも変わらなかったように、十九世紀の変化でも揺るがなかった。加えて人口は急速に増大し、今日ロアンヌは、その拡大した居住地のなかで、住民数は一八〇〇年ごろの十倍にあたる一〇万以上になっている。そのうえ、十九世紀の間に、この都市は自らの領域に対する支配力を確固たるものにした。この領域とは、サン゠テティエンヌやリヨン、マーコン、ムーラン、ヴィシー、クレルモン゠フェランといった、ライバル関係にある近隣諸都市が地塁や移設困難な境界によってロアンヌに認めた半径六〇キロほどの範囲である。この領域は狭く、肥沃ではなかったが、十九世紀には、農村工業の仕事場がたくさん造られた。労働力は安価で、綿や絹の織物の普及をめざすリヨンの資本家やロアネ地域の小規模企業家たちを満足させた。しかも、こうした労働者たちは、すでに織物については熟練工であった。フランスの多くの村がそうであったように、農民たちは何世紀も昔から、自分で麻布を織ってきていた。「夏、人々が麻のゴム質を分離して精錬し、拡げて干す時期には、我慢しかねるほどの臭いが平野じゅうに漂った」。このような指先の器用さが受け継がれていたからこそ、十八世紀に始まり十九世紀に加速した「麻から綿への断絶なき移行」が可能だったのである。

そこで主役を演じたのは、明らかに、十三世紀のフィレンツェとトスカーナのラシャ製造業者のそれとさほどかけ離れていないアルカイックな形態の工業である。だが、この原初的産業あるいは産業革命以前の産業は頑健さをもっていた。工場と食料市場が近接していることから、安楽で健康な生活、少なくとも一種の均衡が創り出された。ロアンヌの工業の《パトロンたち》は、よその産業都市の労働者たちの騒乱に不安を掻き立てられ、工場の集中化や、まして機械化には二の足を踏んだ。それが、のちに、電化によってエネルギーの分配と作業場の分散が可能になったとき、彼らに救いをもたらすこととなる。当然、産業の近代化は遅れたし、これは、ロアネの場合、人々の活動に有利なように後押ししたのが世界情勢であっただけに尚更であった。たとえばロアンヌが鮮やかな色彩の綿布、いわゆる《ギンガム》(「ヴィシー vichys」と呼ばれた)製造の第一の中心になったのは、一八七一年、普仏戦争でフランスが敗北し、ミュルーズがドイツに併合されたことによってであった。この結果、一八九〇年まで、ロアネの織物産業は最盛期を迎え、一九二九年の世界大恐慌にも持ちこたえることができたのだった。さらに、メリヤス(maille)が現れると、ロアンヌは、この分野でトロワに次ぐフランス第二の地位を獲得している。

ロアンヌに構造的危機が現れるのは一九五五年以後である。それは、旧来の経済の骨組みそのものが崩壊したためで、驚愕と狼狽を呼び起こしたが、それでもロアンヌは、過去に達成した進展への自信を支えに、自らの町とその近辺の金属産業を経営し管理する仕事(これは第三次産業への飛躍でもあった)から利益を引き出すことによって持ちこたえた。

こんにちでは、世界とフランスを荒廃させている経済的・政治的・社会的・精神的危機がロアンヌにも現れており、未来がどのようになるか、誰にも分かっていないのが実情である。たとえば、すでに十四世紀に現れ、その後果てしなく続けられてきた国内の交通ルートをめぐる論議が、いままた現れてきている。すべてが繰り返しであるが、南北ルートでは、三つが競い合っている。一つはアリエ川に沿ってクレルモン゠フェランを通るもの。

第二は、ブルボネ地方からロアンヌとタラールを通ってリヨンへ向かうルート。第三はソーヌ川とローヌ川に沿っていくもので、この最後のルートが先の二つを圧倒し、ますます優位を固めつつある。これに加えて横断方向のルートの問題があるが、こちらはまだ不確定である。ナントとリヨンを結ぶ線、ボルドーからクレルモン＝フェランを経てリヨンに達する線があり、都市同士で争い合っている。この歴史のつづきを私たちは見通すことができない。しかし、こんどもまた、ロアンヌとロアネ地域の活力に信頼を置いてはならないだろうか？

工業と遠隔地商業の勝利――ラヴァル

本書の当初の構想では、ロアンヌの次は中央山地を挟んで反対側のブリーヴ＝ラ＝ガヤルドを取り上げ、そのついでにテュルとウッセルに言及するつもりであった。ブリーヴを建物の地階〔訳注・日本式でいえば一階〕とすると、テュルは樹林地帯（bocager）で二階、ウッセルはミルヴァッシュ高地に近い山上部分である。〔訳注・中央山地のクレルモン＝フェランから大西洋岸のボルドーへ向かって南西方向に下っていくと、まずウッセルがあり、つぎにテュル、そしてブリーヴがある。〕

私が最終的にこの計画を捨てたのは、短縮するためもあったが、ブリーヴ＝ラ＝ガヤルドがその名の示すとおり、堅固で物静かな町だからである。この「物静かpresque tranquille」という点で私が言いたいのは「問題がなく、自信に満ちあふれている」ということで、それは、二重の城壁で守られ、何本もの道がここで交差し、十八世紀には一度に五千頭もの家畜を集めることのできた市場の名声によって、努力しないでも得られた利益がもたらしたものであった。土地の肥沃さの点でも、この町の貴族やブルジョワは豊かな収入に恵まれていた。その一方で、町の人々は同業組合（corps de métiers）の規律で雁字搦めになっていた。

したがって私は、予定を切り上げて、気難しいバ＝メーヌ地方のラヴァルに到着する。この町は、「楽しくて悲しい」マイエンヌ川の盛り上がった右岸にあり、《古橋Vieux Pont》を通って川を渡ると、すぐ古い城と新しい城がある。古い町なので、複雑に様式が入り混じった記念建造物が重なり合っており、それらは、歴史家たちに中世および近世芸術について学んだ概念を思い出させて面白がっているかのようである。いずれにせよ、ラヴァルはフランスでも素晴らしい町である。イタリアの美しい諸都市と較べた場合、たしかにイタリアのそれのほうが美しく、まばゆさをもっているが、フランスの美しい町は、それぞれに自分を取り巻き支えてくれている特徴的な田園のなかに必死で潜り込んでいる。とりわけ、きのうのフランスでは、町（ville）は何よりもまず田園であった。

ラヴァルは狭い盆地の中心に位置し、十八世紀には人口ほぼ一万を数え、その石灰質土壌のもたらす利益（石灰窯は、かなり早くから設けられていた）のおかげで、この周辺のどこよりも裕福であった（あるいは、貧しくなかった）。

この町は、かつては塩税を免除されていた（franc salé）ブルターニュとの境界にあったので、何世紀にもわたって塩の密売が盛んであった。この境界地帯は「森と沼が入り混じり、密生する柊やエニシダの低木は、数歩離れただけで人間の姿を隠し、しかも地面を覆う苔は足音も消してしまった」。この塩密売人（faux sauniers）の王国が、ヴァンデー戦争のときは《ふくろう党員Chouans》〔訳注・一七九三年、ジャン・シュアンの指揮下に蜂起した反革命王党員〕の母国となる。ランディヴィ小教区の司祭は讃えているが、はたして彼は、「ほとんどノルマンディーとブルターニュの間の半島を形成し、外国とみなされていた」この地方が、密売の国であることを知らなかったろうか？　たしかに、ラヴァルは、塩の密売人という無法者たちと正式の関係はなかったとしても、国境の町として駐留部隊や軍隊は絶えずいたし、そうした兵士たちは、ほとんど例外なく密売に手を染めた。兵士たちだけでなく将校たちでさえ、塩の密売がもたらす利得に誘惑された。違反者は厳罰に処するとの国王からの度重なる禁令（たとえば一六八二年には、ガレー船漕ぎが課された）にもかかわらず、密売は半ば公然と横行した。一六九三年には塩の密売に関する調書が十二通遺されており、そのなかには、歩兵騎兵連隊（Mestre de Camp Général）などの兵士たちが数十人で農民の馬を奪ってブルターニュへ行き、すでに差し押さえられていた塩を塩税吏（gableux）を装って手に入れたが、その際、塩税署の役人たちと通行人まで怪我させたなどというのがある。

ラヴァルの町にとって兵士たちは、もめ事を起こさないでいたとしても、その存在自体が、宿営地の問題や食料の提供などといった悩みの種であった。一六九三年五月、騎兵六中隊が到着したときは、そうした大勢の兵士たちのための パンと馬のための秣や燕麦をどのように入手するかという問題がラヴァルと近在の住民たちを悩ませた。地方総監ミロメニルは、民衆の反発を心配して、馬の糧秣を提供する小教区から出されていた負担金下賜の要請を国王に提出している。この地方では、小麦は住民たちが食べていくのにさえ不足していたのに、新しい部隊がやってきたのであるから、事態は深刻であった。これだけの兵士たちに食べさせるには、一か月に一〇〇〇袋の小麦粉が必要であった。地方総監は「町のなかと田舎とを問わず、倉庫を開ける以外にない。あらゆる事態を想定し、最善を尽くさなければならない」と結んでいる。しかし、何日かのち、幾つかの紛争が生じ、総監は軍隊が直接市民から徴発することを許可せざるをえなくなっている。

食料提供の問題で市民の感情が高まったのは当然である。この地方は、何本かの流れの急な川で仕切られ、丘が起伏しているが、全体的に冷え冷えした不毛の土壌から成っている。「畑の多くは、十二年のうち収穫をもたらすのは四回か五回がやっとで、地力を回復させるには七年はつづけて休ませなければならない。その間にエニシダが生い茂ることによって土は肥沃さを取り戻すと信じられている。小麦の収穫はわずかで、多大な労力を注いでも、播種を一とすると、収穫量は三から五である。これに較べ、蕎麦は三〇から五〇倍、ときには一〇〇倍の収穫をもたらす。そのため、この穀物が、小麦もライ麦も値が高くて手に入れることのできない人々の主食になっている。もっとも、ライ麦のほうが小麦よりも多く栽培されているが」(E. Laurain 1939)。

公安委員会(Comité de Salut Public)〔訳注・革命政府によって一七九三年に創設された行政統括機関〕へのある報告書には、次のように述べられている。

「われわれは、通常のときでも四分の一から三分の一の土地にしか種をまくことができないが、こんにちでは人手不足のため四分の一にも届かない」。

栗の実も食料になったが、これがいつでもあるものでないことは明白である。また、ロワール川、メーヌ川、マイエンヌ川を経て、ナントの小麦がもたらされた可能性もある。

葡萄については言わない。ラヴァル地方では葡萄はごく僅かしか栽培されなかったからである。十五世紀以後、リンゴを醸造してシードル酒が造られるようになるが、これは専ら貧しい人々の飲み物であった。ただ、収穫が悪いときはワインと変わらない値段になることがあり、一七四一年には市立病院(Hôtel-Dieu)で貧しい人々にワインが振る舞われているが、これは、気前よさからではなく、シードル酒より水割りのワインのほうが安上がりだったからである。ラヴァルの町へは、近くのアンジューやオルレアネ地方から、年間二〇〇〇樽(一樽は四ないし五ヘクトリットル)のワインがもたらされていた。この量は、シードル酒や水を飲んでいた人口一万のこの町にすれば、そう悪いものではない。

家畜飼育についていえば、羊はほとんど飼育されていなかった。しかし、牛とこの地に特有の小型の馬はたくさん飼われていた。犂は、牛の場合も小型馬の場合も、普通四頭繋いで牽かせた。森や田園には野ウサギ、兎、山ウズラ、森バト、クイナ、鶉、ヤマシギなどが、ありあまるほどいた。

農民の状況は、十八世紀の間、さほど改善されていない。共和暦三年のころ、じゃがいもはまだ「ゆりかごにいる段階」で、特別に肥料を施した菜園や最良の畑で作られているだけで、広く食用にされるにはいたっていなかった。人工の牧草地は作られ始めたばかりで、広さは二十年間に三倍に増えているものの、肥料不足のため、「鋤で耕した土地」にしか作られなかった。唯一有り余るほどだったのが亜麻と木材である。この報告書は「リンゴと洋梨が我々の主たる補助食糧である」と結論している。

要するに、農業の収支はつましいもので、農民は《分益小作人 métayer》でしかない。このことは文書にも「われわれの土地の大部分は分益小作地（colonie partiaire）で、耕作する人々が自分のものにできるのは半分だけで、残りは地主のものになる」と書かれているとおりである。地主は、ほとんどいつも町に住んでいる金持ちたちであった。

したがって、ラヴァルの繁栄の源泉になったのは土地ではない。では、この町に繁栄をもたらしたのは、ここで交差し、お好み次第でレンヌへもアンジェへもル＝マンへも、マイエンヌへもカーンへも、さらにはペルシュ地方を経てアランソンへも行ける何本もの道だろうか？　否である。なぜなら、これらの道は、どれ一つとして、よい道はないからである。ル＝マンからラヴァル、そしてレンヌへ至る道が開通するのは一七七二年のことである。まして地域内の道となると、隣の農場へ行くのにさえ苦労するほどひどいものであった。「西部フランスでも、バ＝メーヌほど完全に孤立しているところはなかった。」（René Musset “Le Bas-Maine” 1917）

一七七二年より以前、旅人たち（セヴィニェ夫人も含め）が好んだのは、アンジェやナントを通る道であった。「物資の輸送は、馬に載せるか、ときには人間が担いで行われた」。おそらくマイエンヌ川を船で、ラヴァルとその先まで行くことができたが、この町の川下には二十二の水門があり、水車が設置されていたため、船の航行は妨げられた。

ここで、ロアンヌについてやったように、ラヴァルの町を中心に半径七〇キロの円を描いてみると、互いに競合し排斥し合う幾つかの都市の磁極にぶつかる。現在、一四万三〇〇〇の住民を擁するアンジェが七三キロのところにあり、人口一五万五〇〇〇のル＝マンが七五キロ、二〇万五〇〇〇のレンヌが七二キロのところにある。他方、ラヴァルはこんにちでも五万四五〇〇にすぎない。

結局のところ、誰もが驚かされるのは、こんにち県庁所在地として県から与えられた切り札や、様々な工業、土壌の改良によって得た牧畜地帯としての重要性ではなく、十七世紀以来この町が達成してきた実績の数々ではないだろうか？

そうした実績は比較的早い時期に実現されていたが、成功の要因は何だったのか？

第一は、ラヴァルが十七世紀以来、毎週火・木・土曜日の三回の市、年五回の大市によって貧しく従順な周辺地域を自分のところに惹きつけてきたことである。それだけでなく、徴税区のなかの各地でも市を開催した。バレーで四つ、グレザン＝ボワールで二つ、スージェで三つ、モンテシュルで八つ、コセで四つ、というように合計二十一に上る。

十九世紀初めのラヴァルの勢力圏はその徴税区とは一致していない。驚くことに、そのなかには大市が六十七数えられた。それらはラヴァル地方で飼育された子牛や子馬を近隣同士で売り買いするための《草市場 foires grasses》であったが、この商活動が町の財政を潤し、市行政の健全化に寄与した。同じころ、ラヴァルは中央政府の承認のもと、かつてのベネディクト修道院の土地と建物を併合して市の立つ広場を拡げている。要するに、ラヴァルは周りの領域を支配しないでは、やっていけないのである。他方、一八三一年には、町の人口が一万五八三〇、これを取り巻く小郡（canton）の人口が二万四六六九、郡（arrondissement）の人口が一一万四五七七で、町の住民が郡のそれに対して占める比率は一三・八％に達している。

しかしながら、ラヴァルの繁栄をもたらしたのは何よりも、遠方との通商と結びついた工業である。これは田園の貧しさから成長したもので、ある歴史家は「これらの手工業を支えたのが、この貧しさである。貧しい人々は、生きるためには安い賃金でも働かざるをえないからである」と言っている。(E. Laurain "Le Département de la Mayenne à la fin de l'an VIII" 1938-1939)

農村の家内工業が農民の収入不足を補っている地域はたくさんあり、このラヴァル近辺もその一つでしかない。その始まりは非常に古く(言い伝えによると一二九八年であるが、これには疑義も多少ある)、九代目領主ギィ・ド・ラヴァルの妻、ベアトリス・ド・ガーヴルの嫁入りにお供してきたフランドルの職人たちが、この町の織物産業を始めた〔訳注・ガーヴルGavreとはフランドルのヘントの南のGavre〕。バ＝メーヌ地方では、亜麻と麻の生産は古くから行われていたが、羊毛の生産は少なく、しかも毛の硬い品種だったので、ごわごわした毛織物しか作れなかった。それが、この職人たちの移住で、品質改良が行われたという。

実際にラヴァルで亜麻などの織物産業が栄えるようになったのは十七世紀以後で、その最盛期には何千という織り工が働き、商人たちは急速に富を増やした。これがヨーロッパの工業化の始まりとスペイン領アメリカやアンティル諸島の市場によることは少しの疑いもない。ラヴァルからは、晒していない布がトロワやボーヴェ、カーン、リヨン、ルーアンに出荷された。それらはそこで晒して仕上げられ、その多くが新世界へ送られた。ラヴァルの商人たちはアメリカへ向けて発送するために、運送業者や行商人を使ってサン＝マロやナントといったブルターニュ半島の港町へ運ばせた。商品は、そこからアメリカへの大型輸送船の基地であったスペインのカディス〔訳注・ジブラルタル海峡の近くにある〕へ運ばれたのであるが、サン＝マロやナントまでの運送に携わった業者たちは、ラヴァルへの帰り道は建築用の木材や鉄鉱石などを運んだ。こうして、バ＝メーヌ県に鉄工所や製鉄所が造られ、ラヴァルは亜麻布のおかげで鉄の市場としても発展していったのだった。

十八世紀中頃、「ラヴァルの中央市場では毎年二万から二万五〇〇〇巻の亜麻布が売られる。一巻一〇〇オーヌ（地方によって異なるが、パリの場合は一一八八メートル）で、晒して白く仕上げられたものもあれば、灰色のままで、上着の裏地に使われるものもある。仕上げられた布が一オーヌあたり二六ソルから、ときには一〇〇ソルで売られたのに対し、灰色の布は二〇ソルから五〇ソルまでである。ラヴァルには、この卸商が二十五軒あり、最近になってショレ〔訳注・アンジェの南〕でも綿のハンカチや綿糸が製造されているが、ラヴァルのそれらのほうが質がよい。」（"Journal de commerce" 1762.3）

現在の度量衡に換算すると、ラヴァルでの生産量は長さ二〇〇万から二五〇万メートルで、メートルあたりの単価を平均三リーヴルとすると、総売り上げは六〇〇万から七〇〇万リーヴルになる。そして、フランスのほかの織物産業、たとえばル＝マンの毛織モスリンと違い、ラヴァルの亜麻布生産はフランス革命のときまで一貫して成長している。

このラヴァルの町と周辺の村や町の活況ぶりを示しているのが、一七三二年にガスト川のほとりに設けられた新しい市場の盛況である。毎週土曜日、織物職人たちが自分の製品を担いでやってきて屋台の上に拡げ、それを客たちは手にとって吟味したうえで買い、マイエンヌ川やジュアンヌ川に沿って軒を並べている晒し職人（lavanderie）に託した。晒した布は近くの牧草地に拡げられたことから、この牧草地は「亜麻布をすばらしい白に変える」と称された。晒し工場の所有者は布を売り買いする商人たちでもあり、彼らは、晒していない布を自分のカネで買って白くし、それを売ることもした。また、六から八％の手数料を取って、フランス国内各地の商人たちのために仲介もした。

商人たちにとって、製品の仕上げ工程を請け負うこと（ラヴァルの場合は白く晒すことであり、ほかの町の場合は、毛織りの布を縮絨し染色すること）は、商品に最終的価値を付け加え、その利益を自分のものにできるとともに、市場全体をコントロールする手段にもなった。ラヴァルの商人たちは、フランス各地の大都市商人たちと連携し、リスクを伴う海外輸出による高い利得を狙った。この海外への事業展開のために駐在員として、彼らはためらうことなく、兄弟や息子、従兄弟をフランス南西部のバイヨンヌだのスペインのカディス、リスボン、さらには大西洋の彼方のカナダ、マルティニック、サント＝ドミンゴ、アフリカのギニアにまでも送った。ちなみに、一七五五年のリスボンの大地震で彼らが蒙った損害は三〇万リーヴルに達した。

彼らが力を合わせて商品や資金を積んでサン＝マロから送り出した船は、スペイン継承戦争のときも、アメリカの島々や南半球の海で商売しているし、一七一一年にリオ・デ・ジャネイロを懲罰するために遠征したデュゲー＝トルアンの艦隊にも彼らの商品が積まれていた。彼らは、フランス・インド商会の株式を買ったり、ミシシッピー商会に対する気違いじみた投機にも加わったりして、ときには失敗もしたが、そうした投機においても、基本的には慎重さを忘れなかったから、破産することは比較的稀であった。

しかし、資本主義的生活と社会生活の頂点に躍り出た他のフランスやヨーロッパの豪商たちに似たこれらの商人たちの問題にいつまでも関わっている必要があるだろうか？　彼らは嫌でも舞台の前面にいるので、家での暮らしぶりや仕事ぶり、妻の伴をして田舎の家に出かけたり、市の立つ日に小作人たちが野菜を届けに来たり指示を受けに来るのを待っている様子などは、いくらでも辿ることができる。その倉庫には、小麦やライ麦、蕎麦、塩漬け肉、果物、薪などが貯蔵されている。彼らはまた、カネに糸目をつけず官職を買ったり、封建領主から土地を買い取ったりした。カネの力で開かない門はなかったし、息子や娘たちのなかには貴族の仲間入りをしていったものも少なくなかった。

しかし、ラヴァルでは、ほかの町で起きたのと違って、そうした特権的な人々は、貴族になった人も、そうでない人も、ほとんどみんな、先祖代々扱ってきた商品に対して忠誠を失わなかった。ルクレール家、マレスト家、ギッテ家、ベルセ家、ドラポルト家、ビュッソン家、デュシュマン家、ルヌッソン家、ピショ家などがその代表で、「グラヴリーのピショ Pichot de Graverie」、「ウルリーのギッテ Guittet de Houllerie」、「クプリエールのベルセ Berset de Coupellière」といった具合に、その所有地の名で知られていた。

彼らの家族は昔の家父長制の伝統を色濃く遺し、破産から一族の名誉を守るために助け合う場合だけでなく、普段から互いの繋がりを大事にした。町の中心部にある彼らの家は、十八世紀には、より快適にするためモダンで美しく変わったが、着ている衣服は質素で、召使いも少ししか雇わなかった。十八世紀末にラヴァルにやってきて住み着いたある医者は、「この町の人々は、金持ちも貧しい人々も、少ししか肉の入っていないキャベツとポロネギのスープを食している。労働者たちの飲み物は水が普通で、シードル酒は特別のときにしか飲まない。よほどの金持ちでも、普段飲むのはシードル酒で、贅沢な物を食べワインを飲むのは宴会のときだけである」と記している。(J.M.Richard "La Vie privée dans une province de l'Ouest, Laval au XVIIe et XVIIIe siècles")

しかし、町の重要な役職は少数の豪商たちが独占していた。町なかでも田舎でも、仕事の仕組み自体が彼らをアーチの要石として組み立てられ、彼らに有利なように組まれていたから、ほかの行き方があったろうか？十七世紀末のある観察者は、こう説明している。「ラヴァルの商業は三種類の人々によって支えられている。一つは、あらゆる取引を牛耳っている三十人ほどの商人たち。第二は、糸を買い入れ五百人ほどの織り工に仕事をさせている親方衆。第三は、五千人ほどの労働者で、このなかの最も豊かな人々でも、全部で百リーヴルの財産ももってはいない。」(F. Dornic)

事実、このような階層分けは、立場の違いと呼応していた。ラヴァルには、原則として、親方衆と労働者の数を制限した同業組合の規定はない。市場には誰でも自分の仕事の成果を持ち込み、自由に売ることができた。しかし、一つの従属関係のシステムが存在した。たくさんの織り機と、ときには晒し場を所有し、原材料を即金で買ってきて雇い人たちに作業をさせ、それを市場で売る親方がいる一方で、一人か二人の職人と一緒に作業し、製品を売ったカネで次の原材料を仕入れて、仕事をなんとかつないでいる親方たちもおり、後者は、しばしば前者のいうなりにならざるを得ない。しかも、大型企業は、小規模の経営者を食い物にしたので《癌《ガン》》と呼ばれた。あるいはまた、状況は先の貧しい親方と変わらないが、自分の道具を所有し、妻や子供たちと一緒に働いているかなり幸せな労働者もいれば、労賃でなんとか食っている人々や、農業を兼業しながら我が家でパートタイム的に仕事をしている人々もおり、メーヌ地方の農民たちは、ほとんどがこの部類であった。したがって、一七三二年、新しく建設された取引市場でそれまでの慣習的な売買条件を変えようとした織り工たちの運動が不発に終わったのは、当然ではなかったろうか？

このラヴァルで起きたと同じことが他のところでも起きた。全般的に、貧しい職人たちは町の周縁の農村地帯（ラヴァルの場合はココニエール地域がその代表であった）に散らばっていたのに対し、裕福な商人たちは町のなかで集団を作り結束していた。これは、ルーアンやランス、ル＝マンやアミアンといった、十七世紀末に綿布や薄手の毛織り産業が定着した諸都市では、どこでも同じような状況であった。

ラヴァルは、まわりが貧しい農村地帯だったので、遠隔地との通商を優遇する仕組みを創り出したよい手本である。貧しい織り工がクラオンの市場（ここでは、最高品質の糸が売られていた）で亜麻糸を買い入れたがったとしても、そのために必要な資金を誰が用立ててくれただろうか？　遠隔地との取り引きの場合、代金の回収には時間がかかったが、それを待つ間に必要な資金を誰が貸し付けてくれただろうか？　布の晒し工場を作るのに必要な資金を誰が投資してくれただろうか？　しかも、不況になって（しばしば起きた）生産システムが動かなくなったときに最も打撃を受けるのは織り工である。

ラヴァルの工業が繁栄したのは十八世紀末までで、このころから遙か遠くのライバルによる圧迫の波が強まる。ポーランド産の亜麻糸で織られたシレジア（訳注・北ドイツ）の布が入ってきた。これは、品質はバ＝メーヌのそれと変わらないのに、労賃が低いのでずっと安価であった。フランス革命とともに事態は悪くなり、新世界向けの輸出は停止し、さらにヴァンデー戦争の影響で破局的状況に陥った。——遠方との関わりで創り出されたものは、遠方からの影響で死んでいくのであって、ラヴァルの最初の幸運は、日食のように暫くの間、光を失う。

カン——都市の一つのモデル

カンは、重要な町ではあるが、第二級の都市でしかない。パリ、ルーアン、ナント、ボルドー、マルセイユ、リヨン、リール、ストラスブール、トゥールーズそのほか、ずっと早くから、この町より優位に立ってきた都市は幾つもある。一六九五年の住民数二万六五〇〇というのはかなりのもので、しかも、一七五三年(この三年前に城壁が撤去され市域が拡げられている)には三万二〇〇〇、一七七五年には四万〇八五八と増えたが、一七九三年には革命の影響で三万四九九六に減少している。(Jean-Claude Perrot "Genèse d'une ville moderne, Caen au XVIIIe siècle" 1975)

いずれにせよ、カンはノルマンディーの肥沃な田園地帯の中心にあって、職人は有り余るほどおり、工業製品は品質の高さで評判を呼んだ。この町は、水源を海の沿岸部に近いところにもつオルヌという短い川の河口から十五キロほど入った、オドン川との合流点に位置している。潮の干満が感じられるカンの港は、泥の堆積が甚だしく、十七世紀には、二〇〇トンほどの船でさえ、分点潮 marées d'équinoxe〔訳注・春分と秋分〕にしか遡ってくることができなくなり、その運送活動は危機に瀕した。通常入港できるのは数十トン級の平底船だけである。この町が海運で再び活気づくのは、一八五七年のオルヌ川側航運河の完成によってである。

カンは、ありふれた規模の町であるが(あるいは、そのゆえに)、ジャン=クロード・ペローが綿密に叙述しているように、全般的都市史を考察するうえで幾つかの有効な視野を開いてくれる。十八世紀は、まだ都市はその前の数百年から引き継いだ遺産から解放されておらず、それでいて、すでに新しい選択を迫られていたころで、いわば「時代の分水嶺」を観察するのにお誂え向きの時代である。

とりわけカンの発展がスローペースであったことは、もう一つ別の利点になっている。この緩慢さのおかげで、当時の人々も現在の私たちも、観察しやすくなっているからである。私が、この段の見出しを「Caen, un modèle urbain ou plutôt une référence」としたのは、このためである。カンが『チューネン圏』と呼ばれる経済的つながりの環状地帯を非常に古典的なやり方で自分のまわりに発達させたのは、驚くまでもない。

すでに述べたように、これは、都市の周辺地には、その都市の消費生活との関係で幾つかの区分が生じ、輸送の困難と緩慢さのために、緊急を要する物資ほど、それを供給する地域はその町から近いところになければならないというものである。もちろん、パリのような怪物的な胃袋とカンのそれとでは違うが、このバス＝ノルマンディーの首都にも、それに適応した規模で何重かの暈の環が形成されている。

第一の環は《野菜の栽培圏l'aire du maraîchage》で、これは、菜園とさらには城壁内にある小牧場から始まって、家々が建っているところから一里半あたりまで広がっている。その広さは五〇〇〇ヘクタールほどで、そのなかには一ダースほどの小さなコミューンが含まれている。この環状地の利点は、町の市場との距離の短さにあり、細かく分かれた農場の経営者たちは、まずまず裕福な生活を営んでいる。この帯状地のかなりの部分が小麦の栽培に割かれているのは至極当然のことである。実際に、町が日々消費する野菜は五〇〇〇キロ、牛乳は二〇〇〇リットルで、いずれも大した量ではない。牛乳は、栄養の補助でしかないか、または、薬屋へ回されて種々の治療薬の材料になる。したがって、チューネンによれば野菜の栽培と牛乳生産のためのゾーンであるここにも、食糧の王である小麦がかなりの比重で入り込んでいるのである。

第二の環状地は六万六七〇〇ヘクタールという広大なもので、カンの場合、西はスール、東はディーヴ、北はマンシュ、南はサンレーの森にいたる、肥沃な泥土質の田園がそれに当たる。その特色は、もっぱら小麦畑であることで、三圃制が維持され、馬に牽かせた犂で耕される。南西のほうの《ボカージュ地帯》になると、大麦、ライ麦が小麦に代わっていく。蕎麦の栽培が優勢になるのはドンフロンテ〔訳注・アランソンの西方〕あたりからである。

さらに離れると、牧畜ゾーンと森林地帯になる。

このようにカンの食糧事情は、小麦に関しては供給が確保されており、ほとんど常に過剰気味なくらいである。この時代、ヨーロッパじゅうのあらゆる都市が食糧倉庫を建設し、不測の事態に備えていたのに対し、カンは全くそうした心配をせずに済んだほど、不作の年でも欠乏することはなかった。

一七七一年の一日一人あたりの小麦消費量は約五三五グラムで、カンの年間総量は八万一〇〇〇キンタルである。週ごとの市が町ごとに〔全部で百三十一のコミューンがあった〕回り持ちで十一か所で開かれたし、カンの町へは毎日、四輪や二輪の荷車で食糧が運びこまれた。

この食糧補給が稀に滞ることがあり、一七二五年と一七五二年、一七八九年と一七九〇年に、そうした事態が起きた。〔訳注・一七二五年は、大飢饉。一七五二年も物価が騰貴し、フランス全土で一揆が起きている。一七八九年は大革命が勃発した年である。〕そうしたときも、市当局はル・アーヴルに交渉すれば充分であった。英仏海峡に臨む海港のル・アーヴルには、オランダやイギリスの小麦がいつでも陸揚げできる状態だったからである。したがって、よそでは十八世紀に品種改良が進んではじめて得られた需要と供給の均衡が、カンでは確保されていたわけである。たとえば、カンでは、一七四〇年から一七七五年の間に小麦の占める比重が一〇%増加し、それと同時に、改良型の挽き臼が町の七か所の水車で使用され、消費の半分をまかなうようになっている。すべての人が白パンというわけではなかったが、小麦から作ったパンが全市民に確保された。

それ以外の物について見ると、肉は、カン周辺の農村が供給できる分では町の需要（年間一人あたり三〇キロ）をまかなうことができなかった。というのは、ディーヴ川の湿地帯を別にすると、カンの周辺は専ら穀物を栽培していて牧畜は行われていなかったからで、そうした補助食糧は、少し離れたボカージュ地方からの供給に頼った。そこでは、昔から牛と羊の飼育が行われ、量は多くないが豚の供給地でもあった。他方、カンには海からさまざまな魚介類がもたらされたし、オルヌ川では鮭、鰊の一種で産卵のために遡行してくるアローズ、八つ目ウナギなどがたくさん獲れた。

葡萄は栽培できなかったが（無謀にもアルジャンスの丘陵に造られた病弱そうな葡萄園を葡萄栽培の例に挙げうるだろうか?）、シードル酒は充分にあった。この地方では、古くは「セルヴォワーズ cervoise」と呼ばれ、古代ガリア人伝統の飲み物であった大麦ビールや梨酒が愛飲されていたが、少なくともここ何世紀かは、それらを押しのけてシードル酒が優位を占めてきた。一七三三年、カンで居酒屋が取り寄せたワインは一〇〇五壺であったのに対し、消費されたシードル酒は、その四十倍以上の四万二九一六壺である。

そのような需要を満たすために、町に通じる道は、シードル酒の樽を積んだ四輪や二輪の荷車が絶えず行き来した。この重みと頻繁さのために、悪い道がさらに傷めつけられたうえ、輸送費もかかったので、オージュ地方では、シードル酒を蒸留酒にして出荷するようになった。これが《カルヴァドス calvados》で、荷車による輸送よりずっと高くつく馬の背にのせて運ばれていることから、おそらく一七一三年以後造られるようになったと考えられる。そして、これは多分、カンにおけるアルコール依存症の増大と関係があり、この害についてはかなり早くから警告が発せられている。

よそではワインと小麦について見られる値段の変動が、ここカンでは、シードル酒と小麦の間に見受けられる。

カンの地方総監によると、一七七二年はリンゴの収穫が悪く、それが麦の消費量に影響している。「酒を飲む量が減ると、食べる量が増える」からである。同じく一七七八年にも「飲み物の不足が麦の価格上昇を招いている」。一七七九年と一七八一年には、逆の現象が現れている。

だが、食べ物と飲み物のこの対照表をさらに押し進めても、多分、役には立たないであろう。カンはロアンヌやラヴァルなどと較べて、羨ましいほど均衡ある供給を享受している。

もとより、あらゆる町と同様にカンでも、日々の需要を充たす仕事によって、たくさんの職人や商人が生計を立てている。そうした職人たちには、《同業組合》に加入し規約に縛られている人たちもいたが、自由な人々もいた。彼らも多くは一般市民のためのありふれた仕事を引き受けたが、何人かは金持ちの客の奢侈に奉仕した。しかし、これは流行に左右されたから、不安定な立場でもあった。

だが、なによりも興味深いのは、工業industrie（これは、前に「pré」をつけるも「proto」をつけるも、お好み次第だが）が町の中に根づいたことである。十八世紀には、工業の波が四つ、つぎつぎと起きている。豪奢な毛織物、並の織物、つぎにメリヤスや亜麻布、そして最後がレース布である。

私がここで「波」という大仰に聞こえる語彙を使ったのは、要するに、次々加わっていったのではなく、入れ替わったと言いたかったからである。そのそれぞれが盛り上がったかと思うと後退し、やがて消えていった。これは、産業の普通の動向から生じうることであるが、カンでの現象には特殊な原因があり、それが製造業の発展全体にブレーキをかけたのではないだろうか？

かつては、ある産業がある地に根を下ろすのを可能にした条件として、二つの場合がありえた。一つは、そこが食料生産にゆとりのある地域で、そのことが労働者たちを惹きつけた場合である。ジャン＝クロード・ペローは「かつての工業の立地条件は、そこが《食料生産地帯bassins alimentaires》であることだ。これは、産業革命時代の工業が《鉱山地帯bassins miniers》に集中したのと同じ必要性による」と書いている。もう一つは、それとは逆に、食料資源に比して人口が過剰な地域で、それが安い労賃の労働力を生み出している場合である。たとえばロアンヌやラヴァル、銅産業で有名なノルマンディーのボカージュ地方（とくにヴィルデュー＝レ＝ポエル）などである。

カンは、このうち第一の場合であるが、これは、工業にとって有利だったであろうか？ いずれにせよ、工業がそこでしっかり根づかなかった原因は、国家や税の重圧（ほかのところでは、よくあることである）のせいでもなければ、旧来の同業組合から敵視されたためでもなく、周辺の田園の豊かさが社会的・経済的結果として工業の発展にブレーキをかけたためである。ジャン＝クロード・ペローが書いているように、カンの場合、「農業が工業の召使いになること」を妨げたのは、土地の肥沃さであった。

まず、農業は安い値段で充分な原材料を町に供給するのを拒む。亜麻と麻は僅かしか栽培されず、質もよくない（レース糸はオランダかピカルディーから輸入された）。羊毛も質は並以下で、しかも値が高いので、イギリス産の羊毛に頼らなければならなかった。これはバス＝ノルマンディー全体にとって障碍になった。逆に、オート＝ノルマンディーの田園地帯は、それほど肥沃ではなかったので、ルーアンやその近くの工業の需要によろこんで応じた。

他方、カン周辺地域は、人口密度が高く（平方キロあたり七〇から八〇、ときには一〇〇人に達した）、町への移住者をある程度は提供したが、それなりの広さの土地をもち、食生活にも恵まれている農民たちは、自分の家に留まろうとする傾向を示した。このため、この町の労働市場は、少なくともルイ十四世の時代以来、成長しないできた。一七六四年、ある工場検査官（inspecteur des Manufactures）は「かくも久しい昔から熱望されてきた労働力を充分に手に入れることができないとすれば、われわれは、どうしたらよいだろうか？」と嘆いている。農民たちは充分に生活にゆとりがあるので、自分の家でする補助的労働に関しては、あくせく求めなかったし、高値でしか引き受けなかった。一七一五年から一七二四年までの間に、王立工場の織り機の四分の三が製糸工不足のために停止している。一七六六年、村人たちは「糸紡ぎの仕事に対して工賃を増やしてくれないから」と仕事を放棄している。

農民の豊かさがもたらした結果は、ほかにもある。都市の投資が農民たちによって買い占められたことである。そうした資本が拠り所としたのは、圧倒的に土地（約四〇％）であり、その地代であって、事業への投資はきわめて僅かであり、合資会社への出資や商業への金融などは、まだほとんどされていなかった（〇・五％そこそこ）。工業の事業家や商人たち自身、その資産のうち経営のために回転させたのは平均四〇％で、残りは不動産にした。事業が行き詰まった場合、まず犠牲にされたのは地代の有価証券であり、不動産は可能な限り手放さなかった。

そこには、幾つかの理由があったが、その理由のなかで経済に関わるものは一部分でしかない。もとより、この肥沃な田園にあっては、土地と地代は確実な利益を生む資産であり、産業革命以前の時代にあっては、工業はそれほど有望な分野ではなかった。事業家で財をなすのは、ラヴァルにおけるのと同じく、同時に《豪商》として、その製品を遠方との通商という、リスクを伴うが有利な循環のなかに投入することによってである。ところが、土地によって平和的に生きようとすると、冒険や気苦労を嫌い、大胆な投資がもたらす不安定さを軽蔑する精神的態度に陥りやすい。

カンの場合もそうで、不動産による収入が町を侵略し、命令し、眠らせた。これをジャン＝クロード・ペローは「地域的冬眠」と喝破している。これは過激な表現ではあるが、言い得て妙である。カンは、新しい需要や誘惑に対してあまり心を開かなかった。冒険的な何人かが鉱山に投機したが、あくまで、この町のなかでのことであった。何人かの弁護士や王室の役人が新しい経済理念を唱えたが、大きな反響は呼ばなかった。市の産物に直接関係する織物の原料についても、一七五〇年以後、技術上の革新がフランス全土にわたって公式に奨励されたが、それに対してすら、カンはあまり熱心ではなかった。これは、ルーアンが技術革新に熱心で、イギリスへ産業スパイまで送っていたのと対照的で、カンは少なくとも五〇年は遅れていた。その商人たちが外国製品に触れるのは、カンやギブレーの大市を介してだけであった。

フランス国内においてさえ、彼らの行動範囲は、ノルマンディーからブルターニュ、パリ周辺を越えることはなく、東部フランスも南仏も彼らにとっては無縁であった。フランスを巻き込んだ海外貿易熱がカンに達するのは、十八世紀も末になってからで、それ以前は、ごく稀に、偶然のように、幾人かの個人が海運会社に投資する程度であった。もと奴隷船の船長で、カン市民のル・ヴァニエは、一七八一年に発刊した海外貿易の利点についての小冊子のなかで、カンで唯一の投資銀行であったゴルティエ銀行の一七七五年の倒産に言及している。彼は、この銀行が四％の利息で資金を借り入れたが、その運用法が拙かったことを指摘し、「このような無策ぶりは、私には理解できない」と憤慨して、十隻か十二隻の武装船をもつだけで充分だったはずだと書いている。

それは、そうである。しかし、昔からの慣習と既得権がもたらす平和的・良識的利益に執着しているこの町を、どうすれば覆せただろうか？　この町がヴィユー＝サンテティエンヌ教会や幾つかの素晴らしい大修道院の塔から見渡せる地平線の内側に行動範囲を限り、それより先には行かないで生活することに満足していたときにあっては、重農主義的な知恵こそ人々の誇りだったのではないだろうか？

カンが影響力を及ぼした東側の境界線はディーヴ川で、それより先のことには、あまり心配していなかった。この小さな川の向こうではルーアンが優勢を誇っていた。ルーアンはたくさんの記念建造物を擁し、巨大な富を集め、広大な世界へ向かおうとする本物の首都であった。

要するに、カンの不運の原因は、自らの内に安住し過ぎ、困難な事態に直面しても尻に火がつかなかったこと、障碍が眼前に立ちふさがっていても見ようとしなかったことにある。

大都市に与えられた席

一七八七年から一七八九年にかけて地方総監たちの調査によって、王制フランスの各都市の住民数が明らかにされている。その上位十二を挙げると、次のとおりである。

一	パリ	五二万四一八六
二	リヨン	一三万八六八四
三	ボルドー	八万二六〇二
四	マルセイユ	七万六二二二
五	ナント	六万四九九四
六	ルーアン	六万四九二二
七	リール	六万二八一八
八	トゥールーズ	五万五〇六八
九	ニーム	四万八三六〇
十	メッス	四万六八三二
十一	ヴェルサイユ	四万四二〇〇
十二	ストラスブール	四万一五〇二

そのほか、人口三万以上の都市を挙げると、次のようになる。

オルレアン	三万五五九四
ブレスト	三万三八五二
モンペリエ	三万三二〇二
トゥール	三万一七七二
トロワ	三万〇七〇六
ランス	三万〇六〇二

読者は、これを見て、ボルドーがその最盛期においてはマルセイユを凌いでいたことに注目されるだろう。しかし、これは、一つのデータに過ぎない。

もし、フランスの全人口（当時はおそらく二九〇〇万人）との対比で見るならば、フランスの都市化の度合いは、イギリスやオランダに較べて、それほど進んだものではなかったことが分かる。パリは全人口の五十ないし六十分の一であり、上記十二都市の住民の総計一二四万九八九〇も、フランスの全人口の二十三分の一でしかない。こんにちパリとその周辺には、ほぼ五分の一の国民が集まっている。したがって、昔は、これらの大きな都市以外に何百、何千という中小都市や大きな村といってよい町（bourg）があったのであり、このことは、かつてのフランスの都市化が未完成であったことを示している。

だが、これらの例外的に大きな都市（これをアンドレ・ピアティエは《villes-villes》と呼んだが、望みとあれば《survilles》と呼んでもよいだろう）は、今の私たちから見れば狭いこのフランスの国土のなかで、どのような席を占めていたのだろうか？

このうち四つ（ルーアン、ナント、ボルドー、マルセイユ）は港湾都市であり、ほかの四つ（リヨン、ストラスブール、メッス、リール）は内陸の国境地帯に位置している。海に近いが、さほど海と結びついていないニームは別にしておこう。残りの三つ（パリ、トゥールーズ、ヴェルサイユ）は国内的都市（villes intérieurs）である。このうちでも最後のヴェルサイユは、パリと目と鼻の先にあって、両者の間の道路はタクシー〔訳注・原書では「voitures de louage」となっていて、これは「貸し自動車（レンタ・カー）」の意だが、タクシーのほうがピッタリくる〕が頻繁に行き来していて、すべてが「パリの支店」のように結合しているから、パリにくっつけて除外してもよい。

総括していえば、海に面しているのと内陸のそれを含めて、十二都市のうち九つが国土の縁にあり、人口面でも、十二都市の総計の半分（六二万六四三六）に達している。これら周辺部の都市は、その基盤をフランスの内外に同時にもっている。ルーアン、ナント、ボルドーは、少し内陸に引っ込んでいるが英仏海峡、大西洋、北海、バルト海、アメリカ（カナダ、アンティル諸島、中南米）、極東とも結びついている。ニームはラングドックの縁にあるが、このラングドック自体、自分の境界線をはみ出ている。

マルセイユはバルバリー的〔訳注・チュニジアなど北アフリカ〕・近東的都市であるが、より正しくは地中海（la mer Intérieure）の都市である。リヨンは、現代においてはドイツやスイスの交通輸送を自らのほうへ誘導しているが、過去には長い間、その幸運の本質的なものを、イタリアに負った、いわば「イタリアの外にあるミラノ Milan de l'extérieur」であった。リールはフランドルやオランダ、イギリスと結びついてきたが、これは、十七世紀以後のヨーロッパの最も進歩的な世界と結合していたということである。

そして、ストラスブールがこのリストの末尾にあってみすぼらしく見えるのは、一六八一年にルイ十四世が力ずくで併合したときは国際都市であったが、ドイツが視線を西のアムステルダムに向け、通商ルートもストラスブールよりもリヨンとイタリアのほうへ開いたため、先にフランスのものになっていたアルザスの首都という地方都市になってしまったからである。こうしてドイツの経済はストラスブールを袖にしたのだが、これは、スイスのバーゼルに対してやったのと同じであった。

まだ残っているのがメッスの位置づけである。これについては、あとで述べることとなるが、メッスはドイツと低地諸国のほうへ顔を向けており、何よりもフランスにとっては、ライン地方を監視するために設置した巨大な《軍事的首都 capitale militaire》である。ライン地方はフランスにとって、いつ戦場になるかも知れない不安な地域なのである。

パリを別にすると、唯一の国内的大都市がトゥールーズである。この二つの都市のもつ重みには、過去も現在も恐ろしいほどの違いがあるが、それにかかわらず、よく見ると互いに似ており、そこには理由がある。それは、一方はパリ盆地、他方はアクィテーヌ盆地というフランスの二大堆積盆地の重心であることによるのではないだろうか?

トゥールーズを有利にしているのは、中央山地と地中海、ピレネー山脈、スペインと大西洋に向かい合っているその地理的位置であり、その生活は近くにある豊かな穀倉地帯によって支えられている。セーヌ川と較べることはガロンヌ川にとって有利ではないが、一応対比できる。トゥールーズは何世紀もの間、混交的で天分豊かなラングドックの文化世界に君臨してきた。もしも、歴史が味方をしていたら、イル゠ド゠フランスの言葉と同様、ラングドックの言葉が、ローヌ川も大西洋も越えて、広大な世界を征服していたかもしれない。そのときは、トゥールーズがもう一つのパリになっていた可能性がある。こんにち、トゥールーズは、その工業と、その都市圏の六〇万の人口をもって巻き返しをしているのだろうか？〔訳注・トゥールーズは航空機をはじめ、現代の先端産業の中心になっている。〕

このような考えは、おそらく突飛に見えるであろうが、これは、《オイル語》と《オック語》という二つのフランスの共存という本質的問題と合致していないだろうか？ しかしながら、パリは、かつてオルレアンだのランスといったフランスの歴史の重心となりえたかもしれない北フランスにおけるライバルたちの光を奪ってしまったように、この『スミレの町 ville de la violette』〔訳注・「トゥールーズのヴィオレット」というスミレの花の砂糖漬けがある〕を屈服させ、遠くから殺してしまったのだろうか？

だが、《北フランス》と《南フランス》のほかに、さらに二つのフランスがあるのではないだろうか？ すなわち、《内陸のフランス》と《外辺のフランス》がそれで、両者の間には不断の抗争、あるいは少なくとも対立がある。このように内陸都市と外辺都市の間の対立は、度合いの違いこそあれ、フランスだけの現象ではなく、さまざまな国の生命と世界の運命を左右してきている。たとえば、ロシアでいえばモスクワとサンクト＝ペテルブルグ、スペインではマドリードとセヴィーリャあるいはカディス、ドイツではベルリンとハンブルク、オーストリアではウィーンとトリエステの関係である。

フランスでは、海に面した外辺都市は、ともすれば中央に対し離反的であった。それが顕著な形で現れているのがマルセイユの場合で、独自の繁栄を築いてきた非常に古い都市である〔訳注・マルセイユの淵源は古代ギリシア人の植民都市、マッシリアに遡る〕だけに、頑強な自立的党派心をもっており、それがフランス国家の仕組みのなかに組み込まれるのを遅らせたことは明白である。マルセイユの人々は、長い間、自分を「フランス人」と名乗ることさえ拒んできたほどであった。

ルーアンとナント、さらにボルドー（フロンドの乱のときとジロンド党のときは別にして）は、最も従順な町であるが、だからといって、いずれも独自の町として、首都パリや内陸の厚みのあるフランスとは全く異なる関心、興味、好奇心、生活空間を保ってきたことに変わりはない。

外辺都市のなかで唯一、パリのライバルとなったのがリヨンである。自ら意識することは稀であったが、それでも、その助役たちは「リヨンは第二の都市だが、王国で最重要都市である可能性をもっている」と言っている（一七〇六年二月十日）。リヨンは大市と通貨（摩耗を見越しての超過量目）、信用状、そしてラインの彼方やスイスから来ている実業家たちの町、様々な取引の中心であり、長い間フランス王国の金融と資本主義の磁極であったが、パリから離れているので、パリの警戒心と憎悪の的にならないで済んだのであった。

しかし、十八世紀末には、パリが、その活気を見せる証券取引所（Bourse）とともに、ロー〔訳注・イギリス出身の財政家で、兌換券発行銀行を設立して王立銀行としたが、紙幣の乱発によって最後は経済恐慌を招いた〕の時に較べて派手さでは劣るが堅実な取引熱が高まると、フランスの通貨のコントロール中枢に返り咲き（あるいは、取り戻す勢いを示した）、リヨン対パリの対決は、「陸対陸」の、どちらがこの国土を掌握するかという争いになった。考えてみれば、パリとルーアンまたはナントの間の、「陸対海」の真の対決がなかったことは、フランスにとって（あるいは、過去を一風変わった要求をもって回顧する見物人である歴史家にとって）、なんと不幸なことであろうか！　歴史はフランスに対し、奇妙にも、この対決を拒絶してきたようである。

パリは並の都市か

経済学者や地理学者あるいはエッセイストが何と言おうと、私は、パリが《都市の都市 ville-ville》となっている今日においても、通常の都市としての空間的境界や規範、運命に当てはまらないとは考えていない。それは、他の都市よりも、また、時の経過につれてますます、大都市と大都市の協調に囚われてはいるものの、「都市ville――町bourg――村village」という通常の文脈からはみ出しているわけではなく、そう見えるのは外見だけに過ぎない。

こんにち巨大都市それぞれが世界に直接語りかけ、その声を聞き、追随しているが、そうした現代でも、それぞれが自分の根をもっていて、そこから離れて勝手気ままに生きることはできない。この真理は、常にその時代の人々にとって怪物的都市であったかつてのパリも、よく観察すると、古くからの都市化の規範に従っていたことがより一層見分けられるであろう。

パリが、幾つもの重要な道の交差するところに位置していること、河川の水路が有利に働いたこと、――こうした単純な真理は、最も簡単な地図によっても明らかである。ヨンヌ川によって筏に組んだ木材や船に積んだワイン樽が運ばれてきたし、水流の変化が激しいマルヌ川も、規則正しく流れるオワーズ川も、海に着くまで蛇のように複雑に曲がりくねりながらゆったり流れるセーヌ川も、パリのために奉仕してきた。これと同じようにリヨンがローヌ川とソーヌ川の合流点にあることによって、はたして同じくらい利益を蒙ってきたといえるのか、私は知らない。

あらゆる町と同様、パリは何本かの道が交わるところに建設されている。一つは南北方向の軸で、もともとサン＝ジャック通りが走っていたが、あとからサン＝マルタン通りが加わった。もう一つは東西に走る軸で、セーヌ川右岸のそれがサン＝トノレ街である。時代がくだって、新しくサン＝ミッシェル大通りとセバストポル大通りという二本の南北軸ができる。他方、一八〇〇年にはこれと直角に交わって走るリヴォリ通りの建設がはじまった。こんにちもパリの力を誇示して造られた偉大な記念建造物が見られるのは、これら新旧軸線上と、それが交わる地点の周辺である。

このパリの運命については、国家が熱心な職人、慈しみ深い仙女として、すべてを推進し承認してきた。この特権的都市には、膨大なカネが流れ込み、積み重ねられ、豪勢に使われた。その成功と寄生的生活は、王国のあらゆる力〔とりわけ政治の力〕によってもたらされたものである。《啓蒙の世紀siècle des Lumières》〔訳注・十八世紀のこと〕、ヨーロッパじゅうの両替商たちは、ヴェネツィアと同じように、パリにもってくれば現金を手に出来ることを知っていた。(Andrea Metra"Il Mentore perfetto de'negozianti" 1977)

こうした金銭の氾濫と行き過ぎた寄生的生活は、フランスの頂点に立つパリだけのものであったが、結局は、あらゆる都市も拝金主義に染まり、生活は高くつくようになっていった。一八〇〇年ごろ、シャトールー〔訳注・パリから二五〇キロほど南のアンドル県の町〕のような貧弱な都市でさえ、周辺地域に較べて生活費の高さで記録を打ち立てている。

どの都市も同じだが、それ以上に、パリは移住民が集まってくる溜まり場で、乞食、浮浪者、貧民たちが入り込んできた。何ものも彼らの《来襲》を食い止めることはできなかった。彼らに対しては、パリ警察の信じがたいほどの荒々しさも役には立たなかった。犯罪者や乞食の数の多さに較べてパリの警察は、余りに人員が少なく無力であったことから、常軌を逸する荒っぽさを示したのだが、それは、パリの歴史にとってだけでなく、フランスの歴史全体における《地獄》の様相を見せている。(Christian Romon"Mendiants et vagabonds à Paris, d'après les archives des Commissaires du Châtelet (1700-1784)")

あらゆる都市と同じく、パリでも、自身との格闘の連続であった。その顕著な表れが街区ごとの特殊化と地区による序列化である。職人の工房や貧しい人々の住まいはサン＝マルセル大通りやサン＝タントワーヌ大通りのほうへ追いやられた。〔訳注・大通りfaubourgと名づけられているのは、かつて城壁の外であったのが市街地になったものである。サン＝タントワーヌ大通りは右岸のバスティーユの東にあり、サン＝マルセル大通りは左岸で、リュクサン

ブール公園から東へ行ったあたり。〕

同時に、十八世紀には、国家自体の大国化に合わせて、パリは首都としての偉容を示さなければならず、家々は石造りになっていった。また、市域も拡大され、その重心は西のほうへ移っていった。セーヌの右岸や南に金持ちたちのために「ゆとりをもって造られ、風通しのよい」新しい街区が生まれた。一七三七年から一七四〇年にかけて下水用の暗渠網が完成し、セーヌ川の悪臭問題が解決されたことから、北西にあたるルールやモンソー〔訳注・現在のモンマルトルの西、凱旋門の北のほう〕が都市化していった。

城壁跡地（boulevards）を越えた先の土地も、金融資本家たちの投資によって市街地になっていった。現在のオスマン通りの北側にあるプロヴァンス街だのアルトワ街、またショーシャ通り、テブー通り、ラボルド通りは、こうして誕生した。左岸のグロ＝カイユーやグルネルの埠頭は、河岸通りや廃兵院、兵学校への荷揚場になっていた。

パリは西のほうが勝ち誇る貴族たちの世界であったのに対し、東のほうには、貧しい移住民たちが絶えず流れ込んできて、出身地ごとに共同体を形成した。「たとえばサン＝マルセル地域では、ブルゴーニュの出身者たちがサン＝ヴィクトール通りとオルレアン通り、河岸通りに住み着き、そこにロレーヌ人、シャンパーニュ人、ノルマンディー人もやってきた。リムーザン出身者たちはサン＝ジャック通りやモベール広場のあたりを好み、オーヴェルニュの出身者たちはムフタール街とルルシーヌ街に住み、そこにピカルディー人やフランドル人、ドーフィネ人たちも一緒に住んだ。」

こうして、《街区quartiers》が《都市ville》のなかの《村villages》のような存在となり、各地からやってきた人々にとって、そこは故郷にいるような安心感を与えてくれた。一九六〇年から一九七〇年の建築ブーム以前のパリでは、まだ街区によって、ブルターニュ人、オーヴェルニュ人、サヴォワ人というように特定の地方の出身者に出会うことができた。現在でも、そうした痕跡は完全には消えていない。

この巨大都市は、隣接する地域だけでなく離れた地域にも影響を及ぼし、その土地の価格を左右した。モンルイユとその果樹園の繁栄、あるいはまた、ロマンヴィルやシュレーヌ、イヴリーの丘陵地で葡萄園が繁栄したのも、その表れである。一七〇四年二月のある夜、二〇人ほどの武装兵たちがワインの樽を担いで、サン＝ミッシェル街区の入市税関の番兵たちに断りもなく門を押し入った。これは調書によると、「サン＝ミッシェル街とサン＝ジャック街の居酒屋たちが、ヴィルジュイフの地酒を夜の間に不正に持ち込ませるためにやったこと」であった。〔訳注・モンルイユはバスティーユの東、ロマンヴィルはビュット・ショーモンの東、シュレーヌはコンコルド広場の北、イヴリーはオーステルリッツ駅の後方、ヴィルジュイフはイヴリーより少し西。〕

葡萄は、パリ周辺の場合、土壌の質と日照時間不足のため、収穫は南仏に比べて半分ほどだったが、それなりに生育し、パリ郊外地の葡萄園は、フランスでも最大の葡萄園であった。一ヘクタールあたりの収入は、一八一七年の統計によると、ブルゴーニュやシャンパーニュあるいはボルドーの最良の地酒を上回っている。この点については、またあとで触れることとなるが、そのような変則的事態を創り出しているのが、パリという都市なのである。郊外地では、入市税を払わないで済んだので、そうした郊外の酒場では安酒ではあったが、そのぶん、たっぷりと振る舞われたのではないだろうか？

パリへ向かって近づいていく旅人たちは、必ずといってよいほど、風景が次第に変わっていく様子に気づいている。たとえば、一六五六年十二月、二人のオランダ人は、ボーモン＝シュル＝オワーズを発ったときから気づいた変化を次のように記している。

「この小さな町を出たときから、われわれは、パリに近づいていることに気づきはじめていた。田園のなかに点々と美しい家々が散らばっているのが目に映ったからである。村は通り過ぎるたびに大きい村になり、建物も立派になっていった。パリを取り巻いているこれらの村が《パリの乳房mammelles》と呼ばれているのは尤もである。なぜなら、パリが我が身を養ってくれるものを引き出しているのが、まさに、これらの村々からだからである。」

（"Journal du voyage de deux Hollandais à Paris en 1656-1658"）

これは、《チューネン圏》の図式を説明するのに格好のテキストである！

同様にして、一七九〇年から一七九二年の革命最中のパリ周辺を、自身の身の安全を気にしながら旅してまわったある婦人は、ヴィレット〔訳注・今のビュット・ショーモンの近く〕の前を通って、こう興奮して書いている。「ここは、三流の州のどんな町より活気があり、住民も多い。」（"Voyages promenades aux environs de Paris avec Caroline Tullié"）

これらすべては、パリの胃袋に結びついている。首都は、生きるため、食べるために、その田園を組織しなければならなかった。ギィ・フルカンは「パリの経済的支配圏は半径四〇から五〇キロに及び、それは、馬で一日に行ける距離にあたっている。これは、すでに百年戦争より以前から形成されていた」と述べている。（"Les Campagnes de la région parisienne à la fin du Moyen Age" 1964）

パリの周辺には、早い時代から修道院の領地が広がり、城館や別荘が点在していた。それに加えて十七世紀には、都市ブルジョワたちが土地に投資し、自分の威信と収入の源にしたので、大型の農園がぞくぞく誕生した。これは、おそらくあらゆる都市に見られた現象であったが、パリを他の都市と異なるものにしているのは、王宮の豪華さに眩惑され、その華美を模倣することに懸命の社会階層による並外れた注文である。こうしてパリは一七〇〇年ごろには、「充分なワインと野菜、牧草地を手近に持っている」だけではもはや満足しなくなり、イチジク、ザクロ、オレンジ、レモン、種々の薬草、あらゆる種類の花まで生産しなければならなくなる。

「パリ近郊の農芸家たちは、アスパラガス、アーティチョーク、レタスのほか、よそでは夏にしか得られない物を冬も育てて食べられるようにした施設をもっている」（A.M.de Boislisle）。たとえば、十七世紀に貴族たちの居住区となるマレー地区の特別の菜園では季節外れの野菜や果物が温室で生産されていた。

パリの市門を出ると、そこは畑と村、農夫や羊飼い、要するに百姓たちの世界である。一八三〇年七月二十九日、未来のルイ・フィリップ王たるオルレアン公は、多分、チュイルリー宮殿が暴徒に占拠されたとの報を受け、難を避けるため「そのとき滞在していたヌーイを出発して、畑のなかを歩き、めざすル＝ランシー〔パリの東北〕に着いたのは、夜になってからであった」。彼に権力が託されることを知らせる使者がヌーイに着いたのは翌朝のことで、そこからル＝ランシーまで追いかけ、ようやく見つけてパリへ連れ戻したのであった。

ジャン＝バティスト・セー〔訳注・アダム・スミスの説を導入した経済学者（1767-1832）〕やミシュレ（1798-1874）が、あちこち歩き回ったなかで城壁（または、パリの境界線）を越えて一歩外へ出たときは、そこはまさに田園地帯であり、彼らが眼にしたのは農民たちであった。

一八一五年五月、プロイセン・オーストリア・ロシア同盟軍がパリに迫り、郊外地の住民たちが町のほうへ逆流したとき、その避難民たちは本物の農民たちであった。ボワーニュ伯夫人とその母は馬車で出かけたが、首都を取り巻いている大通りが、牛や羊を連れ、貧しげな小さな荷物を運んで逃亡する人々で溢れているのを見ている。「皆、自分の脚で歩く以外になく、自分より幸せそうな人間を見ると苛立ちをみせ、私たちの馬車に罵声を浴びせた」。〔訳注・ナポレオンがエルバ島を脱出し復位したのがこの年の三月で、六月にワーテルローの戦いで敗れている。〕

同じ光景は一八七〇年〔訳注・普仏戦争でフランスが敗れ、プロイセン軍がパリに進攻した〕にも再現された。医者のアシャールは、その覚書にこう書いている。「ドイツ人たちが近づくにつれ、たくさんの市民がパリを去ったが、それと入れ替わるように、近郊の住民たちが荷物を車に積み、家畜どもを引き連れてパリのなかに流れ込んだ。これらの農民の多くが、新しく開通した大きな道路に面した新築の家に住み着いた。」（“La Confession d'un vieil homme du siècle” 1943）これは、オスマン男爵の予想だにしなかったことであった！〔訳注・ナポレオン三世による第二帝政下でパリの大改造を断行したオスマンは、上流市民が住むことを予想して、これらの建物を配置したのであった。〕

これらの記述は、チューネンが述べた第一の環（日常的な食料を町の市場へ供給する地域）を容易に認識させてくれる。それは、パリの場合、都市域の大きさと人口の多さに応じて特に幅の広い環になっている。だが、この並外れて大きな都市の他の環（穀類や肉を供給している地帯。さらには木材を供給している森林など）は、どのような形になっているだろうか？　他の都市を取り巻いているのが中小の町（bourgs-marchés）であるのに対し、パリの場合は都市群になるだけで、図式は同じである。

ある未刊の文書は、十八世紀のパリを取り巻く幾つかの環の一つとして、ポントワーズ、マント、モンフォール、ドリュー、ムラン、ヌムール、モー、ロゼ＝アン＝ブリィ、クロミエ、プロヴァン、ノジャン、モントロー、サンス、ジョワニー、サン＝フロランタンなどの諸都市を繋ぐ線を描いている。この線上の各都市がそれぞれに、木材や干し草、家畜、炭、燕麦を、そして何よりも小麦と人間をパリに供給していた。パリの領域の境界線を見つけるには、さらに遠くへ行かなければならない。この線を描き出しているのが、オルレアンやトロワ、シャロン＝シュル＝マルヌ、ランス、コンピエーニュ、アミアン、ルーアン、シャルトルといった、かなりの大都市群である。シャロンの代わりに、バロワ地方やロレーヌ地方から来た小麦をマルヌ川水運で搬送するための集積センターになっていたヴィトリ＝ル＝フランソワを挙げるべきかもしれない。これらの都市の環から外れると（遠いほうへだけでなく、近いほうへも）、パリの影響力は減少または消滅さえする。ただし、食肉用にせよ労役用にせよ、獣たちに関しては別である。彼らは、自分の脚で移動してくれる理想的商品だからである。

パリとその円環を形成している諸都市の間の相関関係を示しているものに、フランスにおける宗教戦争（1562-1598）末期に行われたパリ包囲戦のときのエピソードがある。このとき、これらの副次的都市群は、包囲された首都から逃げ出してきた職人や商人、ブルジョワたちを受け入れることによって、この首都の不幸と機能麻痺の恩恵に浴したのだった。逆に、パリに移住した人々、とりわけ召使いなどとして働いた人々の大部分は、これらの諸都市が連なって描き出している円環地帯の出身であった。そうしたパリへ旅する人々にとって中継地になったのが、西のほうではヴェルサイユであり、東のほうではトロワであった。トロワは、ロレーヌやブルゴーニュ、シャンパーニュなどからやってくる人々の旅の中継地であった。

注目していただきたいのは、パリがその物質面での絶対的権力を行使したのは、大きくいって、英仏海峡の海とロワール川、ピカルディー地方、ロレーヌ地方、そしてノルマンディー地方、敢えて言えばアルモリカ地方に囲まれた《パリ盆地》に限られていたことである。パリはこの地域を全面的に服従させ、諸都市が予測を超えた飛躍をすることのないよう、その自由を制限した。

だからといって、パリの影響力すべてが、このゾーン内にとどまっていたわけではない。ゾーン内にとどまったのは物質的生活に関係したことで、広い意味での首都の政治的・文化的等の多様な光は、絶えず、この境界線を越えて広がりつづけた。パリは、何世紀もの間、フランス全体の運命を築く一方で、覆し、ねじ曲げ、妨げてもきたのである。

村・町・都市の図式の今日

これまで、過去の姿を概観することによって、フランス（さらにいえば、ヨーロッパのあらゆる国）が織りなしていた布地に緊密性と堅固さを付与している基本的結合要素を示すことができたと私は考える。その「村・町・都市」のシステムは、ローマ帝政末期の混乱も、天変地異を思わせる百年戦争にも耐えて生き残ってきた。さらには、私の考えではフランス史上最大の試練である一九三九年以後の半世紀、またはジャン・フーラスティエが「栄光の三十年 trente glorieuses」と呼ぶ一九四五年から一九七五年にかけての怪物的な加速化をも生き延びてきたのだった。

私はこのことを立証するために、アンドレ・ピアティエとそのグループの研究成果を挙げたい。

彼らは、現代フランスの《テリトリー》の構造を調べるのに、たとえばロワレ県でいえば、オルレアン、モンタルジ、ピティヴィエ、ジアンといった各都市が、その産物・行政サーヴィス・仲介業務・商人・倉庫・公証人・弁護士・医者などでカヴァーしている範囲を特定することによって、都市の引力の帯状地を分けた。注目すべきは、これらの空間的広がりは、部分的に互いに重なり合っていること、その境界線で互いに鬩ぎ合っていること、そして、オルレアンが都会的であるのに対しピティヴィエは農村的であるように、諸都市相互の取引関係にしたがってそれぞれが打ち立ててきた機能的特質による階層化もあることである。(André Piatier “Radioscope des communes de France” 1979)

こうした都市同士の葛藤は、私が先に描いたモデルに抵触するものではない。それを躍動させ、再吟味し、移動させはするが、システム自体は、そこにある。たとえば巨大化するパリのケースには、すべてが現れているのではないだろうか？　パリは、その遙か遠い前線において、オルレアンよりトゥールを、アンジェよりル・マンを、というように、ある都市を他の都市より優遇し際立たせる。このようにして、影響力の及ぶゾーンは変化しうるが、そこにある仕組みは変わらない。

だが、この図式が変わっていないのは都市的次元においてだけで、その農村的基盤は、最近の何年かで様々な損壊を蒙ってきた。事実、一九四五年から一九七五年にかけて《農民的フランス》が辿った推移の大きさは、ルイ十四世（1643-1715）からポワンカレ〔訳注・一九二六年から一九三四年まで首相を務めた〕までのそれを凌いでいる。

私が生まれた村も、ほかの何千という村と同様、すっかり変わってしまった。馬はいなくなってトラクターが畑を耕し、小麦はほとんど作られなくなって牧草地になっている。豪農とはいわないまでも、豊かな農民のもとで言うなりになる小百姓も今ではいない。結局、人口の半分はいなくなったのである。しかしながら、関わり合いの網目は大きくなっても、仕組みはそのまま残っていて、より広がった形ではあるが同じ図式が定着しているのである。

このテーマに関しては、おりよく一九八〇年に出版されたアンリ・マンドラの『知恵と無秩序 Sagesse et le désordre』が反論の余地のない説明の根拠を提供してくれている。そこには、フランスが自らの直面している状況と問題、必要とされている変化をよく自覚していて、イギリス人のピーター・ウィリスが「フランスは自分で考えているよりも公平だ France is more equal than she thinks」と言っているように、自分で考えているよりも均衡を保っていて公正であるという楽観的な見解が示されている。

しかし、私がこの著書に注目するのは、そういった判断のためではなく、具体的で現在的問題を扱い慣れた社会学者の立場から私の考えを補強してくれるものが見出せるからである。彼の眼からすると、農業国としてのフランスは、その変化がどうであれ（たしかに、変化はあらゆる分野に現れている）、つねに我が身を守ることに懸命で、しかも、現在求められていることに見事に対応している。フランスの人口は一九四五年から一九八〇年までの間に四二〇〇万から五三〇〇万となったが、この増加分は、間違いなく都会を利した。

だが、「こんにちの社会を、前世紀の眼鏡をもって見てはならない」と彼も言うように、《都市 ville》と《町

bourg》《村 village》を分ける境界線を人口二〇〇〇とする昔の基準に囚われるべきでないことは明白である。この標識は、すでに十八世紀には期限が切れていたのではないだろうか？　こんにち、その基準は一万ないし一万五〇〇〇、もしかしたら、もっと高くしなければならないだろう。ところが、一九四六年に人口一万五〇〇〇以上の町に住んでいたのはフランス全人口の五六％であったのに対し、一九七五年には五八％になり、逆に、それ以下の町村住民は、一九四六年には四四％だったのが、一九七五年には四二％になっている。（だからといって、人口全体が減ったわけではない。）アンリ・マンドラは、次のように結論している。

「《フランス砂漠 désert français》（J. Gravier "Paris et le désert français" 1947）なる言葉は余りにも人口に膾炙しているが、このことからも、そんなものは存在していないし、かつて存在したこともないことが明らかである。二十世紀末には、農村人口は十八世紀末と同じ約二二〇〇万になるだろうが、それは、十九世紀の人口過剰から妥当な線に戻るということである。そして、各地方（pays）において人口が小都市に集中し、そうした小都市群が網目（maillage）を形成していくことは、どこでも変わらない本質的なものでありつづけるだろう。農村人口は減少しているが、その代わりに小都市の人口増加が看取される」。村々は昔のままの場所にあって、農業労働者や馬に代わってトラクターが、昔よりも巧みに、効率よく土地を耕しているのである。

したがって、ミシェル・ロシュフォールが言うように、そこで行われているのは「単位は必ずしも《都市 ville》とは定義できないが、みんなが属しているような空間の構造化と組織化」である。もし、《都市》と《村》の中間をなす《町 bourg》が重みを増したとすれば、それは「産業（大工業と近代的農業）が新しい第三次産業（néotertiaire）を生み出したということである」。この新しい第三次産業は、昔のそれよりずっと内容の豊かな新しい分野である。《村々 villages》と《都市・町 ville-bourg》が昔と同様の協同組合を形成するなかで、住宅や健康、金融、コミュニケーションなど、村だけではできないサーヴィスと商売を町が引き受けていくところに生まれるのが、この新しい第三次産業である。

アンドレ・ピアティエは、さらに「いわゆる第三次産業（tertiaire）は第二次産業（secondaire）より遙か以前から存在していたし、また、第三次産業が生み出したのが都市であった。どこまで歴史を遡っても、都市が人々の出会いと交流の中心であった。都市こそ、その周辺に生きるすべての人にとって互いに関わり合い、力を合わせて何かを成し遂げる中心の場であった」と書いている。この第三次産業の出現を現代よりも遙かな過去に求める考え方は重要であり、私がこれまで言おうとしたこととも合致している。

この第三次産業とともに、一つのヒエラルキーが再発見されるのではないだろうか？　というのは、第三次産業こそ、《都市》にとって、優越性と存在理由を示す道具だからである。すでに《町 bourg》が一つの活気ある第三次産業を吸収していた。現在の状況は、昔の実態に肉付けしているだけであり、すべてが極めて自然のなりゆきであって、自給自足の段階を別にすると、ある人々が命令し、他の人々が服従することなくしては、人々は《存在》しえないのである。

第三章　フランスは地理学の所産か？

標題（La Géographie a-t-elle inventée la France?）の疑問を提起することは、かつてヴィダル・ド・ラ・ブラーシュが問いかけた「フランスは地理的存在なのか？ La France est-elle un être géographique?」（"Tableau de la géographie de la France"）の繰り返しであり、さらにいえば、地理的決定論という曖昧な問題のむしかえしでもある。しかし私は、人がなんと言おうと、彼が提起したこの論争は、まだ解決されるべき必要性をもっていると考えている。

地理学者たちがこの論争から手を引いて久しい。彼らにとって決定的要因は大地でもなければ自然環境でもなく、歴史であり人間（それも、結局のところ自分自身の虜となった人間）である。なぜなら、人間は誰でも、その土地に先に住み着き、その風景を作り替えてきた人々の行動と足跡、流儀、技術、伝承の継承者であり、自分ではほとんど意識しないが、一連の決定論のなかに前もって取り込まれているからだ。

私自身、遙か遠い起源の巨大な重みに圧倒され脅かされてきた。たしかに、それは私たちを押しつぶす力をもっている。だが、すべてを過去のせいにして、フランスの複雑な成り立ちに帰すべきだというわけではない。そもそも成り立ちに関わるものを地理と空間から、多すぎも少なすぎもせず適切に抽出し、それを非空間化するなどということは、不条理なことである。フランスが驚くべき歴史の堆積の産物であることはその通りであるが、その堆積が行われたのは、他の何処かではなく、この場所だからである。

フランスの位置は特別であり、一風変わっている。フランスがヨーロッパの関節部を占めていながらヨーロッパに包囲されているという事実が、重要な役割を演じてきた。ヴィダル・ド・ラ・ブラーシュがフランスについての考察のなかで、次のように言っているのは至言である。

「ある国民の歴史は、その住んでいる国土と切り離せない。――一つの国土は様々なエネルギーの眠っている貯蔵庫であり、そのエネルギーを植えつけたのは自然であるが、それをどう活かすかは人間にかかっているという考え方から出発する必要がある。」

この一節は《可能主義possibilisme》の脈絡のなかに位置づけられる。この言葉は、ヴィダル・ド・ラ・ブラーシュの緻密な思考を明確化するためにリュシアン・フェーヴルが創り出したものである。("La Terre et l'évolution humaine" 1949)〔訳注・《可能主義》とは、潜在的に秘められたものを現実化する行き方を意味し、政治的には、旧社会党のなかで、実現可能な改革を主張した一派が《可能主義者possibiliste》と呼ばれた。〕《可能な一つのフランス》と《可能な複数のフランス》——この図式は、私にとって決して不快なものではないが、それで私たちは納得できるだろうか？　それとも、結局のところ、私も現代の地理学者たちと同じく、ほかによい方法がないので、フランスの発祥を、その国土的条件と現在の統一性のなかで説明するのに、専ら歴史を辿らざるをえないのだろうか？

その結果として私は、この考察を進めるうえでの基軸として、テーマを三つ選んだ。この三つは、何十とあるなかから特に選び出したものであることは、いうまでもない。

一、《フランス地峡l'isthme français》の役割

最初に提示しておきたいのが、《フランス地峡》という言葉が惹起する問題点である。この表現は、もし私の思い違いでなかったらフランスの地理学者（それも、一昔前の）が創り出したものであり、間違いなく彼らが使った言葉である。ヨーロッパは狭い大陸（それとも、巨大なアジアの一つの岬）で、西のほうへ行くにつれて、北側は大西洋、南側は地中海を構成している連続的海盆の間で次第に狭くなっている。歴史によっても気候風土

によっても対峙しあい、ときに互いに引き合って爆発するこの二つの世界を結び合わせてきたのが、南北方向〔méridiens〕に走る幾つかの地峡部である。

まず、黒海とバルト海を結ぶ《ロシア地峡》があり、つぎに、アドリア海あるいはジェノヴァ湾とハンブルクあるいは低地諸国を結ぶ《ドイツ地峡》があり、最後に《フランス地峡》があるが、この《フランス地峡》は二重になっている。というのは、一六六六年から一六八一年にかけて掘削された南フランス運河〔訳注・地中海岸のベジエからトゥールーズへ至り、ガロンヌ川でボルドーにまで繋がっている〕を辿ってノールーズ峠〔訳注・海抜一九四メートルで、南西フランスの地中海岸と大西洋岸の分水嶺になっている〕を経て地中海と大西洋を結んでいるルートと、ローヌ川からソーヌ川を遡り、セーヌまたはライン川を下るルートがあるからである。

距離は、この《フランス地峡》が最短である。《ロシア地峡》が一二〇〇キロ、《ドイツ地峡》が一〇〇〇キロで、しかもアルプスを越えなければならないのに対し、《フランス地峡》は「セーヌの河口からローヌのデルタまでで七〇〇キロ、ガスコーニュ湾からリオン湾〔訳注・フランス地中海岸でもスペインに近い湾〕までは僅か四〇〇キロで、しかもそれほど険しい山はない」(Emmanuel de Martonne "La France physique" 1942)。エルンスト・クルティウスは「北欧の人間は、その地中海への郷愁をフランスで充分に満たすことができる。なぜなら、ここでは、ドイツと違って、地中海の岸に到達するのに、越えなければならないアルプスがないからだ」と言っている。

このようにして、モーリス・ル・ラヌーが半分冗談めかしていうように、こうした「地峡的な狭まり」が、ヨーロッパの南北、大西洋と地中海を近づけ、フランスの国土を利し、フランスを特徴づける本質的独自性となっている。

フランスに二つある地峡のうち「ヨーロッパの地峡」という称号を要求できるのは一方だけである。ノールーズ峠のルートは、ローマ時代には人々が盛んに行き来した道で、ガロンヌ川を経て大西洋と地中海をつないでいるが、それが国際的に重要性をもったのは、十六世紀にイギリスの羊毛を地中海やフィレンツェへ送るための近道として利用されたときだけであった。しかも、このとき使われたのは、ラ・ロシェルからカオール経由でニームに至る道であった。多分それは、染料としてトゥールーズの大青（pastel）が流行したことが関係しており、その後は、海外〔訳注・インド産〕の藍（indigo）に取って代わられた。

もう一つのローヌ川ルートのほうがこれよりも優位を占めたのは、便利さのためではなく、地中海と北ヨーロッパの国々を繋いでいて、地中海世界からしても北ヨーロッパからしても、自分とは全く反対のものに出会うことができたからであった。これは、先史時代の昔からそうであったが、とくに中世に創り出された最初のヨーロッパ経済の本質的な二つの極である北イタリアと低地諸国を結ぶ道になったときに、いっそう、その重要性を増した。この二つの間を流れる《電流》が、この子午線ルートの価値を高め、その多様な利点を浮かび上がらせたのであった。事実、ローヌの地溝は、ソーヌ川だけでなく、ロワール川やセーヌ川とその支流（ヨンヌ、オーブ、マルヌ、オワーズ）、さらにモーゼル川とライン川の道に接続している。

これら水路による連結が欠けている部分は、荷車と駄獣による運搬で補われた。リヨンからロワール川までは、中央山地のへりを通る陸路が使われた。ソーヌ川とセーヌ川の間は、コート・ドールとディジョンを通る道によって接続された。ソーヌ川とライン川を結ぶ道は、ブルゴーニュの出口のところにあった。このような陸路と水路の大きな網目がフランス全土の征服と開発を可能にしたのであって、ローマ人たちも、この網目を利用することによってガリアを植民地化し、その種々の産物を搾取して、フランスの国土全体の価値を高めたのであった。ローマの軍団は、この通路網のなかでも東寄りの道を使って、ゲルマニアの不穏な事態に対処するためにライン国境のトリエルやケルンへ赴き、西暦八五年から始まったブリテン島征圧の際には、ブーローニュ経由の道を利用した。

フランスの国土を貫く隘路の重要性を最初に強調したのはポール・ヴィダル・ド・ラ・ブラーシュであった。彼は言う。

「地中海と北海の接近の影響は、かなり古い昔からフランスの国土のうえにはっきり現れており、その関わり合いは、地図の上でも、長い射程をもつ何本かの道の線に見ることができる。なかでも、注目すべき恒久性を示しているのが、プロヴァンスを出発してフランドルやイングランドに達する通商路で、ボーケール、リヨン、シャロン、トロワ、パリ、アラス、トゥールー〔訳注・ベルギーの町〕、そしてブルッヘなど、中世の主要な大市は、この道に沿って並んでいる。これは、《流通路 voie de circulation》というほとんど非物質的なものが政治的統合体の形成に大きな役割を担ったということである。これに似た例は、ほかにもたくさんある。イタリア半島が政治的統一体として形を整えたのは、アッピア街道とフラミニア街道が互いに連結したことによる。大ブリテン島の主要な道路網のなかでイングランドの軸線になったのは、ロンドンからセヴァーン川にいたるウォトリング街道であった」。

〔訳注・ウォトリング街道とは、ドーヴァーからロンドンを通り、西端のウェールズにあるシュルズベリーにいたるローマ人が建設した道。〕

このテンポの速い文章は、統一体としてのフランスの発芽をもたらした要因の一つ（唯一ではないが）がローヌ川・ソーヌ川・セーヌ（またはライン）川の連結にあることを暗示している。このなかで、最初に証人として法廷に喚問されなければならないのがローヌ川である。私は《可能な一つのフランス une France possible》の探求を、まずローヌ川から始めよう。

一八五〇年以前のローヌ川

この証人は、経済的要請から来る壮大な計画と技術の力によってすっかり変容させられ馴らされて穏やかになる以前のローヌ川、ヴォーバンが「この川は度し難い」と言ったように、「異常なまでに不規則」に暴れまわっていた昔のローヌ川である。かつてのローヌ川が、アルプスの雪や氷と一緒に大量の砂や砂利、泥を押し流してくる強力な川であったことを物語っているのが、ローヌ地方の田舎と町中とを問わずいたるところに見られる小石の堆積である。各地に橋と堤防を建設した技師、シャルル・ランテリックは、一八九二年、こう述べている。

「音を立てないボートに乗って注意深く観察していると、眼には見えなくても、少なくとも耳で、水底で起きている動きを知ることができる。表面の水の波音と別に、河床で何千何万の小石が互いにぶつかり合っている音がはっきりと聞き分けられる。」

(“Le Rhône, histoire d'un fleuve” 1892)

このようなローヌ川が途方もない浸食作用を繰り広げてきたことは、驚くまでもない。その曲折によって、一方の河床を深く抉りながら、他方の側には、出っ張りと浅瀬を作った。こうして、深い水流と浅い水流の間に、小石や砂の堆積した堰ができる。しかも、それらは、たえず移動するから、船にとっては、常に乗り上げる恐れのある危険な存在である。川の水位がさがる時期には、これらの堆積が水面に出てくるので、一年のうち七〇日ほどは航行不能となる。逆に、雪解けなどで水位が上昇する時期は、流れが急すぎて、小舟などは押し流される危険があった。

こうして、トゥルノンとポン＝サン＝テスプリの間の約九〇キロにわたる狭い回廊部分では、船は矢のように流れくだった。サン＝テスプリの橋は橋脚の間が狭いことで有名で、そこに近づくと、いかなるベテラン船頭も不安に襲われた。川の流れは、上流へ行くにつれて激しさを増した。これは、ずっと時代がくだって、蒸気船が出現してからも解決できず、こうした難所を通るには、曳航では無理で、川底に設置したロープをたぐって進む方法によらなければならなかった。

困難は他にもあった。恐るべき冬の季節風《ミストラル mistral》が狭い谷間を猛烈な勢いで吹き抜けるのである。このミストラルが猛威を振るっているときは、当時はたくさんあった島の陰に避難するか、岸にしっかり船を繋いで、風がやむのを待つ以外になかった。

この川は、そのように危険な川であるが、大昔から水運に利用されてきた。ローマ時代（あるいは、もっと以前）から、荷物を運ぶ小舟（scaphae,naves onerariae）が盛んに上り下りしていた。ローヌ川の本流とソーヌ川だけでなく、アルデーシュ、デュランス、イゼールなどといった支流にも、それぞれ独自の川船があり、そうした船頭たちが作っていた組合が、数え切れないほど碑銘などの文書に記されている。

この遠い昔からの水運が、幾つか変革（だが、あまり根本的な変革ではない）を加えられつつ、十九世紀半ば、いや、ほぼ現代まで維持されてきた。蒸気船が走り始めたのは一八二九年だが、その進出ぶりはつつましやかで、少なくとも一八五〇年ごろまでは、旧来の平底船が群をなして行き来する、絵に描いたような光景が見られた。それらの伝統的な船は、用途によって様々な特徴があり、それぞれに呼び名があった。馬の輸送に使われた《ペネル penelles》、ローヌ川の上流の町、セーセル Seyssel から付けられた《シスランド cyslandes,sisselandes》、ディジョンの上流にあるリニー Rigny から付けられた《リーニュ rignes》、また、前にも述べたように、《サピーヌ sapines》は樅材（sapin）で造られていることによる。サヴォワから付けられた《サヴォワイアルド savoyardes》は長さが七〇メートルにも達する。《シュナール chenards》あるいは《シェーヌ chênes》と呼ばれた船は、ソーヌ川流域の樫材（chêne）で造られ、上流地域の小麦を南仏に運んだ。全般的に、ローヌ川の船はロワール川のそれより大型である。

それに加えて、旅客専用の乗合船（coches）があった。これは、長さが一五メートルほどで、乗客は乗合馬車と同様、ベンチに腰掛けるようになっていた。《急行》と呼ばれる小型乗合船もあり、通常の乗合船が「川の流れで満足した」のに対し、こちらは、必要とあれば櫂で漕いで加速した。この小型乗合船は『バルケット barquettes』とも呼ばれ、重量でいうと二五〇キンタル（約二・五トン）まで載せて、「アルルからリヨンまで遡航するのに七日から八日、アヴィニョンからリヨンまで六日かかった。しかるに、ローヌ川輸送の主役である商品輸送のための大型船はアルルからリヨンまで遡るのに約一か月かかった」。くだりはずっと速く、リヨンから二日間でアヴィニョンに着いた。もっとも、このくだりの旅も、夏か冬かで大きな違いがあった。

《くだり descise》は《のぼり remonte》に較べずっと速いが、危険も大きかった。これは、あらゆる旅人が不安を抱いたことで、一三二〇年、ペトラルカはリヨンからボーケールの大市へ行くとき、乗船に先立ってフルヴィエールの教会（Notre Dame de Fourvière）に詣で、聖母マリアに加護を祈っている。

たしかに速さは魅力であった。一七〇四年五月、リヨンからアヴィニョンまで船で行ったある旅人は「ローヌ川をくだる旅は、ラングドックやプロヴァンスへ速く行きたい人々にとって、まことに好適である」と書いているが、これは、さらに足を延ばしてイタリアへ行こうという人々にとっても同じであった。しかし、事故も珍しいことではなかった。セヴィニェ夫人も一六七三年、乗った船が難破する事故に遭っている。一七八四年、イギリス人のクラドック夫人は、冬の渇水期にリヨンからローヌ川を船で旅したが、船が砂州に乗り上げ、これを引き離すのに馬を三十二頭も借りなければならず、十二キロしか離れていないヴィエンヌに着くのに丸一日以上かかった。

一七九九年秋、マルボ将軍はイタリアへ赴くのにローヌ川をくだった。渇水期にもかかわらず幸いに砂州に乗り上げる事故には遭わなかったが、ポン＝サン＝テスプリに近づいたころ、ミストラルが吹き荒れた。同行していた息子が、このときの様子を書き残している。

「船頭たちは、冷静さを失って、必死で祈り始めた。その間も船は、水流と風のために恐るべき勢いで橋のほうへ押し流されていった。橋脚にぶつかれば沈没を免れない。父と私は、鉤棒を手に、眼前に迫ってくる橋脚に船が激突するのを避けるため、それを差し向けた。その反動の力は大変なもので、私たちはベンチの上に倒された。しかし、そのおかげで、船は向きを変え、ほとんど奇跡的といえる幸運によってアーチの下をくぐりぬけることができたのであった。」

（"Mémoires du Général Marbot"）

遡航つまり《のぼり remonte》には、そうした危険はないが、その代わり、大変な労苦を要した。「これらの男たちの仕事は、常軌を逸したものがあった」（Cécile Perroud "Le Rhône de nos pères" 1974）。四隻あるいは、もっと多くの船が互いに連結された。先頭のいうなれば旗艦は、繊細な曲線をもった船で、後部には乗組員たちが眠ったり料理したり食事をするためのキャビンが設けられていた。多くの場合、遡航は左岸に設けられた曳舟道を使って、約五十頭の馬に曳かせた。二十八頭が前方のロープを曳き、二十頭が後方のロープを曳いた。前記のペルーはこの光景を眼にして、感動のあまり「なんて見事な馬たちだろう！　私には、馬がこれほど力強く偉大に見えたことはない」と書いている。十九世紀初めのローヌ川の岸には、そうした馬が約六千頭おり、リヨンのミュラティエールの厩舎がそのセンターになっていて、南へ筏にのせて送り、そこから船を曳かせた。

この曳航に従事した《陸の水夫 marins de terre》の仕事も重労働であった。その一つが馬の世話をすることで、一頭一頭を入念に調べ、必要とあれば蹄鉄をつけ替え、四頭を一組にして、長い鉤で曳航用のロープにつなぎ、旗艦から出される雇い主の命令にしたがって、馬たちを進ませた。それには、ロープが岸の障害物にひっかからないよう気を配り、もし柳の植え込みなどに絡まったときは、いち早く引き離さなければならなかった。

曳舟道と川筋が離れている渡渉場ではロープの長さが一〇〇〇メートルにもなることもあった。ドンゼールでは、馬たちは川の水面より六〇メートルも高く斜面を登らなければならず（船頭たちから「猿山」と呼ばれていた）、船足は、当然遅くなった。

それに輪をかけた困難がある。それは、これまで通ってきた側の岸が通行できなくなり、反対側の岸に馬たちを渡さなければならない箇所があったことである。そうした場合、《ブジェール bougère》と呼ばれる特別の船で馬たちを対岸に渡し、そこでロープに繋ぎ直さなければならず、船団も川の反対側に移動させなければならなかった。一七六四年五月二日、こうして川を横断していた船団と小麦輸送船とが衝突し、壊れて流失する事故が起きている。急流で船団が流されることも少なくなかった。そんなときは、ロープを大急ぎで切らないと、馬たちが川に引きずり込まれた。

船頭たちが自分の船から離れることは稀にしかなかった。船は下流の目的地に着くと解体して売られることもあったが、ローヌ川の場合はロワール川やアリエ川のたちのように歩いて帰ることはなかった。ローヌの船頭の数はさほど多くなく、一八〇〇年ごろで三〇〇〇から三五〇〇人ほどだったが、海の水夫にも区域によって縄張りがあったように、伝統的に川に沿って区分けされていた。ジヴォールでもロシェ・ド・コンドリューでもセリエールでもアンダンスだのブール＝サンタンデオールでも、「血のなかにその川の水が流れている荒々しい男たちの家系」（D. Faucier）が引き継がれていた。

彼らは、とりわけ勇敢かつ口達者で、親族関係でつながり固く結束していた。その風俗には独特のものがあり、黄金の指輪や耳飾りをつけ、髪は長く伸ばして編んで両鬢に垂らし、言葉遣いも特殊で、十二月六日にサン＝ニコラを祝う一風変わった祭儀を伝えていた。料理も独特で、たとえば取ってきたあらゆる川魚をぶつ切りにして銅鍋に放り込み、コート＝デュ＝ローヌの赤ワインを注いで、《ポンシュ punch》〔訳注・ブランデーやラム酒にシトロン、紅茶、砂糖、肉桂などを加え、これに火を付けるもの」のように燃え上がらせるのである。これが彼ら独特の「マトロート matelote」〔訳注・水夫料理。地域によって、ノルマンディー風だのブルゴーニュ風だのがある〕であった。また、彼らは、ローヌ川沿いの各地に自分たち専用の馴染みの宿屋をもっていた。

こうした船頭たちに加え、そのまわりには、曳舟の馬を扱う人々、木材などの運搬業者、港湾労働者、荷担ぎ人足、さらに、セーセル、リヨン、ヴェルネゾン、ジヴォール、ヴィエンヌ、コンドリュー、アンダンスといった各地に船大工がいた。ソーヌ川に沿った各地で《樅船 chênes》を造っていた大工たちを別にしても、彼らの数は、船頭たちのそれを下回ることはなかった。また、アルヴ川やイゼール川、デュランス川などの支流を下ってきた筏師たち（彼らの筏は、幅が十四、五メートル、長さは六十メートルから、ときに八十メートルに達した）も、この数には入っていない。というのは、これらの支流は流れが激しいので、木材をバラで流すことはなく、このように組んだ筏を操る仕事はローヌの船頭と変わりなかったからである。

要するに、それは、途中に待ち受ける無数の困難を物ともしないで一つの大きな仕事を引き受ける能力をもった巨大な交通システムであった。

しかしながら、セーヌとロワールの河川交通と違って、ローヌ川のそれは、支流の各方向に枝分かれすることは、ほとんどなかった。ローヌの支流の多くは河川交通に向いておらず、ローヌと同型の船を利用することはできなかったからである。ローヌの支流ではソーヌ川だけが例外で、毎年のように氾濫して周辺の広大な平地を水浸しにし、上流の氷雪の融解で荒れ狂うと橋も船も家々も押し流したが、普段は比較的穏やかで、しかも水量も豊かで、ポール＝シュル＝ソーヌ〔訳注・ブザンソンの北一〇〇キロほどのところにある〕から下流は航行可能であった。

とはいえ、二つの川（ソーヌとローヌ）の連結は簡単ではない。船を乗り換えなければならないだけでなく、リヨンの町では家々が川の水際にまでせり出しているので、船を曳く馬の通る道がない。このため、橋から伸ばしたロープで引っ張る特別の人足たちと船の上で作業する船頭の共同作業が必要であった。

これが恐らく、この《フランス地峡》の最も厳しい泣き所であり、そこで成否の鍵を握っていたのが船頭たちの組合であった。それだけに彼らは攻撃的で、うるさく要求し、当局も彼らには一目置いて、その気まぐれや要求に従わざるを得なかった。

古代の段階でもソーヌ・ローヌ両河は大輸送路であった。ローヌ川の通航量は多分、ロワール川のそれの四倍で、「この川のシャム双生児son frère siamois」（C. Faucher）というべきライン川と肩を並べた。ローヌ・ソーヌ合流後は南北方向に伸びているものの、その航行システムは不完全であった。ローヌ川自体は、リヨンから先の上流部分は東のほうへ折れ曲がってジュネーヴへ向かっており、船で遡航できるのはセーセルまでであった。デュランスやイゼールなどの支流〔訳注・もっと下流で東側から来るローヌ支流〕の川船とは、多分、荷物を積み換えれば連結できたが、ローヌ川の輸送物資を西側の中央山地やラングドック、東側でもプロヴァンス、ドーフィネ、サヴォワ、また、リヨン周辺地域、さらにジュラ地方へ引き継ぐには、荷馬車や馬の背にのせて陸上輸送に頼らなければならなかった。「……片手に手綱、もう一方の手で鞭を握り、青い上着、ビロードの半ズボン、彩り豊かな帽子をかぶり、頭巾つきのマントを羽織って、膝下にはゲートルを巻いた荷馬車の御者」が川船の船頭から輸送を引き継いで、これらの後背地へ入って行き、ローヌ川地溝帯の輸送網を仕上げたのであった。

この輸送システムがその最高レベルに達したのが十九世紀初めの何十年かであった。ローヌをのぼりくだりした貨物はおそらく四〇万から五〇万トンであるが、のぼりの荷物と下りの荷物の量的対比は、多分、一対四ぐらいであろう。船一隻の輸送量を平均四〇トンとすると、年間就航数は一万となる。ところで、ヴァランスの就航事務所の記録には、「一八〇九年四月一日から一八一〇年三月三十日までの間に二二五〇隻が荷物を運んできており、空船が一五〇隻以上。遡航していった船は一四六八隻と何隻かの空船」というきわめて不確かな数値しか記されていない。陸上輸送に関しては、水上輸送のごく一部でしなかったであろうが、それでも推定よりも多かったと思われる。

のぼり下りとも、輸送を活気づけた要因が幾つかあった。ボーケールの大市で北フランスの各州が買い付けた品は、ローヌの川船で運ばれた。アルルでは、海上を運ばれてきた地中海周辺の産物が、ここで中継された。ローヌ川沿いの諸都市のさまざまな商品も運ばれたが、概して多く扱われたのは、軽くて値の高い品であるが、なかには、意外なものも幾つかある。たとえばリヨンのベルクール広場に立てるため、ルイ十四世の像が、パリからル・アーヴルを経て大西洋上を運ばれ、ジブラルタルを経て地中海に入り、ローヌ川を遡航したが、リヨンの南のミュラティエールで船が難破し、水中から引き揚げなければならないというアクシデントに遭っている。また、両シチリア王の娘のマリー＝カロリーヌが一八一六年にベリー公のもとへ嫁いできたとき、その嫁入り道具の家具や衣装は、ローヌを遡る川船で運ばれている。

当然のことながら、川船で輸送される物資の主役は、どうしても鉄や石材、煉瓦、瓦、とりわけ中世以来必須の物資である小麦、ワイン、塩など、重量のあるものであった。小麦は、生産と消費のバランスの変動によって、上流へ遡っていくこともあれば下流へ下っていくこともあった。消費は、当時はどこでも、まず自分の地域での生産に依存したが、地域から別の地域へ運ばれることも頻繁にあった。外国産の小麦に頼るのは、国全体が危機に陥ったときだけだが、そういう例もないわけではない。ワインについても、各都市とも長い間、近くの葡萄畑でできたもので満足していたが、十八世紀、消費量の増大とともに、良質の葡萄産地から大量のワインが輸送されるようになった。

塩に関しては、これは絶対的な必需物資であり、国家にとっても、資本を独占している上層社会にとっても、その輸送と販売は重要な課題であった。ローヌ地方では、産地であるペッケーやサント＝マリー＝ド＝ラ＝メール〔訳注・いずれも、ローヌ河口のカマルグ沿岸〕の塩田から船に積み込まれ、ローヌ川沿いの各地にある塩の倉庫に補給された。その何隻かは、ローヌ川舟航の限界であるセーセルにまで遡った。セーセルの町はローヌ川を挟んで二つに分かれていた。フランス側は手工業を生業とする村で、すでに述べた《シスラーヌ sisselanes》と呼ばれた樅の厚板を使った船がここで造られていた。対岸のサヴォワ側には税関の役人がおり、大きな塩の倉庫があって、塩はここから荷車に積み換えてレマン湖に面したジュネーヴの港、ルゴンフルへ運ばれた。

塩の取引は定期的輸送の導因であった。一七〇一年七月、リヨン・セーセル間の旅客用輸送を週三便就航させるよう提議した事業家たちは、多額の投資にもかかわらず、旅客を下流の港に届けて帰ってくる船が空船で無駄になっている事態を変えようと考え、河口のペッケーからセーセルまで七〇〇〇から八〇〇〇ミノ minots〔訳注・一ミノは一〇〇リーヴルつまり約五〇キログラム。したがって、八〇〇〇ミノは四〇〇トンになる〕の塩を通常価格で運ぶ認可を求めた。

ローヌ川沿いでも水の危険が避けられた地には、歴史の巡り合わせがよいときはこうした輸送と取引、積み換え、倉庫での保管といった業務のおかげで、活力に満ち目映いばかりに輝く一連の都市が生まれた。アルルはガロ＝ローマ時代以来の栄光を湛えて生き残ってきた町であり、アヴィニョンは、一時は西欧キリスト教世界の中心にまでなった。そのほかの第二級の諸都市でさえ、独自のオーラを放った。だが、フランス革命直前のころには、二つの都市のために他の諸都市は光を失う。南ではボークレールがそれで、少なくとも一三一五年にまで遡るこの町の大市に集った商人は、このころには一〇万人を越えた。北で輝きを放ったのが、いうまでもなくリヨンで、その市場は商業とともに金融の中心となり、達成こそできなかったが、もう少しでフランス王国全体を勢力圏に収め、ヨーロッパ経済の未完のオーケストラの指揮者になるところまでいった。

ローヌ地峡とフランスの統一

だが、本来の問題に戻ろう。ソーヌ・ローヌ地溝帯は、フランスという国の生命において、活性化の重要な役割を演じた。そこには数多くの都市、活力ある地域、すばらしい記念建造物が軒を連ねている。アンリ・フェスケは書いている。

「ブルゴーニュには、どうしてこれほどたくさんの、しかも、いずれもすばらしい大修道院（abbayes）や小修道院（prieurés）、僧院（monastères）があるのだろう？　と問いたくなる。歴史と地理が果たした役割は明白であるが、それにプラスして、自然のすばらしさも挙げたくなる。」（Le Monde 1980.6.5）

これに更に加えたいのが、交通の恩恵である。これは、フランシュ＝コンテでもリヨン地域でも、ドーフィネやラングドック、プロヴァンスでも明らかである。歴史は、その道筋全体に沿って、その支根を増やしてきた。しかしながら、私たちは、ヴィダル・ド・ラ・ブラーシュが暗示しているように、地中海へ向かってのこれらの動き、加速、侵入と、逆に、地中海的生活の北方へのゆっくりした遡上と欲動、つまり、そうした収斂と拡散がフランス的生活を通して文化と政治の統一化のために決定的役割を果たしたと結論してよいだろうか？　それは予め期待されているところではあろう。だが、歴史は、はたして、この点について有利な証言をしているだろうか？

《フランス地峡》は、ローマ時代には反論の余地なく臍の緒のように特別の軸線であったが、それはあくまでローマ帝国に奉仕するためで、ローマによってライン・モーゼルの流域に沿って作られた大道と諸都市や田園の繁栄に寄与するものであった。この《地峡》は、ガリアとしては周縁部であり、リヨンは、ローマ人の交通路線のいわば「転車台plaque tournante」というべき要衝であった。それは、キサルピナCisalpina〔訳注・ローマから見てアルプスの手前の意で、北イタリア〕や地中海とも繋がっていれば、西部および北部ガリアにも繋がっていて、ラインの前線へ向かうローマ軍団にとって不可欠の宿営地であった。だが、それならば、リヨンは植民地統治と開拓の首都だったのではないだろうか？

その立場は、十二、三世紀、シャンパーニュとブリィの大市が活況を示した時代に、より一層はっきりする。ローヌの軸線は、ヴェネツィアの商船が物資を運んでいたエーグ＝モルトの港を通じて海と接合され、あるいは、アスティ〔訳注・北イタリア、トリノの東〕の運送業者たちが利用していたアルプスの峠とも繋がり、半ば特権的存在であったが、当時、エスコー（スケルデ）・ムーズ・ソーヌ・ローヌの四つの川を東側の境界線としていたフランス王国からすれば、端っこに位置していた。ローヌ川の船頭たちにとって、右岸はフランス王国の土地（vira de riaume）であったが、左岸は神聖ローマ帝国の地（vira de pire）であった。いずれにせよ、この左岸になんら堅固な要塞が築かれていなかったことは、フランス側からすると奇跡的なことであった。

事実、ローヌ流域がフランスに併合されるのは、国境線の東への移動という、時間と非常な手間暇をかけた作業の結果であった。ラングドックがフランスに入ったのが一二七一年であり、リヨンにフィリップ四世美男王が入城したのが一三一一年三月十三日である。ドーフィネがフランスに合併されたのが一三四九年、プロヴァンスとマルセイユのフランスへの併合は一四八一年から八三年にかけてであり、中央ブレスの併合は一六〇一年、アルザスは一六四八年、フランシュ＝コンテは一六七八年、ロレーヌは一七六六年、アヴィニョンは一七九〇年、モンベリアール〔訳注・ブザンソンの東北〕は一七九三年、そして、サヴォワとニースにいたっては、一八六〇年になってようやくフランスに合併されている。

なかでも決定的だったのが一四八一年から一四八三年にかけてのそれで、これによってフランス王はプロヴァンスとマルセイユの君主になって、地中海の岸辺にそのくつろぎの場を得たのであった。それより前は、聖ルイ王が地中海に乗り出すためには、エーグ＝モルトを建設し、そこから出航している〔訳注・彼は、一二四八年には、ここから出航してエジプトへ向かい、一二七〇年にも現在のチュニジアへ遠征〕。しかも、古い海に向かって開かれたこの最初の出口は、たとえばロシアのピョートル大帝がバルト海に開いたサンクト＝ペテルブルグの建設に較べられるような永続的重要性はもたなかった。エーグ＝モルトは港としては劣悪で、砂の堆積のために海から隔てられ、すでに一二四八年の第六次十字軍で王がエジプトをめざして出発するときも、船は町のまわりに巡らした大きな池から本当の海へ出るのに、延々たる水路を通らなければならなかった。

今も見られるこのエーグ＝モルトの豪勢な城壁が築かれたのは、聖ルイ王の死後、息子のフィリップ三世豪胆王によってで、アラゴン人たちとの戦いのためであった。エーグ＝モルトは、このようなフランス王政の度重なる努力にもかかわらず、港としての難点、商業立地としての凡庸さのために、西方のモンペリエや北のニーム、東方のマルセイユに較べて、重みをもつことはできなかった。一二四八年、ジョワンヴィルは、おそらく慎重さからか、あるいは、やむをえない事情からか、王とは別に一般十字軍士たちとともにマルセイユから船に乗って出発し、キプロス島で聖ルイ王と合流している。

したがって、ソーヌ・ローヌのルートが、フランス的枠組みのなかでの役割を確立したのは、かなり時代がくだってからである。地理学者のピエール・グルーにいわせると、「ソーヌ・ローヌの軸線は、その活動の古さや、ブルゴーニュ・リヨン・ヴァランスの力強く魅力的な文明にもかかわらず、ロタリンギアとドイツ神聖ローマ帝国によって不毛化された。この不毛化のなかには《地理学》に関わるものはなく、あるのは、専ら《歴史》だけである。」（『書簡』1980.4）ここで注目していただきたいのは、この「もっぱら歴史にある」という断定である。

つまり、その歴史の淵源とは、ソーヌ・ローヌ地溝帯が千年以上前の八四三年に結ばれたヴェルダン条約によりルートヴィヒ敬虔帝の長子ロタールのものとされて帝国に帰属させられ、その後オットーの帝国もローヌ川にまで拡大されたことにある。

要するに、ローヌ川はきわめて早くから、中世ヨーロッパにおける一つの境界線であり、この点からいうと、いわゆる《フランス地峡》は何世紀もの間、フランスの国土の外側（あるいは、それに近い状況）にありながら、国家的使命を帯びることができたということだろうか？　たとえば十四世紀に法王庁の所在地となったアヴィニョンの栄光を見ていただきたい。当時生まれつつあった《ユマニスムhumanisme》の都としてのこの都市の輝きは全ヨーロッパ的なもので、フランスだけのものではなかった。同様にしてリヨンも、十六世紀のその定期市の隆昌期には、何よりまずイタリア商業の支店であり、ヨーロッパの都市であった。

その結果として、ローヌはフランスに適合することに失敗したのである。あるいは、むしろ、フランスがローヌを捉え、ローヌの道を充分に開発・利用することに失敗したといえるのではないだろうか？

そこで働いた要因がもう一つある。周知のように、《フランス地峡》はヨーロッパ唯一の利用可能な地峡ではないし、ローマ時代（とその後）やシャンパーニュ大市の時代を別にすると、必ずしも最も人々が頻繁に往来したルートでもない。ヨーロッパの商業が十三世紀末以後利用した大道は、異議なく《ドイツ地峡》とその諸都市である。その南端にあるのがジェノヴァ、ミラノ、フィレンツェ、ヴェネツィアであり、中央部にはアウクスブルク、バーゼル、シュトラスブルク、ニュルンベルク、フランクフルト、ケルンそのほか、ドイツの銀と銅の鉱山開発で活気づいた多くの都市がある。ついで、北海地方では、ブルッへ（ブリュージュ）、アントワープ〔訳注・アントウェルペン、アンヴェルスとも呼ぶ〕、ハンブルク、さらにロンドンがある。厳しい障碍であるアルプスは、冬も橇で走る活力に満ちた村人たちによって物資の運搬が行われたうえ、しばしば、アルプス自体が交易を促進するアクセルになった。

そのようなわけでマルセイユのような都市は、その活力とエネルギーにもかかわらず、初期資本主義の活発で侵略的な極となり歴史的記念建造物がひしめいていたジェノヴァや、近東貿易の中心であるとともにアルプス・ルートでドイツとも結びついていたヴェネツィアに肩を並べることは、ついにできなかった。

ここで暫く考えたいことがある。それは、この《ドイツ地峡》によって互いに繋がり合ったイタリア、ドイツ、低地諸国、イングランドの強力な諸都市が、互いに助け合い、連合し、「ヨーロッパ経済の背骨」と呼ばれるものを形成して、前資本主義的と資本主義的ヨーロッパの中核となっていったことであり、イタリアとドイツともに、国家としての政治的統一が遅れたのは、このように早くから種子を播かれ芽を出し、自治権を獲得して豊かになった諸都市が自分たちの自由をいかに保持するかを知っていたためだということである。その点、フランスは、このヨーロッパの発展から少し離れたところに留まっていた。フランスを縦断する地峡は、ラングドックの諸都市やマルセイユ、あるいはプロヴァンスの港から充分な力を引き出せず、当時の有効な経済的連鎖の出発点であったイタリア諸都市からは善意と興味しか引き出せなかった。

結局フランスは、一つは《ドイツ地峡》が優位を占めたため、ついでは、十三世紀末（一二九八年）から十四世紀初めにジブラルタル経由の地中海・北海間定期航路が開かれたため、これを第一歩に始まった近代的資本主義の交通輸送競争から弾き出されたのだった。これは、通例の歴史的説明ではあまり明らかにされてこなかった点であり、それだけに、あとで、さらに明確にしたい真理である。しかも、これは、通例の歴史学においても無視できないことではないだろうか？

フランスは、不安に駆られ動揺したものの、ヨーロッパ資本主義の特権的地理区分のなかに自らを組み入れることには成功しなかった。これは、フランスの失敗だろうか？　それとも、「先天的不適格性」の結果であろうか？　それとも、ヨーロッパ資本主義（国際資本主義とまではいわないまでも）のほうがフランスを無視し、または（もっと悪いことに）はっきりとそう言わないまま排除したのだろうか？

ローヌ——境界線の川

したがって、結局のところ、ローヌ川は「境界線」であり、分離し区別するもの、障碍（ダニエル・フォーシェは「敵ennemi」とまで言っている）であった。これは、その危険な急流のせいであるとともに、人々と偶発的歴史のためでもある。通常、川というものは、分け隔てるものとしてより結びつけるものとして取り上げられる。つまり川は、人間が興味に任せ、あるいは、たんに気まぐれから、流れの一方の岸から別の岸へ行くためにある。ところが、ローヌ川の場合は違うのである。

もちろん、水流は行く手を遮っており、しかも、それは毎日のことである。だが、川の両側で向かい合っている双子の町の間には、たとえば、橋や川船、また両岸の間を差し渡したロープで行き来する渡し船をどう維持するかなど、協調が必要とされる。十八世紀のカッシーニの地図には、ジュネーヴから地中海にいたる区間に、十五の橋が記されている。

そうした《双子の町》を挙げると、ジヴォールとシャス、ヴィエンヌとサント＝コロンブ、アンダンスとアンダンセット、トゥルノンとタン＝レルミタージュ、ヴァランスとサン＝パレー、アヴィニョンとヴィルヌーヴ＝レザヴィニョン、タラスコンとボーケール、アルルとトランクタイユなどがある。右岸（すなわち「Riaume」側）も左岸（すなわち「Empi」側）も、相手方に対し優越感をもっている。このような《双子の町》がたくさんできたのは、いうまでもなく経済的要請の結果であり、商人や沿岸住民にとって、岸伝いに上下するよりも川を横切るほうが高くついたからであると考えられる。

しかし、政治はそんなことで挫《くじ》けはしない。世界には政治権力（あるいは、たんに行政権であっても）が簡単に両岸に跨っている河川が幾つもある。セーヌ川やロワール川が両岸の人々をむしろ結び合わせてきたことは、たとえばロワールの場合、ニヴェルネ、オルレアネ、トゥレーヌ、アンジュー、ブルターニュのように両岸に跨っている州（いわゆる「provinces-ponts」が幾つもあることが、これを証明している。ところが、ローヌ川とソーヌ川は、ライン川と同様、両岸を隔てる川となってきた。事実、プロヴァンスもコンタ＝ヴネサンも、オランジュの小公国も、ラングドック、ヴィヴァレ、リヨネも、ローヌ川を跨ぐことはなく、一方の岸に形成されている。〔訳注・コンタ＝ヴネサンはアヴィニョンの近くに広がる地域。ヴィヴァレはモンテリマールの西方。〕サヴォワ（サヴォワ州はジェクスとビュジェから成るが、サヴォワ公国は、一六〇一年のリヨン条約でフランスのものになったブレスも領有していた）も、ソーヌ川を越えることはなかった。幾つもの道が集まっているブルゴーニュも、流れが緩やかな部分で辛うじて対岸に跨っているだけである。

一七〇七年、テッセ元帥は、トリノの災厄〔訳注・一七〇六年、フランス軍はオーストリア・サルデーニャ軍に敗北〕後、ドーフィネで軍隊を指揮しているとき、左岸のサヴォワについては敵の攻撃を心配したが、右岸のラングドックが襲われることはないと確信していた。その理由として彼は「ローヌ川は、かんたんに渡れる川ではないからだ」と述べている。事実、ローヌ川は、輸送の大動脈であったが、それ自体が「自然の境界線」であり「城の壕」になっていたため、この川は流れを跨ぐ国家あるいは準国家を受け付けなかったのである。プロヴァンス王国は、かつて右岸のヴィヴァレを併合したことがあるが、ごく短期間に過ぎなかった。

そのうえ、この川の左右の地方は、互いにあまりにも違いが大きいのではないだろうか？　こんにちでも私は、左岸のアルプス地方と右岸の中央山地をポン＝サン＝テスプリを通って行き来することがよくあるが、そのたびに、ほとんど強迫的な印象を受ける。葡萄畑が広がっていることでは両方共通しているにもかかわらず、川を渡っただけで、まるで別世界になってしまうからである。

フランス王が両方の主人になり、多少誇張気味だが「傷口の両辺」と呼ばれていたものが縫い合わされ、さまざまな対照と対立が緩和されてからも、この両岸は、人々も行政府も憎み合い、些細なことで争い合った。幾つかの仲良しの町もあったし、争いも「のべつ幕なし」というほどではなかったにしても、抗争と遺恨、訴訟沙汰が日常茶飯事であった。

川自体の繁栄を願う点では異論はありえなかったし、あるはずもなかった。フランス王は久しい以前から、ローヌ川の水とローヌ川がもたらすであろうもの全ての所有者であることを宣言していた。たとえば一三八〇年、シャルル六世はプロヴァンス伯になる前から、「宗主権と王としての権利によってローヌおよびラングドックのあらゆる川の全ての島は、予に帰する」と宣言している。ルイ十一世も一四七四年（したがって、プロヴァンスを相続する数年前）、同様に「ローヌ川のすべてと、この川が包含しているすべては王のものである」と声明を発している。

この法的根拠は明確で、王による支配は断固として行われた。その結果、一七三四年には「法王領であるアヴィニョンで罪を犯した者がローヌ川を船で逃亡したとき、法王庁の役人は、権限がないためこれを追跡できない」事態が生じている。さらに「ローヌ川が増水して、アヴィニョンのフュストリー街のところまで浸水したとき、市長は、この川についての国王の所有権を示すため、王の盾形標識をそこに立てるよう命じた」のであった。（De Basville "Mémoires pour servir à l'histoire du Languedoc" 1734）

とはいえ、川は、両岸の土地を所有する人々のものでもあり、彼らによって設けられた川の利用料徴収所は八十か所を超えた。アンドレ・アリクスが書いているところとは違って、ローヌの水は、けっして中立ではなかった。

川は州同士の争いの種にもなった。たとえば一七六〇年ごろになってもなお、ラングドックとプロヴァンスの間で、歴史家たちを唖然とさせるような歴史的・法律的論議を伴う抗争が起きている。しかし、この訴訟の対象になったものは、原則的にいって王室の資産であったから、国務会議（Conseil du roi）の調停に委ねられた。ここで争われたものには、たとえばローヌ川の中洲、砂州、泥州、そのほか、ローヌ川が生み出したあらゆる堆積物や浮島の所有権の問題がある。それが烈しい論議の的になったのは、こうしたものの多くは不毛の土地であったが、なかにはかなり肥沃で、小麦なども種一粒に対し一〇ないし一五粒の収穫をもたらす場合があったからである。

とりわけ重要で本質的だったのは、そこに住み着いた人々からもたらされる税収が、どちらの州の財源になるか、である。それ以外の問題、たとえばローヌ川のアヴィニョンの部分で渡し船の権利をもっていたのはヴィルヌーヴ＝レザヴィニョンの船頭たちであったが、それについて情報を提供してくれるような記述は一か所しかない。

いずれにせよ、調停を託された国務会議が、右岸のラングドックの権利を左岸にできた沖積土にまで拡げる裁定をくだしたことは、ラングドックのほうが左岸のプロヴァンスより二百年早く王室のもとに併合されていて、それが優先権をもつ資格とされていたことを考えれば驚くまでもない。だからこそ、ローヌ川とその両岸や島が関わる訴訟においては、トゥールーズの高等法院（parlement）に優先権と特権が保証されたのであった。

もう一つ、今度は国家対国家が対峙した重大な争いがある。これを伝えている文書は、国立古文書館（Archives Nationales）の書類挟みのなかに紛れていた一六八六年三月二十二日付けの『ヴォーバン殿の覚書ないし意見Mémoire ou avis de Monsieur de Vauban』である。この争いの核心は、ローヌ川の上り下りの通行権を敵対的な外国である法王領のアヴィニョンの港から奪って、ヴィルヌーヴ＝レザヴィニョン側の岸に定着させようとしたものであった。しかしながら、川の流路を逸らすことは小さな問題ではなく、この試みは最終的に失敗した。

この結末を予感していたヴォーバンは、「船曳き道がヴィルヌーヴ側を通ることになる場所の一つは、サン＝タンドレの岩のため、まだ僅かしか作業が進んでいない」と書いている。しかし、それでも、水をヴィルヌーヴ寄りの分流に導くために一連の堤防が建設された。

「ローヌ川とその島はすべてフランス王のものであり、かつ、堤防は伯領の岸には全く触れていないので、法王庁の役人たちは抗議のしようがなく、ローヌの水は完全にヴィルヌーヴ側を通ることになるだろう。」

この文章は、ローヌ川の水と島がフランス王のものであることを重ねて強調し、法王に遺されていたのは伯領側の岸だけであるとしている。このなかでヴォーバンは、アヴィニョンの橋についての情報も幾つかもたらしてくれる。

「幅一二ピエ、長さ四〇〇トワーズで、荷車や重い荷物を渡すには適しておらず、そのような重い物を渡すことは、このすばらしい橋に対して大いなる過ちである。」

これより北にあるサン＝テスプリ橋のほうは「長さ四〇〇トワーズ、幅一四ピエであったが、これも同じ弱点をもっていて、重い荷物を渡したため、アーチの一つが真ん中のところで崩れ落ちてしまった」のであった。そのため荷車は、この橋を渡るときは、荷物を下ろして渡し船に移し、向こう岸についてから積み直さなければならなかった。これは、いずれにしても、ローヌ川は渡るのには向いていなかったということである。

リヨンの運命

リヨンの運命も、ローヌ川に劣らず複雑である。おそらく、この町全体が錯綜した存在であり、ほかのどんな都市よりも、その豊かさと突然の変容と独自性、さらにいえば奇妙さによって歴史家を驚かせる。リヨンは、世紀が変わるごとに変わり、一つの独自性から別の独自性へと無限に移行していくが、それは、自らの意志によってではなく、やむを得ない事情による。リヨンは、それ自身でフランス史の一つの難問であり、それがフランス史の問題を解く鍵となることは間違いない。

この町は活力に満ち、粘り強く、口が固く窮屈で、歴史に翻弄されながら、非常に特殊なリズムを刻みつつ、思いがけない波乱に見舞われてきた。よい意味でも悪い意味でも自分を捉えたフランスという広大な国に一体化しており、その一つの都市であることは確かであるが、それとともに、直に接している周辺地域からも、離れた地方からも、あらゆる方向に引っ張られていて、ローヌ的色彩を強く帯びている。これは、自分の内にさまざまなものを巻き込んでいる集合体であるゆえの反作用である。

こうしてリヨンは、ときによって傾きの方向を変える。ある地理学者は、「リヨンの影響力は、ローヌ地溝帯自体によりも中央山地のほうにはっきりと感じられる」と述べている（P. Estienne "La France"）。この著者のピエール・エティエンヌが、理由は昔のことや現在のことなどさまざまだが、ソーヌ・ローヌの基軸線がリヨンに対してもっている重要性を過小評価していることは本当である。その点については、あとで述べよう。

この町の奇妙さは、その地平線と色合いを瞬間ごとに変えるので、観察者はいくら丹念に見つめても輪郭を把握できず、一度は描いても、絶えず描き直させられるところにある。もちろん彼は、通常の規範や地方的・地域的・国家的整合性にしたがって解明しようとするのだが、説明を公式化するや否や、その公式ではあてはまらないことが判明するのである。

明らかにリヨンは、その日その日を《リヨネ地方》という近隣によって生活している。リヨン市民たちは、このリヨネ地方に土地を所有し、葡萄畑や別荘をもっている。だが、この小さな田舎は、リヨンという大都市と尺度が合っていないため、期待を裏切り、発展の足手まといとなっている。これは、トゥールーズとその田園地帯、パリとイル＝ド＝フランスの場合と根本的に異なっており、そこでは、いかなる対比も成り立たない！

《地域的論理logique régionale》もまた、総括的にこうと言うことができず、むしろ当惑させる。リヨンは、十六世紀にこの地域の権力の地位に復帰して以来、文句なく強力でありかつ健康状態も良好な首都である。こんにち、その威光と支配力は、かなり遠方にまで及び、独自の都市圏を形成するにいたっている。ロアンヌ、ディジョン、シャロン＝シュル＝ソーヌ、ブザンソン、ジュネーヴ（リヨンにとっては積年の宿敵であった）、グルノーブル、サン＝テティエンヌ、そして昨日のヴィエンヌと今日のヴァランスである。――しかし、これを明らかにするためには、前章で述べたアンドレ・ピアティエのそれのような詳細な研究と、リヨンおよび上記の諸都市（これらはリヨンにとって補佐役であるとともにライバルでもある）の間の通商上・金融上の関わりの規模についての調査が必要であろう。《国家的論理logiques nationales》については、私は、それらはむしろ敵対的でネガティヴであると見ている。フランス経済もフランスの政治も、その光輝のなかでリヨン的生活の極を持続させようとは望みもしなかったし、できもしなかった。

要するに、フランスの経済は最終的には、ソーヌ・ローヌの《地峡》をパリのほうへ湾曲させた。それは古いブルボネ街道（現在の国道七号）によってパリ＝リヨン間の結びつきを強化したうえ、パリからリヨンにやってきた輸送路は、ローヌ川を見捨ててイタリア（トリノやミラノ）をめざすこととなる。このルートは、シャンベリーからモーリエンヌの谷を通って、モン＝スニ峠（標高二一〇〇メートル）によってアルプスを越えるもので、要するに、リヨンを通過点とする対角線が引かれるわけで、ローヌの軸線は単なる横断道となるのである。

そのうえ、国民的次元で、二つの大都市が同時に指令本部をつとめることはありえない。パリがリヨンより優位にあるのは、これまでも今も、パリが首都であり、国家の専権として正貨を造り出すとともに、それが必然的に集まってくる中心であることによる。しかしながら、経済的には、リヨンが長い間、首都として君臨してきたし、事実、このローヌの都市は、その市場の繁栄によって、自分の身丈を遙かに超える遠くにまで、その影を投げかけてきた。

十六世紀、パリは、その商業の主役が小売業であることから、卸売り業と銀行活動を牛耳るリヨンの陰で冷や飯を食わされていた。フランスの生き方もゆったりとしてきた十七世紀には、大市の栄華は消え失せ、十八世紀に活気が戻ってきたときには、大市の方式は時代遅れになっていて、経済はパリを前面に押し立てるようになる。こうして《啓蒙の世紀 siècle des Lumières》が終わるころには、金融の中心としての役割もリヨンからパリに移る。その結果、パリは、ライバルがもっていたものを善悪ともに抱え込むこととなる。この両者の敵対関係は、十九世紀にも引き継がれ、深刻化する。

リヨンがもっていた諸資本は今日では、パリという飽くことを知らない貪欲な一つの首都（une capitale）によって呑み込まれてしまっている。リヨンは一九八三年になって、《第二市場》というべき「リヨン証券取引所 Bourse lyonnaise」を開設し、新しい企業に対する格付けによって反撃を開始したが、これで、はたして力関係を逆転できるだろうか？　しかし、その結論を出すのは、まだ早すぎる。リヨンの工業は、まだためらっているように見える。ここで提起されているのは、金融の分野での地方分権化の実際的有効性という問題である。

私は、この点がリヨンの運命をよりよく理解するうえでの手がかりになると考える。この都市の悲劇は、自らの繁栄の条件と自分の居場所を国際的な平面にしか見出しておらず、非常に大きな射程をもつ整合性に依存していることにある。この都市には外部の共犯者が必要である。リヨンを助けてくれる妖精は外国なのである。

これはすでに、ローマ人たちがガリアの主人となって、征服者に敵対するには弱すぎる少数民族たちのなかに、中立国としてリヨンの町を創設したときからして、そうであった。この新しい町は、ローマ人がトランサルピナ

Transalpins〔訳注・ローマ人がアルプス以北の地域を称した呼び名〕の利益のためにガリアの植民地経営を進める中心となる。

歴史がくり返すものでないことは確かであるが、公正さと過去の経緯のバランスから言って、十五世紀末と十六世紀のリヨンの繁栄は、明らかに、このローマ時代と共通するプロセスの結果である。その大市は一四二〇年から存在していたから、ルイ十一世は、初めて創ったわけではないが、少なくともジュネーヴの市場（1462-1464）を壊そうとの政策から特許状を与え、国際的使命のなかに組み入れたのであった。

メディチ家がリヨンに支店を置いたのが一四六七年ごろで、繁栄の頂点に達するのが十六世紀である。このときリヨンは、その何世紀か前にシャンパーニュの大市がそうであったようにヨーロッパ経済の中心となった。だが、その繁栄をもたらした責任者であるとともにその利益に与ったのは、フィレンツェやルッカ、ジェノヴァなどのイタリアの銀行家たちであった。彼らは、リヨンを通してフランスを開拓し、商業バランスのうえで自分たちに有利な黒字をフランスから引き出した。これも、何世紀も前にローマ人がやったガリア経営の手法を再現したものであった。

リシャール・ガスコンは次のように書いている。「外国人は圧倒的優位にあり、ほとんど独占企業のようであった。フランス人に残されていた勤め口はブローカーの使い走りで、その役目も銀行としての機構が発展していくにつれて、ますます値打ちは下がっていった。」（“Grand Commerce et vie urbaine au XVIe siècle”）

ルイ・ブルジョワは、十六世紀前半のリヨンについて生き生きと描いた『フランス宮廷がリヨンにあった時』（1980）のなかで、「国家内国家――フィレンツェ人の国Un État dans l'État; la nation florentin」との章を立て、当時のヨーロッパで最も裕福な商人、フィレンツェ人のガダーニ家のリヨンでの有様を明らかにしている。

結局のところ、イタリア人たちは支配者として狭いコロニーを形成していたのであって、八十家族に満たない彼らは、土地の人々との結びつきを避けて、自分たちだけで生活し、婚姻関係も仲間同士の子供たちを結婚させていた。これは、あらゆる時代の資本主義に共通する典型的事例である。

リヨンの輝かしい幸運は、周辺のリヨネの人々や外国の顧客たちのおかげでもたらされたものであったが、フランスとその王たちを魅了した。このローヌの都市にとっては、あらゆること、フランス王国の首都になることさえも可能だったのではないだろうか？　このころ、フランス政府はアルプスの彼方への進出に大変な努力を傾注していたが、イタリア戦争で軍隊を失ったため、リヨンがこの戦争を継続するための司令部となり、人間と物資、金融機関が集まる中心として巨大な利益を得ていた。しかも、以前からイタリアとあらゆる点で結びつき、ルネサンスの精華を知っていたリヨンは、パリよりも遙かに文化的に輝かしい首都になる可能性をもっていたからである。

そのとおり。まさに、あらゆることが可能であった。だが、それは、歴代の王のなかでも最もイタリア贔屓で、リヨンに対しても好意的であったと思われるフランソワ一世の治世（1515-1547）に限られていた。一五三八年、彼がローヌ川をくだって、エーグ＝モルトで神聖ローマ皇帝カール五世と会見したとき、彼の脳裏にあったのは、リヨンのこの胸躍る昇進であったろう。途中、リヨンの宿営地に立ち寄った彼は、この都市に魅了されていた。しかし、不幸なことに王太子がジュ・ド・ポーム〔訳注・テニスに似た球技〕に興じたあと、突然の悪寒に襲われた。王は南仏への旅をそのまま続けたが、トゥルノン〔訳注・ヴァランスの南〕で王子を降ろさなければならなかった。王太子は、結局、ここで八月十日に亡くなる。ブラントームは「この若く美しい魂は、こうして去って行かれた」と書いている。

リヨンが王冠を手にできなかったのは、この不吉な事故のためだったのだろうか？　私は、それは疑わしいと思っている。リヨンの首都への昇進は、形式的決定によって生み出されるものではなく、事実上の優位性によらなければならなかったが、リヨンは勝負に敗れたというより以前に、参加できなかったのであって、その理由は別のところにあった。すなわち、この十六世紀半ば、ヨーロッパは北海と大西洋に向きを変え、地中海やイタリア戦争には目もくれなくなり、リヨンは、カトー＝カンブレジ条約（1559）によるイタリア戦争の終結に伴って、その地位を失ったのだった。この条約は、アルプス以南でのフランスの優位を精算しようとするもので、好戦的なフランス貴族たちは烈しく憤ったが、アンリ二世は、フランスが一五三六年に占領し定着を始めていたピエモンテとサヴォワをさえも、あっさりと放棄してしまった。フランスの国境線はリヨンの近辺にまで後退し、それより東の広大な空間は切り捨てられた。もしもフランスがイタリア戦争で勝利し、トリノやミラノを勢力下に収めていたら、おそらく、リヨンが全ヨーロッパの運命を決する中心になっていたであろう。要するに、リヨンの繁栄は、アルプス以南の勝者になるのが誰か、ヴァロワ家かハプスブルク家かが確定しない間は続いていたかもしれない。

したがって、リヨンの後退は、大なり小なり早くから見えていたのだが、一五五七年になって破産宣告されたのである。とはいえ、この町が、金融と信用状の世界からすぐに排斥されることはなかった。この点については、長い期間にわたって実績を積んできていたからである。リヨンは次第にヨーロッパを手中から失っていくものの、フランスを逃しはしなかった。

世界全体が陰鬱な空気に包まれた十七世紀の間も、リヨンはしばしば、成す術を失ったフランス資本家たちを慎重にリードしている。資本家たちは、ある定期市から別の定期市への繰延金による利益（三か月ごとに二％の利子がついた）を受け取るため、あるいは市の保証金で儲けるためにリヨンへやってきた。為替手形（lettre de change）を、エキュ金貨（écus d'or en or）で決済しなければならなかったからである。

金利を取ってカネを貸し付けることが禁じられていた時代に、リヨンの商人たちを支えたのは、この短期投資の仕事で、それまでは企業の主人として帳簿に書き込むことで事業を調整していたリヨンの商人たちが、これ以後、投資を仕事とするようになる。このやり方の慣例化から生まれたのが、いわゆる《金利生活situation rentiere》である。

だが、リヨンは商品が集まり合流するところであり、工業の活発な創造的活動の中心であることに変わりはない。おそらく、この商業と工業の活動が、この町の金融の中心としての後退の跡を埋めた。いまもリヨンの産業活動は、ヨーロッパ市場全体で冠たる地位を維持しているが、それを容易にしたのが、非常に早くから絹織物という奢侈品の生産に軸足を移していたことであった。

この絹織物産業は、とりわけ、この町の光を外部へ向けさせた。リヨンは、この産業を発展させるために、絶えず新しい労働力、質の高い労働者を雇い入れなければならなかった。この仕事のために必要な熟練労働者をずっと獲得しつづけることは、実際問題、一つの難題である。リヨンがそれに成功した理由を明らかにするには、この産業生活の実態をその根っこまで掘り下げる必要があるが、そうした男たちの補給源になったのが、リヨンの近くに広がるアルプスや中央山地の貧しい地域であった。（Maurice Garden "Lyon et les Lyonnais au XVIIIe siecle" 1975）

他方、リヨンの絹織物業者たちは、フランス国内でも外国でも、貴族階級の顧客の開拓に並々ならぬ努力を傾けた。彼らは、豪華で独創的な製品を生み出そうと工夫を凝らし、それらは、移り気で一年ごとに変わるヨーロッパの流行をリードした。リヨンにはたくさんの外国商人が訪れ、また常駐して、見本市での買い付けや生糸の輸入だけでなく、貴金属や通貨への投機と為替などの業務にも携わった。リヨンで書かれた通信文は、彼らの行動と業績、外国の競争相手との関わりなどを反映している。

とくに、この最後の点に関しては、リヨンの産業人たちも、常に警戒心を怠らず、トリノでどのような絹糸が作られたか、チューリヒでは絹のクレポン〔訳注・厚地のちぢみ〕が作られているとか、イタリアのどこかでは、生地見本を使ってリヨンの絹織物の完璧な模造品が作られているので、これに対応するには、大至急、新製品を開発し、模造品が市場に出てきたときには流行遅れになっているようにする以外ない、といったことが記されている。事実、このために、リヨンでは絹織物の特別のデザイナー集団が作られていた。

一七〇五年五月、ブルゴーニュ公の息子が亡くなり、六か月間の服喪令が出たとき、リヨンはパニックに陥っている。色鮮やかな絹織物が半年間は売れなくなることに加え、市場では、この間に流行が変わるため、ストックされている商品が無駄になってしまうからである。通常の場合だったら、外国の市場で売りさばけたであろうが、戦時では、それは不可能であった！〔訳注・一七〇一年からスペイン継承戦争が始まっており、フランスはイギリス・オランダ・ドイツと交戦中で、一七〇六年には、前述のようにフランス軍はトリノで敗北を喫している。〕外国人についても好意的な通信文は全く見られず、「外国の連中は、新教徒ども（religionnaires）の援助で、われわれの生産工場を真似て模造品を作っている」などというのもある。一七〇六年、トリノ攻略の準備を進めていたフランス軍にリヨンの商人たちから出された要望に、トリノではリヨンから職人を引き抜いて絹製品を作っているので、この工場は何としても閉鎖してほしいというものがある。

その後も、リヨンは生存基盤の半分以上をフランスの外に求め、外国に依存しつづける。それは、その経済と立地条件、歴史の巡り合わせがそうさせたのだが、そこには、例外的な幸運もあった。たとえばナポレオンの第一帝政と大陸封鎖（1806）により、リヨンはヨーロッパの内陸交通の動脈であったアルプスの道と地中海からラインやスイス、ドイツ、オランダへいたる道が合流する十字路になり、その影響範囲を各方面へ拡げることとなった。しかし、一八一四年から五年にかけてナポレオン帝政が崩壊すると、リヨンの立場は一挙に悪化する。さらに一八三〇年代には、蒸気船が現れてライン川の河川交通が盛んになり、リヨンが果たしてきた役割の一部をドイツの輸送業者に奪われてしまう。しかし、リヨンが占めた重要性の歴史については後で述べることにして、この章のテーマである《フランスの生成》自体に戻ろう。

ここでは、リヨンの過去の全てを明らかにするわけにはいかなかったが、少なくとも、その活動に多様で同時的な幾つもの平面があること、その相異なる活動の間で、その運命は、好むと否とにかかわらず左右されてきたことを示すことができたと思っている。もし、私が間違っていなければ、リヨンが繁栄を謳歌するためには、フランスが提供することができず、ローヌ地溝帯（ここには、人口と交易活動、生産手段が堆積している）もリヨンに託そうとしなかった一つの高度な幸運が必要であった。幸い、リヨンは、その豊かな生活力と膨大な産業のおかげで生活を維持することはできた。これまでも、リヨンは何度も待たなければならなかったが、今も、待機の段階にいるのではないだろうか？　ジャン・ラバスの見解（"Lyon, Ville international" 1982）では、リヨンが再び国際都市となる（いまは、そうではない）には、自分を埋没させる危険性のあるローヌ・アルプス地域に縛られないで、パリが課してくる中継地としての二次的役割をかなぐり捨てることが必要である。だが、そんなことが、はたしてできるだろうか？

ローヌからラインへ

こんにち、ローヌ交通は、十九世紀に蒸気機関が採用されたときと同じくらい大きい変革期にさしかかっている。一九八〇年三月十九日、ヴォーグリのダムの完成をジャーナリズムがいかに大々的に祝ったかをごらんになるがよい。これによって、この荒々しい川の水は治まり、リヨンから地中海にいたる治水事業が完成したのであった。この事業は、一九四八年のジェニシアダムの建設以来、三十二年間を要した。その間に十八のダム、十三の発電所、十三の水門（閘門）が建設され、六十四基のターボ・エンジンが設置された。これによって、かつての本当のローヌ川が失われたことは残念であるが、正直に言えば、これらも、それなりに美しいことも確かである。

この三〇〇キロにわたる河川交通路では、動力は三〇〇〇馬力、船体の長さは八〇メートル、積載量は二〇〇〇トン、喫水の深さが三メートル以上もある超近代的な高速船が就航している。そのほか、外洋から直接上ってくる小型船も走っている。これは、おとなしくなったローヌ川が人間に奉仕している一例で、計画では、リヨンからジュネーヴにいたる上流部分では、水力発電所が建設されることになっている。また、ソーヌ川を利用してマルセイユとドイツのライン地方を結ぶ河川交通も計画されている。ソーヌ川はローヌ川の上流部分に較べると流れが比較的穏やかであるが、懸念される障碍はマーコンのサン＝ローラン橋で、この美しいアーチは多くの人から惜しまれているが、増水時には船が通行できなくなるため、撤去が予定されている。また、サン＝サンフォリアンから出てライン川と繋いでいる昔からの運河は、幅が狭く、たくさんの閘門が妨げになっているので、全面的に造り直されることになっている。

これは、マルセイユを、ハンブルクやロッテルダム、アントワープ、ルーアン、ル・アーヴルといった北ヨーロッパの大規模な港と同等とまではいかないにしても、スイスや南ドイツからの出口の一つにしようという壮大な計画である。そこで、マルセイユのヒンターランドとなるローヌ流域の工業の発展に対する期待が高まるのは当然で、ローヌ川を利用しての一三〇億キロワットという膨大な発電計画もここから来ているのである。

しかしながら、これには、幾つかの留保条件がある。

一、こんにち開通しているローヌの河川交通はリヨンとフルク〔訳注・アルルから四キロ北西〕の間の二八〇キ口である。この部分を上り下りする船は、一九七九年で七三五六隻である。この数字は、一見すると、かなりのもののようだが、一隻あたりの平均積載量は四六三トン（下りの船が二四三トン、上りの船が五八九トン）で、総量三四〇万二〇一四トンのうち一八七万九一七四トンが石油製品である。この量は少しずつ増え、一九八〇年には三五五万四五二七、一九八一年には、四〇〇万トンと予想されている。しかし、ロッテルダムの一九七九年の三億トン、一九八一年の二億五〇〇〇万トン、毎年二五万隻の河川用舟艇が入港しているのに較べれば、いかにも慎ましい。しかも、「二億五〇〇〇万トンの総輸送量のうち、一隻の平底船ないし大型運搬船に積み込まれる（または、おろされる）量は、一二二・七トン」である。（François Grosrichard,Le Monde 1982.9.23）

このローヌ川河川交通の慎ましさは、どうしてであろうか？　たとえばフォス〔訳注・マルセイユの西北西〕からバーゼルまで石油パイプラインが走っていたり、そのほか自動車道路や鉄道などの他の輸送手段が競合しているためだろうか？　パリからリヨンを経て地中海に至る鉄道は、眼の眩むような記録を打ち立てているし、新幹線（TGV）はパリ＝モンペリエ間を五時間で結んでいる。地中海はぐんとパリに近くなったが、これはローヌ川の功績ではまったくないのだ。

しかも、ローヌ川の輸送が冴えないのには、この川に到達するのが容易でないことが挙げられる。マルセイユ自身、ローヌ川をほとんど利用していないし、リヨンも輸送は自動車と鉄道に頼っている。とりわけ、工業国ドイツを支えている出入口はロッテルダムであって、ローヌの谷を頼りにはしていない。

実際問題、ローヌ川の現在の輸送量四〇〇万トンは、すべてがその行程を通過しているわけではなく、ローヌ沿岸各地の間を、ある町から別の町へというように細切れに動いているものが多い。ところが、施されている技術的設備は、長距離で相当量の輸送でなければ採算がとれないのである。もし、前述した計画が達成されれば、ローヌの河川輸送も幼年期から脱却し、長距離輸送が増えるのだろうか？　それとも、無駄な投資に終わってしまうのだろうか？

二、ローヌ川とライン川を結ぶ計画も、ローヌの上流域に発電所を建設する計画も、かなり費用がかかるが、それでも完成されたと仮定してみよう。しかし、そこでは《ローヌ地峡》から枝分かれしていくルートの再整備は何も予定されていない。これは、私の見解では、ソーヌ川からブルゴーニュ運河か、それとも古い中央運河とブリアール運河によってセーヌ川に連結する交通網が不可欠である。もっと合理的なのは、近代的で航行可能な水路を首都まで伸ばすやり方である。いずれにせよ、これなくしては、ローヌ川のルートはフランスの国土にとっていつまでも周縁的存在で、フランス経済全体を活気づける代わりに、ヨーロッパの道として使われるだけという恐れがある。フランスの自動車専用道路の幾つかは、イギリス人やドイツ人、ベルギー人、オランダ人にとって、自分の国とスペインやイタリアの間を行き来するのに役立っているだけでなく、何より私たちフランス人の国内での移動や輸送にも貢献している。私が、ローヌ川の交通システムについて、フランスの中心部にも接続すべきだと考えるのは間違っているだろうか？　だからといって、何が何でも中央集権化された《一つのフランス》を前提にすべきだというのではない。ましてや、それがヨーロッパに対して全面的に開かれるのを嫌っているわけではない。ただ、フランスの国土が提供したヨーロッパの大動脈が、通過地であることに満足してはならないと言いたいのである。そこに枝分かれの線を提唱する理由があるのだが、フランスの計画立案者たちが考えているのは、本質的にはコストの問題である。確かに出費は膨大な額にのぼるが、おそらく、フランスでは河川輸送の量は次第に減少し、ほんものの危機の犠牲になっていくのであろう。

整備は進んだものの、ローヌ川の輸送量が期待外れであるのは、広大な全体と充分に連結していないからではないだろうか？　この点については、水運協会（Association Nautes）の会長、ジャック・フレシェも、一九八二年九月、ロッテルダムを訪問したとき、次のように述べている。

「フランスの河川交通網はヨーロッパの交通網に連結される必要がある。ライン川、モーゼル川にフランスの港が提供している停泊地は不充分である。セーヌ・ローヌ両河はヨーロッパに接続されねばならない。マルセイユ、ル・アーヴル、ルーアン、パリ、ダンケルクは、河川交通の観点からすれば地域の港にとどまっているわけにはいかない。これらの港がヨーロッパの港になるには、北ヨーロッパの競争相手たちと同じ切り札をもたなければならない。その切り札とは何千キロも内陸部に入り込んだ均質な水路である。」

こうして、ローヌ川といえばリヨンとマルセイユ、セーヌ川といえばパリ、ルーアン、ル・アーヴルで、それ以上付け加えるものはない、などというべきではないと考えているのは私だけではない。

三、私は、この前段の数行を、ローヌの奇跡的成功への期待をこめて書いた。この成功は、危機に助けられても、そうすぐに実現するものではない。地理学者たちにあっては悲観主義が支配しており、ピエール・エティエンヌは《フランス地峡》ということは一度も言わず、ローヌとラインの軸線については「大きな裂け目を形成しているが、連続していない」と述べている。この悲観論は、私が主張した「ローヌの軸線は、形成期のフランスの境界線であり周縁部である」との考え方を支持している。これをピエール・エティエンヌは、さらに進めたのだが、彼は正しいだろうか? 私は彼が間違っていればと願っている。彼は、きっぱりとこう言う。「ローヌ・ライン地域などというのは一つの神話であり、ローヌ・ライン間の運河を弁護する説は欺瞞だと結論すべきであろう」。(“La France. Les montagnes françaises et axe Rhone-Rhin”)

私としては、未来が反対のことを証明してくれることを望みたい。

二、イル＝ド＝フランスとパリ盆地

私は《フランス地峡》が多くの重要性をもっていること、とくに先史時代以来、文化の伝播の通路となってきたし、こんにちもフランスの交通網の最大の軸線となっていることを否定するものではない。ただ私が言いたいのは、フランスの統一性の形成にそれが果たした役割は、昨日まで言われてきたような決定的なものではないということである。

そのことを最もよく証明しているのが、この統一性が生まれたのは《フランス地峡》とは別のところであったという事実である。つまり、《一つのフランス une France》の発祥地は、ソンム川とロワール川に挟まれ、パリを中心にして、一方はオルレアン、他方はルーアンにいたる半径をもつ円周内である。これには、狭いイル＝ド＝フランスだけでなくオルレアネ地方、シャンパーニュ地方、ピカルディー、ノルマンディーの一部も含まれる。フランスの統一性は、これを核とし、「中心点から周辺に向かって放たれる光によって」、そのほかの部分が加わり、形作られたのであった。

ミシュレは、その『日記Journal』（1830.4.28）に、こう書いている。

「このようにして、この国で最も独自性の少ない部分がフランスの中核となり、残りの全体を我が物としたのだ。この中心部分は、最も高い段階においてフランス的性格をもっている。そこには最も混合的な民族がおり、土地は平坦で、自然は退屈である。この三つがイル＝ド＝フランスの社会的気風（esprit social）を生じ、そのイル＝ド＝フランスがフランスを我が物とし、フランスは世界を我が物としているのである。」

一七八九年まで、《フランス》を自負していたのはパリ周辺の幾つかの古い州だけであったこと、王政が自由に扱うことができたのは、ほかのどこよりも一六六四年にコルベールによって整理統合された《五大徴税請負区Cinque Grosse Fermes》〔訳注・内国関税が廃止された地域〕のなかにおいてあったことは事実である。だが私は、その従順さが「社会的」といえるような気風から出ているとは思っていないし、オワーズ川流域やロワール地方を退屈なつまらない所だなどと思っていない。むしろ、ずっと素晴らしい地方である。

ただ、いずれにせよ、それらが《フランス》を創り出したことは本当である。フランソワ・ユレは「イル＝ド＝フランスとその雄蕊《おしべ》であるパリという王制の細胞は、貪婪な食欲にとりつかれて、やがて《フランスの六角形hexagone français》形成プログラムを何としても完成しようとしたのである」（Le Monde 1980.7.23）とまで言っている。その結果が、周知のようなひどい歪みを生じたのであった。

このような計画が作成されたということについては、全面的に疑ってかかろう。それが実現していく過程は単純なものではなく、長期的展望によってリードされたものとは、とうてい考えられない。そこで重要な役割を演じているのは偶然であり、さまざまな潜在的力である。しかしながら、結果は現にある。十一世紀後半（一〇七二年）、ノートル・ダムの最初の石が置かれたとき、すべての市民がパリの栄光を現実化するための事業に参加したし、また参加していった。そして、この町は、たちまちヨーロッパ最大の、怪物的ともいうべき大都市になっていった。

私たちがこの過程を探るうえで、まず立ちはだかる問題が、この巨大な遠心力のすべての中心は、このパリという都市だったのか、イル＝ド＝フランスという地域だったのか、それとも、その双方だったのか、ということである。まずは、中心地域である《パリ盆地Bassin Parisien》から始めよう。

〔訳注・パリを中心とする盆地で、北はアルデンヌ高地、東はヴォージュ山地、南は中央山地、西はアルモリカ山系に囲まれ、長さ五〇〇キロ、幅四〇〇キロに及ぶ。〕

《パリ盆地》の優位

パリ盆地は、フランスの現在の国土の四分の一以上を占め、平野が広がるその最大の地域は、最も豊かで、ミシュレが何と言おうと、最も変化に富んでいる。ミシュレが「シャンパーニュとイル＝ド＝フランスの単調な田園……魂が倦怠と嫌悪感に囚われるような石灰岩と木で造られた町」と語っているとき、その脳裏にあったのは、経済ではなく風景であった。

十七世紀においてパリ盆地の大きな部分を代表していた《パリ納税区généralité de Paris》についての認識はこうであった。「その土地は何かの役に立っている。なぜなら、小麦などの穀物が作れないところではワインが造られているし、小麦もワインもできない所でも、果物が栽培され、森があり、胡桃が得られるからだ」（Papiers Florimond "Mémoire de la généralité de Paris" 1881）。またダヴィティによると、「パリ周辺の土地は、小麦や乳製品、干し草、果物、牧草地、水と、欠けるものはない。それが、パリを住みよい、すばらしい町にしている」（"État de l'Europe" 1625）のである。このような証言は、挙げればきりがない。

ロワール川以南、中央山地までのさほど恵まれていない地域に関しては幾つかの重大な留保条件をつけながら讃辞を繰り返す地理学者たちも、パリを取り巻いている石灰岩台地については、その比類のない利点を強調している。「ここでは、降った雨は自然に大地に浸み込み、地面に溜まって農作業を妨げることはないし、旱魃のときは地中の水が毛細管現象によって地表面に上昇し、植物を枯死から守ってくれる。そのうえ、これらボース、ブリィ、ソワソネ等の台地は、河川が運んできた泥土で表面を覆われているが、この土壌こそ、耕作しやすさによって、先史時代の最初の農耕民をヨーロッパじゅうから惹きつけたのであった。」(Roger Dion)

こうした説明は、それなりの真理を含んでいるが、最終結論ではない。パリ盆地が、やがて《フランス》となるものの基準でいえば、並外れて人口密度が高かったことも事実である。この人口の過剰ぶりが一つの説明になるだろうが、それ自体は結果であって原因ではないから、まだ説明されなければならないものを残している。たとえば、いわゆる人口過剰は、ガリアにおけるローマ人の支配が崩壊したときにはすでに落ち着いていたし、ローマ文化(romanité)が、ほかのどこよりもこのイル=ド=フランスで長く、ローマ人の将軍シアグリウスが四八七年にクローヴィスに敗れるまで続いたのは、このためであった。そのほかにも考慮されるべき問題として、ローマ的機構が他よりも一世紀長く残ったという利点があり、これも無視できない。

この過剰なほどの人口、人的資源の豊かさがあったからこそ、のちのカロリング朝は、このイル=ド=フランスを拠り所にして、民族の枠組みを超えた冒険に踏み出すことができたのである。カロリング朝の人々は、自分たちの獲得したものの中核であり力の源泉であるイル=ド=フランスについては、その統一性を壊してまで分け合おうとはしなかった。だからといって、J・ドーントのように、八三七年にこの地域を分割したことが力の源を枯渇させる原因になったとまで言うのは、明らかに言い過ぎであろう。〔訳注・八三七年、ルートヴィヒ敬虔帝は息子たちが争い合うなかでムーズとブルグントを末子のシャルルに与えている。〕

エドワード・フォックスの主張は、より幅があり、より派手だが、議論の余地がある。彼は、何人かの歴史家の説に同調して、七三二年、アラブ人の侵入がポワティエの戦いで食い止められたのは、カール・マルテルによって創設されたフランク人重装騎兵隊のおかげであるとしている。それは、小麦栽培と燕麦栽培と休耕とを交替していく三圃農法とほぼ同時期に生まれた車輪付の重い犂が使用されはじめ、北フランスの固い土の耕作が可能になり、それとともに重装備の騎士にとって欠かせない鐙が使用されはじめた時代であった。こうして「カロリング朝の人々は鐙と燕麦栽培の二つによって、かつてない多くの騎士を養い使うことができるようになった」(Fox)。そして「騎士たちは戦いにおいて、馬の力を充分に発揮させることによって、ローマ人の戦術が知らなかった騎兵隊の重要性を手に入れたのだ」(Dion)と。

フォックスは、これらの理由から、カロリング朝の人々は、燕麦の生産者であり馬の飼育者として北方の国に向きを変えたのであり、アンリ・ピレンヌの説明は一方的で古臭く的外れだ！　とする。すなわち、西欧が力を北方へ向けたのは、ピレンヌの言うようにイスラム教徒によって地中海から駆逐されたからではなく、「西欧の最も深く、最も肥沃な土壌を求めて」の転換であるとし、結局、すべてを決定づけたのは「セーヌ川やテームズ川の沖積土が新しいタイプの犂によって開拓された」ことにあるとし、その証拠として「こんにちでも、この地域は、世界のどこよりも、一ヘクタールあたりの小麦の生産量が多い」と述べている。

この論議は、それなりに重みをもっており、重装騎兵の重要性を否定するわけにはいかない。それは、ヨーロッパ軍事史上の長期にわたる新局面を開くもので、全速力で疾駆する騎士の槍の先端には抵抗しがたい力が込められていた。ウィリアム・マクニールは、感興にのって大胆にも、この中世の重装騎兵を一九四〇年の重戦車になぞらえて「限られた範囲においてではあるが、一群の騎士たちが戦いの成否を決することができた」と述べている。("Venice, the Hinge of Europe, 1081-1787" 1974)

しかしながら、ロワール、セーヌ、ソンムに挟まれた地域で、これらの変動が起きたのはいつなのかを見る必要があるし、さらには、北方の農耕が行われるようになったのは、間違いなくカール・マルテルの時代よりずっと遡ることを知らなければならない。つまり、ここで説明されていることはすべて、すでに進行していたものであり、そこでは、進歩した農業システムとその結果である農民人口の過剰が前提とされているが、だからといって、それらが形成されたのがいつかについては、なにも説明していない。

ところで、フランスのような古い国では、人口に関するいかなる問題も、伝統的歴史学が扱う限界をはるかに超えた長い持続性をもっており、これを問い直さずしては理解できない。事実、すべては何千年単位で起きたことであり、そのような長期にわたる変動が、ようやく明らかにされ始めたのは、先史学が進歩した比較的近年になってからである。

歴史時代（Histoire）より以前、のちに《フランス》となる空間を通過した人間の流れは、おおまかにいって二つあった。一つは、地中海方面からやってきた人々であり、もう一つはヨーロッパ中央の深部から来た人々であるが、とりあえずは、第二の流れについて考察すれば充分である。というのは、このヨーロッパの中央部からパリ盆地をめざしてやってきた人々が決定的要素となって、いうなれば「未来のオイル語圏フランス」を作ったからである。

この先史時代のヨーロッパ中央部の膨大な土地の塊は、すぐれて《農民の大陸》で、彼らは、「エニセイ川から極西の地（Finistère）にいたる、その通り過ぎたあと」に言語学的痕跡を残した（P. Bonnaud）。この広大な領域のなかで、さまざまな民族が次々と波のように西方へ移動し、その移動の途上にいる住民たちを吸収し従属させ、あるいは、引き連れていった。そして、それとともに、牛の飼育と穀類の栽培をもたらしていったのである。

このヨーロッパ中央部からの移住民のおかげで、古い住民たちの破壊的なやり方によって一部荒廃していたパリ盆地地方でも、前四〇〇〇年紀には集住型村落を中心とする効率的な農業が定着している。この開放的な平野は、自然がもっているすぐれた資質のおかげで、人口が急速に増加したうえ、この人間の堆積は、その後も、絶えず東方からやってくる人々によって、ますます加速し、西暦前一〇〇〇年紀の間にはケルト人の膨張をもって頂点に達した。やがて中世において定着する「規則正しい輪作によるオープン・フィールド」の先駆けとなったものは、このときにすでに現れている（Jean Robert Pitte "Histoire du paysage français"）。これが、まさしく、生まれつつあった最初のフランスであるガリアの生命を形作った。

このように、先史学は最初の統一体を明らかにしてくれるのであるが、この空間的領域がのちの第二の統一体を養う基盤となる。この説明をあなた方は、出来過ぎだと考えられるだろうか？

それにしても、なぜパリか？

だが、それにしても、フランスは、なぜ、セーヌ川の湾曲部の島（シテ島）を中心にして建設されたのか？　同じようにセーヌ川の湾曲部で、島があり、肥沃な地が広がっているムランでなかったのは、なぜか？　また、いわば胎児期のフランス政治の中心がしばしば置かれたサンリスとかランスあるいはオルレアンが、どうしてそうならなかったのか？　また、ロワールも、場合によれば、フランス統一の核となる候補として、セーヌに引けを取らなかった。ロワール川は、船でくだるのが容易であるのは水の流れから当然であるが、遡るのも西風の力で可能であった。しかし、北はオルレアンのところで森に塞がれ、南はソローニュ地方の湿地帯によってそれ以上の伸展を妨げられている。

また、ルーアンが中心にならなかったのは、なぜか？　ミシュレにいわせると「パリとルーアン、ル・アーヴル（この町は一五一七年にフランソワ一世によって創設された）は、セーヌ川を大道とする同じ一つの町」（Michelet "Histoire de France"）である。想像力を逞しくして歴史を組み直し、パリがセーヌの流れの狭さによって発展が阻まれるのを、もっとあとの時代にずらすならば、フランスの中心は、もっと英仏海峡寄りで早くから栄えていたルーアンになっていた可能性がある。テームズ川の河口にあるロンドンの幸運は、イギリスにおける同じタイプの勝利である。要するに、「パリはパリになければならない必然性はなかった」のである。

立地条件という点で「意識して選ばれたのでないとしても、きわめてよい場所にある」(L.Musset "Géographie de l'histoire") ということは、さらに進めて冷静に考えれば、この種の漠然とした競争においては、その有利性はどんな町についても言えるのではないだろうか? パリが、セーヌ交通の大道とヨンヌ、マルヌ、オワーズといったその支流が集まる近くにあって、立地条件にきわめて恵まれていることは事実であり、小麦、木材、ワイン樽、干し草が平底船に山のように積まれ、薪用の枯れ木が筏に組まれて、この大都市の河岸に休みなく運ばれてきたのは、そのおかげであった。

しかし、逆に不利な点もある。それは、このフランスの首都が内陸にあることで、そのことからもたらされた結果が、フランス自体をも内陸的にした。フランスが長い間の躊躇の末に自らを内陸的国家と考え、あるいは、そう望み、受け入れたのでなければ、パリがフランスを引き込んで、そのようにしたのであった。

しかし、近代史が演じられていく大洋を前にしたとき、フランスにとって切り札となったのは、その港、船乗り、どのようにでも酷使できる貧しい人々の存在であった。ピエール・ボノーは適切にも、こう言っている。「フランスには大規模な植民のために充分な、大量の労働者がいた。それは、イギリスの手元にあった人間の数よりずっと多かった。フランスの王室政府は志願兵に困らなかったし、人員の補給手段として、一斉検挙や強制移送も、司法上の国外流刑を口実にすることも尻込みしなかった」。それは、そのとおりだが、王政府自身が眼を向けていたのは内陸であった。

フランスがもっと別の運命を辿りえたのではないかと夢想することは、歴史がフランスのために留保したものを理解しようとすることにもなる。ミシュレが一八三一年八月に、その『日記』のなかで、とことんまで突き詰めはしないまでも試みとして書いていることには、これと少し相通じるものがある。

「ル・アーヴルは北海に突き出た突堤の上にある。大西洋は静かで、その岸はあまり厳めしくなく、すぐ近くはノルマンディーの低地になっている。潮が引くと、大西洋はイギリスのものである。このすばらしい自由の野が他国民のものであることは、私を悲しませる。……我が国の港の活気がどうであれ、ノルマンディーに教会が数え切れないほどあることは、当時のフランスが西方へゆくほど生気を濃厚に湛えていたことを表している。十一世紀から十三世紀まで、イングランドは何度も侵略を蒙った。当時は、フランスのほうが制海権を掌握していたようである。」

私は、個人的には、それについて疑っている。大西洋が「自由の世界だ」などということも疑問である。それは富の世界であり、したがって、そこには不平等がある。だが、ほんとうの問題は、そこにはない。「もう一つ別のフランス」を夢想するには、フランスの母胎である《パリ盆地》が北と西へ向きを転じ、その野心と活動の中心をパリでもオルレアンでもなくルーアンに置いたと想像してみることだ。このフランスの海洋進出の天命が、僅かに垣間見えただけで潰えてしまったことは、フランス史全体につきまとう一つの疑問である。その責任は、ヴォーバンが《この深淵 ce gouffre》といったパリにあるのだろうか？　答えは「ウイ」でもあり「ノン」でもある。なぜなら、パリは原因であるのと同じくらい結果でもあるからだ。

たしかなことは、オイル語圏フランスの優越性が、我が国にほとんど破局的なまでの歪みを押しつけたことである。では、ルーアンやリヨンあるいはトゥールーズに中心を置いたフランスだったら、もっと違う方向へ進んでいただろうか？　どこでもそうだが、国家的統一性は上部構造であり、互いに異なる地域性の上に投げかけられた網である。網は、それを操っている手に収斂する。これが特権的な中心である。そこには、おのずから不平等が居座る。不平等のない国が、この世界のどこかにあろうとは考えられない。

まだ知らなければならないこととして、統一体としての国家なしで、地域次元だけで生きることが、これまで可能であったろうかということがある。私には、そんなことは考えられない。そうした地域は、一時的には自主独立を謳歌しても、必然的に独立的ではなくなった。私は、ある意味での《国民国家 nations》の論理的必然性を信じている。

三、本質的試練——国境

人間が住むことが国土であることの始まりである。フランスは、正式なやり方で存在するよりもずっと早くから、国境線をもち、人間の居住地をもっていた。それらの国境線は、相続され、征服され、再征服されながら、往時のコミュニケーションの緩慢さに釣り合うかぎり広大な空間を取り込んでいた。この観点からいうと、フランスは、それだけで一つの大陸（continent）であり怪物（monstre）といってよい超大国（super-Etat）であった。それは、一つにまとめて統括するのに難儀するほど多くの地域を統合した帝国（Empire）であり、これを守るには内外両方の脅威に備えなければならず、事実、そのために、途方もない力と忍耐、絶え間ない警戒が注がれた。一七五六年、ルイ十四世（1643-1715）の戦争に関してアンジュ・グダールは次のように言うことができた。「度重なる国土の征服によって、フランスは膨大な広がりをもつ一つの世界となり、それを維持するために多くの駐屯部隊を必要としている。王国の境界線は広がり、その門の鍵は増えた。もはや、戦時と平時の境目はなくなった。なぜなら、新しい征服地のために国土防衛の任務が増大し、征服に要したのと同じ数の兵員が必要となっているからである。」

（"Les Intérêts de la France mal entendus"）

フランスの歴史は、国境線のために貪り食われ、フランスのエネルギーも膨大な財力も、このために消耗された。同じ一七五六年、いわゆる《七年戦争》が始まったのを見て、アンジュ・グダールは正当にも次のように書いている。

「いまや我が国の正規軍は、数において、ヨーロッパのいかなる政府とも釣り合わないものになっている。フランスのこの分野での過剰さには国家を破滅させかねないものがある。オランダとイングランドの連合軍の兵力は四万そこそこなのに、フランスは平時においてすら一五万を超える兵員を維持している。これら二か国に対抗するためならば、兵員一一万が余分である」。

この数は、一六六一年にルイ十四世が即位したとき、「歩兵だけで二一万八〇〇〇、そのうち八万六〇〇〇が駐屯兵」であったことからすると、ルイ時代〔訳注・ルイ十四世は一六四三年に五歳で即位したが、宰相マザランが執政し、一六六一年から親政〕になってから増えたとは思われない。もちろん、こうした兵員数は状況によって変動するし、さらに、実際の総数は、徴発された農民や人足（あえていえば工兵pionniers）、市民兵、小麦や馬の調達・輸送に関わった事業家たち、徴兵係り（多くの場合、彼らは暴力的にこの任務を遂行した。というのは、人民は従順でなく、逃亡することも少なくなかったからである）も加えなければならない。最後に、やむなく傭兵を使った場合の人件費や兵士の装備、武器、馬、大砲などにかかった費用を計算し、帳簿に記入することも忘れてならない。

オランダとイングランドが少ない軍事費で済んだのは、イングランドの場合は海によって、オランダの場合は、その国土の狭さと城塞の細かい網の目によって防備されていたからである。フランスは、その国土の大きさと、何ものも満たすことのできない農民たちの土地への貪欲さのために、膨大な代価を支払わなければならなかったのである。

国境線のもっている永続性

『国境線frontière』という語は「前面（front）をなす」という意味の形容詞「frontier」から来ている。この語がかなり早くから現われていたことは、フレデリック・ゴドフロワの『フランス古語辞典Dictionnaire de l'ancienne langue française』（1881-1902）のなかに、例文として十四世紀のギアールの「Li navré vuident les frontières（傷つきし者は前線より退き）」という文章が挙げられていることから分かる。この語が名詞になったのであるが、当然、そこには、相対する二つのものが前提されている。つまり、両側から互いに向かい合っている二つのものの間にある一本の線を意味する。この意味で、この語は「fines」「fins」「confins」「metae」〔これはラテン語〕「bornes」「termes」「limitations」などといった語彙と長い間競合してきた。それが、最終的にこれらの語に取って替わり、それ以後、何よりも領土をもつ国家それぞれの外郭の境界線を指すようになった。

実際のところ、国家の行動は、個人のそれと似通っている。あらゆる野生動物が自分のテリトリーを守ろうとするように、人間各人も自分の土地の境界線を画定することに固執する。一六七三年、ヴォーバンはルーヴォワ〔訳注・民兵制を導入するとともに砲術学校や廃兵院を創設した。1639-1691〕に対し、国王に次のように進言するよう書き送っている。それは、そのころフランスが北部で勝ち取ったものの、スペインの領土のなかに囲まれている飛び地（enclaves）状の「王の領地son pré quarré」〔訳注・pré quarréは「四角い牧草地」の意で「縄張り」のこと〕を、用心深い地主のように大切に守り、大きくしていっていただきたい、というものである。

諸国家は、境界線を画定し、その内側にいることによって安全性を追求する。シナの長城に表れている強迫観念は、すべての国家（ようやく形を整え始めた国家であろうと、すでにたくさんの経験を積んだ国家であろうと）に取り憑いている。フランスの《万里の長城》たる「マジノ線」〔訳注・第一次世界大戦でドイツ陸軍によって突破された経験からフランスが一九三二年、独仏国境に完成した要塞線。しかし、これはドイツ空軍部隊の前には無益であった〕の不幸な運命は、これからも長く私たちフランス人のうえにのしかかって、判断を混乱させるであろう。

城塞の構築は、たんに恐怖心や不安、また知恵を反映しているだけでなく豊かさと力の証明でもある。たんに威光を示すためだけの城塞もあり、フランスが国家として成長するにしたがって、国家の力の昂揚を示すためにたくさんの城塞が築かれてきた。これは、ヴォーバンよりずっと以前から見られたことで、カペー朝はルーヴルの主塔を築き、エプト川やセーヌ川の流域に幾つもの城を建設し、ガイヤール城に対抗してロシュ＝ギヨン城を築いた。〔訳注・ガイヤール城はフランス西部を支配していた英王リチャード一世が築いた城塞。ロシュ＝ギヨン城はそれに対抗してフランスがセーヌ川の湾曲部に建てた城。〕

あらゆる行政上の境界線、ましてや政治的境界線（すなわち国境線）は、ひとたび正式に引かれると、ほとんど永続的といってよい持続性をもち、あたかも、その刻まれた印は絶対に消えないかのように全てが推移していく。これは、フランスでは、古代ガロ・ローマの都市領域を下敷きにした司教区の境界線の多くについてもいえる。それらは、カロリング朝のその起源からのち、ほとんど揺らぐことなく、一七八九年の大革命にいたるまで続いてきた。

国家の境界線についても、その長寿ぶりは明白である。たとえば、大植民地時代にマドリードあるいはリスボンで決定された新大陸の領地分割線は、二十世紀になって独立した国家の国境線にそのまま引き継がれている。要するに、これらの新しい独立国家は、自分たちのためになされたのではない不合理な国境線を、誕生以前から押しつけられていたのである。同様にして、近年になって独立したアフリカ諸国も、植民地時代の昔の境界線を、適切か否かに関わりなく引き継いでいる。それが紛争の種となってこれらの国を不利にしている場合もあれば、アルジェリアのように、植民地時代に作られたアフリカの内陸諸国との繋がりやサハラ砂漠に埋蔵されている石油資源を受け継いで恩恵に浴している場合もある。

このように歴史は、国境線をあたかも自然の偶発性によるかのように根づかせ、以後、その国土から引き離しがたいまでに一体化させる傾向性がある。しかし、これらの国境線が土地と一体化するには、時間が必要であった。私は、サヴォワの自宅のまわりにポプラの差し穂を植えたことがあるが、それが枝を伸ばして生け垣になるには三十年かかった。だが、一つの国境線が形成され、根づくためには、三十年などはなんでもない。ヤルタ会談で、ヨーロッパの真ん中に境界線が引かれたのは、三十年ちょっと前のことであった。その持続性の検証には、一世紀を要するするだろう。

ヴェルダン条約（西暦八四三年）

西暦八四三年八月に締結された「神聖不可侵のヴェルダン条約」の本質的特徴は、おそらく、その契約条項が時間の盲目的共犯によって補強され、何世紀にもわたって持続されたことにある。

事実、ルートヴィヒ敬虔帝〔訳注・シャルルマーニュの息子〕の広大な帝国が、その三人の息子たちの間で分割されたのは、いまから千年以上前のことである。名前は同じだが息子のルートヴィヒは東フランキアFrancie orientaleすなわち《ゲルマニア》を、もう一人のシャルル禿頭王は最初のフランスとなる西フランキアFrancie occidentaleを獲得、これら二つに挟まれ、「存立不能なロタリンギアimpossible Lotharinge」は長子のロタールのものになった。ロタールは長子として『皇帝』の称号を受け継ぐとともに、その帝座がある北のアーヘンAachen

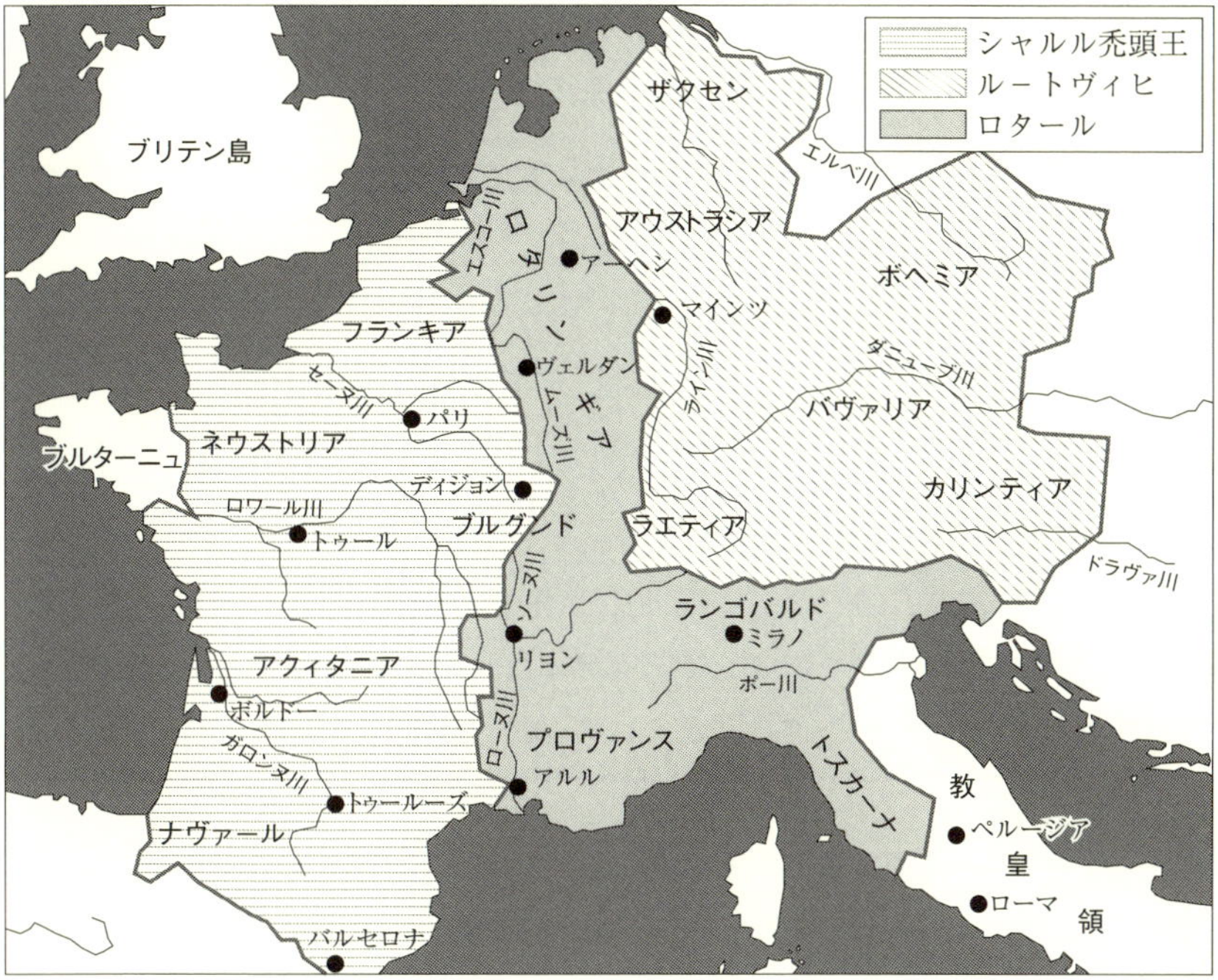

シャルルマーニュ帝国の分割（843年ヴェルダン条約）（G. ベルティエ・ド・ソーヴィニー『フランス史』による）

〔訳注・フランス語風ではAix-la-Chapelle〕と南のローマを受け取り、それらを結ぶ幅二〇〇キロ、長さ一五〇〇キロという馬鹿に細長い帯状の土地を与えられたのだった。

この「地峡のようなisthmique」異常に細長い土地は、オランダから始まり、アルプス山脈を越えて、イタリア半島のベネヴェント〔訳注・ほぼ南端〕にまで伸びていた。この条約の交渉にあたった人々は、ロジェ・ディオンがいうように「エキスパート」たちであったが、このように定めたのは《帝国のフィクション》を維持するためであり、しかも、マインツとライン左岸の土地をルートヴィヒ・ゲルマニア王に与えることに同意した（これは、すばらしい贈り物であった）のは、彼が自分の領域に葡萄畑を持てるようにするためであった！

しかし、これらの状況的理由は、いずれ

も一時的で不安定なもので、ヴェルダン条約の条項が信じがたいほど長い寿命をもった理由を説明するものではない。事実、フランスは、その後何世紀にもわたって、東側の境界をローヌ・ソーヌ・ムーズ・エスコーという四つの川によって仕切られ続ける。(しかも、フランスの領土は、エスコー川を除くと、これらの川には、非常に不完全にかまたは全く接していない。)また、このロタリンギアの帯状の領地は百年ほどしか続かず、九三六年にはゲルマニアに吸収され、このゲルマニア王国は、まもなく《ドイツ神聖ローマ帝国Saint Empire Romain Germanique》となって、西のカロリング朝やカペー朝の王国よりずっと活力を示す。したがって、上記の四つの川に沿ってフランスの前に立ちはだかったのはゲルマニアの国境線なのである。

たしかに、フランス王制は、大西洋側でイギリス人たちによって攻められ、その防衛に忙殺されている間は、東側の国境で何が起きていようとかかずらっていられなかった。それだけに、この東側の境界地方は封建領主たちの間で信じられないほど細かく分けられ、小さな領地が乱立したが、そのために、この東の境界線が死滅することはなかった。種々の抗争や戦争、訴訟沙汰にもかかわらず(あるいは、そうした事件のために)、土地の住民たちは、ごたごたに振り回されつつも、境界線のことは、よく弁えていた。

たとえばビエーム川はアルゴンヌ地方を通っている小さな川で、せいぜい、そのほとりで仕事をしていたガラス職人に関連して語られるくらいの無名の川である。ところが、ヴェルダン条約では、フランス王国(西フランキア)と帝国(ロタールの領分)の境界線の一部として、したがってヴェルダン司教区とシャロン＝シュル＝マルヌ司教区の境界線として選ばれる栄誉にたまたま浴した。一二八八年、「帝国の属する土地とフランス王国の領地の境界線」について訊ねられた住民たちは、じつに明快に答えることができた(Bernard Guenée "Les Limites" in "La France et les Français" 1972)。これは、この国境が、その近くに住み、日常的に境界線を跨いで生活していた人々にとって、きわめて現実味をもっていたことを裏づけている。こんにちでも、ビエーム川は、マルヌ県とムーズ県を分けており、司教区もそれと一致していて、ヴェルダン司教区とシャロン司教区の境界線になっている。

だが、このことは、境界線の長寿ぶりを確認させてはくれるが、その理由の説明にはなっていない。一般的に言われているのは「ヴェルダン条約は、ルートヴィヒ敬虔帝の敵対し合う三人の息子たちの妥協の産物であった。この配分に関わった人々が何より気にかけたのは平等に分けることで、そのために、適切な境界線として川、つまり純粋に地理的な境界線を採用したのだ」ということである。(Gaston Zeller"La France et l'Allemagne depuis dix siècles" 1932)こうしたツェラーの指摘はロジェ・ディオンが地理学的観点から言っていることと合致しており、私も受け入れる。しかし、結局、この分割が意味を持ち、持続性をもったのは、九世紀ごろには言語上の境界線が確定しており、それが千年以上経った現在も、ほぼ同じ線に沿って厳存しているからではないだろうか?

したがって、より重視されるべきは、伝統的歴史学が認めてきたように、ヴェルダン条約の十八か月前(八四二年二月十四日)の『ストラスブールの誓約 serment de Strasbourg』である。これは、ロタールの二人の弟たち(ルートヴィヒとシャルル)が互いに手を結ぶために自分たちの連合軍の前で誓約したもので、シャルル禿頭王は相手方の言葉である《テュートン古語 tudesque》で、ルートヴィヒ(のちにゲルマニア王となる)のほうも、やはり相手方の言葉である《ロマンス語 roman》(フランス語の原型)で誓約し、それを兵士たちがそれぞれの言葉で誓ったのであった。ここに私たちは、言葉で特徴づけられる二つの国民共同体が、まだ形成途上で完全ではないが、ロタリンゲンの帯状地の両側に初めて姿を現しているのを目撃する。それは国民としてはまだ誕生前であるが、言語の上での境界線ははっきり現れている。しかし、セーヌ川は、それが生まれたサン=ジェルマン=ラ=フーイユにおいてすでにセーヌ川ではないだろうか? いずれにせよ、一九一四年になってもなお、私たちフランス人とドイツ人は、ロタリンギアの所有権のために戦い合ったのである。

決定的な四年（1212,1213,1214,1216）

一九五八年、イヴ・ルヌアールは、この国境の線が歴史の流れのなかで、どのように姿を現しているかを明らかにしている。それによると、西ヨーロッパの政治的地図が確定したのは、一二一二、一二一三、一二一四、そして一二一六年の流れのなかにおいてであり、この四年の間に、ゆっくりと発展してきた力関係と一つの情況が固定していったという。

事実、十三世紀初め、従来の境界線を溢れ出ようとしていた超大国が四つあった。一つは、イスラム教布教のために北アフリカとイベリア半島の大部分を統合し、さらに、その境界線を北へ押し上げていたムワヒッド朝である。第二は、アイルランドの一部を併合し、さらに、ノルマンディーのブレール川河口からピレネーの麓のビダソア川の河口にいたるフランス大西洋岸一帯を統合していたプランタジュネット朝のアンジュー帝国（Empire angevin）である。第三は、南仏オック語圏の帝国で、これは、トゥールーズとサラゴサとバルセロナの同盟によって誕生したもので、ローヌ川を越えてプロヴァンスをも併合しようと野望を膨らませていた。最後がフランス王国で、ガイヤール城を攻め落とし、一二〇四年六月二十四日、ルーアンに無血入城したフィリップ・オーギュストの勝利によって超大国たらんとしていた。この勝ち誇る王は、海にまで到達するかもしれなかった。

しかし、これら《超大国 super-Etats》の野望は、つぎつぎと挫折していく。ちょうど走者がコースを横断して張られたロープに足を取られるように、古くからの国境線の網目に絡まれていったのである。しかも、それぞれの転倒は突然である。ムワヒッド朝イスパニアは、一二一二年、ラス＝ナヴァス＝デ＝トローサでキリスト教徒軍によって粉砕される。トゥールーズ伯とアラゴン王ペドロ二世は、一二一三年、ミュレでシモン・ド・モンフォールによって破られる。ジョン失地王が煽動したイギリス・ドイツ・低地諸国の連合軍は、一二一四年、ブーヴィーヌの野でフィリップ・オーギュストに敗れる。これは、フランスがその栄光の昂揚を示した瞬間で、これによって窮地に陥ったジョン失地王は、反旗を翻したイングランドの貴族たちに迫られて、一二一五年、『マグナ・カルタ Grande Charte』を承認させられる。その翌年、彼から援軍を要請されたフィリップ・オーギュストの息子、ルイ八世はイングランドに上陸するが、ジョンが死んで、イングランド貴族たちが結束してジョンの息子のヘンリー三世を擁立したので、ルイは何一つ得る物なくフランスへ引き揚げなければならなかった。

このように、これら《超大国》の野望がいずれも歴史のエピソードとして同じようなやり方で終息したのに対し、古くからの国境線は、試練に耐えて抵抗力を示し、それ以後も持続していった。おそらく、それは、ヨーロッパが十三世紀初めには（あるいは、それより早く）すでに一つの緊密な世界、一つの統合体になっていて、そのなかで政治的個別主義が形成されていたからである。そうした政治的個別体は、相互に牽制し合い圧力をかけ合ったため、好き勝手に動くことができなくなった。ヴァルター・キーナストが言っているように、かなり早い時期から、未完成ながら《ヨーロッパ的均衡原理》というものがあって、のちに十六世紀に言われる《普遍王制 **monarchie universelle**》を実現しようとする覇権主義を打ち砕く破砕機の役割をしていたと考えるべきである。挫折したこれらの《帝国》は、ヨーロッパの波乱の運命を予示する標柱である。（"Die Anfänge des europaischen Staaten Systems im späteren Mittlalter" 1936）

事実、これらの不動性は、さまざまな深層の力の定着を表している。

その第一は、まず何よりも一二一二年のラス＝ナヴァス＝デ＝トローサの戦いである。これは、イベリア半島の隅に辛うじて踏み止まっていたキリスト教文明（イスラム地域のなかにも、政治的に服従することを条件にキリスト教信仰を続けていた、いわゆる《モサラベ **mozarabes**》の人々もいた）が、圧倒的優勢を誇りながらも既に息を切らしていたイスラム教徒たちを後退させたことである。

イングランドとフランスに関しては、ためらうことはない。一〇六六年のヘースティングスの戦いとノルマン人による征服以後、イングランドは一つの島ではなくなった。イングランドは、一五五八年にフランソワ・ド・ギーズによりカレーをフランスに奪還されるまで、島に逆戻りしようと望まなかったし、そのような知性もチャンスもなかった（イギリスは、このおかげで本国の足元を固め、次のエリザベス一世のもと飛躍することができるようになったのであるから、自分たちの栄光のために働いてくれたこの人物の銅像を建てるべきであろう）。中世においてフランスとイングランド（少なくとも、その指導者階層）は、同じ一つの冒険に生きる。プランタジュネット家の人々は、その名前が表しているように、フランスの公子であった。しかし、イングランドもフランスも、これらの公子たちやアリエノール・ダクィテーヌの結婚のもとで、そして、リチャード獅子心王の視野の狭い英雄主義や怒りっぽさ、ジョン失地王の臆病と失策、それに対するフィリップ・オーギュストの慎重さと術策、幸運……そういったものすべてを超えて、《一つのイギリス》《一つのフランス》として自らを仕上げていった。

フィリップ・オーギュストは、ルーアンを奪還すると、海に寄りかかったプランタジュネットの細長く脆い帝国を二つに切り離した。イギリスは未来のフランス王ルイ（八世）を追い返すことによって、フランスを英仏海峡の向こう岸に投げ返すことに成功した。こうした分離によって、独自の国民国家が海峡の両側で生まれていったのであって、これらは、文化的産物であるため熟成には時間がかかったが、長い未来を保証するものとなった。

アルビジョワ十字軍はキリスト教世界の内部で起きた爆発で、それまでの十字軍のように外側に向かうものではなかったが、提起した問題は同じで、しかも、はるかに複雑であった。とはいえ、それははっきりしていた。これによって異端は制圧され、秩序は回復して、一二七一年にはラングドックは相続によってフランス王家のものとなる。たしかに、この文明対文明の戦争の結果、オック語の国の境界線は北の勢力によって踏み越えられた

いく。が、それでも、生き残り続け、完全な解決法の見出せないフランス史の課題、癒えることのない傷として残って

自然的国境線

以上のことから私たちは、《自然的国境線 frontières naturelles》という多分に厄介で誤解を招く問題を、よりよく設定することができる。それは、フランスを予示していた古代ガリアの境界線であり、ライン川、アルプス山脈、地中海、ピレネー山脈、大西洋、英仏海峡、そして北海によって形成された境界線である。

これらを境界線として強化したのは、ローマ人による統治であった。《ガリア》はこの広大な国土のなかで、メロヴィング朝やカロリング朝の支配者のもとで生き続け、南方とピレネーのほうへ向かって（こちらは、イスパニア境界領が設置されて強固さを増す）、アルプスとイタリアのほうへ向かって（シャルルマーニュによるランゴバルド王国の征服がそれ）、ライン川と九世紀以後ノルマン人によって荒らされる海岸線に沿って、その統合性を保持した。要するに、ガリアは何世紀もの間、ほとんど変わらない空間的広がりのなかで生きたのであって、その時間的長さは、この国土を自分の運命に同化し、さまざまな住民とその文明を混ぜ合わせ、彼らに共存ということを学ばせるのに充分であった。

アンリ・マルタンは、その『フランス史 Histoire de France』のなかで「新しいフランスも昔のフランスもガリアも、同じ一つの道義的人格である」と書いている。私は「道義的人格 personne morale」という表現は使わないが、互いに交代し引き継ぎつつ規制し合う、連続的実在がそこにあることは明白である。

しかし、古代ガリアの境界線すなわちフランスの自然的境界線の獲得がフランスの国土拡大の基本原理であり、

我が国の歴代指導者たちは、これを一種の遺伝情報のように受け継いできたなどとは想像しないようにしよう。歴代フランス王の政策は、いずれも、運任せの偶発的・状況対応策に過ぎず、その成功はさまざまで、けっして同じではないが、次の新しい誘惑を呼び起こしたのである。

その第一の理由は、古代ガリアは長い間、奇妙なほど我が国の歴史的記憶の枠外にあり、まったく忘却されてきたことである。中世の歴史家や年代記者たちは、フランスの過去を不条理な出自をもつ王族の年代記の混合物として示した。たとえばニコラ・ジルの『Les très élégantes et copieuses annales et croniques des très chrétiens et très excellens modérateurs des belliqueuses Gaules』という一四九二年に現れ一六二一年まで多くの版を重ねた著作では、タイトルに「Gaules」と謳っているにもかかわらず、内容は、フランスの起源を「ガリアGaule」でも「ガリア人Gaulois」でもなく、トロイの英雄であるプリアモス、ヘクトル、フランキオンの伝説と結びつけ、フランク族の先祖はトロイの英雄たちであるとしているのである！

この時代のフランス人にとっては、「われらの先祖、ガリア人」というスローガンは存在していなかった。フェルディナン・ローは「我が国の歴史は、フランキオンの牧羊杖のもとにフランク人たちがやってきたことから始まった」と述べている。「彼らは、自分たちより前に誰がガリアに住んでいたかなどという疑問さえ提起しなかった。……むしろ、彼らは、この問いに、それはローマ人だと答えた」。（F. Lot “La Gaule”）

ガリアとその住民について事実に即した観念を得るにはカエサルを学ぶのが適切であると初めて思いついたのがエティエンヌ・パスキエ（“Recherche de la France” 1560）であった。大袈裟な言い方になるが、このとき初めて、フランスの『歴史』のなかにガリア人が入ってきたのであり、その功績はエティエンヌ・パスキエとその何人かの同時代人に帰すると言ってよい。彼らについてラ・ポプリニエール（1692-1762）は、彼らこそ武勲詩や英雄伝説の年代記によってでなく、文献研究による歴史学を樹立した人々であると驚嘆している。

ただ、この新しい歴史学はフランス・ユマニスムが生んだ果実であったため、生まれるや否や死んでしまい、十七世紀には、歴史学は彼らが描いたモデルとは逆の方向に進展し、またも煙幕を広げることとなった。「一七一四年になってもなお、碩学のニコラ・フレレは、フランク人がゲルマン人であったことを証明しようとしたため、バスティーユに閉じこめられた」。しかも、彼は、自分の考えを碑文・文芸アカデミーで発表しただけで有罪とされたのであった。〔訳注・ニコラ・フレレはアカデミーの書記を務めた人。1688-1749〕

このようにガリアについて無知な状況であったから、明らかに彼らのものであった自然的境界線が拠り所とされるはずがなかった。革命時代以前に人々に受け入れられたのは、貧弱な証拠能力しかもたない道ばたの石ころのような幾つかの言説だけであった。

たとえば、イギリスとの戦争が続いていた一四四四年、シャルル七世とその息子（のちのルイ十一世）は、軍勢を率いてロレーヌ、アルザス、さらにバーゼルにまで進撃した。これはさまざまな術策や関わりがあってのことだったが、何よりも、好ましくない兵士たちをフランスから一掃したいという秘かな欲求とともに、それに劣らず、ブルゴーニュ公、フィリップ・ル・ボンの拡大主義的意図を食い止めるためであった。そのブルゴーニュ公が夢見ていたのは、かのヴェルダン条約で線引きされたロタールの王国を再建することであり、他方、シャルル七世の行動の底流にあった考え方は、「フランスは長い間、ライン川にいたる本来の国境地帯を奪われてきたが、いまや、彼の地での我が国の主権を再建すべきである。ライン川のこちら側の岸までがフランスの主権領域であり、フランスの先王たちのものであった」（『フランス王令集 XIII』）というものであった。この「先王たち prédécesseurs」とは、時代的脈絡のなかでいえば、クローヴィス以来のフランク王たちであり、なかんずく、歴代フランス王から《父祖 progéniteur》と仰がれたシャルルマーニュ帝など、中世の年代記や武勲詩の英雄たちである。ルイ十一世は、その晩年、シャルルマーニュを聖者として祝う祭儀を制定し、一月二十八日をフランス全土の町が祝うべき祭日にしている。十五世紀には、このほかにも奇妙な儀式が行われるようになる。それは「新しいフランス王は、戴冠式のときに、先代の王の葬儀で使われた弔旗をアーヘンに送り、シャルルマーニュの墓の上に広げさせる」（Gaston Paris "Histoire poétique de Charlemagne"）慣習で、これは一七七四年のルイ十五世死去の際も尊重された。

こうした背景を知ると、ガスパール・ド・ソーが『回想録』のなかで、一五五二年のアンリ二世のライン地方遠征がメッス・ヴェルダン・トゥルの三司教区の征圧で終わり、アルザスとロレーヌに及ばなかったことを残念がっている意味が、一層よく理解されるだろう。彼に言わせると、それは「クローヴィスの息子の一人が引き継ぎ、その後も何度かフランス王国に併合されたアウストラシア王国を復旧すること」であった。したがって、フランス王たちが継承しようとしたのは、古代ガリアの自然的境界線よりも、むしろ、フランク王権と偉大な皇帝たちの権威であった。

自然的境界線について裏づける文献的証拠はきわめて貧弱であるが、それに付け加えうるものとして私たちがもっているのは、一五五八年の奇妙な言及と一六四二年の公式言明だけである。

ここでいう「奇妙な言及allusion curieuse」とは、ジャン・ル・ボンという、あまり知られていないロレーヌ人が書いたもので、そこには「パリがライン川の水を飲むようになったとき、全ガリア（すなわち、新しいガリアたるフランス）は果てまで達せられる」とある。この「果てまで達せられる」とは、「ライン川の岸が本来の国境線である」ということである。

また「一六四二年の公式言明」のほうは、リシュリューの遺言状のなかにある「わたしが大臣としてめざしたのは、自然がフランスに運命づけた国境線を旧に復し、古代のガリアが存在した領域すべてを新しいフランスとして甦らせ、ガリアとフランスを合致せしめることであった」という一節である。

このような文書の曖昧さに文句を言っても仕方がないが、この遺言には偽造の疑いがあり、しかも、ラテン語から訳されたものであることは周知の事実である。ここで述べられている内容は、結局、リシュリューの取り巻きたちが作ったもので、したがって、フランスの政治の中心で生まれたものであることを念頭に置いたうえで部分的に信用できるだけである。これと似た文書は一六四二年以前にはどこにもなく、これ以後も、このリシュリューに帰される言葉がふたたび現れるのは、フランス革命のなかで政府が出した幾つかの声明書においてである。

要するに、王制時代のフランスは、自然的境界線について裏づける論証は利用しなかったし、実力に物を言わせてこの境界線よりも外の土地も幾つか併合したから、こうした境界線を正当化するはずがなかった。しかし、この規範を確証している例外がある。

一六〇一年、アンリ四世は、ビュジェーとブレス〔訳注・いずれもリヨンのすぐ北〕、ジェクス〔訳注・ジュネーヴの北〕をサヴォワ公から奪ったとき、新しく臣下となった人々に対し、「あなた方は生まれながらにフランス語を話しているのだから、フランス王の臣下であって当然だったのだ。私は、スペイン語がスペインで、ドイツ語はドイツで話され、フランス語は私の国で話されることを望んでいる」と述べている。（Auguste Lognon "La Formation de l'unité française" 1922）

しかしながら、この分別のある（sensé）スピーチ（わたしは「正しい juste」とも「まっとうな justifiant」ともいわない）は、一六七四年にフランス王によって（といっても、主として活躍したのはスイス人傭兵隊であった）征服され、その後も再征服されて、一六七八年のナイメーヘン平和条約でフランス王国に併合されたフランシュ＝コンテには当てはまらなかった。また、一七六六年にスタニスラス・レクチンスキー（訳注・ポーランド国王であったが、ルイ十五世の妃の父で、王位継承戦争に敗れてフランスに亡命し、ロレーヌ公に任じられていた）の死去で行われたロレーヌの併合には、なおさら当てはまらない。まして、一六四八年、フランスが、それまでドイツ語の方言が話されていたアルザスに居座ったことについてはいうまでもない。このときの強引なやり方については、いかに正当化しようとしても無理で、このときは、フランスの世論も、ほとんど同調しなかった。一六五九年のピレネー平和条約〔訳注・デューンの戦いでスペインが英仏連合軍に敗れて結ばれた〕で、フランスはルーシヨン、セルダーニャと、カタローニャの一部を併合したが、このとき、亡霊を呼び出したように甦ったのがピレネーの山々に引かれた古代の境界線であった。「いにしえにガリアとヒスパニアを分けていたピレネーの山々が、これからは、二つの王国の分割線となる。」(Bernard Guenée)

しかし、ガリアについてのこの言及は偶発的なものである。一六六〇年〔訳注・この年、ルイ十四世とスペイン王女、マリア=テレサの結婚が行われている〕三月から四月にかけて、両国間の国境線をセレ〔訳注・ペルピニャンの南〕に確定しようという論議が起き、ついで同年十一月にはユヴィアLluviaにとの案がクローズアップされたとき、その根拠とされたのはあくまで法律上の議論であり、地勢に即したものでもなければ古代ガリアの境界線でもなかった。

それから一世紀後の一七五二年にポーミ侯がルーシヨンの境界線を調査し、次のように報告している。「したがって、一六五九年には、ピレネーの山々の稜線と斜面の向きを調べ、ルーシヨン側の斜面はフランスに、スペイン側の斜面はスペインに帰属せしめることとしたのであった。この規則は、アルプスの国境線でも見られ、それは、水の流れによって看取できる」。これは明らかに事態を簡略にするためにあとで決められたことであった。

最終的に《自然的境界線》の理論が勝利するのは、フランス革命時代にさまざまなことが正当づけられるなかにおいてであった。《啓蒙主義の世紀》(十八世紀)には、『自然la Nature』が流行ではなかったのだろうか? 自然を根拠にした論議は抗弁の余地がない。一七九二年、グレゴワール師はこう言っている。「フランスは、それ自身で充足している一つの全体である。『自然』が至る所で境界線を設け、われわれの利害と原則が一致するように、かつ拡大しないようにしている」。

一七九三年一月三十一日、ダントンも、ベルギー併合の直後、「フランスの国境線は、一つは大西洋、第二はライン川、第三はアルプス、第四はピレネーという、いずれも自然が画定したものである」と述べている。ライン川を国境線とすることに対してドイツ人が反論するのは後世のことで、一七四六年、フリードリヒ二世は、ラインこそ境界線であると宣言し、こう述べている。「地図を開いてみれば、この王国（フランス）の自然の国境線がライン川にまで広がっていることが納得できる。この川は、フランスとドイツを隔てるために特に作り出されたものであるように思われる。」

このライン国境説に対するドイツ人の反発が明確な形で現れ始めるのが、一八一三年のエルンスト・モーリッツ・アルントの次のような『歌曲 Lieder』からである。

ラインはドイツの川にして国境にあらず
Der Rhein, Deutschlands Strom aber nicht Deutshlands Grenze

したがって私は、自然的国境線の追求がフランスの政策の主軸であったなどとは思っていないが、その言葉や議論、公式声明の有無は別にして、フランスの膨張政策は続き、ヨーロッパを絶えず不安がらせたことは厳然たる事実である。私は、この国策の継承に熱心であったオーギュスタン・ティエリやアンリ・マルタン、またアルベール・ソレルを非難するつもりもない。フランス革命もこのアンシャン・レジームの政策を継承した。フランスは、一五五二年にアンリ二世がライン地方を旅して以来、ライン川によって、それより東のヨーロッパに対して門を閉ざし閂をかけたいという欲求に悩まされる。

海への到達

国境線について研究したものでも、海について述べたものは稀である。堅固な大地に対する幻想あるいは迷信があって、海にまで眼が向けられなかったのだ！　しかし、国境線が空間の断絶であり裂け目であるとすれば、カレーを離れ、対岸のドーヴァーに着いたとき、一本の国境線を離れ、もう一本の国境線に出会っていることを誰が確信しないだろうか？

ヴィダル・ド・ラ・ブラーシュは「人間は陸上の生物（un terrien）である」と断じている。一八三一年、『ビーグル号』に乗って世界をまわった並外れた旅人でありイギリス人であるダーウィンも、「人間は、やむをえずしてのみ海に出かけるものだ」と述べている。しかしながら、海はそこにあり、海岸もあれば船も船乗りもいる。しかも、海べりの境界線が存在していて、それは異論の余地なく自然が作っているものである。問題は、フランスの歴史という枠組みのなかで、何百年の間に人間すなわち歴史がこのフランスの延々と続く海岸から創り出したであろうものを知ることである。

ところが、フランスの海上における業績は、エピソード的には輝かしいものも幾つかあるが、全体的には、陸上で果たしてきたもろもろの冒険の水準には遙かに及ばない。そこには不均衡があり、すでに述べたように、海と陸地に挟まれたフランスは、明らかに後者のほうへ傾いている。フィリップ・オーギュストは、一二〇四年にノルマンディーの富と海を奪い取り、それまではプランタジュネット家のために自分にとってほとんど閉ざされていた海の水平線へはじめて眼を向けたが、このとき「フランス人は海の道をまったく知らない」と悲しげに述べている。それを裏づけるかのように、同じ年、コンスタンティノープルを襲撃した際のフランス人たちについて、ジョフロワ・ド・ヴィルアルドゥアンは、「フランク人たちは、海上では陸の上ほど力を振るうすべを心得ていない」と認めている。

フランスが地中海の投錨地あるいは《窓》としてエーグ=モルトを建設したのは、ようやく一二四六年である。当時、フランスはノルマンディー以外のところには、充分な海上用人員を配置していなかった。それが原因で、次の世紀の一三四〇年六月二十四日、エクリューズ〔訳注・オランダの都市で、オランダ風ではズルイス〕の戦いでいきなり敗北を喫し、制海権を失う。それがイギリス人にフランス侵入の道を開き、百年戦争という災厄を招いたのであった。加えていえば、一三六九年には、一時的に海上での優位が逆転するが、これはシャルル五世やデュ・ゲクランの功績ではまったくない。カスティリヤ王エンリケ・デ・トラスタマラの艦隊がデュ・ゲクラン救援のために出動し、ラ・ロシェルに停泊中のイギリス艦隊を、当時の新兵器であった臼砲で壊滅(一三七二年)させてくれたおかげで、これによってフランスは、ポワトゥー、サントンジュ、アングーモワを奪還できたのだった。同年十二月、シャルル五世はジャン・ド・ヴィエンヌをフランス海軍の提督に任命し、最新装備の艦隊を建造させている。このフランス艦隊はカスティリヤとポルトガルの艦隊の支援を得てイングランド海岸に度々襲撃をしかけ、勝利をおさめた。だが、この優位は長続きしなかった。ジャン・ド・ヴィエンヌはシャルル五世から託された職責を放棄して、はるか東方に活躍の場を求め、一三九六年、ニコポリスの戦場〔訳注・ハンガリーのジギスムントが指揮する反オスマン十字軍が敗北を喫した〕でトルコ軍に殺されている。

百年戦争でフランスが勢力を挽回し、とくに一四八一年から一四八二年にかけて、プロヴァンスとマルセイユを取り戻して地中海における足場を確立しようとしたとき〔ラングドックはすでに一二七一年にフランス王室のものになっていた〕、その前に立ちはだかった困難は一つの単純な事実に由来していた。それは、フランスの海岸が異質な二つの海で分かれていることである。一つは、大西洋、英仏海峡、北海といった外洋で、ここでは専ら、ずんぐりした形の艦船が活躍した。もう一つは地中海で、こちらでは、古代の昔から、細身の船体をしたガレー船が活躍してきた。しかし、こうした細身の船は、外洋では、幾つか例外的な働きはするものの、十六世紀末以後は、もはや注目に値するような役割は演じなくなる。

したがって、フランスにとっては二種類の艦隊が必要で、その結果、すべてを二倍に増やすか、あるいは二つに分けることを余儀なくされた。スペインも、当然同じ問題を抱えていたが、大西洋と地中海をジブラルタルによって結びつけていることからくる有利性は別にして、ナポリ副王オズナ公〔訳注・一二八二年のシチリアの晩禱以後、ナポリはスペイン人の支配下にあった〕の提唱に基づいて、大西洋でも地中海でも両者の折衷型である『ガリオン船』を使うようになった。しかし、フランスでは、大西洋と地中海とで使い分けるほうが有効であるということから、この簡略化は重い難問として残った。たとえば一六九二年、ラオーグの災厄〔訳注・フランス艦隊がイギリス・オランダ連合軍に敗れた〕のとき、「もしトゥーロンの艦隊がブレストの艦隊に合流していたら、トゥルヴィル〔訳注・フランス側の提督〕は八〇隻以上の艦船を動かすことができ、優勢と思われていた英蘭連合艦隊九九隻を撃破するに充分であった」(Alain Guillerme "La Pierre et la Vent. Fortifications et marine en Occident" 1985) と考えられている。同じ悲劇は一八〇五年、《ブーローニュの陣地の試み》のときにも起きている。

〔訳注・ナポレオンはブーローニュに陸軍を集結し、対岸のイギリス征圧を企てていたが、フランス海軍がスペイン沖トラファルガーの海戦で敗れ、計画は中止され、このときの陸軍はロシア・イギリスと連合することを決めたオーストリア征圧のためにドナウ方面へ転進し、アウステルリッツの会戦で勝利をおさめている。〕

したがって、これは、フランスの海軍力を苦しめ続けた一種の構造的障碍であり、そのために必要とされる膨大な努力を唯一、強制することができた国家の確固たる意志が表明されることはなかった。リシュリューとコルベールは艦隊再建のために効果的な仕事をしたが、ルイ十四世や摂政のオルレアン公フィリップもルイ十五世も、この問題の重要性には気づかなかった。あまつさえ、オルレアン公フィリップにいたっては、艦隊と商船を投げ売りさえしている。事実、一七一三年のユトレヒト条約から一七六三年のパリ条約にいたる五十年間、「フランスは、ヴェルネ氏の絵のなかでしか艦隊をもっていない」(A. Guillerme)と言われるような状況となる。ルイ十六世が巻き返そうとしたが、もう遅すぎた。(アラン・ギレルムは「ルイ十六世のほんとうの道楽は錠前作りではなく海軍を作ることだった」と書いている。)

〔訳注・ユトレヒト条約は、一七〇一年に始まったスペイン継承戦争をめぐるイギリス・オランダ・ドイツとフランス・スペインの戦争に終止符を打ったもの。パリ条約は、一七五六年に始まった英仏間の植民地戦争に終止符を打ったもので、この結果、フランスは新大陸にもっていた多くの植民地を失った。ヴェルネ氏とは画家のJosephe Vernet(1714-1789)で、『Ports de France』など海を描いた絵を遺した。〕

フランスは大陸での戦争に関しては、「ヨーロッパの中心」といわれる素晴らしい地の利を占めていたが、海軍に関しては、自然と歴史が与えてくれた利点を思うように発展させることができなかった。たとえば自然の恵みについて、ピエール・グルーは「フランスほど変化に富み、恵まれた海岸を素晴らしく仕上げてきた国はヨーロッパにはありません。内陸に深く入り込んだ幅の広い大通りの出口のところには、なんとたくさんの見事な港があることでしょう!」(一九八二年四月の書簡)と書いている。歴史の恩恵については、フランスは、ノルマンディー、ブルターニュ、アクィテーヌ、ラングドック、プロヴァンスを併合することによって、ほんものの《海の民》を獲得した。ジャン・ド・ヴィエンヌの艦隊は、バスク人の私掠船とともにカスティリヤ人やポルトガル人を味方にしたし、ブルターニュのフランス王国への編入(決定的に行われたのは一五三二年)で、十六世紀ヨーロッパの第一級の航海民を手に入れた。しかしながら、これらの恵みも、半ば無駄なままで終わる!

ほんとうをいうと、原因は「二つの海」をもったことからくるハンディキャップだけではなかった。フランスの基本政策を海のほうへ向けさせるには、絶対条件として、スズメ蜂のような果てしない陸上戦争のしがらみから解放されること、イギリス人のようにただ一回の海戦で決着をつけること、そのためには、充分な戦費を艦隊に注ぎ込むことが必要であった。そのような選択は、ともすればヨーロッパの道を走り回りたがる好戦的な貴族階級の反発と抵抗を抑えられる力と明晰さ、幸運、頑強さがなくてはならなかった。エミール・ブルジョワ（1857-1934）の『対外政策の歴史的提要Manuel historique de politique étrangère（1610-1919）』は、フランスが抱えた海陸間の深刻なためらいと、それが悪い結果をもたらしたことを明らかにしている。一七四〇年にも、宰相フルーリィは、その最晩年、まさに始まろうとしていたオーストリア継承戦争に関わることに頑強に反対している。しかし、陸上で戦わないということは、フランスにとっては存在するなということと同じであった。しかも、ヨーロッパがフランスを戦争から免除してくれたであろうか？

こうして、フランス海軍の潜在的能力は、使われなかったり、使われても不充分な使い方であったりしたため、フランス艦隊から見捨てられた水兵の多くは、外国の艦隊に働き口を求め、フランスが海軍強化へと政策を転じて、ようやく、スペインから、マルタ島から、イギリスから、さらにはオランダから、雇われていた艦隊を抜け出して祖国に帰ってくる彼らの姿が見られた。彼らは「かくも長い年月の放浪への悲しみと、残りの人生は国王に捧げたいとの熱願をもって、フランスが長い無頓着ののちに再び航海に力を入れるようになったのを眼にすることができたことを神に感謝しながら」（Charles de Roncière）帰国したのであった。とくに、コルベールが軍備強化策を採用したとき帰国した水夫は三万人に及んだという。この数字は、オランダのデン・ハーグ駐在大使が述べているもので、おそらく誇張があろうが、それにしても、かなりの数に上ったことは確かである。

しかし、海軍力を弱体化させた要因は、陸上戦の必要性ばかりではなかった。ピエール・マルエ〔訳注・

一七八一年にトゥーロンの海軍主計官に任命されて七年間務め、一七八九年に三部会代議員となった。一八六八年に孫によりその『回想録』が刊行された〕は、フランスの政治が乗り越えられないでいる本質的障碍を次のように指摘している。

「コルベール自身、その栄光の頂点にあったにもかかわらず、海軍力の増大を急ぎすぎ、その基盤から確立することを忘れた。すなわち彼が、海軍力を強化するには国際的な商業の育成からはじめる必要があることを誰よりもよく知っていたことは、国内産業の整備と奨励に努めたことで分かる。だが彼は、商業のための船員を養成すると、間をおかず戦争のために彼らを振り向けたので、この拙速と栄養不足のために忽ち萎れてしまった。それに較べ、海軍力の育成において我々より二百年先行している我等の敵たちは、その力を維持したばかりでなく増大することができた。」

したがって、フランスにとっての「障碍」とは経済的破綻である。だが、それは資本主義の破綻でもあった。マルエは、こう付け加えている。

「海上貿易は、恒常的戦争状態による要請や絶対的権力者たちの奢侈嗜好で駆り立てられた税の重圧下では栄えるものではない。投機における産業上の自由だけが裕福な資本家階層を形成できるのであり、そうした階層なくしては、国内生産を増やし、外国へ輸出するまでに産業が発展することはないであろう。ところが、海軍力の唯一の堅固な基盤である大規模海運を創出し維持するために必要な起業精神と経済精神が、フランスにおいては、有識者の助言のなかにも国民の慣習のなかにも、まだ見られない。」

ここに述べられていることは、多少無理はあるものの、基本的に正しい。とりわけ、もっと進めて、フランスは、ある期間でさえ、ヨーロッパの第一級経済大国となったことがない点を挙げるべきであったろう。シャンパーニュ大市が栄えた時期を除くと、ヨーロッパの富を集める中心がフランスにあったことは一度もない。私は、だからといって全てが欠けているとはいわないが、本質的なものが欠けていると言いたい。それは、経済的余剰力であり、すぐれた信用性、活発な商取引、資本の蓄積、海上輸送の量――要するに、息の長い事業を支えるだけの力と手段である。アンジュ・グダールは、リシュリューの海上進出政策について語るなかで、正当にも「フランスを海洋大国にするには、百年の歳月が必要だったであろう」と書いている。

一七六一年十月二十六日、トゥーロン〔訳注・大西洋側のブレストとともに、地中海岸のフランス海軍基地〕から、重要な警告を含む報告書が書かれている。「フランスは海を制しないかぎり、隣人から畏敬される強国にはなれない。海上で活躍する二万の軍人は陸上の二十万の兵士たちより遥かに大きな栄光をフランスにもたらす。結局、海を制する者が世界を制するのである。」この役割をフランスは充分に演じることができなかった。

四、測深法の有効性

過去に遡っての探測は、さまざまな困難な探求に一つの解答を提示してくれるし、際限のない作業を短縮してくれる。これまで述べてきた国境線の問題は、おそらくこのカテゴリーに属する。そこにはフランス史の全体が含まれ、いかなる歴史家も自分だけでは把握できないほどの多くの事実が、これによって現れてくる。このような状況のなかで行われる探測には確かに限界と不確定さがあるが、歓迎されるものである可能性がある。そして、かりに問題解決にはいたらなくとも（それは、当然、予想されることである）、少なくとも、その作業は私たちに、フランスの国境線における過去の実態を次第にはっきりと見ることのできる喜びを与えてくれるであろう。そこに一つの有益な教育というものがある。

私は、見る喜びや語る快楽に引きずられすぎないために、二つの旅に止めておこう。第一は、内陸の国境を代表するメッスへの旅であり、もう一つは海を代表するトゥーロンへの旅である。これらによって私たちは、フランスを統治し守ることがいかに重く、複雑で、容易ならざる仕事であるかという、充分に理解されてこなかったことを学ぶであろう。それは、多くの場合、無分別に行われてきたに違いないので、なおさら理解することが難しい。だからこそ、未来はつねに驚きと失望の対象でありつづけるのだ。

フランスの東および北東の国境

しかし、それにしても、なぜメッスを選んだのか？
フランスの国境線は、その大部分が、海やピレネー、アルプス、ジュラといった山脈などの自然によって守られており、そこでは人間の務めは軽減されている。一九四〇年、フランスが未曾有の軍事的崩壊を経験したときも、アルプスの国境線は維持されていた。(E. Plan, Erie Lefevre "La Bataille des Alpes 10-25 juin 1940" 1982)
フランスの国境線のなかでも人工的で危険をはらんだ線が走っているのは、北海からライン川にいたる部分である。この部分は、政治責任者たちや軍隊、技師、歴史上の偶発事によって作られては作り直されてきた。それを東北方向に対して仕上げたものという印象を与えるライン川は、英仏海峡とは何らの共通点ももっておらず、外見で幻想を抱かせる防御物でしかない。しかも、フランスの政治がここに到達したのは一六四八年〔訳注・ヴェストファーレン条約〕以後（アルザスに関して）で、また、海からバーゼルまでの全距離をフランス人とその同盟者たちが占拠したのは、一七九五年から一八一四年〔訳注・フランス革命からナポレオン時代〕までと、一九一九年から一九三〇年〔訳注・第一次世界大戦終結から一九三〇年六月のライン駐屯軍撤退〕までの短い間だけである。

この北東および東に面した国境線は、脆くて絶えず動揺し落着きがない。攻撃的で恐るべき隣人たちが作り出す危機のために常に警戒態勢が布かれた。これらの隣人たちは、ここがフランスという家に押し入る場合に襲うべき弱点であることをよく弁えていた。一五四四年、神聖ローマ皇帝カール五世はルクセンブルクからフランスに侵入してサン＝ディジエを陥落させ、マルヌ川によってモーに至り、パリの入り口のところまで迫るという最初のデモンストレーションを行った。

その後も、侵入者たちによるデモンストレーションは、一五五七年、一五九六年、一六三六年、一七〇八年、一八一四年、一八七〇年、一九一四年、一九四〇年と行われた。「歴史は不可逆的であって、繰り返すものではない」などと言わないでもらいたい。実際には、人間の想像力の貧しさから、歴史はしばしば繰り返されるものなのである。

〔訳注・ここに列記された年度の意味を簡単に記すと、次の通りである。

一五五七年――サンカンタンの戦いでフランス軍が英西連合軍に敗北。
一五九六年――カレーがスペイン軍によって占領される。
一六三六年――フランス軍がスペイン軍に敗れ、パリまで脅かされる。
一七〇八年――フランス軍がスペイン領ネーデルランドで敗北し、同盟軍によりリールが占領される。
一八一四年――ワーテルローでナポレオンが敗れ、連合軍がパリ入城。
一八七〇年――普仏戦争でフランス軍が大敗し、プロイセン軍がパリ入城。

一九一四年――第一次世界大戦でドイツ軍がフランスに侵入。
一九四〇年――第二次世界大戦でナチス・ドイツがパリをはじめフランスの国土を占領。〕

この国境線は、十九世紀以前に引かれた何本もの国境線と類似しているが、現代風に一本の線で表せるものではない。エルネスト・ラヴィスがいっているように、税関用のカチッとした国境線が現れたのは、つい最近のこと、つまり、「ルイ十五世によって幾つかの条約が結ばれて以後」で、それまでは、「互いに相手の領土のなかに飛び地状の領土をもっていて、人々の往来が日常的に行われたのであって、国境線という概念は、まだ明確ではなかった」。（Camille Vallaux "Le Sol et l'Etat" 1911）

一七七一年、グランプレ将軍の指揮のもと、ショシャールとジョリという二人のフランスの測量技師が、ダンケルクからランダウ〔訳注・アルザス北部地方〕にいたる国境地帯の地図を作成する任にあたったが、このとき、彼らは境界線を三里から四里の幅をもたせて描かざるをえなかった。こうして、線は太いばかりでなく、しばしば間違ったところに引かれていた。

それが何の結果であったかは、容易に察せられる。同じく、飛び地といっても相手側の領域のなかにある「enclave」と、こちら側にある「exclave」とがあるが、これは立場を換えれば同じことで、そうした飛び地は、一つあるいは幾つかの村とか小さな町であることもあり、相手国のなかに入り込んだこちら側の城塞であると同時に「常時開かれた門」でもあった。というのは、飛び地は相互間の交流の自由が保障されていなければ生きていけなかったからである。

たとえば、一六七八年のナイメーヘン（ニメーグ）平和条約の第一六条は、フランスとスペイン領ネーデルランドの国境地帯での交流の自由を公式に認めている。それが、幾度かにわたる紛争や偶発的事件、小規模な戦争の結果であったことは当然である。一六八二年十一月、フランドルにあったあるフランスの農場（村でもあった）の管理人は、フランス王の民である農民たちがスペイン領の村の居酒屋へ飲みに行くのを禁止しようとした。「というのは、スペイン領の村の居酒屋のほうがフランス領の村の居酒屋より酒を安く飲ませるので、後者は客を取られ、損失を蒙っていたからである。」

この状況に対処するために地方総督のドマドリが採った方策は、ナイメーヘン条約に合わせることであった。しかし、一六八九年には再び戦争が始まり、この自由な往来はスペイン人たちによって禁じられた。このとき、総督は、もし国王の命令があれば、当方でも同じ対応策を採るであろう、と宣言している。

後世のそれのように、もっとはっきりした国境線を引くことがどうしてできなかったのだろう？　と疑問に思われるかもしれない。しかし、そこには古くからの慣習が働いていたため、簡単にはいかなかった。しかも、この東北および東の国境線に関しては、諸国家の利害の絡み合い、とりわけ金持ちのことしか配慮しないフランス王政の考え方が作用していた。フランス王政府は、境界線の曖昧さがもたらす人々の争い、臣従誓約と防衛権の混同、法律家たちの訴訟好きを利用した。法律家たちにしてみれば、このすばらしいチャンスを見逃す手はなかった。そこから、合法性の仮面のもとに繰り広げられる詐欺的行為や悪法を誇張して描く今も変わらぬ喜劇の数々が生み出された。

歴史家のネリー・ジラール＝ダルビサンは、次のように述べている。「フランス当局は、境界線についての条約をすべて嫌い、文献に照らして境界線を画定することよりも、拡大解釈の余地をもった封建的仕組みを好んだ。そうした政策が頂点に達したのが、ルイ十四世治下の《統合法廷chambres de réunion》の時代であった。」（“Genèse de la frontière franco-belge. Les variations des limites septentrionales de la France de 1659 à 1789” 1970）

《統合法廷》（とりわけ一六七八年のストラスブールのそれ）が設けられた時期は、ナイメーヘン平和条約の直後で、フランスの力が上昇した時と一致している。したがって、この平和条約のあと、次々理屈をつけてストラスブールとそのライン川にかかる橋をなんとしても我が物にしようとしたのであった。これは、一六七五年と一六七六年の二度にわたって、テュレンヌ〔訳注・フランスの勇将。1611-1675〕の軍勢が、ストラスブールの町の許可を得て橋を渡ってきた神聖帝国軍によって背面から攻撃を受けたためである。

十七、八世紀の絶え間ない戦争の中で築かれた東方国境の要塞（ロコル『フランスの要塞二千年史』による）

しかし、この国境地帯は、線引きの善し悪しに関わらず、防衛上の問題を提起し、そのため、恐ろしく費用がかさみ、それでいて一時的効果しかない仕事を強いた。十六世紀初めには、イタリア人技師たちが再発明した新式の要塞がヨーロッパじゅうに広まる。それは、稜堡（bastion）や半月堡（demi-lune）、築堤（cavaliers）といった近世の要塞のあらゆる要素を盛り込んだもので、十字交差射撃がここから流行していった。《ヴォーバ

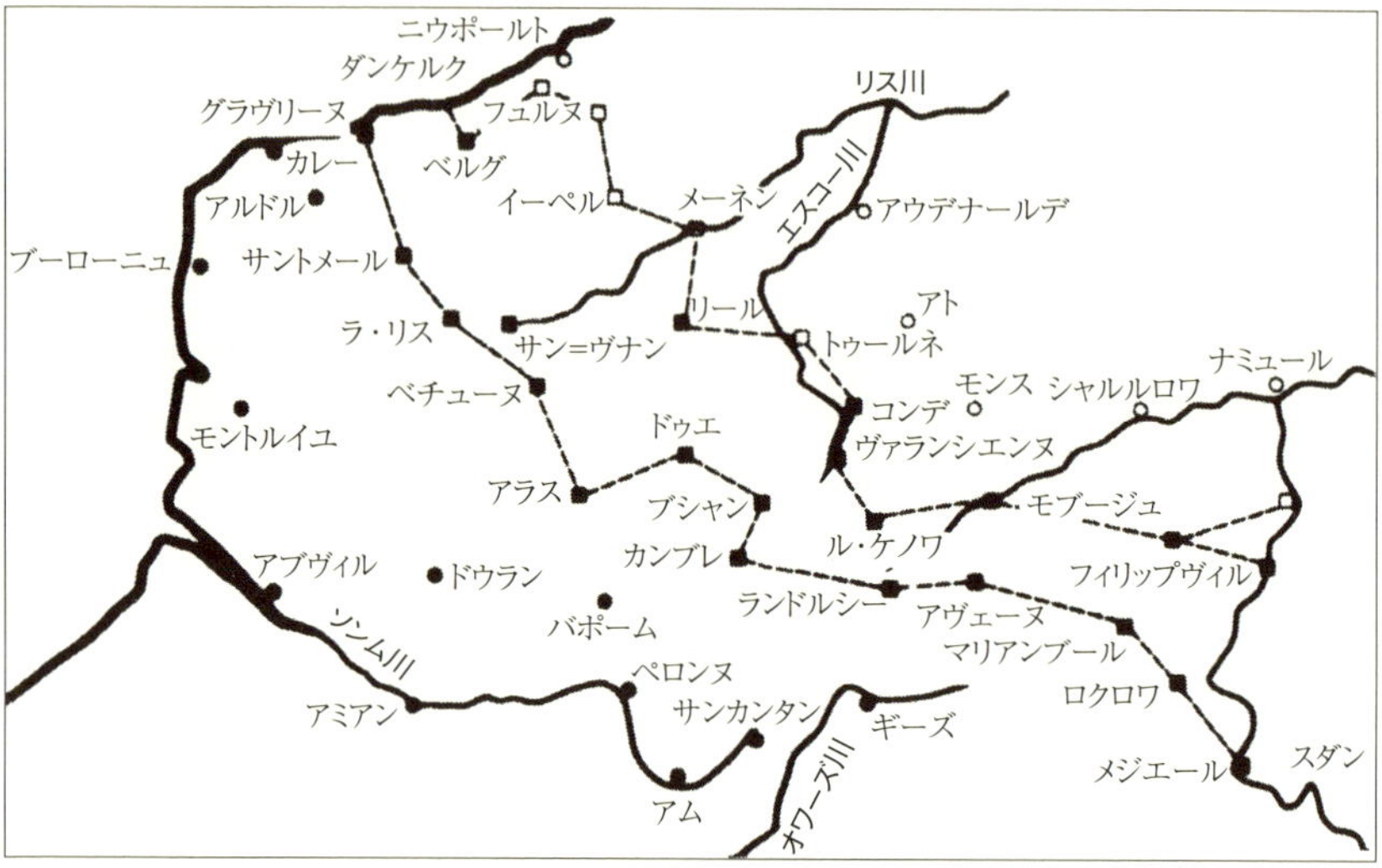

プレ・カレ（ロコル『フランスの要塞二千年史』による）

ン（1633-1707）の世紀』は、この元帥が生まれる以前から、すでに始まっていたのである。〔訳注・ヴォーバンはルイ十四世のもとに活躍した戦術家で、各地に要塞を構築し、一七〇三年に元帥に任じられた。〕

北海からライン川までの国境は大きく二つの部分に分けられる。まず、ダンケルクからムーズ川までは、その大部分がヴォーバンによって建設あるいは少なくとも着想され『鉄の国境線』と呼ばれた防御線が広がっている。C・ロコルはこの元帥を記念して『プレ・カレpré carré』〔訳注・「四角の牧草地」の意がある〕と名づけた（Colonel Rocolle "2000 ans de fortification française" 1973）が、実際には、この壮大な企ての主たる責任者は国王自身であった。『プレ・カレ』の名が示すように二本の要塞線から成っているが、もっと南のソンム川に沿って築かれた昔のフランス王国の要塞群が第三の線を形成していた。この古い要塞線は明らかに時代おくれで、それでは不充分であった。一七一二年、ドナンの戦いの前日、ルイ十四世は、フランスが有していた最後の軍隊をヴィラール（軍人・外交官）に託した際、もし、これで敗れたときはソンム川のこちらまで後退するよう助言し、その意味を次のように説明している。

「私は、この川を知っているが、渡るにはきわめて難しい川である。そこには、幾つもの要塞があるから、私はペロンヌあるいはサンカンタンに赴いて集められるだけの兵力を集めて、そなたと最後の努力をし、国家を救うか、さもなければ共々に死ぬであろう。なぜなら、わが首都を敵軍が蹂躙するのを許すことは、なんとしてもできぬからである。」

したがって、ソンム川沿いの防御システムは、古代ローマ軍の《リーメスlimes》（要塞線）やシナの《万里の長城》、あるいは二十世紀フランスの《マジノ線ligne Maginot》のように一つに繋がった要塞線ではなく、点々と要塞を配置して、侵入者の前進を阻み、混乱させ分断するための防御陣地であった。

その反対に、ムーズ川からライン川に沿った部分、つまりメジエールからランダウまでの間には、そのような密度の高い防御システムはない。一九四〇年のフランスは、モンメディ〔訳注・ルクセンブルク公国の近くのアルデンヌ山地〕から東のライン川沿いの《第二セクター》にはマジノ線を建設したが、ヴォーバンの『プレ・カレ』の部分（すなわちベルギーとの国境線部分）は放置した。これがフランスに禍をもたらすこととなる。

ヴォーバンの時代、ムーズ川とライン川の間の部分は自然の要害によって、しっかり守られていたことは本当である。ジヴェとビトシュの間では、アルデンヌの森が自然の防御地になっていた。ここは、太古の岩石台地で、あちこちに沼地があり、あまり高くはないが密生する木々からなる森に覆われ、そのところどころ開かれた空き地にルクセンブルクやアルロンといった町や村々が作られてきた。メジエールやジヴェからルクセンブルクの高地にいたるまでは、現在も大規模森林伐採を免れ、この森が障害物となっているほどである。しかし、一七九四年五月、革命政府のジュルダン将軍は、アルロンを出発し南部アルデンヌを通過して北部方面軍と合流し、六月二十六日、フルーリュスで勝利を勝ち取っている。これは、あらゆる点で決定的勝利であった。

この障害物を通り抜けるのにずっと容易なルートがムーズ川の谷とモーゼル川の谷を利用するものである。これらは、アルデンヌもその一部をなしているライン頁岩山塊を貫通する渓谷、あの英雄伝説に彩られたライン川渓谷と似ているが、規模においてはずっと劣る。このムーズとモーゼルの二つの隘路を扼して築かれた要塞が、ムーズの谷ではヴェルダン、ストネイ、メジエール、ブイヨン、ジヴェであり、モーゼルの谷ではメッス、ティオンヴィル、モン＝ロワイアルである。それに加えて、モーゼル川の支流であるキエール川とザール川に沿って築かれた幾つかの防御陣地を考慮に入れたとしても、ザールルイあるいはビトシュからランダウまでの区間はきわめて弱体なままで、一七九二年から一八一四年にフランスが敵の侵入を受けるのは、ここからである。

これら東部国境地帯の要衝は、脆弱なものも堅固なものもさまざまあったが、この南方にロレーヌがあり、そこから側面攻撃を受ける恐れがあっただけに、南に対してはかなり警戒が厳重であった。ロレーヌは往古のロタリンゲンであり、原則的には独立していたが、ドイツ帝国に操られていて、フランスに対しては間違いなく敵対的だったからである。こうして、シャンパーニュ、ブルゴーニュ、フランシュ＝コンテ、アルザス、そしてトリエルとルクセンブルクの大司教区の領地の間で割り振られた広大な政治的空間のなかで、あたかも、海中に散らばる列島のように、メッス、トゥル、ヴェルダンのいわゆる《三大司教区 Trois Evêchés》（『メッス徴税区』とも呼ばれていた）があった。一七〇七年五月三日、メッスの市参事官たちは、国王に次のように説明している。

「私どもはロレーヌの真ん中におり、私どもの土地だけでは住民の命は三か月と支えることができません。家を建てるための木材も、生きる糧のパンそのほかの物も、ロレーヌから得ております。」

彼らにとってロレーヌは穀物倉であり、我慢してつきあわなければならない隣人であると同時に、少しでも油断すると、一挙に攻め込んで首都のナンシーまで占領されてしまう危険を絶えず秘めた敵であった。したがって、この脅威を除去する最良のやり方は、このロレーヌ人の国をフランスが占領して住み着き、要衝の地を押さえ、これまでロレーヌ公の懐に入っていた税を、新しくきちんとしたやり方で取るようにし、公職を売りに出して年度ごとに裕福な人々を役人に任命することである。

事実、ロレーヌがフランスに占領された期間は、一六三三年から一六六一年まで、一六七〇年から一六九七年まで、一七〇二年から一七一四年までというように、八十一年間のうち五十七年間に及び、その間は、国境地帯に対する南からの危険性は、取り除かれはしないまでも、回避はされたのだった。

〔訳注・ここに挙げられた年度それぞれの出来事を記す。

一六三三年――三十年戦争のさなかルイ十三世がロートリンゲン公国を占領。

一六六一年――宰相マザランが死去してルイ十四世の親政が始まり、コルベールが起用される。

一六七〇年――ルイ十四世がバイエルンと同盟を結びロレーヌを占領。

一六九七年――フランスと英蘭西、さらにドイツ帝国との和解なる。

一七〇二年――スペイン継承戦争でフランスと英蘭墺が衝突。

一七一四年――ラシュスタット条約でフランスとオーストリアが和解。〕

なぜメッスか？

メッスの作戦上の重要性は、ここが国境線のなかでも比較的弱い箇所であり、いわば神経痛の圧痛点に当たっていたことに由来する。ルイ十四世はいつもルーヴルかヴェルサイユの宮殿にいたかのように誤解されているが、かなり各地を行幸し、メッス滞在も六回に及んでいる。ヴォーバンは王に対しメッスについて、「ほかの要衝が防御しているのはそれぞれの州であるのに対し、フランス王国そのものを守っているのがメッスであります」

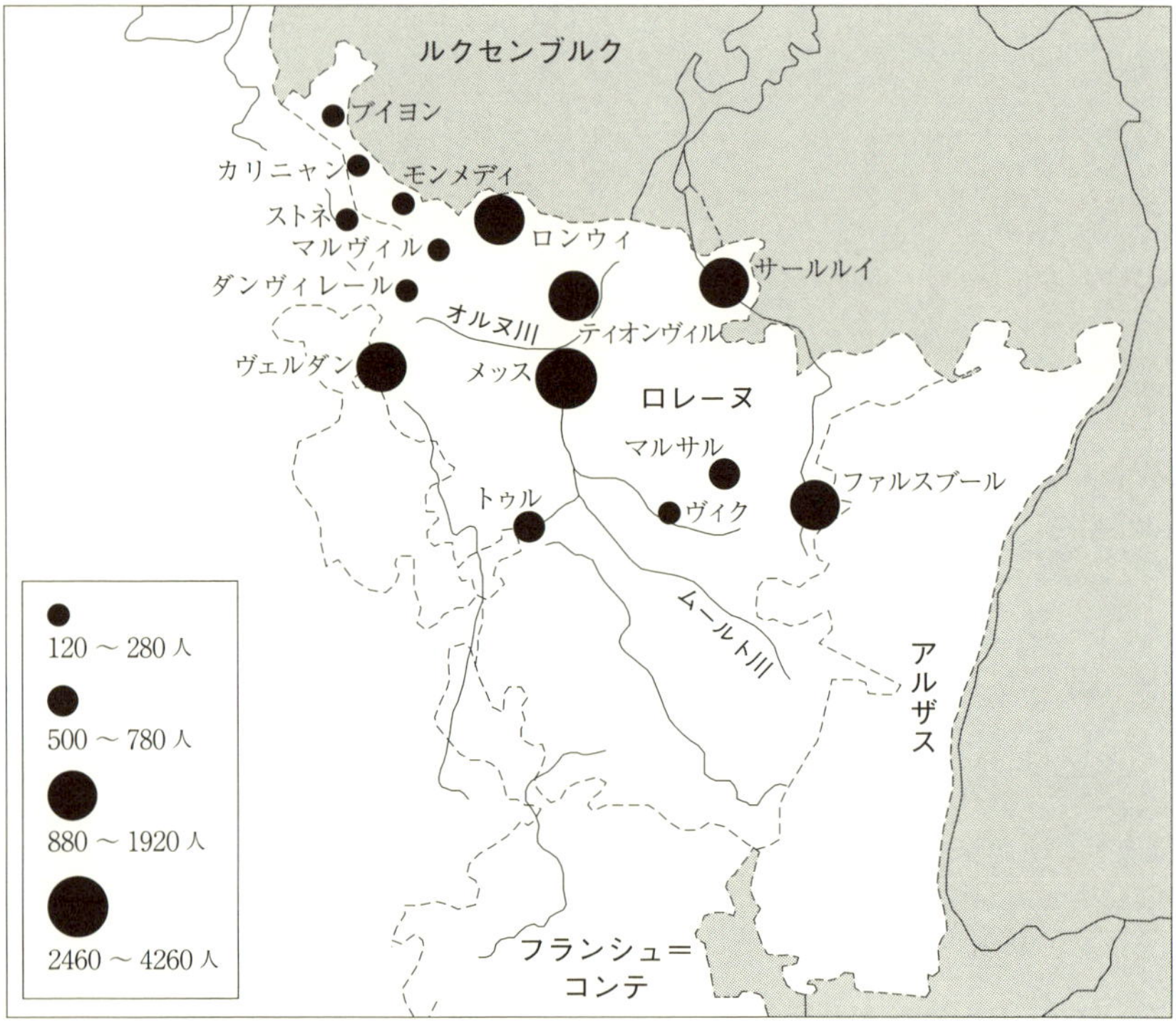

メッス県の守備部隊配置図（ジョルジュ・デュビー『歴史地図』より）

（André Bellard "Deux siècles de vie française, Metz, 1648-1848" 1948）と述べ、「この要衝の強化のためには、すべてのフランスの臣民が背負い籠一杯の意志と土を運ぶべきでありましょう」と防備の強化を進言している。

テュレンヌ将軍もきっぱりと次のように言っている。「危うい事態のときや敗戦のあとでも、メッスが残っていれば、軍勢を集めて近隣地方すべてに援助の手をさしのべ、あらゆる市町村を庇護することができます。ここさえ王国内にあれば、帝国およびその連合軍が攻めてきても、食い止めることが可能であります。」

まさしくドイツ神聖ローマ帝国は、やがていつかは、その膨大な兵力を動員して、ファルツ（訳注・フランス語ではパラティナPalatinatといい、ライン王領伯の領地）とルクセンブルクを通ってアルザスとロレーヌに侵入してくるであろう。

私のめざす探測にとって好都合な時代がオランダ戦争（一六七二年）からスペイン継承戦争の終結（一七一四年）までであるが、この期間、メッスは直接に戦争に巻き込まれることはなかった。この平穏は、幾つかの予防策のおかげであるとともに、たとえば一六八四年にルクセンブルクのような作戦上の要衝が幾つか占領されたことや、一六八八年から翌年にかけてファルツ全域に対し組織的に行われた焦土作戦といった偶発事件の賜物であった。

ルイ十四世が関わった戦争のなかで最もドラマティックなのがスペイン継承戦争であったが、これも、主戦場になったのは低地地方の《プレ・カレ》とバイエルンにいたるライン右岸、ダニューブ流域、イタリア、スペインなどで、メッスの防衛区には直接の災厄は及ばなかった。ロレーヌの密告者たちに唆された帝国の騎兵たちがメッスから二、三里の村々にまでやってきて食料などを奪っていったことが何度かあったが、それ以上の禍はなかった。

これらの騎兵たちにしてみると、「タタール砂漠の英雄たち」〔訳注・ロシアのピョートル大帝の軍勢〕のような遙か遠方の敵にさえ警戒を怠らなかったメッスを襲うよりも、イーペルやリールのように、一六六八年という最近になってフランスに編入され、ヴォーバンの計画に従って防備を強化されたばかりの都市を狙うほうが易しかったのであろう。このリールは一七〇八年十月二十三日、オイゲン公によって破られ、オランダ人たちによって占領される。だが、英蘭独同盟軍は同じ《プレ・カレ》でも他の幾つかの要衝では挫折したし、一七〇九年九月十一日のマルプラケの戦いで大勝したものの、背後には余力を保持しているフランス軍が残っており、それを放置してパリに攻めかかることはできなかった。事実、連合軍は、このフランス軍のために一七一二年七月十二日、ドナンで大敗を喫している。要するに、リールは激動のなかを生き抜くことによって、その強靱さを証明し、フランスの勝利に寄与したのであった。

〔訳注・オイゲン公はサヴォワ伯と枢機卿マザランの姪の間にパリで生まれ、フランス王室に仕えることを願ったが拒絶され、オーストリア皇室に仕えた。優れた戦術家で、ウィーンを攻囲したトルコ軍を撃退し、トリノではフランス軍を破ってイタリア半島から撤退させるなど、数々の武勲を挙げた。〕

だが、リールに見られるのは、あとでトゥーロンに関して見るような、戦争が課してくる例外的状況である。私がメッスを取り上げる理由は、防御や補給、部隊と守備隊の移動、偵察行動といった国境守備に不可欠な日常的努力の実態を示してくれることにあり、そうしたことを知るには、リールよりもメッスを探測するほうが遙かに勝っていると少なくとも私は信じている。

ゆっくりした戦争

メッスについてゴーティエ・ドルノーは一五八三年、「メッスは頭脳であり貯蔵庫である」と述べている。今風にいえば、鉄道の駅だといってよい。貨物の集散所であり、到着点であるとともに出発点でもあるからだ。物資、食料、馬、羊、カネ、人々が絶え間なく、ここに流れ着く。しかし、人々の通過、部隊の移動が最重要問題であることに変わりはない。かつてのメッス市民にとって、各地から到着したさまざまな部隊が、町のなかや付近の村に宿営し、やがて出発していく光景は日常的に眼にするものであったが、全面的に安心できる仲間ではなかったことは確かである。あるメッスの弁護士は『日誌Recueil journalier』に次のように記している。

「この時（一六八三年十一月、つまり戦争が再発する少し前）から、部隊が到着すると鐘を鳴らして知らせるようになった。鳴らされる鐘の数によって、どの市門を通るかが判別できた。サン＝ティエボー門〔訳注・旧市街の南門〕の場合は一つ、マゼル門〔訳注・前者の少し東〕のときは二つ、ドイツ門〔訳注・旧市街の東門〕のときは三つ、ポンティフロワ門〔訳注・町の北側、モーゼル川に面した門〕のときは四つ、死者の橋〔訳注・町の北西にある〕のときは五つという具合である。また、歩兵隊の場合は大教会の鐘楼に白い標識灯、騎兵隊なら赤い標識灯が下げられた。」(J.Ancillon) この大鐘は一六〇五年に全市民に聞こえるように吊されたもので、『ラ・ミュットLa Mutte』と名付けられていた。〔訳注・ドイツ語の「Mutter」(母) から来た呼び名と考えられる。〕

これらの部隊は、ときには遠隔の地からフランドルとかアルザスへ送られるべくメッスを通過するだけの部隊であることも少なくなかった。当然のことながら、毎年、《冬営quartier d'hyver》の季節になると町に帰ってくる逗留部隊がいたが、通過部隊のほうが人々から好かれた。逗留の兵士たちが帰ってくると、戦時も平和時も関係なく、住まいを探す兵士や騎兵が町じゅうに溢れた。こうした冬営の部隊を受け入れるために町が用意できたのは、指揮官たちのための上流階級の邸を別にすると、屋根が低く息の詰まりそうな狭い町屋が二四〇〇戸であった。当時、二階建ての家は四〇戸に満たなかった。このようなことは、駐屯部隊がいた他の町でもみんな似たり寄ったりで、「兵士たちは狭い建物のなかで寿司詰め状態で冬を過ごした」のだった。一六九三年五月に書かれたある報告書には、「この冬は、メッスとヴェルダンの市民のほとんどの家に、それぞれ少なくとも六人の騎兵あるいは歩兵が逗留した。最も貧しい家でも三人は面倒を見なければならなかった」と記されている。当時の職人たちの住居は狭く、その店舗兼仕事場に何人もの兵士たちが寝起きしている様子を想像していただきたい!

一六九一年、サン＝クロワ小教区の墓掘り人たち(貧民のなかでも最も貧しい人々であった)は、「おれたちには小さな部屋が一つしかないのに、それを兵士たちの好きなようにさせなければならんとは!」と絶望的な嘆き声を漏らしている。そのうえ、一七〇七年には、トゥル司教など恵まれた境遇で義務を免除されていた人々も、兵士の分宿を受け入れさせられている。これは、宿所提供を断わろうと強情を張る市民や抗議の声を押さえ込むためであった。兵士の受け入れを免除してもらうだけの目的で多額のカネを出して公職を買う連中は、メッスだけでなく、どこにもいたようである。

明らかに兵士たちは、家主に対して無礼で厚かましくなりがちであった。とくに給料の支給が悪いときは危険であった。平気で家主の物を盗み、場合によっては宿泊券を闇取引して酒やタバコを買ったり、塩の密売に手を染めたりした。そのような不正行為は、フランスじゅうで見られた。軍は彼らを規律に従わせようとして、ときには処罰したが、兵士たちは不平をいう理由を幾つももっていたので、当局もあまり強い姿勢で処罰できなかった。兵士たちの不満のなかでも最たるものが給与の不払いと不足であり、食事の質の悪さであった。一七一〇年、メッスの城塞駐屯兵に支給されたパンは「値段がやたら高いうえに、大麦と燕麦が半々」というものであった。

騒動のきっかけには事欠かなかった。一七一二年一月十四日、メッスの地方総督、サン＝コンテストが夕食をとっている最中、三百人ほどの駐屯兵が家の前の道や庭に姿を現した。兵士らは給料が支払われないので、この朝、市場や商店を襲って品物を奪ったうえに、こうして総督の邸を襲いにやってきたのだった。「……彼らが剣を手にし、しかも石ころや氷の塊を投げたので、召使いたちも表に出られない状態であった」。しかし、「騒ぎを聞いた駐屯部隊の何人かの将校たちが駆けつけ、不届き者たちを追い払った」ので、ようやく騒ぎはおさまった。

全般的には、メッス市内は、市当局と警察吏が監視を怠らなかったので、比較的平穏であった。しかし、農村部では、事情はまったく違った。とくに軍事的行動の舞台に近く、敵と接している境界地帯では、あらゆることが野放しであった。こうした地域に必然的に溢れている危険については、この総督も幻想を抱いてはいない。「国境地帯の村々は、いずれも絶え間なく掠奪と放火にさらされ、その傷が癒える暇もない」と書いている。

こうした災厄にあわないための方策は一つしかなかった。一種の保険として、敵方にカネを払うことである。サン＝コンテストは述べている。「私は、敵にカネを払うことを禁じたが、すでに支払いは行われており、やがては、総徴税区全体としても支払うようになるだろうと説得された。貴顕階層の人々さえも、私にこう言ってきた。『あなたは、私たちが資財を掠奪され、家を焼かれるのをお望みですか？　私たちは、それくらいなら、カネを支払うほうがましです』と。」

もとより、フランス軍も、外国や友邦では同じようなことをした。兵士と農民の争いは、まさに階級間の絶え間ない抗争であり、全般的には兵士のほうが勝ったが、ときには農民が仕返しすることもある。ロレーヌではヴォージュの農民が特に凶暴とされたが、実際には「凶暴化させられた」のではないだろうか？　ある文書は、ヴォージュの農民を《ならず者ども chenappans》と呼び、「彼らは、冬の間、行き来する王の軍隊や役人たちを襲って掠奪を働くので、とくに罪が重いと認められた連中は車責めなどの刑に処された。それほど罪の重くない者たちは大赦が与えられた」と述べている。

しかし、この報告書には、農民たちが自分の家を去って掠奪を働くようになった原因については言及されていない。彼らの村は、一六八八年から一六八九年にかけ、フランス軍により、ファルツと同じく徹底的に破壊された。「このために、生活できなくなった彼らは、エーベルンブルク〔訳注・バード・クロイツナッハの南〕とカイゼルスラウテルンの間のドンネルスベルクあたりの山地に逃げ込んだのであった。この山地は長さ七、八里、幅が三、四里に及び、全体が樹木に覆われて、平地の農民たちも入るのを尻込みするほどで、ここで生活する人々は五〇〇人ほどにのぼり、ときどき食べ物などを求めて、七、八人で群を作って近くの村に出てくる程度であった。」

もちろん、メッスは常に警戒していたから、そこらの村のように簡単に危険に晒されることはなかった。だが、油断はけっしてできなかった。駐屯している兵士たちの状況に気を配り、靴や肌着、武器に不自由していないか、士官たちとの関係が悪化していないか、さらには、移動命令が出たとき兵士たちはそれに応じられる状態にあるか、などといったことまで気を配る必要があった。一七〇五年八月二十五日、メッス駐屯のルエルグ大隊がマルサルという小さな要塞に派遣されることになったが、兵士たちの装備不全のため大隊は残留を余儀なくされるという事態が起きている。その翌日、フォレ大隊から一五〇人選抜して派遣隊を編成するよう命令が出たときも、「兵士の多くは服装も調っておらず」、派遣できないことが判明している。

ほかにも気がかりがあった。それは要塞そのものの防備で、これは常に修復し完璧を期する必要があった。砲台周辺は、いざというときは防御柵を手早く立て、射撃が妨げられないように整備されなければならない。そのためには、菜園や果樹園、各所に植えられている果実の成る木も伐採された。そうした様々な作業のため、農民兵が徴用された。彼らは、一日五ソルという雀の涙ほどの給料（馬は一日二十五ソルで借り上げられた）で、町の中や城壁の外を鶴嘴やシャベルで掘り起こし、収穫間近の時期には敵の手に入らないようにするため急いで穫りいれし、また、敵が伏兵を配置できなくするため森のなかの小道に沿って茂みを切り払う作業もさせられた。

市当局は、新規募集兵や彼らの制服、市民兵の提供、また、病気や囚人のことも心配しなければならず、食糧の調達、その貯蔵、輸送、代金支払い、そのほか、あらゆる細々した業務をこなさなければならなかった。倉庫の在庫品も絶えず点検し、マスケット銃の火縄、砲弾、火薬、架橋に必要なロープ、鉛玉を運ぶのに必要な樽などの物品も忘れないように補充しなければならなかった。このような問題を、どのように自力で解決するか？地元の職人だけで必要な量の品を調達できただろうか？　靴に関しては、それほど難しくはなかった。鋼鉄に関しては、一七〇六年、高炉と製鋼所がメッスの市内に建設されている。しかし、製鋼のための撥ねハンマーの騒音に対して抗議の声があがり、すぐ移設を余儀なくされている。

メッス管区の利点として、近くで馬を産したことがある。馬は、軍隊用だけでなく、塩の輸送や荷車用としても欠かせなかった。この点で、アルザスとロレーヌはフランス王国内でも最も恵まれており、ここの馬は軍事用としてイタリアにまで輸出されていた。しかし、問題は、その飼料をどうまかなうかであった。一七〇二年五月十八日、メッス地方総督は「私は、燕麦をできるだけ多く、しかも安く、ひそかに手に入れるため、すぐ出かけることにした」と記している。このとき彼は、ムーズ川方面つまりフランドルのフランス領をめざすべきか、それともモーゼル川方面のドイツ領をめざすべきかで迷っている。しかし、宿営している騎兵隊が欲したのは干し草であった。人間のために《冬営地》が必要であったように、馬にとっても牧草地が必要であった。

馬の飼料を減らすことも決して簡単ではなかったにしても、人間の食糧を確保することのほうがずっと重大問題であった。人間の食糧の場合、肉は近くの市場だけでは不充分で、フランシュ＝コンテやロレーヌ、スイスからも取り寄せなければならなかった。小麦も、必要なだけ買い付けることができたのは一六九九年のように豊作の年だけで、そのようなことは、よほど肥沃な土地でも無理であった。とくに一六九八年は全国的に凶作で、秋の収穫期になっても、小麦を手に入れることは容易でなかった。メッスでは、ユダヤ人の商人たちがセルフ・レヴィとアブラハム・シャウブという人物が中心になって集団でフランクフルトに出かけ、小麦一万七〇〇〇袋を買い付けて、地方総督テュルゴー〔訳注・有名なテュルゴーの祖父〕に提供している。当時、小麦一袋の価格は二二リーヴルと固定されていたから、このときメッス市当局が支払うべき額は三七万四〇〇〇リーヴルになった。

総督は、ヴェルサイユの王室政府の認可を待たずに購入することには躊躇したが、買い入れを決め、王室会計総監査役には十月九日、事後承認を求める形で報告し、「緊急事態のため、国王陛下の臣民と部隊の命の糧を偶然に委ねるわけにはいかなかったゆえに、かくも大胆な行動に走らざるを得なかったのであり、この旨、陛下のお許しをいただけるよう、お願い申しあげます」と付記している。さまざまな記録を見ると、このような事態にあっても責任を免れようとしていた総督たちが普通であったことからすると、このテュルゴーの決断は立派であり、かつ、彼の治める県に迫っていた飢饉の危機がいかに深刻であったかが推測される。

もとより、そうした危機のとき、小麦を買い占めて暴利を貪る輩は、どこにでもいた。その多くは、国王に仕える代理業者で、種々の特権に守られており、最も被害を受けるのは、土地の権力者たちよりも一般の消費者であった。

このような状況にあっては、当然、かなり大規模な輸送手段が恒常的に運用されていたと想像される。たとえばヴォワやコメルシー、ヴェルダンを起点とするムーズ川やモーゼル川の川船がそれである。ムーズ川はモーゼル川より利用度が高かったが、たくさんの水車が設置されていて、その水で通りかかった船の荷物が濡れてしまい、輸送された小麦を挽いた粉が欠陥商品になることがしばしばあった。一般的に船よりも車のほうが多く用いられ、メッスやヴェルダンでは、四輪荷車が何百台と村々から徴発され、輸送のために重要な役目を果たした。一六七五年七月には、小麦七五〇スティエをストラスブールの西のサヴェルヌへ輸送するのに一五〇〇台の荷車が使われている。その二十年後には、シャンパーニュの小麦をヴェルダンからメッスへ運ぶのに八〇〇台の荷車が使用され、その翌年にも一五〇〇台の車が燕麦を十二袋ずつ積んでサヴェルヌまで運送している。

一七〇二年、フランスはボンを一時的に占領したことがあるが、この駐屯部隊のためにメッスから七十隻の船が補給物資を運んでいる。このとき、その往復のため、それぞれの船に五〇〇リーヴルが支払われている。船団は火薬、鉛、種々の器具、土嚢、またフランス軍規格のマスケット銃の弾丸をつくるための型枠などを積んで、一月六日にメッスを出発し、十一日にボンに到着している。その数日後、第二陣が出発し、トリエルの近くのメルテンで、三百五十台の荷車に荷物を積み込んでいる。〔訳注・メッスからモーゼル川をくだってトリエルを経由し、コブレンツでライン川に入り、少しくだるとボンに着く。メルテンはメッスから少し東へ行ったザール地方の村である。〕もとより、このためには、かなりの費用がかかった。それらの現金は《臨時戦費》から出され、車で運ばれた。この輸送についても記録があり、「一〇〇〇リーヴルをエキュ貨と半エキュ貨にして入れた袋を四〇個、一〇〇〇リーヴルを四ソル貨にしたものを一袋、同じく五〇〇リーヴル入りの袋を八つ」を一台の車に積んだという記録文書がある。おそらく、そうした車は十台ないし二十台はあったはずだが、その記録は残っていない。

メッスの造幣所は、一六六三年以後は、町の刻印入りの貨幣は造らなくなり、専ら王室の貨幣を鋳造するようになっていたが、ストラスブールの造幣所と並んで、このメッスにも、素材としてスペインの銀貨が大量に運ばれた。この通貨は少額通貨で、外国（とくにオランダやスペイン領フランドル）の《エスカラン貨escalin》の氾濫に対抗するために発行されたものであった。その代償として「悪貨は良貨を駆逐する」の格言どおり、この国境地帯を、大量の金貨がフランス王国からドイツやネーデルランド連邦共和国Provinces-Unis〔訳注・一五七九年にオランダ北部七州によって結成された〕へ流出していった。このことから、一七〇六年にはメッス地方総督サン＝コンテストに対し、エスカラン貨を五〇〇〇万枚造るよう指示が出ている。

もとより、貨幣のほかにも大量の紙幣が発行されており、商人や金貸し業者に「割り当て」られた。そのくせ政府へは本物の貨幣で支払わせようとしたが、これは、そう簡単ではなかった。とくに軍事費の出費は、埋めようのない大きな穴を生じた。

この緊急事態のさなか、地方総督にとって最も役に立ったのが、メッスのユダヤ人居留民（一七一二年で八〇〇家族、一六九七年には四〇〇〇ないし五〇〇〇人いた）であった。彼らの代表者たちは分別と力量があり、小麦や家畜の買い付けについても、融資や情報集めについても、比類のない熟達者であった。ドイツ各地の宮廷に仕えたユダヤ人（Hofjuden）は早くから有名であるが、メッスにおいても、幾人かのユダヤ人は同じような高い地位を築いていた。

彼らが何より欲しがったのが、普通は手に入れることのできないパリやあわよくばヴェルサイユへ行くための旅行許可証であった。彼らの目的は、パリやヴェルサイユで為替手形をその人の名前で引き出せる取引先を見つけること、信用状を手に入れること、また、できれば総監査役と近づきになることであった。彼らの力の源は互いの結束にあり、リヨンでもアムステルダムでもフランクフルトでも、同じように為替手形を引き出せた。しかしながら、彼らの数が増えると、市の当局者たちは不安を抱き、修道院は彼らの家に囲まれてしまうのではと恐れるようになる。一七〇二年一月、総督サン＝コンテストに、「今後は、新しいユダヤ人が当県の田舎に住み着くのを規制してほしい」という陳情が出されたのは、人々のそうした不安の表れであったろう。それに対し、総督は次のように答えている。

「いまのところ、いかなるユダヤ人も追放することは適切ではないと考えている。そうしたことは、財政の逼迫しているこの地方を滅ぼすことになろう。だが、すでに彼らは多すぎる状態になっており、今後、新しく住み着くのを規制することは賢明な措置であろう。」

〔原注・一六七〇年には、キリスト教徒の子供がユダヤ人の儀式のため生け贄として殺されたという告発がされているが、これは明らかに偽りの告発である。〕

戦争

すでに予告しておいたように、戦争はそこにはない。メッスは《後方兵站》で、あるのは騎兵隊による不意の襲撃であり、家々への放火、農民に対する掠奪、司教区の村での虐殺であり、そうした危険な敵の襲来を知らせる警報と防御行動、さらには巧みな駆け引きである。そして、つねにあるのは見知らぬ人間に対する猜疑心であり、何が起きてもおかしくないような雰囲気である。

たとえばクレキ元帥は、フランス軍が占領しているトリエルに入ったが、まわりは敵で、一六七五年八月十一日、駐留軍が降伏してドイツおよびロレーヌの部隊にトリエルを明け渡すと、その五日後の八月十六日には、抜け目なく逃亡してきた兵士たちがメッスに姿を現している。

「隠れていた森のなかで農民たちに衣服を剝ぎ取られ、下着姿で帰ってくる兵士たちが常時見られた。」

その後、明け渡しが完了し、大勢の男たちがメッスに引き揚げてきたが、彼らも惨めな状態であった。降伏条約の項目には、騎兵も歩兵も武器を捨て裸足でなら自由にトリエルを立ち去ってよいことになっていたからである。しかし、勝者の側は、この取り決めをあまり尊重しなかった。

「この条約にもかかわらず、ロレーヌ公は、降伏したフランス人の兵士も士官もかかわりなく身ぐるみ剝ぎ取らせたので、フランス人たちが翌九月の最初の月曜日にメッスに到着したときは、この世でこれ以上ないほど哀れな様子であった。ほとんどみんな、下着姿で裸足、帽子もなく、寒さや雨から身を守るために、袋やボロ布をまとっている者、藁を巻き付けているだけの者もいた。彼らは、到着すると、城壁の傍らに造られていた馬小屋などに収容された。……敵方が条約を踏みにじったので、トリエルの駐屯部隊はもはやこの条約を守る義務がないとして、ヴィトリへ行かず、ここに留まった。メッス市は、兵士に支給される衣服や帽子、長靴や短靴を造る仕事を彼らに与えた。」

このエピソードは、このような喜劇じみた記述だけでは終わらない。九月十八日、この冒険の生存者たちの取調が行われ、トリエルを敵に売り渡した兵士たちが見つかったのである。「四〇人の騎兵と龍騎兵が列から別にされ、籤引きの結果、黒い籤を引いた五人が直ちに絞首刑に処された。」(J. Ancillon)

私たちにはいかにも残酷に見えるが、当時にあってはありふれたことで、とくにメッスでは日常茶飯事であった。メッスは、戦場でできなかった軍事裁判の執行を引き受ける悲しい特権をもっていた。サント＝クロワ小教区教会の墓掘り人たちの記録には、次のような記述がある。

「この町にある王政府の牢獄は、脱走兵やガレー船漕役囚そのほか戦争にかかわる罪人でいつも満杯である。というのは、ここは、アルザス、ライン地方、サンブル川やムーズ川、モーゼル川流域など各地の要塞から連行されてきた罪人たちの最後の収容所だからである。」(一六九一年九月)

この恐ろしい牢獄のなかでは、罪人の大部分が伝染病で死んでいったが、墓掘り人たちは、この不幸な人々を埋葬しても手当を支払ってもらえないことに不平を漏らしている。ある牢獄は、寒気のために凍傷にかかる囚人が続出したうえ、一六九一年に給水場が造られるまで長い間、設備の悪い井戸からしか水が得られなかった。一六九五年三月のある日、藁がいっぱい詰め込まれていた物置が焼けたが、これは事故によるものか、恨みによる放火だったのか、分かっていない。

これらの罪人たちが牢を出られるチャンスは、王政府軍のガレー船の漕ぎ手になることであった。一六九一年二月二日、そうした罪人六〇人が鎖で繋がれて連行されている。彼らは脱走兵で、出身地はフランス全国にわたり、背も高く容姿もよい若者たちだったが、そのトップに記された五人は耳を削がれ、鼻も「百合の花のように切り開かれ(fleurdelysé)」ていた。

メッスの町を憐れむべきか?

メッスは、このように、普通の町にはない骨の折れる仕事に耐えなければならなかった。市民にとって兵士たちは不愉快で厄介な客人であり、つねに監視していなければならなかった。国境に近いことも気苦労の種であり、さまざまな責任を負わされた。そのための町の出費は、理屈の上では一〇万リーヴルとされたが、それを超過するのが普通で、このため、債務が蓄積した。だが、当時のフランスで債務超過でない町がどこにあったろうか？しかも、防備を固め町の治安と秩序を維持するためのこれらの出費は、大勢の労働者の生活を支えることになった。

王室政府がメッスで使った巨額のカネは、商人や職人、金貸しといった人々にとって「天の恵み」であり、これによって、あらゆる同業組合（ギルド）が繁栄を謳歌した。肉屋は増え、靴屋は不満をいうことはなかった。本屋は八軒あったが、それでも足りないと考えられていた。ただし、そう考えていたのがご当地の本屋の組合でなかったのは当然として、当局も、本屋が増えることには一抹の危惧を覚えていた。メッスはドイツとの国境が近く、「新教徒もかなり住んでおり、当局（すなわち王室政府でありカトリック）の禁じていた本が、よそよりも多く商われ、氾濫する危険性があった」からである。

メッスで商取引が活発に行われていたことは、全国的次元の問題を処理する公証人（notaires royaux）が八人、地方関連の問題を扱う公証人（notaires locaux）が三十八人いた事実が証明している。また、スイスからかなりたくさんの人が移り住んできていたのも、メッスが豊かで活気に溢れる町であったことを裏づけている。

メッスには特権階級として、高級官僚たちに加えて、一六三二年に設置された《高等法院 Parlement》のメンバーがおり、これら裕福な市民や司法関係者たちは、周辺の田園地帯に所有している葡萄畑からかなりの収入を得ていた。メッスはその市場を専ら町のすぐ近くで生産されるワインのために確保し、郊外の村々で作られたワインを閉め出そうとし、その口実として、こんな言い方をしている。

「メッスのまわりは痩せた砂地の丘陵地帯で、その住民の唯一の資産は葡萄畑である。その多くは、種々の公職についている豊かな人々の所有地である。……この土地で生産されるワインは洗練されておらず、飲み慣れた人々からはあまり高く評価されていない。味も色合いもよくなく、渋みと土地独特の味があって、よそへ出荷するほどのものではない」。

そのうえ、この口実は、メッスの市場が排他的であることに憤慨したブルゴーニュ公国代表の市場開放要求を断るためにも使われた。メッス地方のワインはブルゴーニュの最低品質のワインより劣っていたから、必然的に凋落した。だからといって、ボルドーやボーヌ、マーコン、ヴィトリ＝ル＝フランソワ、サン＝ディジエなどと同じように、メッスにも地元産のワインの固有の市場を保有する権利がないわけがあろうか？　まして、兵士たちの喉はそれほどデリケートではなかっただけに尚更である。ワインとブドウの搾り滓による蒸留酒がメッス周辺とロレーヌで盛んに造られたのは、彼らのおかげであった。ルイ十四世の治世末期の基地で、酒気を帯びていない兵士など想像できるだろうか？

当然、メッスにも貧しい人々がいた。とくに小麦の生産が落ちて高値になると、どこでもそうだが、庶民は悲惨であった。一六九九年のこの都市の調査では、「都市の恥部というべき困窮者が四二二五人いる」。だが、ルイ十四世当時のフランスで、流れ者の乞食を別にしても、「恥ずべき貧民層」を擁していない町があったろうか？　メッスは一六七六年以後、この問題に考慮を払い、「もともとメッスとその周辺出身の貧しい人々」についてはサン＝ニコラ施療院に収容して「共同で食事」できるようにし、物乞いによって生活している《貧民》を一掃する決議をしている。（J. Ancillon）

こうして、「よそ者の貧民たち」には町の外の土地が与えられ、町のなかで乞食などしないよう監視を付けられた。しかも、違反者に施しをした市民には鞭打ちと罰金五〇〇リーヴルが課せられた。これは、ごくありふれた措置であったが、その効果は疑わしい。十七世紀には、どこでも乞食が溢れ、各都市とも厳しい措置をとったが、乞食の洪水から身を守ることはできなかった。

メッスにとって戦争は日常茶飯事で、その避けがたい不都合とともに、さまざまな利益ももたらし、生きる手段にさえなっていた。普通、実際の戦争は市の城門からずっと離れた所で行われ、市自身よりも周辺の田園地帯のほうがより大きい危険に晒された。しかも、アンシャン・レジーム時代のヨーロッパでは、商業〔敵国との間の商売でさえ〕が戦争のために妨げられることはなかった。そのため、戦時だろうと平時だろうと、メッスにとっては生活に変化はなかった。ルイ十五世の時代になっても、メッスの町はベリール元帥〔訳注・陸軍大臣として軍制改革に尽くした。1684-1761〕の《開明的政策》のもと、新しい建物が建てられ広場が幾つも造られて、町は美しくなり近代化されて繁栄を謳歌した。そのためには膨大なカネがかかったが、すでにルイ十四世の治世にかかった出費は、これに劣らなかった!

第二の旅——トゥーロン

私が海に面した町を選ぶうえで、可能性のある都市が三つあった。一つは大西洋に面したブルターニュにおけるフランスの要衝であるブレスト、第二は、ヴォーバンによって「一から造られ」、北海に向かって開かれた窓であるダンケルク、第三が、地中海におけるフランス海軍唯一の基地たるトゥーロンである。このなかで私が選んだのはトゥーロンの、しかも、その歴史上の決定的瞬間である。すなわち、この町が、一方ではイエール諸島に基地を置くイギリス・オランダ連合艦隊によって封鎖され、他方では《サヴォワの殿さまMonsieur de Savoie》の軍隊が守備の手薄を狙って攻め寄せてきた、まさに海陸両面から脅威に晒された瞬間であった。ここでは私も、古典主義劇作品におけるような《場所の単一 unité de lieu》〈包囲されたトゥーロン〉と《時間のほぼ単一 unité de temps》

（一七〇七年夏の七月二十六日から八月二十四日まで）の規範を排除するわけにはいかないだろう。〔訳注・フランス古典主義演劇においては、《場所 lieu》と《時間 temps》に加えて《行動 action》あるいは《事態 choses》の単一が重視された。〕しかし、《事態》については複雑である。このときのトゥーロンは、プロヴァンスだけでなくフランス全体を脅かそうとしてロンドンとハーグ、ウィーン、トリノで構想された大規模攻勢の中心的標的であったからである。

トゥーロンは雄大な自然が作り上げた良港で、セペ岬とブラン岬という左右の門柱から内側にあって、いわば控えの間になっている大停泊港（grande rade）と、さらに次の内門を入ってトゥーロンの町や海軍工廠にすぐ接している小停泊港（petite rade）の二重になっている。後者には港が二つと、壁で囲われた係船ドック（darses）が二つ、それに町の東のムリヨン海淵に補助港があり、ここは、古くから海軍の艦船の船底の修理場になっていた。

この町は、フランス海軍による開発計画に伴って膨張してきたが、それでも、往時の面影は変わっておらず、城壁で喉元を締め付けられたような様相を保っている。一五四三年、フランソワ一世がこの町をトルコ人のバルブロス〔訳注・カール五世との戦いのためにフランソワが雇った〕に譲るために住民を立ち退かせたとき、戸数は数百、人口は五〇〇〇ほどだったが、その古い城壁は人々を守るよりは窒息させそうな状況であった。ちなみに、これによって、この町は同年九月二十九日から翌年の三月末まで数千の男たちと千隻のガレー船、それに無数の伴走船によって占拠された。

この窮屈な首枷が外されて捨てられたのは、一五八九年以後である。町は、それで息を吹き返しただろうか？「イエス」である。しかし、それも束の間にすぎなかった。新しく築かれた城壁の麓に森や空き地が見られたのは僅かの間で、すぐふさがり、家々は城壁の外にまで溢れて、混み合った郊外町を五つも六つも作り出した。この城壁には、ヴォーバンの指導にしたがって幾つかの改修が加えられたが、もともとの奇形ぶりはまったく変わらなかった。

1707年のトゥーロン軍港

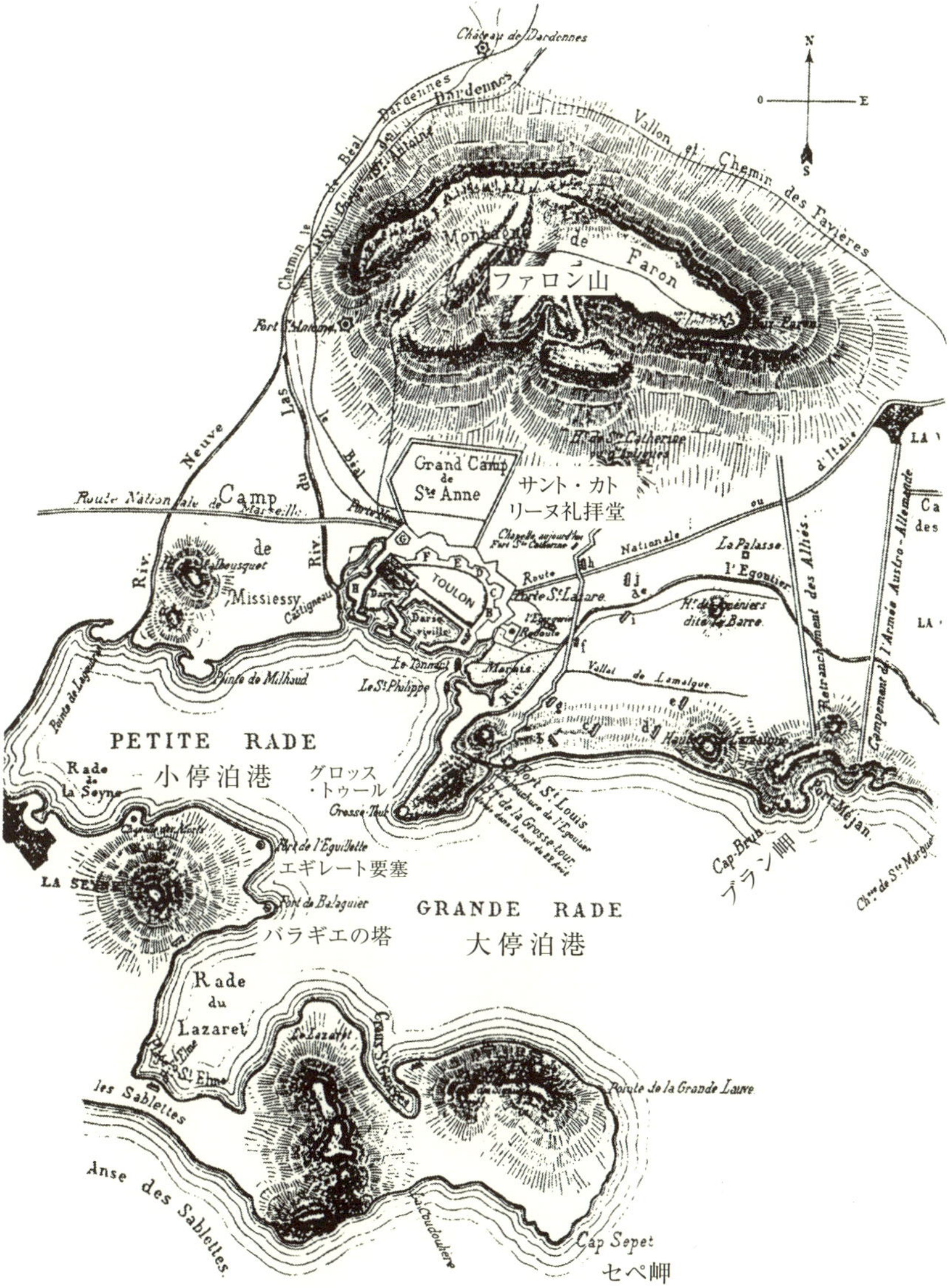

十八世紀初めになっても、この町はあきれるほど狭くて曲がりくねった、しかもしばしば袋小路になって、いたるところ汚水が溜まり悪臭が立ちこめている道の連続のままであった。家々は各階一部屋という貧弱さで、互いに押し合いながらローソクのように上へ伸び、連結した柱と通行人の上に突き出た梁によって外側を支えられていた。部隊を集合させる広場は『シャン・ド・バタイユ Champ de Bataille』と呼ばれたものが一つあるきりである。一七〇七年七月二十五日、敵軍が町に迫っていたときでさえ、「沿岸警備隊司令官のヴォース侯とガレー船隊大尉、グリマルディが決闘を行い、一方は心臓を、他方は腹を剣で貫かれて死んだ。彼らは互いに本従兄弟 cousins germains〔訳注・祖父母の少なくとも一人を同じくする関係〕であった」。おそらく、よそでだったら、剣を交えることも容易でなかったに違いない。

この町が一五八九年に住民一万、一六六八年に二万、大革命直前には三万を数えたというのは驚きである。それればかりか、半分しか信頼はできないが、ある手紙には、この町は一七〇七年夏、兵舎がないので民家に分宿している駐屯軍三連隊とあわせて六万人を収容していたと書かれている。この数は、女子供、兵士、売春婦、さらには度々の《貧民狩り》でも無くせなかった無数の貧しい人々や、何かというと短刀を振りまわして暴れる水夫や喧嘩好きな賭博師なども含んでいた。

町の周辺には菜園や集落、小麦畑が広がり、旅人たちを感嘆させるような花々やオリーヴ、棕櫚などの木々、葡萄畑が見られた。それはまさに楽園さながらであった。しかし、さらに外側には、ヴォーバンが「熱暑の山々がこのトゥーロンの町を締め付けている」と書いているとおり、太陽の熱で焼けつくような禿げ山が広がっていた。この一七〇七年の七月から八月にかけての酷暑の時期は、ラガ山地を水源とするこの町の飲料水は恐ろしく不足し、人間だけでなく馬たちをも苦しめている。トゥーロンの防衛に当たった兵士の一人は「戦う相手は敵であり、彼らの糧食を絶つことが鍵だと思っていたのに、水不足という予想外の第三の敵が現れた」と書いている。

町の中には井戸がたくさんあったが、その水は海水がしみ込んで塩辛く、飲むと下痢を起こした。このため、人間も馬もこれを飲まないよう、あちこちに見張り番を立てなければならなかった。

要するに、このトゥーロンは、風光明媚ではあるが、きわめて貧しく、戦いに関わる人々を養うには適しておらず、田園に住んでいる農民たちも、心のなかではフランス王に対する忠誠心などもっていない用心深い人々で、「町の防衛を手伝うためにやってきても、二日もすると姿を消してしまった。この点は、臨時に兵士として徴発された市民たちも同じであった」。

軍の指揮官としてトゥーロンに派遣された人々は、多くは北フランス人で、みんなを心から服従させるやり方を知らなかった。七月二十日付で次のような文書を書いた人物も指揮官に必要とされた資質に欠けていたようである。「……この地の人間ほど反抗的なフランス人は見たことがない。彼らは、何かを命令しても、命じたことの四分の一も実行しない」。しかし、土地の人間で、プロヴァンス州政府の長官であった老いたグリニャン伯は、トゥーロンの住民たちを扱うのに何の困難も感じていない。

これは、周縁部のあらゆる地方と同様、プロヴァンスは一つの独自性をもった州であるということである。そこでは、まだ「フランス化」は未完成であった。プロヴァンスがフランス王国に編入されたのは一四八一年から一四八三年にかけてであるが、それから二百年以上経っても、まだ本当にはフランス化されていなかったのである。都市ではとりわけマルセイユがそうだが、アルルもエクスも、独自の特権と独立性を保持していた。

一七〇七年七月、サヴォワ公がトゥーロンに入城した際、それに対抗してプロヴァンスのプロテスタントたちが蜂起するのではないかと期待したが、州は中立を守って動かず、傍観した。貴族階級も行動を起こさず、聖職者も動かず、農民たちも待機した。しかし、フランス軍を指揮したテッセ元帥は、戦いが始まる前、将兵に向かって、プロヴァンスの住民はフランス王に忠実であったとしても銃も弾薬ももっていないので、彼らを当てにしてはならないと警告している。〔訳注・これより前の一七〇一年、スペイン継承戦争が起きて、イギリス・オランダ・ドイツとフランス・スペインが対決したときもサヴォワは前者の対仏同盟に与した。〕トゥーロンが攻撃を受ける前年の一七〇六年には、プロヴァンスは万事が不調という印象を与えていた。マルセイユは、すぐ不平をいう癖があり、近東との交易に必要な『ピアストル貨piastres』が直接自分のところへ入ってこなくなったことから、バイヨンヌやオレロンからボルドーやトゥールーズ経由でリオン湾に送ってもらい、それを手に入れるようにすべきだと主張している。〔訳注・バイヨンヌはフランス大西洋岸の最もスペインに近い地域、オレロンはメドックの北で、どちらも大西洋岸。これに対し、リオンはマルセイユからスペインの間の地中海岸。〕このことは、スペイン海岸に沿った海軍の活動のため、地中海ルートが次第に危険になっていたということではないだろうか?

しかし、プロヴァンスにとって本当の災厄は、冬季の雨によって起きるローヌ川の氾濫であった。浸水による、甚大な被害を受けたことで、アルルが真っ先に窮状を訴えたが、救済を必要としたのはアルルだけではなかった。まして、アルルでは、兵士や軍人に住まいを提供していた人々が人頭税も間接税も免除するなどの特典を与えられていただけに、それは尚更であった。実際問題、この洪水の被害は広範囲にわたり、「プロヴァンスの州で被害を受けなかった小教区は一つとしてない」といわれたほどであった。「作物も土壌も押し流されるか、さもなければ、小石や砂で埋め尽くされた」。(Archives de la Guerre,1706,3,26)

この一七〇六年は、ルイ十四世の軍隊にとっても厄年であった。スペイン継承戦争のため、フランスは力をヨーロッパじゅうに分散することを余儀なくされたうえ、敗北が相次ぎ、軍勢は国境線まで押し戻された。フランス軍は南ドイツでは、一七〇四年のヘヒシュテットの敗北でバイエルンを放棄してライン川のこちら岸に後退した。スペインでは、一七〇五年にフェリペ五世〔訳注・ルイ十四世の孫にあたる〕のライバルであるカルロス大公がイギリスの支援を受けてバルセロナに上陸し、カタローニャ地方が反乱を起こした。低地地方では、一七〇六年五月二十三日、ラミリーの戦いでマールバラ公爵率いるイギリス軍が勝利し、スペイン領ネーデルランドすなわちベルギーを奪い、リールとダンケルクを指呼の間に望む『鉄の国境線frontière de fer』にまで到達した。イタリアでは、九月七日、フーイアド元帥がトリノの市壁の下で敗れ、フランスはその駐屯部隊もろともミラノを失い、ピエモンテもほどなく明け渡さざるをえなくなる。スペインでは一七〇六年八月三日、フランスの支援も空しくフェリペ五世はマドリードを放棄。その後、ベルウィック元帥がこの絶望的な情勢を立て直すものの、フランスにとっては苦境が続いた。

したがって老いた王（ルイ十四世）はもはや無敵ではなく、「彼の軍隊にあっては、敗北と潰走が常習化していた」。一六九九年以来、財務長官、一七〇一年からは戦争顧問を務めたミシェル・ド・シャミアールは、一七〇七年初め、「これだけ広がった戦争を組み立て直すことは不可能である」と告白していた。

しかし、プロヴァンスでは、イタリアから撤退した部隊が、まだフランス支配下にあったサヴォワから一七〇三年四月に獲得した（その砦が奪取されたのは一七〇四年一月であった）ニース、ヴィルフランシュやアンティーブにいたるアルプス山地を占拠し、タンド峠に面したニース伯領全体を手中に収めていた。王は、この『アルプス方面軍』の指揮官として、最近の二つの敗北（一つは一七〇五年のジブラルタル包囲戦、もう一つは一七〇六年のバルセロナ包囲戦での敗北）によって汚名を着ていたにもかかわらずテッセ元帥を任命した。元帥は、二月二十八日、グルノーブルからブリアンソンに到着すると、ここに司令部を置いた。

彼がこの物語で主役を演じるにいたったのは、サン＝シモンが描いているような豪傑であると同時にドン・キホーテでもある一種の変人であるため、彼の手紙が王を喜ばせたゆえだろうか？　それを知る手だてはない。サン＝シモンは決して寛大ではない。この時期の歴史に詳しいピエール・デュボワは彼の書簡をじっくり読んで、まったく、それとは違う人物像を描いている。彼によると、テッセは多分、偉大な兵士ではないが優れた外交官で、ユーモアたっぷりの善良な人間であり、トゥーロンに着いたとき、この町は、指揮官サン＝パーテルの頑固な性格と考えられないような命令によって混乱に陥っていたが、それを見事に収めることができた。

テッセを弁護していえば、彼がブリアンソンに着いたとき、そこには、アルプス地方を恒久的に防衛していくためのはっきりした軍事的ドクトリンはなく、行われていたのは、敵が迫ってくると歩兵大隊あるいは騎兵隊をそれに合わせて移動させるやり方、いわゆる並行的陽動作戦であった。

第二に断っておきたいのは、兵力の問題である。彼が使うことのできた兵員は、ミラノからの帰還兵たちによって増えていたものの、三万から四万を超えなかった。そのうえ、軍隊は慢性的な脱走病にかかっていて、連隊の幾つかは実働数が半分しかいなかった。テッセの副官の一人、ブロリーは、一七〇七年七月二日、こう書いている。「みせしめのために三〇人ほどの脱走兵を斬首刑に処さなければならなかったが、この措置は適切であった。以後二週間というもの、新たな脱走事件の報告は来ていない」。なるほど。だが、その後はどうだったのか？　脱走はあらゆる軍隊の風土病であり、その手引きをする組織さえあった。いったんスイスへ行ってからフランスに戻り、手当をもらって民兵に加わり、また脱走するのである。結論していえば、この当時のフランスの軍隊は、給料の支払いも食料の支給も悪く、装備は不良で、靴もろくになかった。

これに対しサヴォワ公ヴィットリオ＝アメデオ二世のほうは、オイゲン公〔訳注・フランスのルイ十三世に仕えたマザランの姪の息子だが、ルイ十四世からは容貌が貧相であることを理由に用いられず、オーストリア皇帝に仕えた〕の支援で強大な兵力を擁していた。そのなかには、トリノでの敗北後編入された四千人のフランス兵もいた。

彼〔サヴォワ公〕は陣地を三つ構えていた。一つは小サン＝ベルナール峠とタランテーズ高地から東方へ下ったアオスタの谷道を見張るイヴレア〔訳注・トリノの北方〕、第二はピネロロ〔訳注・トリノの西南〕とスーザの高地にあり、アルプスのピエモンテ側麓にある小さな砦である。第三はクネオ〔訳注・ニースのほぼ真北数十キロにある〕にあり、バルスロネットの道とニースやプロヴァンスへ至るテンダ峠の監視を任務としていた。

したがって、テッセ元帥としては、同時にサヴォワ、ドーフィネ、プロヴァンスを見張る必要があった。敵の準備行動から、攻めてくることは確実であったが、どこを攻めるつもりなのかは明確でなかった。イタリア人の情報提供者たちは、四月末ごろにプロヴァンスをめざすであろうと書き送ってきていた。彼自身は、それを信じていなかったが、宮廷には、そのように報告した。それに対する返事は「それは馬鹿げている。サヴォワをしっかり監視せよ!」であった。こうして、南方で衝突が始まり、トゥーロンの人々が全アルプス方面軍をトゥーロンへ集結するよう催促してきたとき、彼は、「だから、守らなければならないのは、プロヴァンスでもラングドックでも、ドーフィネでもサヴォワでもなく、ただトゥーロンなのだ!」と洩らし、「もっとも、国王のお考えは別だろうがね」と付け加えている。これは、多分正しかった。おそらく宮廷では、まだサヴォワを心配していた。

この一七〇七年のフランスで、不安に囚われない人がいただろうか? 敵方は、フランスの抵抗ももう終わりだと考えていた。ルイ十四世が秘密裡に交渉を進めていた事実は、この見解を裏付けた。しかし、実際にはフランスは抵抗を続けていた。たとえば、北海と英仏海峡では、ダンケルクの私掠船団(corsaires)がイギリスとオランダの艦隊に大きな損害を与えていた。イギリスのマールバラ公爵がリールやダンケルクの襲撃を諦めて、もっと攻めやすく、「フランスの防衛体制の柔らかい腹部」ともいえるプロヴァンスに的を絞る計画を立てたのも、このためであった。

たしかに、トゥーロン、マルセイユ、エクスの防衛体制は整っておらず、これを攻めることによりプロテスタントの蜂起を触発すれば勝利はたやすいというのがマールバラの考えだったようである。事実、南仏ではナントの勅令が廃止されたあと一六八五年にセヴェンヌ地方で暴動を起こしたカルヴァン派、いわゆる《カミザールCamisards》が一七〇四年にヴィラールにより、一七〇五年にベルウィックによって鎮圧されたばかりであった。叛徒たちに送られた武器はボークレールで取り押さえられ、カミザールの首領のカヴァリエはサヴォワ軍に随行し、サヴォワ公の食卓で御馳走になっていた。

したがって、これ（トゥーロン攻囲）は長期にわたる交渉の末に組み立てられた計画であって、その交渉の痕跡はロンドン、ハーグ、ウィーン、トリノに見出すことができる。そして、その陸上での戦いを請け負ったのがオイゲン公の軍隊の支援を受けたサヴォワ公ヴィットリオ＝アメデオであった。野心的な彼は、細部にいたるまで全てを隠密裡に自分で準備したが、そのヴィットリオ公もオイゲン公も、自分たちの行動を完全に隠しおおせるものではなく、テッセ元帥がアルプス山中から常に監視していなかったとしても、情報はサン＝レモやジェノヴァ経由でフランス側に洩れていた。

脅威が迫っているとの噂は、たちまちプロヴァンスへ、トゥーロンへ流れ、そのマルセイユやトゥーロンからの報せは、ヴェルサイユまで、八日、ときには四日間で届いたから、王宮でも六月十五日には、敵軍のプロヴァンス侵攻の危機が焦眉の急となっているとの見解で一致した。そこで、トゥーロン海軍の司令官として、ヴェルサイユにいたヴォーヴレとランジュロン侯の二人が急遽派遣されることになった。この二人がプロヴァンスに到着したのは六月二十三日である。

サヴォワ軍の第一軍（四〇〇〇人から成る別働隊で、各隊に五〇〇〇頭のラバによる輸送隊がついていた）がテンダ峠を通過し終えたのは七月初めで、警報はプロヴァンスじゅうに伝えられた。七月二日には、ニースで指揮を執っていたサーイ侯が五大隊（おそらく人数では二〇〇〇）と民兵若干を率いてニースからヴァール県〔訳注・トゥーロンがある県〕へ移動している。他方、敵軍も、十一日には増水のためにかなりの人員を失いながら小さな川を越え、翌十二日には砲兵隊を渡すために橋を架けている。

その間に、サヴォワ公ヴィットリオ＝アメデオはニースに入り、十三日まで滞在している。なぜ、ここで時間を費やしたのか？　その理由は、イギリス・オランダ連合艦隊がニースに入港したからである。サン＝シモンは『回想録』のなかで次のように書いている。

「サヴォワ公は艦隊を訪ね、約束の金額を払うよう求めた。イギリス人たちは手許不如意になるのを恐れ、定められていた出航時間を超過して丸一日、議論した。結局、サヴォワ公が金銭を受け取らないうちは動きそうにないのを看取して、一〇〇万リーヴルを直接手渡した。この一日の遅れが、トゥーロンを、ひいてはフランスを救った。フランスは、この間に二十一個大隊をトゥーロンに到着させることができたのであった。」

この説明は尤もらしく聞こえるが、完全には正しくない。サヴォワ軍は七月十一日以後、指揮官たちの有無にかかわりなく前進を続けていた。前方にいる敵（フランス軍）は、主力軍の行動を隠すための遮掩部隊（rideau de troupes）だけであった。しかしながら、その進軍は夏の酷暑と水不足、食糧の欠乏のために苦しいものであった。もう一つ、前進を遅らせた要因として、プロヴァンス人の扱い方を知っていたサヴォワ公の慎重さがある。

公は、彼らに対し、フランスの軛からの解放者として臨もうとした。諸都市の代表と話し合い、カンヌでもサン＝トロペでも、フレジュスやグラースでも、食糧や飼料を市民が自発的に提供してくれるよう求めることで満足した。これを拒む理由はなかった。フレジュスの受け容れ方は友好的で、かなり珍妙であった。司教は熱烈な歓迎ぶりを示し、公を司教館に招き入れ、祭司服をまとい、カテドラルの入り口のところで祝聖された水を差し出し、香を焚き、『テ・デウム Te Deum』〔訳注・神に感謝する歌〕を歌った。それがなぜ「珍妙 cocasse」だというのか？　と問われるかもしれない。その理由は、このフレジュスの司教が、のちにフルーリィ枢機卿となるとともにルイ十五世の師傅となり、この生徒のおかげで一七二六年から一七四〇年まで宰相としてフランスを統治することとなるからである。サン＝シモンが言うように「騙し騙されるために造られたような貧しい男」が、大した苦労もしないで、この対敵協力（collaboratiom）の汚名を受けるのをどのように切り抜けることができたのだろうか？〔訳注・「collaboration」という語彙は、第二次大戦中にドイツ占領軍に協力した人々を指す独特のニュアンスをもっている。〕

いずれにせよ、こうしたことがフランス軍に時間を稼がせてくれた。テッセは次のように書いている。「サヴォワ公は命令を下し、王政府の代官も及ばないほど人々を従わせて食糧を出させ、プロヴァンスの地に秩序を樹立している。……人々は銃も火薬も人手もないので、心の中ではフランス王に背くつもりはないのだが、カネを出さないために、命じられるままに食糧を供出し、それをサヴォワ公のほうも、自分は欲しくはないのだが受け取るのだという振りをしているのである。」

結局、サヴォワの別働隊が延々と列を成して、トゥーロンの手前三里のクエールに姿を現したのは七月二十一日のことであった。これは、第一軍でしかなかったが、宿舎で眠っていた防衛側は、この小さな変動でも驚いて緊張した。サヴォワ軍本隊がトゥーロンの城壁の下に姿を現したのは七月二十四日のことで、十四日間で一五〇キロを進軍してきたのであった。

ところで、トゥーロンにはすでに、テッセ元帥の兵士たちが部隊ごとに次々と入っていた。二十一日には十一個大隊（四〇〇〇人）、二十二日には八個大隊、二十三日には九個大隊、二十五日には十三ないし十四個大隊という具合である。二十二日にはヴァール川の岸辺を守っていたサーイ侯の部隊がトゥーロンの町外れのオリーヴ畑に宿営した。八月七日には、メダヴィ伯が六個大隊と騎兵および竜騎兵四十二個中隊を率いてサヴォワから到着し、サン＝マクシマンに陣営を張った。サヴォワ軍とその補給路を脅かすのには、ここが好都合だったからである。このようにして、フランス軍がスピード競争に勝ちを制し、シストロンからトゥーロンやエクスへ、それらからシストロンへ、と馬に乗って絶えず行き来していたテッセ元帥は、ゲームを自分の思うとおりに運ぶことができたのであった。

しかし、トゥーロンは、敵軍はプロヴァンスを攻撃するとの噂をヴェルサイユより真剣に受け止めて、援軍が到着するより前から、海陸いずれでも防衛できる体制を整えていた。海軍と陸軍が意志の疎通を欠くのは通例のとおりであったが、それでも作業は迅速に進み、三週間ほどの猶予期間に、懸命な努力の末、陣地を造り替えた。このとき重要な役割を果たしたのがグリニャン伯であった。彼は、トゥーロン市民と周辺の村人を問わず、また民兵や有志の人々を問わず、よく人々の心を摑んで作業を進めた。城壁内側の緩やかな斜面に建っていた家々を撤去して城壁の上に通路を完成し、武器庫から曳き出した二〇〇門の大砲をそこに設置した。

防御上の重点は、町の北方の高台に要塞を造り、サンタンヌ礼拝堂の近くに強力な大砲を据えることであった。ここが防衛軍の手中にある間は、敵が町をめざして進攻してくるのを有効に食い止めることができると期待された。この作業が行われる前にサヴォワ公が得ていた情報は「トゥーロンは、その防御を専ら海側に向けており、陸側に対する備えは取るに足りないほど弱い」というものであったから、いざ現地に到着して、城壁の上に無数の兵士が銃や銃剣を構え、ずらりと大砲を並べて待機しているのを眼にしたときは、悔しさと絶望感に囚われた。

防衛側には、パンも塩漬け肉（士官用には生の肉）もワインも不足していなかった。ただ一つ不足していたのが短靴であったが、プロヴァンスの暑い夏には、それは不要であった。いずれにせよ、防衛側は食事もたっぷりあり、ワインは町では一瓶二スゥで売られていたから、兵士たちは気分も上々であった。長太鼓など楽器を演奏できる男が一人いて、何種類もの楽器を取っかえ引っかえしながら奏で、夕方になると人々は、彼のフラジョレット〔訳注・笛の一種〕の音に合わせてダンスを踊った。この意気軒昂ぶりは、指揮を執る者にとっても喜ぶべきことで、テッセ元帥は、「サヴォワ公は、あっという間にヴァール川まで追い返されるだろう」と書いている。

サヴォワ公の軍隊は、トゥーロンの城壁のすぐ前までは、ついに到達できなかった。ようやく八月二日の朝になってサント＝カトリーヌ礼拝堂のある丘を奪うことができたものの、重い大砲は、まだ来ておらず、攻囲軍が陣列を敷いたのは町の東側だけで、町を包囲するまでに至っていなかった。

海上では、すでに七月十日ごろには、イギリスとオランダの連合艦隊がイエール諸島に陣取っていたが、食糧と大砲を陸揚げするためには、サヴォワ軍が到着するのを何日も待たなければならず、しかも、烈しい《ミストラル》のためにトゥーロン港内に入ることもできなかった。それに対し、フランス海軍のほうは、備えを倍加していた。彼らが何より恐れたのは、敵方の陸海両方の力が合流し、港内に停泊しているフランス海軍が、封じ込められたうえに陸地から砲弾を浴びせられることであった。そのような事態に対応できる装備はされていなかった。もう一つの心配は、倉庫や武器庫の貯蔵物資をいかにして守るかであった。

これらに対して、海軍の指揮官、ランジュロン侯は、全員が不満を言い募り、不平を洩らし、質の悪さをさらけ出すなか、ほかの責任者たちと対立しながらも、なんとか決定を下すことに成功した。彼が六月二十三日に到着したとき、町を無事に守ることができるかについて自信を持っていなかったことはほんとうである。したがって、彼が最初にやろうとしたことは、できるだけ速やかに自分の持ち駒の一部をこの町からよそへ移すことであった。すなわち、大砲、臼砲、艤装品、帆、ロープなどを七十二隻の船に載せてアルルへ大急ぎで送ったのであった。運べない何基かの大砲や太綱は海に沈められた。それらは、あとで回収されて、大小二つの停泊港を守る大砲として備え付けられることとなる。

残っていた船も、敵に火を付けられたり敵方の要塞に使われることのないようマストを取り払って沈められた。イタリア戦線から帰ってきていた七隻のガレー船も、その指揮官ロワ侯の抗議にもかかわらず、マルセイユへ曳航されていった。これらのガレー船は砲撃の絶好の標的になる恐れがあったからである。しかし、この措置で、それらの船首に装備されていた大砲の威力と漕ぎ手の労力が保障してくれていた「動く防塞」が剝ぎ取られる結果になったことも事実であった。

したがって、この措置には異論の余地が確かにあったし、事実、論議の的になった。しかし、すぐあとで述べるように、これは有効で賢明なやり方であった。その一方で、いずれも大砲を九〇門も備え、大きさでも装備でも第一級の艦船であった『トナン号』と『サン゠フィリップ号』は遺されて活用された。これは天才的閃きといってよかった。

『トナン号』は、沈没させてもよい船二隻で両側を守るようにしながら、ムリヨンの前面で座礁させ、上部を堅い木材で鎧のように覆い、その破壊力のある砲を、町の東方、ニース街道を進攻してくる敵に向けた。しかも、もやい綱を操作することで艦の向きを変え、右舷の大砲を撃ち終えると、新しい弾丸と火薬を装塡する間、左舷の大砲を敵方に向けて撃てるようにした。他方の『サン゠フィリップ号』は、港の西方、カスティニャック高台の下あたりの海上に浮かべ、戦況の流れで必要に応じてムリヨンのほうへ移動できるようにした。

読者は、トゥーロンの大停泊港入り口南のセペ岬の砲台、北側のサント゠マルグリット要塞、ブラン岬のサン゠ルイ要塞などといった防衛側の陣地を地図によって調べられるなら、この第一戦が敵艦隊の強大さに比して慎ましいものであったことを理解されるであろう。実際には、英蘭連合艦隊は、この大停泊港の外側を征圧することで満足した。連合艦隊は、はじめ、セペ岬の砲台を奪取したが、それで何をすることもなく放棄し、つぎにブラン岬のほうへ矛先を向け、八月十六日、サント゠マルグリットの要塞（そこには四十八人の兵員が配置されていた）を奪取した。サン゠ルイ要塞の約百人の守備兵は、十八日まで抵抗を続けた末に、海側から撤退した。これは、連合艦隊にとって大した戦果ではなかった。守備隊がサント゠マルグリット要塞を放棄したのは、水不足に陥ったためであった。

英蘭連合軍側がトゥーロン港の中心である小停泊港に入るには、古くからの砦に近代的な砲台を設置した『グロッス・トゥール Grosse Tour』〔訳注・「大きな塔」の意で、サン＝ルイ要塞の西、小停泊港の東側〕を突破しなければならず、南側（というより西側から突き出した岬にある）では、『バラギエの塔』とエギレット要塞を制圧しなければならなかったが、いずれも、陸上でのサヴォワ軍の成功と相呼応して進めなければならない難しい作戦であった。

サヴォワ軍は南のラ＝マルグ山と北のサント＝カトリーヌ高地の間を占拠し、トゥーロンからニースへの道を遮断した。八月初めのことで、作戦行動は銃撃と砲撃の応酬、体力を消耗する土木工事へと萎縮していった。この間に食糧が不足し作業で疲れ果てた進攻軍は、強力な憲兵隊の監視にもかかわらず、任務を放棄してフランス軍前線に逃亡する者が絶えなかった。この何千という脱走兵は、服装は立派であったが飢えていた。彼らは好意的に迎えられ、種々質問されたあと、一エキュを与えられてマルセイユへ送られた。結局、サヴォワ公の軍隊は、スピード競争に敗れ、安逸に負けて自滅したのであった。

このような状況のなかで、八月十五日に、いわゆる「夜明け la pointe du jour」を迎える。防衛側が一転して、町の北方にあるクロワ＝ファロン山からサント＝カトリーヌ高地にいたる前線を越えて、敵方に襲いかかったのである。サヴォワ軍の何千という兵士が死傷し、あるいは捕らえられた。フランス軍は、四十人ほどの死傷者を出しただけで、十四時間後には敵の陣地を無人化した。陣地に向かって撃たれたのは、せいぜい降伏を命じるためであったが、サヴォワ軍側にとっては厳しい一発となった。

サヴォワ軍の砲兵隊は、翌日になって町に何発かの弾丸を撃ち込む。しかし、すでに勝敗は決着がついており、これは単に意趣返しのためであった。それでも、家が八軒壊され、「司教殿は、この夜、ベッドのなかで圧死するのではないかと思った」。市民のほとんど全員が、パニックで逃げ出した。

実際には、これが戦争の終わりであった。十九日以後、攻囲軍からの申し入れで捕虜の交換が行われた。このために派遣されたフランス側の士官たちはオイゲン公の食卓に招かれ、そのあとサヴォワ公もきわめて慇懃に迎え、引き留めて夕食を御馳走した。このとき、サヴォワ公は、「ヴォーヴレ殿のシャンパンにはとても及びませんが」と断わりながら、自分が持ってきたシャンパンを振る舞っている。先に述べたようにヴォーヴレはトゥーロン駐屯軍の指揮官であるが、シャンパンの愛好家として有名だったのである。当時は、戦争は指揮官にとっては、優雅さの競い合い(「レース戦争la guerre en dentelles」と称された)でもあった。その二日後、サヴォワ人たちは、退却の苦しみを軽減するため、荷物や大砲、また傷病兵の輸送を同盟軍の艦船に託している。

海軍には、まだ一幕あったが、それはメンツを保つための最後の一戦ですらなかった。艦隊が出航する前の二十一日の夜から二十二日の朝五時にかけ、五隻の小型ガレー船がトゥーロンの町に砲弾を浴びせたのである。この砲撃は、サン=ルイ要塞の入り江に近づいて行われたので、先の陸上部隊によるそれを上回る被害をもたらした。被弾して炎上した二隻の船は、他の船に火事が移らないようにするため港の真ん中に曳航されたが、それが射撃のために好都合な照明源になった。その結果、二隻の快速船が損傷を蒙り、大型船『ディアマン号』が燃えだしたが、さいわい、鎮火した。

「砲弾の三分の二は家々に被害をもたらすこともなく逸れたが、それでも、かなりの家が壊れた。もし、これらの弾丸がすべて当たっていたら、相当の被害が出ていただろう。」

しかしながら、大砲や傷病兵を艦隊に託し身軽になって帰還していくサヴォワ軍は、途中の村々を掠奪して放火し、町に対しては金品を提供するよう強請《ゆす》った。テッセ元帥は逃亡兵を追跡したが、七、八時間遅れ、彼らの悪行を抑制することができなかった。彼には、人員だけでなく、馬も車もなく、しかも、退却していく敵軍は食糧も飼料もあとに残してはいかなかった。
これらの略奪者たちに襲いかかっていったのは、貴族や市民兵、司祭たちに率いられた農民たちであった。「至るところで、待ち伏せによる奇襲や執拗な襲撃、銃による応酬が見られた。サヴォワ軍は昼夜の別なく歩いてエステレル（訳注・フレジュスとカンヌの間にある山地）を越えたが、六、七千人の農民兵に襲撃されて、大勢が殺された。しかし、サヴォワ兵たちのほうも、農民たちを捕まえると木に吊るして殺した。それでも、農民たちが恐れて、追跡や襲撃をやめることはなかった。」（Grignan）
こうして、プロヴァンスに侵入した軍勢の半分が命を落としながら、生存兵たちは、そのあとニースを襲っている。ここは、本来、サヴォワ公のものであったが、公はプロヴァンス同様、残虐の限りを尽くし、最終的にテンダ峠を越えてピエモンテへ帰っていった。八月二十六日、サヴォワ公自身、「なんとも愚かなことをしたものよ——（Une belle cascade que j'ai faite）」と嘆息している。

この事件の教訓

トゥーロンの攻囲戦はフランスの勝利だったのだろうか？「勝った」というのは言い過ぎであろう。危機は回避されたが、大きな損失を代償として払わされたことは明らかである。サヴォワ公が奪い去ったカネは二〇万リーヴルを超えなかったと言われ、この国を恐るべき荒廃に陥れた。多分、プロヴァンスは、平和を回復したどこの国にも有効な規範にしたがって傷の手当てをした。生活は元通りになったし、プロヴァンス人たちは、グリニャン伯が言うような「忠誠心 fidélité」ではないにしても、州として国王への税一〇〇万リーヴルを納入するとの議決に従うことを表明している。

一七〇九年には、この州は冬の厳しい寒さのため、一七〇七年に侵略者や盗賊によって失った数を上回るオリーヴの木を失う。その他方で、トゥーロンの敗者たちのほうが報復に打って出た。テッセの軍隊は、アルプスの道を通ってドーフィネやサヴォワにある元の陣営へ帰還していったが、その進行はゆっくりしていて時間がかかった。その反対に、こんどスピードで優勢に立ったのが敵方であった。オイゲン公がピエモンテから出撃し、アルプスの東でフランスが占領していたスーザの城塞を襲った。十月三日、スーザは抵抗むなしく陥落し、フランスはアルプス以東の重要な活動拠点を失った（このときはまだ、ピネロロとフネストレルは残っていたが）。テッセ元帥が王の寵愛を失ってその指揮権を取り上げられたのは、この失敗につけ込んだ告発のためで、その背景には、いつものことながら、《陸軍 la Terre》内部の抗争があった。

スーザが奪取されたことも重大な出来事であったが、それ以上に重要で判定の難しい問題は、トゥーロン攻囲戦が海軍にもたらした結果である。普通なら、トゥーロン海軍の司令部をけなし、ランジュロン侯を「トルコ人の頭のように」侮辱すべきところである〔訳注・娯楽場などに、トルコ人の頭部を象った人形を殴るゲーム機があった〕が、私がそれをしないのは、ルイ十四世の海軍の運命が決まったのはトゥーロンの攻囲戦によってではないからである。

攻囲を解かれたあとトゥーロンの港が惨憺たる光景を呈したことは確かである。「かつては港の誇りであったこれらの美しい船は、いまやマストもなく、ある船は傾き、ある船は船首や船尾を壊されて、はたして、一つの艦隊を編成できるようになるのだろうかと疑われる有様であった」。「それらは、調べると、ひどい損傷を受けていることが分かった。修理も難しいほど至るところ傷だらけで、接合部からは浸水が甚だしく、あらゆる部分で腐食が進行していた」。(V. Brun "Guerres maritimes de la France: Port de Toulon" 1861)

ランジュロン侯は、無駄にこれらの船を犠牲にしたのだろうか？　しかし、この攻防戦がこれほど奇妙なものになるなど、誰が予想できたろうか？　彼は、本格的攻囲戦になり、町は長期間封鎖され、港は敵方の手に落ち、その砲兵隊が陸上から港内のフランス海軍の船に好き勝手に砲弾を浴びせてくる事態になると考えたのだった。この予想された事態にあっては、彼としては、経験が教える規範を適用する以外になかった。敵が町に入ったとき敷石が砲弾として利用されるのを警戒して剝がしたのと同じように、船を浸水させたのだが、敵が退却したあとは再び浮かばせるため、海底にまで沈めることはしなかった。ランジュロン侯は、このあと、書簡のなかで、このようにして船を次々と浮かばせたことについて、勝利のように得意げに記しているが、それが自己正当化のためであったことは当然である。

一七〇七年八月三十日、彼はポンシャルトラン〔訳注・財務大臣などを務めた政治家〕に宛て、次のように書いている。「きょうは朝から『フドロワイアン号』の排水を開始させたところ、昼前に船体が浮かびました。これは、マルセイユから私を中傷するために貴公へ送られた文書において、私が沈めたとして名指しされていた船の一隻です」。

九月六日には、「彼〔訳注・ランジュロンのこと〕が国王の大事な船を沈没させたなどという輩がいるが、これは偽りであり、彼が水を入れたのは第一砲列のところまでで、完全に水没した船についても、四日で浮上させている」との報告書が出されている。九月十五日には「……フドロワイアン号、ソレイユ・ロワイアル号、トリオンファン号、アドミラーブル号を最後の一滴まで排水した」旨が報告されている。そのなかで、テリーブル号とアントレピッド号については、もう少し時間がかかることが書かれている。防衛戦のヒーローであったサン゠フィリップ号とトナン号については、前者は浸水させられなかったし後者は引き揚げられたものの、「二隻とも甚だしく腐食しており、とても、国王陛下に乗っていただけるものではありません」と報告されている。作業は十月九日に終了した。

トゥーロンの海軍がすばらしい艦隊を取り戻したなどとはいえないが、だからといって、攻囲戦の前はすばらしいものを持っていたろうか？　これが問題である。私たちは、八月十一日、攻囲が排除される前にアルヌールがポンシャルトランに送った書簡の言葉から、その答えを得ることができる。

「閣下が、トゥーロン支援のためには、陸軍全部隊を送るより三、四十隻の軍艦のほうが役に立つだろうと仰せられたのは、その通りです。というのは、サヴォワ公はこの作戦のために自軍の糧食と大砲、弾薬の一部を艦隊に運ばせることにしており、この艦隊を襲撃できる軍艦をフランス側がたった二十隻でも海上に持っていたら、トゥーロン攻撃を断念していただろうからです。だが、フランス海軍はそのような状態ではなく、破滅の直前までいったことは、返す返す残念なことです。」

アルヌールはブレスト港の秩序を回復した《監察官 **inspecteur**》であり、トゥーロンでは、海軍の当事者ではなかったが監視役を務め、防衛責任者たちから疎まれていた。彼は、知的で注意深く、あまり愛想がよくなかったが、一六九二年の《ラ゠オーグ岬の戦い》〔訳注・ラ゠オーグはノルマンディー半島の突端で、ルイ十四世の新艦隊が英蘭連合艦隊に敗れた〕以後、カネのかかる艦隊を放棄して私掠船による戦いに路線を変更したヴェルサイユ政府の政策全体を問題にしている。

ルイ十四世はこのような選択をせざるをえなかったのだろうか？　おそらく、そうである。私掠船方式は、政府の負担を最小限にするやり方だったからである。この場合、トゥーロンに必要だったのは、水夫や造兵廠の労働者といった人間でもなければ、帆柱を含む資材でもなかった。帆柱は、長さも太さも並外れたサイズの木材が必要だったが、これは筏に組んでイゼール川からローヌ川を下って運んでくることが可能であった。トゥーロンに欠けていたのはカネと信用（金融機関）で、それなくしては、船は整備も武装もできなかった。

トゥーロンでは、この攻囲戦のあと、財政的困難が顕在化し、あらゆる活動が鈍化する。艦船は徒刑囚を使って船底に溜まった水を排水させていたが、いまや、干潟の上に放置され、勝手に解体し薪にされるに任された。多分、ヨーロッパのあらゆる港でも、古くなった船は、同様の最期を港内の静かな水域で迎えたのであろう。フランス革命と帝政の時期、イギリスの港の浮き桟橋は、拿捕されたフランスの船が積み上げられ廃物利用されたのではないだろうか？　しかし、トゥーロンでは、兵器工廠も活動をやめ、人々の失業が破局的なまでに広がっている。

だが、その間も、さまざまな大型船（navires）や艀《はしけ》（barques）が港を出入りし、フランスの中近東貿易を支えていたし、北アフリカの麦を積んで入港してくる船も絶えなかった。また、トゥーロンには私掠船もあり、それらは国家から貸与された船を個人が自分の費用で武装したものであった。ここに見られるのは、今日風にいえば、国有企業から民間企業への移行である。

たとえば一七一二年三月末に、大型船（vaisseaux）三隻、快速船（frégates）三隻、貨物船（bâtiments）二隻から成る船団がトゥーロンを出航している。これを指揮したカサールという人物は、フランスでも屈指の熟練した船長で、訓練が厳しく水夫たちからは嫌われていた。この船団はジブラルタル海峡を経てアフリカの西、ポルトガル領のヴェルデ岬諸島のサンティヤゴ島を劫掠し、さらに、中米カリブ海のマルティニックに寄港し、スリナム、エッセキーボ、ベルビス〔訳注・いずれもフランス領ギアナのすぐ近く〕のオランダ植民地を襲って掠奪。ついでイギリス領のモンセラート島とセント・クリストファー島を襲って根こそぎ掠奪してトゥーロンに帰ってきている。

だが、こうした私掠船戦争は、ときに華々しいものの、必ずしも常に利益をもたらすわけではなかった。一七〇八年、スペイン領のメノルカ島とその中心地のマオーン港がイギリスの支配下に入る。マオーン港は厳しい冬季でも安全な地中海唯一の港で、ここは、イギリス人が一七〇五年にバルセロナに上陸して以来、脅かされてきていたが、フランス人がトゥーロンからもたらす補給のおかげで自由を守っていたのだった。しかし、これ以後、イギリス艦隊は、ここを基地に地中海で越冬することができるようになり、一七一一年にイギリス艦隊がフランスのセートを掠奪することができたのも、このおかげであった。だが、この成功は、フランスの制海権断念との関連でしか意味をもっていない。

このフランスの制海権断念については、一七一三年四月十一日のユトレヒト平和条約調印の一か月前にあたる三月十一日の日付のある一連の記録書類が裏付けている。そこには、トゥーロン港にあった大型船三十二隻が一、二、三、四級に分けて記されている。装備されていた大砲二三一八門は、いずれも、かなり強力な火力をもつものであるが、艦船本体は、最も古い『シュヴァル・マラン号』にいたっては一六六四年の建造で、すでに五十年以上経った老朽船であり、この間にブレスト港で改修を施されていなかったら、すでに航行不能だったであろう。残り三十一隻のうち二十二隻も、建造されて二十九年から二十年、八隻は十九年から五年で、『コンケラン号』一隻だけがトゥーロン攻囲戦後の一七一二年に改修されているが、これは大砲を七十四門しか備えない第二級の艦であった。これらのうち六隻が「戦力外hors service」を宣告され解体の対象とされたが、大きさでは、いずれも最大級の艦船であった。その平均年齢は二十歳で、当時は大型船ほど損傷が速かったのである。一六九二年に建造され、十二年後の一七〇四年に改修されて、当時で最も美しい船とされ、大砲を百十門備えていた『ロワイヤル・ルイ号』も廃棄されている。

一七一三年のこの文献が示している状況についての私の理解が正しければ、海上でまだ健在であったのは七隻だけということになる。

戦艦がこのような状況であったことの奥には、当時のフランス経済全体の問題がある。なぜなら、すべては、これに依存しているからである。

ところで、それは十八世紀初頭のころ、幾人かの歴史家が言うように沈滞していたのだろうか？　私は、スペイン継承戦争の末期のフランスには、言われてきているより以上の活気があったと見ている。同様にして地中海でも、マルセイユやプロヴァンス沿岸の港は、変わることなく繁栄し、中東からは綿や小麦、皮革、北アフリカからは穀物と皮革が運ばれてきていた。要するに、欠けていたのは意欲だけだったのだろうか？　ルイ十四世時代のフランスは陸軍にのみ希望を託し、海上における努力の継続を放棄するという誤った選択をしたのであり、それが結局、トゥーロンに現れたのではないだろうか？

結び

トゥーロンへの旅をもって、私たちの回顧的地理学の検証は終わる。私たちは、これによって、フランスの過去を縁取る何本かの線を辿って、その多様性を明らかにし（第一章）、異なる土地の間の結合システムを示し（第二章）、その地理的環境が提供している統一性の要素と、フランスを取り巻き、しかも孤立させることなく多様な部分部分をそこに結びつけている国境地帯の役割と教訓を浮かび上がらせる（第三章）ことによって、《多様なフランス》と《単数のフランス》の恒常的対立を再確認した。

ここで《単数のフランス》とは、『一つのフランス une France』をめざしてゆっくりと形成された統一体で、これが、その力を国土の周縁にまで広げていったのである。フランスは、周縁部で獲得した諸州を同化し、長期にわたる調教によって飼い慣らし、服従することに慣れさせていく必要があったのではないだろうか？　また、長く延びた国境地帯の帯状地を防御し、監視し、さらには、これを前進させていったのではないだろうか？　陸地へ向かっての厖大な努力と海に向かっての広大な努力は、そこから流れ出てきているのだ。

こうした努力自体が統一化の一つの手段であり、それが国境地帯だけでなく国じゅうを貫き動かしていることに私たちは注目しよう。

私は、フランスの海上進出の不完全さを強調したし、また、そうする必然性があった。これは複雑な作業で、しばしば乗り越えがたい限界にぶつかるが、どこまで行っても続く広大な仕事である。フランスの河川で、船に必要な木材や帆柱を運搬したり筏に組んで浮かべられない川はなかった。大砲や弾丸の鋳造工場で戦艦のために作業をしていないところはなかった。軍艦を造っていない軍港はなく、軍艦はコルベールの時代には、イギリスと並んで、ヨーロッパで最優秀であった。このとき、オランダの造船業の優位は終わったのだった！

海軍は、容易に集まらない水夫や乗組員をノルマンディーやブルターニュ、ラングドック、プロヴァンスといった海に接した地方から徴募した。一六三二年、リシュリューのもとで『プレス presse』と呼ばれる強制的登録制度が樹立されたが、それでも充分ではなくなる。オランダもイギリスも、自分だけではその艦船を維持することはできず、いずれも、ときには荒っぽい手法で外国人水夫を集めなければならなかった。フランスにいたっては尚更である。しかし、強引に集められた水夫たちは、監視人の隙を狙っては脱走したから、ルイ十六世の時代には、川船の船乗りたちまで徴発されている。

ガレー船の漕ぎ手についていえば、トゥーロン戦のころの彼らの状況は地獄さながらであった。それは犯罪人に罪を消化させる方法として課されたものであったが、ガレー船漕ぎが兵役として行われていた地中海においてすら、海軍力の不足を補充できなかった。

こうした数の面での限界は、陸軍にはほとんど存在しなかった。人口の多いフランスは一貫して兵員は充分にあった。アンシャン・レジーム下では、ベリー地方もリムーザンもオーヴェルニュも、ヴレーもブルボネも、どんな辺境地であっても、その土地に配備された部隊に必要な人員と物資を提供できなかった州はない。移動する部隊が通過しない州はないし、冬営の時期だけでなく、歩兵や騎兵の分宿によって重荷を負わせられなかった州もない。

これらの部隊は国内的危機に対処するために召集されたものではなく、フランスが国内の混乱や無秩序を解決するために軍隊に頼ることは、ごく稀にしかなかった。地方総督は軍を使うのをためらっていても、軍隊がいるだけで、一つの町や州が沈静化した。ときとして、一つの地方を滅ぼしかねない危機もあったが、兵士たちが到着すると、好ましくない犯罪人たちは急いで姿を消した。こうして、部隊の循環と維持は一つの備えであり、フランスは、ほかの国家や未来のヨーロッパ諸国と同様、一つの「戦争機械 machine de guerre」を維持せざるを得ないのである。

フランスは、そのためにあらゆる資力と全国民を活用しなければならなかった。部隊には「ブレス連隊」とか「アングーモワ連隊」というように、その州の名前が使われたが、かなり早い時期から、名称と州の繋がりは消え失せて、出身地の異なる兵士たちが混ぜ合わされ、異なる方言を話す人々が厭でも生活を共にさせられるようになっていった。いわば一種の攪拌が行われていったのである。(André Corvision "Armée française de la fin du XVIIe siècle" 1964)

したがって軍隊は、君主制の行政機関と並んで、フランスの統一体を形成するための最も強い効力をもつ手段となった。十九世紀初めには、概算によると、十五万人の労働者や専門職をもつ人々が毎年フランスじゅうを移動しており、それが住民の攪拌を促進している。しかし、たとえば一七〇九年から一七一三年までをとってみても、軍隊は五〇万から一〇〇万に及ぶ男たちを移動させており、その規模の大きさで比肩するものはない。たとえば、スペイン継承戦争末期のころにも、共和暦二年(l'An II)の《国民総動員levée en masse》に似たことが起きている。十九世紀から二十世紀の国民的戦争に伴って、軍隊のガルガンチュワ的貪欲ぶりは、ますます際限がなくなっている。

こうして、フランスの統一プロセスのなかでは、その《歴史Histoire》の社会的、経済的、国家的、文化的などあらゆる力が絡み合いながら作用したが、文化のなかでも特にフランス語(イル=ド=フランスに起源をもつ)が、権力者の言葉として、秩序への還元を促進する道具となった。

このあとの篇では、《一つのフランス une France》という統一体へ向けての巨大で緩慢な歩みのなかで、ここに挙げた要素がどのように位置づけられるかを論じていくこととなろう。

ルイ十五世 Louis　63, 71, 318, 319, 325, 331, 353, 363
ルイ十六世 Louis　6, 70, 325, 378
ルイ・フィリップ Louis Philippe　249
ル・ヴァニエ Le Vanier　237
ルーヴォワ Louvois　306
ルートヴィヒ敬虔帝 Louis le Débonnaire　275, 298, 308, 311
ルートヴィヒ（ドイツ王）Louis le Germanique　308, 309, 311
ルードルフ一世 Rodolphe　180
ルドルフ Rudorff, Raymond　12
ルナン Renan, Ernest　40, 76
ルヌアール Renouard, Yves　312
ルネ（王）René　208
ル・ブラ Le Bras, Hervé　22, 93
ル・ブレ Le Bret　131
ル・プレ Le Play, Frédéric　93
ル・ラヌー Le Lannou, Maurice　260
ル・ロワ・ラデュリー Le Roy Ladurie, Emmanuel　126
レヴィ Lévy, Claude-Frédéric　4
レクチンスキー Leczinski, Stanislas　319
レティフ・ド・ラ・ブルトンヌ Rétif de la Bretonne　58, 106
ロー（フェルディナン）Lot, Ferdinand　15, 316
ロー Law　66, 243
ロコル Rocolle, Colonel　334
ロージェニー Laugénie, Jean　80, 85
ロシュ Roche, Daniel　28
ロシュフォール Rochefort, Michel　254
ロタール Lothaire　275, 308, 310, 311, 317
ロミエ Romier, Lucien　3
ロワ侯 Roye, marquis de　366

マリー・ド・メディシス Marie de Médicis 99
マリノフスキー Malinowski 6
マリ＝ラフォン Mary-Lafon 78, 79
マルエ Malouet, Pierre 326, 327
マルタン Martin, Henri 315, 321
マールバラ公爵 Marlborough 359, 361
マルボ将軍 Marbot 100, 265
マレ＝イサーク Malet-Isaac 5
マロ（クレマン） Marot, Clément 75
マンドラ（アンリ） Mendras, Henri 253, 254
ミシュレ Michelet, Jules 1, 2, 4, 5, 35, 108, 249, 295, 297, 301, 302
ミュッセ（ルネ） Musset, René 22
ミロメニル Miromesnil 221
メダヴィ伯 Médavy, comte de 364
メナジェ Mesnager, Nicolas 100
メリメ Mérimée, Prosper 75
メルル Merle 121
モラン Morand, Paul 8
モンモランシー元帥 Montmorency 97
モンルヴェル元帥 Montrevel 122

【ヤ行】

ヤング（アーサー） Young, Arthur 47
ユレ Huré, François 296
ヨルガ（ニコラエ） Iorga, Nicolas 3

【ラ行】

ラヴィス Lavisse, Ernest 2, 331
ラヴォアジエ Lavoisier 23
ラガルデット Lagardette, Pierre de 209, 212, 213
ラ・シェタルディ La Chétardie 83
ラシーヌ Racine, Jean 47, 74
ラズレット Laslett, Peter 94
ラトゥーシュ Latouche, Robert 123
ラ・トゥール・デュ・パン侯爵 La Tour du Pin 98
ラ・ヌー La Noue, François 109
ラバス Labasse, Jean 290
ラ・フォンテーヌ La Fontaine 74
ラ・ポプリニエール La Popelinière 316
ラモワニョン・ド・バスヴィル Lamoignon de Basseville 62
ラ・ロシュフコー La Rochefoucauld 109
ランジュロン侯 Langeron, marquis de 362, 366, 371, 372
ランテリック Lenthéric, Charles 263
ランプレヒト Lamprecht, Carl 118
リヴァ Rivas, Pierre 213
リシュリュー Richelieu 108, 208, 318, 319, 324, 328, 378
リチャード（獅子心王） Richard Coeur de Lion 307, 314
リュイヌ公爵 Luynes, duc de 99
リュスティジェ Lustiger 24
リュヤ Luya, Denis 210
リヨーテー元帥 Lyautey 76
ルイ八世 Louis 313
ルイ九世（聖ルイ） Louis 274
ルイ十一世 Louis 97, 199, 208, 279, 285, 317
ルイ十二世 Louis 208
ルイ十三世 Louis 99, 207, 208, 337, 360
ルイ十四世 Louis 65, 100, 135, 164, 167, 168, 173, 185, 186, 235, 241, 253, 270, 304, 305, 320, 325, 332, 334, 337, 339, 352, 353, 358-361, 371, 373, 376

フォッシュ元帥 Foch　98
フォンテーヌ侯 Fontaine, marquis de　200
フュルティエール Furetière　168
フーラスティエ Fourasté, Jean　252
ブラッケンホッファー Brackenhoffer, Élie　200, 207
フランキオン Francion　316
フランソワ一世 François　98, 102, 167, 286, 301, 354
フランソワ・ド・ポール François de Paule　208
ブラントーム Brantôme　286
フランドラン Flandrins, Jean-Louis　90
プリアモス Priam　316
フリードリヒ二世 Frédéric　321
フリードマン Friedmann, Georges　94
プリニウス（小）Pline le Jeune　97
フルカン Fourquin, Guy　248
ブルジョワ（エミール）Bourgeois, Émile　326
ブルジョワ（ルイ）Bourgeois, Louis　285
ブルボン元帥 Bourbon　98
フルーリィ Fleury　326, 363
フレシェ Fléchet, Jacques　293
フレモン Frémont, Armand　33
フレレ Fréret, Nicolas　317
ブロック（マルク）Bloch, Marc　7
ブロック＝モランジュ Bloch-Morhange, Jacques　5
ブロッス Blosses　69
ブロリー Broglie　360
フロレンヌ Florenne, Yves　25
フロワサール・ド・ブロワシア Froissart de Broissia　180
ベアトリス・ド・ガーヴル Béatrix de Gavre　225
ベヴィ Bévy, Joly de　70
ペギー Péguy, Charles　1
ヘクトル Hector　316
ベシャメイユ・ド・ノワンテル Bechameil de Nointel　67
ペトラルカ Pétrarque　265
ペドロ二世（アラゴン王）Pierre　312
ヘプケ Höpke, Rudolf　172
ペラン Perrin, Charles-Édmond　174
ベリー＝ラバール Berry-Labarre, Pierre　212
ベリール元帥 Belle Isle　353
ペルー Perroud, Cécile　266
ベルウィック公 Berwick　115, 359, 362
ベルナドー Bernadau, Pierre　81
ペロー Perrot, Jean-Claude　230, 234, 235, 236
ヘンリー三世 Henry　313
ボナムール Bonnamour, Jacqeline　40
ボノー Bonnaud, Pierre　6, 72, 85-89, 126, 302
ポーミ侯 Paumy　320
ボーラン Baulant, Micheline　94
ボワーニュ伯夫人 Boigne, comtesse de　249
ポワンカレ（首相）Poincaré　253
ポンシャルトラン Pontchartrain　372, 373

【マ行】

マクニール McNeill, William　299
マクファーレン MacFarlane, Alan　94
マッソル Massol　133
マドール Madaule, Jacques　3
マリー＝アントワネット Marie-Antoinette　111
マリー＝カロリーヌ Marie-Calorine　270

デフォンテーヌ Deffontaines, Pierre　46
デュ・ゲクラン Du Guesclin　323
デュゲ＝トルアン Duguay-Trouin　227
デュパキエ Dupâquier, Jacques　105
デュビィ Duby, Georges　95, 150
デュフルネ Dufournet, Paul　128
デュボワ Dubois, Pierre　359
デュルケム Durkheim, Émile　9
テュルゴー Turgot　345, 346
テュルゴー Turgot　54
デュルフェ d'Urfé, Honoré　191
テュレンヌ Turenne　333, 338
デュロール Dulaure　206, 211
デルビニー d'Herbigny　70
トインビー Toynbee　5
トゥルヴィル Tourville　324
トゥレーヌ Touraine, Alain　57
トクヴィル Tocqueville, Alexis de　2, 6, 68
トッド Todd, Emmanuel　22, 25, 90, 93, 96, 114
ドマドリ Demadrys　332
ドレアージュ Deléage, André　118
トレモワイユ公 Trémoille, duc de　61
ドン・キホーテ Don Quichotte　359
ドーント Dhont　298

【ナ行】

ナポレオン・ボナパルト Napoléon Bonaparte　97, 98, 137, 194, 249, 289, 324, 329, 330
ナポレオン三世 Napoléon　250
ニューコメン Newcommen, Thomas　213

【ハ行】

パスキエ Pasquier, Estienne　316
バルザック Balsac　5, 189
バルト Barthe, Roland　35
バルブロス Barberousse　354
バレール Barrère　81
バンダ Benda, Julien　3, 109
ピアティエ Piatier, André　175, 239, 252, 255, 283
ピカール Picard, Nicole　94
ピット Pitte, Jean-Robert　22
ピョートル大帝 Pierre le Grand　274, 339
ビラコワ Billacois, François　201
ピレンヌ Pirenne, Henri　299
フーイアド公 Feuillade, duc de　61, 214, 215, 359
ブイヨン公 Bouillon, duc de　133
フィリップ二世オーギュスト Philippe Auguste　312, 313, 314, 322
フィリップ三世 Philippe　274
フィリップ・ル・ボン Philippe le Bon　317
フィリップ（ロベール）Philippe, Robert　3
フィリペティ（エルヴェ）Fillipetti, Hervé　31
フェーヴル（リュシアン）Febvre, Lucien　3, 24, 35, 75, 259
フェスケ Fesquet, Henri　272
フェリペ二世 Philippe　97, 183
フェリペ五世 Philippe　358, 359
フェリポー Phélipeaux　133
フェルテ＝セネテール元帥 Ferté-Senneterre　138
フェロー Ferro, Marc　27
フォーシェ Faucher, Daniel　277
フォシヨン Focillon, Henri　34
フォセール Fossaert, Robert　6, 10
フォックス Fox, Edward　298, 299

サン＝ジャコブ Saint-Jacob, Pierre de　127
サント＝ブーヴ Sainte-Beuve　189
サン＝パーテル Saint-Pater　360
シアグリウス Syagrius　298
ジオノ Giono, Jean　25, 32, 42
シーグフリード Siegfried, André　34
シゴー Sigaut, François　89
ジスベール Zysbert, André　126
シモン・ド・モンフォール Simon de Montfort　312
シャウブ Schaub, Abraham　345
ジャック・クール Jacques Cours　199
シャピュイ Chapuis　156
シャミアール Chamillart, Michel de　359
ジャムレ＝デュヴァル Jamerai-Duval, Valentin　158
シャルル禿頭王 Charles le Chauve　308, 311
シャルル五世 Charles　323
シャルル七世 Charles　62, 199, 317
シャルル八世 Charles　69, 102, 208
シャルル九世 Charles　109
シャルル（軽率公）Charles le Téméraire　97
シャルル・エマニュエル Charles-Emmanuel　208
シャルルマーニュ Charlemagne　308, 315, 317, 318
ジャン・ル・ボン Jean le Bon　318
ジャン・ド・ヴィエンヌ Jean de Vienne　323, 325
ジャンヌ・ダルク Jeanne d'Arc　5, 108, 138
ジュスティーヌ Justine　136
ジュルダン（将軍）Jourdan　335
シュレンマー Schremmer, Eckart　172
ショシャール Chauchard　331
ジョリ Jolly　331
ジョワンヴィル Joinville　274
ジョン（失地王）Jean sans Terre　313, 314
ジラール＝ダルビサン Girard d'Albissin, Nelly　332
ジル（ニコラ）Gilles, Nicolas　316
スタンダール Stendhal　25, 76, 77, 79, 101
スティーヴンソン Stevenson, Robert Louis　85
スペックラン Specklin, Robert　88
セー Say, Jean-Baptiste　249
セヴィニェ夫人 Sévigné, madame de　101, 208, 223, 265
セギエ Séguier, Pierre　135
セネット Sennet, Richard　95
ゼルダン Zeldin, Théodore　6, 8
ゼルディン Zeldin, Giovanni　106
セルフ・レヴィ Cerf Lévy　345
ソー Saulx, Gaspar de　318
ソール Sorre, Maximilien　48
ソレル Sorel, Albert　321

【タ行】

ダヴィティ Davity　297
ダーウィン Darwin, Charles　322
タレーラン Talleyrand　79, 98
ダントン Danton　321
チャッピー Chappy, Joseph　15
チューネン Thünen　127, 231, 248, 250
ツェラー Zeller, Gaston　311
ティエリ Thierry, Augustin　321
ディオン Dion, Roger　309, 311
ティリー Tilly, Alexandre de　111
テッセ元帥 Tessé, maréchal de　70, 278, 357, 359, 361, 362, 364, 365, 369, 371
テーヌ Taine, Hippolyte　2, 6, 58

【カ行】

カヴァリエ Cavaliers 362
カヴェニャック Cavaignac, Eugène 3
カエサル César 178, 316
ガガン Gaguin, Robert 2
カサール Cassard 374
ガション Gachon, Lucien 131
ガスコン Gascon, Richard 285
カステラ Castera, André 85
カッシーニ（提督）Cassini 277
ガスパール・ド・ソー Gaspar de Saulx 318
カトリーヌ・ド・メディシス Catherine de Médicis 109
ガニヴェト Ganivet, Angel 13
カール五世 Charles Quint 97, 98, 183, 286, 330, 354
カール・マルテル Charles Martel 298, 299
カルロス大公 prince Charles 358
ガロワ Gallois, Lucien 116
ギアール Guiart 306
ギーズ Guise, François de 314
ギィ・ド・ラヴァル Gui de Laval 225
キーナスト Kienast, Walther 313
キネ Quinet, Edgar 8
ギレルム Guillerme, Alain 325
ギュルヴィッチ Gurvitch, Georges 14, 57
グダール Goudar, Ange 129, 169, 304, 305, 328
グベール Goubert, Pierre 4
グベルヴィル Goubertville, Sieur de 132
グラック Gracq, Julien 15
クラドック夫人 Cradoc 265
グラモン Gramont 71
グランヴェル（枢機卿）Granvelle 183
クーランジュ Coulange, Fustel de 123
グランプレ Grandpré 331
グリニャン Grignan 357, 365, 370
グリマルディ Grimaldy 356
グルー Gourou, Pierre 31, 274, 325
クルティウス Curtius, Ernst 260
クールベ Courbet 75
クレキ（元帥）Créqui 349
グレゴワール師 Grégoire 81, 84, 320
クレソ Cressot, Joseph 140
クローヴィス Clovis 93, 298, 317, 318
ゲーテ Goethe 49
ゲーノ Guéhenno, Jean 109
ゴーサン Gaussen, Frédéric 33
ゴーティエ・ドルノー Gauthier d'Aulnaut 340
ゴドフロワ Godefroy, Frédéric 306
コリニー（提督）Coligny 38
ゴリュ Gollut, Loys 180
コルバン Corbin, Alain 124
コルベール Colbert 65, 296, 324, 326, 327, 378
コロゼ Corrozet 2
コロンブス Colomb, Christophe 5
コンデ公 Condé, prince de 69, 109, 110

【サ行】

サーイ侯 Sailly, marquis de 362, 364
サヴァリー Savary 187
サド侯爵 Sade, marquis de 136
サリュース侯 Saluces, marquis de 208
サルトル Sartre, Jean-Paul 1, 4, 9, 15, 114
サン＝コンテスト Saint-Contest 342, 342, 347, 348
サン＝シモン Saint-Simon 359, 363, 364

人名索引

各項目とも、原著で用いられている欧文表記を付した。

【ア行】

アシャール Achard　249
アリエノール Aliénor d'Aquitaine　314
アリクス Allix, André　279
アルジャンソン Argenson, marquis de　133
アルヌール Arnoul　373
アルベール Albert　83
アルント Arndt, Ernst Moritz　321
アンヴィル Anville　109
アンギアン Enghien, duc de　185
アングラード Anglade, Jean　44, 133
アンリ二世 Henri　67, 287, 318, 321
アンリ三世 Henri　99, 109
アンリ四世 Henri　38, 71, 99, 108, 208, 319
イヴォン Yvon, Alexandre　214
ヴァスコ・ダ・ガマ Vasco da Gama　5
ヴァン・ゴッホ Van Gogh　77
ヴァンスノ Vincenot, Henri　34
ヴィダル・ド・ラ・ブラーシュ Vidal de la Blache　40, 258, 259, 262, 272
ヴィットリオ＝アメデオ Victor-Amedée　360, 362, 363
ヴィラール Villars　334, 362
ウィリー Wylie, Laurence　155
ウィリス Willis, Peter　253
ヴィルアルドゥアン Villehardoin, Geoffroi de　323
ヴェーバー（オイゲン）Weber, Eugen　24
ヴェルネ Vernet, Josephe　325
ヴェルノン Vernon　213
ヴォーヴレ Vauvré　362, 369
ヴォース Vausse, marquis de　356
ヴォーバン Vauban　177, 263, 280, 281, 303, 306, 307, 333, 334, 335, 337, 339, 353, 354, 356
ウナムノ Unamuno, Miguel de　13
ウンベルト二世 Humbert　173
エストレ（元帥）Éstrées　67
エティエンヌ Estienne, Pierre　282, 294
エペルノン Epernon, duc de　99
エンリケ・デ・トラスタマラ Henri de Trastamare　323
オイゲン公 prince Eugène　339, 340, 360, 362, 369, 371
オズナ Osuna, duc de　324
オスマン男爵 Haussemann　250
オディアール Audiard, Michel　80
オリヴィエ・ド・セール Olivier de Serres　149
オルテガ・イ・ガセト Ortega y Gasset　13
オルレアン公フィリップ Philippe d'Orléans　249, 325

フェルナン・ブローデル（Fernand Braudel）
1902年、フランス北東部ロレーヌ州の小さな農村に生まれる。フランスのパリ大学卒業後、アルジェリアのリセ教師を皮切りにパリ大学、またブラジルのサン・パウロ大学で教える。1946年、『アナール』誌編集委員となり、のち編集長。1949年よりコレージュ・ド・フランス教授を務めた。1984年、アカデミー・フランセーズ会員。著書に『地中海』（藤原書店）、『物質文明・経済・資本主義』『文明の文法』（みすず書房）など多数。1985年、フランス南東部のサヴォワにて死去。

桐村泰次（きりむら・やすじ）
1938年、京都府福知山市生まれ。1960年、東京大学文学部卒（社会学科）。欧米知識人らとの対話をまとめた『西欧との対話』のほか、『仏法と人間の生き方』等の著書、訳書にジャック・ル・ゴフ『中世西欧文明』、ピエール・グリマル『ローマ文明』、フランソワ・シャムー『ギリシア文明』『ヘレニズム文明』、ジャン・ドリュモー『ルネサンス文明』、ヴァディム＆ダニエル・エリセーエフ『日本文明』、ジャック・ル・ゴフ他『フランス文化史』、アンドレ・モロワ『ドイツ史』、ロベール・ドロール『中世ヨーロッパ生活誌』（論創社）がある。

フランスのアイデンティティ　第Ⅰ篇　空間と歴史
L'IDENTITÉ DE LA FRANCE

2015年２月１日　初版第１刷印刷
2015年２月10日　初版第１刷発行

著　者　フェルナン・ブローデル
訳　者　桐村泰次
発行者　森下紀夫
発行所　論 創 社
東京都千代田区神田神保町 2-23　北井ビル
tel. 03 (3264) 5254　fax. 03 (3264) 5232
振替口座 00160-1-155266
http://www.ronso.co.jp/
装　幀　野村　浩
印刷・製本　中央精版印刷

ISBN978-4-8460-1372-1